Familie Strassmann
mit herzlichem Dank
für Ihre Gastfreundschaft
Während meines Aufent-
haltes an der MSU
und in der Hoffnung
auf ein baldiges
Wiedersehen.
Mit allen guten Wünschen
Ihr *Jürgen Löwe*

St. Gallen, 24. Mai 1999

Löwe, Kontextuale Theorie der Volkswirtschaft

Jürgen Löwe

Kontextuale Theorie der Volkswirtschaft

Der Ansatz von Karl Knies als Grundlage
zukünftiger Wirtschaftspolitik

GIB **Verlag Fakultas**

H.-M. W.
in Dankbarkeit

"Durchstoss zur wirtschaftlichen Wirklichkeit
ist die Hauptforderung,
die an die Nationalökonomie gestellt werden muss."

Walter Eucken[1]

"Nihil est in intellectu
quod non prius fuerit in sensu."

John Locke[2]

"A fact without a theory
Is like a ship without a sail,
Is like a boat without a rudder,
Is like a kite without a tail. ...
But one thing worse in this universe
Is a theory without a fact."

George P. Shultz[3]

"Der bei weitem grösste Teil menschlicher Irrtümer beruht darauf,
dass man zeitlich und örtlich Wahres oder Heilsames
für absolut wahr und heilsam ausgibt."

Karl Knies[4]

---

[1] Eucken, W.: 1940, S. 26
[2] Locke, J., zitiert nach: Jöhr, W. A.: 1979, S. 100
[3] Shultz, G. P., zitiert in: Time, 26. Febr. 1973, S. 80
[4] Knies, K.: 1883, S. 402

Zum Geleit

Warren J. Samuels

Michigan State University

Karl Knies (1821-1898), whose historical theory is reconstructed in this book, was a leading member of the first, or "older", German Historical School, along with Wilhem Roscher and Bruno Hildebrand. Contrasted with the second, or "younger", German Historical School, comprised of Gustav Schmoller, Lujo Brentano and G. F. Knapp, Knies and his colleagues were, as between the two schools, somewhat more receptive to the doctrines of the English Classical Economists (Adam Smith, Thomas Robert Malthus, David Ricardo, and others) but still critical. As the mainstream of economics, particularly economics theory, became transformed - more mechanistic, narrower as to central problem - later historical economists typically became very disenchanted with the development of economics.

The German historical writers, not unlike historical economists in other countries, had several common themes: (1) The economy comprises more than the market; it encompasses the institutions and culture which make it what it is. (2) The economy of any particular country at any specific time is the product of vast, complex, and subtle historical, or evolutionary, processes. (3) The notion of an abstract "economy" transcendental to actual existing economies is useful for certain theoretical purposes but should not preclude attention to the institutional and evolutionary/ historical features of actual economies. (4) The methodology of deduction from hypothetical or apriori premises is useful but can generate only logically valid conclusions, not necessarily "true" conclusions. Such methodology should not preclude the empirical, historical, and statistical study of actual economics as they have evolved. (5) The allocation of scarce resources by the working of a pure market mechanism is not the only focus of economics. Economists can and must also study the organization and control of the economic system and its evolution. (6) The economic system is neither transcendental to nor absolutely given to mankind. It is socially created, worked out through a vast and complex process of decision

IX

making. This process encompasses (a) deliberative and nondeliberative, (b) individual and collective, and, inter alia, (c) material and cultural decision making. (7) The meaning of any economic phenomenon must be comprehended in the context of all these considerations, together with an understanding that the context of interpretation itself changes over time. (8) The objectives of economic inquiry, especially but not only historical inquiry, are both (a) to provide knowledge of how the present economy came to be what it is and (b) to enable the use of that knowledge as a basis of further deliberative decision making in the continuing process of the social construction of the economy. To the historical economists, therefore, becoming was more important than being, becoming was a matter of social construction, social construction was a matter of social action, and social action was to no small degree a matter of knowledge.

The first two generations of German Historical School (and their English counterparts) provided numerous case studies of the genesis and development of capitalism in various industries and areas. They deliberately sought not to overreach themselves and prematurely formulate theories of organization and control and of evolution - though they seem to have no doubts that those were important topics and that their work both centered on and contributed to them. They theorized in a different way and on different topics in contrast with the developing neoclassical mainstream of economists.

Two further generations of what amounts to German historical economics can be identified. One centers on the work of Max Weber and Werner Sombart; the second, on the work of Joseph A. Schumpeter. All of these thinkers had their own specialized interests and points of view. Schumpeter in particular was able to fuse economic theory and economic history, along with economic statistics and economic sociology - though even he did not develop all of them to the same degree. But all of them can be said to continue the historical tradition of inquiry into the problem of the organization and control of the economic system and its evolution, encompassing historical methodologies and a broad and deep conception of what actual economies were all about.

Dr. Jürgen Löwe undertakes in this book to restudy - even to rescue - Karl Knies' approach to economics in general and to historical economics in particular. His focus is on how "Geist", space and time are at the center of Knies' theory, on the implications thereof for the methodology of economic study, and on the relevance of Knies' approach to present-day economic thought.

Knies, who taught at the Universities of Freiburg and Heidelberg, had enormous impact on the training of not only European economists but also students from the United States. Several men who were to become leading American economists, such as John Bates Clark, Richard T. Ely and Henry Carter Adams, were his students and in turn taught his historical point of view to their students and colleagues. Now comes Löwe, Knies' student in a different sense, to reintroduce Knies' work, especially his approach to economics, to economists of new generations.

The central doctrinal position of Knies is clear. In addition to and in elaboration of the general historical doctrines enumerated above, which he shared, his views included the following: Objection to any absolutist economic theory or law which is treated as universally applicable. Belief that economic phenomena have no independent existence but are aspects of social life which have still other aspects. Emphasis on the historical and geographical origins of economic organization. The necessity of formulating generalizations with regard to the sequence and content of stages of economic development. Belief that self-interest in practice was always accompanied and modified by considerations of community membership, justice and fairness or equity. Belief that self-interested economic conduct can conflict with other considerations and interests. The inevitable and close interrelation of economic and legal institutions, notably but not limited to the domain of money, credit, capital and interest. The importance of statistics as an independent discipline.

Löwe is a careful and thorough scholar. He presents an approach to economics which is as complex and powerful as it is different from the mainstream of contemporary economics. The reader who pays close attention to his work will learn a great deal about a serious approach to economics. Löwe does not offer it as the only form that economic research should take. But he does demonstrate that it deals in a meaningful way with fundamentally important topics, topics which are too easily otherwise neglected.

Vorwort

Die *"Kontextuale Theorie der Volkswirtschaft"* steht in der Tradition der deutschen Politischen Ökonomie und ist heute dem von Ely, Veblen und Commons begründeten und in den Vereinigten Staaten wieder an Bedeutung gewinnenden Institutionalismus zuzurechnen. Infolge dieser paradigmatischen Ausrichtung bildet die *"Kontextuale Theorie"* - als ein in sich geschlossener und umfassend begründeter Theoriebildungsansatz - grundsätzlich eine Alternative zum Ansatz der neoklassischen Nationalökonomie. Ziel ist es, durch eine Gegenüberstellung beider Ansätze dazu beizutragen, ein zentrales Defizit der Neoklassik - nämlich die Verkennung des Einflusses kontextspezifischer Faktoren - aufzuzeigen und zu kompensieren. Entsprechend will die vorliegende Arbeit zu einer kritischen Reflexion und zum offenen Dialog anregen. Im Hintergrund dieser Absicht steht die Hoffnung, über neue Impulse für die Theoriebildung einen Beitrag zur Lösung der wirtschaftspolitischen Probleme der Gegenwart und Zukunft zu leisten.

Die Grundzüge und zentralen Inhalte der *"Kontextualen Theorie"* stammen von Karl Knies (1821 - 1898), dem massgebenden Theoretiker der Historischen Schule. Gustav von Schmoller zufolge wurde das Knies'sche Hauptwerk *"Die Politische Ökonomie vom geschichtlichen Standpunkte"* "... in gewisser Beziehung zum gemeinsamen Glaubensbekenntnis jener ganzen Schule deutscher Nationalökonomen ..., die ... eine neue Epoche für diese Wissenschaft herbeigeführt hat, eine Epoche, welche ... über die Ad. Smithsche etwa ebenso weit hinausgekommen ist als diese über die älteren merkantilistischen ..." Theorien (Schmoller, 1888, S. 204). - Die in der vorliegenden Arbeit vorgenommene Rekonstruktion und Aktualisierung der Inhalte des Hauptwerkes von Knies erfolgte auch im Gedenken des 100. Todestages dieses Nationalökonomen und bezweckt nicht zuletzt eine Wiederbelebung der von Knies mitbegründeten Tradition ökonomischen Denkens.

Die an der Universität St. Gallen und an der Wirtschaftsuniversität Wien begonnene Ausarbeitung dieses Projektes erfolgte überwiegend in den Vereinigten Staaten an der Michigan State University und wurde an der University of Notre Dame, Indiana, abgeschlossen. Daher führten mich die Arbeiten nicht nur zu einer immer tieferen Auseinandersetzung mit einer faszinierenden Thematik, sondern auch zu überaus wertvollen menschlichen Begegnungen und interessanten Gesprächen. - Allen, die die Durchführung dieses Projektes ermöglichten - vor allem dem Schweizerischen Nationalfonds -, gilt ebenso mein ganz besonderer Dank, wie jenen Ökonomen, die mich zu unterschiedlichen Zeiten auf dem Weg der Entstehung dieses Buches mit ihrem Rat begleiteten. Keinesfalls zuletzt danke ich Herrn Dipl.-Pol. Jens Kreibaum vom Verlag G+B Fakultas für die stets kooperative und sehr angenehme Zusammenarbeit.

Notre Dame, Indiana

Dr. Jürgen Löwe

Inhaltsverzeichnis

Einführung

I. Die Problemstellung

"Die Weltmärkte sind in Bewegung. Voraussetzungen für Wohlstand und Zukunftschancen werden neu verteilt. Wer da nicht mitspielt, hat schon verloren." - In dieser von Roman Herzog geschilderten Situation kann es folglich nur darum gehen, "... die grossen Chancen des globalen Wettbewerbs ..."[1] bestmöglich zu nutzen. Eine Wahrnehmung dieser Chancen setzt einen Grad an Offenheit und marktwirtschaftlicher Ausrichtung voraus, der insbesondere in den Staaten Osteuropas sowie der Dritten und Vierten Welt oft nicht gegeben ist, weshalb die Forderung nach entwicklungspolitischen Massnahmen weiter an Bedeutung gewinnt. Nun lehrt allerdings die Erfahrung, dass entsprechende Massnahmen zur Umsetzung marktwirtschaftlicher Konzepte des öfteren nicht zum erwarteten Erfolg führten.[2] Die unter anderem von IWF und Weltbank finanzierten Projekte bewirkten in diesen Fällen nicht die angestrebten Umstrukturierungen und die hierdurch vorrangig bezweckte Öffnung und Entfaltung des ökonomischen Potentials dieser Volkswirtschaften. Dies hatte in der Regel zur Folge, dass die wirtschaftliche Entwicklung dieser Staaten weniger stimuliert und stattdessen durch eine sich akkumulierende Auslandsverschuldung beeinträchtigt wurde und wird.

Gehen wir der Frage nach, weshalb solche Massnahmen nicht selten ihr Ziel verfehlten, so ist grundsätzlich festzustellen, dass bei ihrer Konzipierung offensichtlich von - zumindest teilweise - unzutreffenden Annahmen über die wirtschaftlich relevanten Gegebenheiten und damit über die Wirkungsmechanismen ausgegangen wurde. Mit anderen Worten: Die politischen Entscheidungsträger orientierten sich an einer "Theorie", die wesentliche Bestimmungsfaktoren der wirtschaftlichen Situation und Entwicklung der jeweiligen Volkswirtschaft nicht (zutreffend) erfasste und insofern als "nicht realitätsadäquat" bezeichnet werden kann.

Ein solcher Einfluss von "Theorie" auf politisches Handeln macht es erforderlich, die Bedeutung von "Theorie" im politischen Prozess etwas

---

[1] Herzog, R.: Globaler Wettbewerb, globale Werte, globale Verantwortung. Vortrag anlässlich des 27. Management Symposiums am 28. Mai 1997 an der Universität St. Gallen.
[2] Vgl. Hoksbergen, R.; Espinoza, N.: 1995. - Vgl. u. a. auch: Hettlage, R.: 1993, S. 88/89

näher zu betrachten.[3] Verstehen wir zunächst im weiteren Sinne unter "Theorie" eine mehr oder weniger begründete Vorstellung von Ursache-Wirkungs-Zusammenhängen in der Realität, so liegt jeder zweckgerichteten Handlung eine "Theorie" zugrunde. Eine insofern "handlungsleitende" Theorie wird - so ist grundsätzlich zu erwarten - in jenen Fällen nicht hinreichend "realitätsadäquat" sein, wenn sie entweder (1) nicht aus einer unbefangenen wissenschaftlichen Untersuchung hervorgegangen ist, sondern unter dem Einfluss des "Zeitgeistes" und von Partialinteressen entstand, oder wenn sie (2) einer nationalökonomischen Theorie entspricht, welche wesentliche Charakteristika der - durch die politische Massnahme zu verändernden - Situation negiert oder verkennt. Es deutet einiges darauf hin, dass die politischen Entscheidungsträger in nicht wenigen Fällen faktisch zwischen diesen beiden Alternativen zu wählen haben und damit entweder - wie im "Fall (1)" - in Unabhängigkeit von einer ihnen als "weltfremd" erscheinenden wissenschaftlichen Theorie ihrer "eigenen", eher "pragmatisch" am nähergelegenen "Nützlichen" orientierten "Theorie" entsprechend handeln, oder - wie im "Fall (2)" - ihre Politik mehr oder weniger an einer ökonomischen Theorie ausrichten, welche die wirtschaftspolitisch relevante Situation nur ungenügend erfasst. Es ist offensichtlich, dass beide Handlungsalternativen nur unbefriedigende Ergebnisse erwarten lassen.

Mitverantwortlich hierfür ist offensichtlich die paradigmatische Ausrichtung zentraler Bereiche des "mainstreams" der heutigen Nationalökonomie, deren Vertreter ihre Hauptaufgabe nicht mehr darin sehen, "... unmittelbar und mittelbar die Lösung praktischer Probleme vorzubereiten ..."[4] und stattdessen - dem Programm einer "exakten" Wissenschaft entsprechend - der Ermittlung und Anwendung solcher Theorien zentrale Bedeutung beimessen, die (im idealtypischen Sinne) eine allgemeine bzw. universelle Gültigkeit beanspruchen. Wenngleich die hier anklingende Kritik an der Ausrichtung zentraler Bereiche nationalökonomischer Forschung vor dem Hintergrund der wirtschaftlichen Herausforderungen und ungelösten Probleme der Gegenwart besonders aktuell ist[5], so ist sie doch keineswegs neu und hat - mit unterschiedlichen Akzenten - die gesamte Entwicklung der (neo-)klassischen Nationalökonomie begleitet. Entsprechende Einwendungen wurden keineswegs nur von Vertretern des amerikanischen Institutionalismus[6] und der "political economy" vorgebracht

---

[3] Vgl. Löwe, J.: Ökonomische Theorie und reale Politik, 1995, S. 50ff.
[4] Vgl. Jöhr, W. A.; Singer, H. W.: 1964, S. 18
[5] Vgl. Lepenies, W.: 1996, S. 69. - Vgl. auch: Lawson, T.: 1997, S. xii und S. 3
[6] Gemeint sind hier die Vertreter des "old institutionalism"; vgl. Rutherford, M.: 1994

und beispielsweise von David Worswick, dem späteren Präsidenten der "Royal Economic Society", im Kontext seiner Ausführungen wie folgt formuliert: "There now exist whole branches of abstract economic theory which have no links with concrete facts and are almost indistinguishable from pure mathematics..."[7] "The more the impression is allowed to persist that economics is an exact science ..., the more damage will be done to the subject ..."[8] For that reason people, which have studied economics and "... going into government and business, finding such a large gap between what they have learned and the realities with which they are now confronted ..."[9] In vergleichbarer Weise kritisierte der amerikanische Nationalökonom und Nobelpreisträger Wassily Leontief den "mainstream" seiner Wissenschaft: "Year after year economic theorists continue to produce scores of mathematical models and to explore in great detail their formal properties ... without being able to advance, in any perceptible way, a systematic understanding of the structure and the operations of a real economic system."[10] - Auch wenn seit einiger Zeit in den Journals des "mainstreams" teilweise wirtschaftliche Situationen in konkreten Volkswirtschaften thematisiert und allgemeingültige Theorien durch situationsspezifische Hilfshypothesen ergänzt werden, so geschieht dies in aller Regel nach wie vor in Anwendung einer - in Einzelfällen partiell gewandelten - neoklassischen Paradigmatik. Die von Worswick und Leontief kritisierte Diskrepanz zwischen zentralen Theoriebereichen des "mainstreams" der ökonomischen Wissenschaft und der wirtschaftspolitisch relevanten Realität besteht - wie auch Tony Lawson in seinem 1997 erschienenen Buch[11] verdeutlicht - im Wesentlichen auch heute noch.

Ursächlich für diese Diskrepanz ist auf erkenntnistheoretischer Ebene - sehr vereinfacht ausgedrückt -, dass diese Theorien vorrangig in Gestalt logischer Ableitungen aus faktisch a-priori gegebenen Annahmen - wie beispielsweise jener "ökonomisch rationalen" Verhaltens - gebildet werden und dass sie damit in ihrem "Kern" von den konkreten, d. h. raum- und zeitspezifischen, Ursachen und Erscheinungen ihres Erkenntnisobjektes - also beispielsweise von der kulturspezifischen Ausprägung ökonomisch relevanten Verhaltens - abstrahieren. - Gerade diese spezifischen Faktoren sind jedoch nicht nur für die zu einem bestimmten Zeitpunkt gegebene Situation einer Volkswirtschaft wesentlich mitbestimmend, sondern sie bilden zudem die permanenten Bedingungen ihrer weiteren Ent-

---

[7] Worswick, G. D. N.: 1972, S. 78
[8] Worswick, G. D. N.: 1972, S. 84
[9] Vgl. ebd.
[10] Leontief, W.: 1982, S. 107, vgl. S. 104
[11] Vgl. Lawson, T.: Economics and Reality, 1997

wicklung. Dass auch bei der Einführung eines "universellen" Konzeptes -
wie jenem der Marktwirtschaft - die Art der Berücksichtigung der kulturspezifischen "Beschaffenheit" der gegebenen Grundlagen und Entwick-
lungsbedingungen über den Erfolg oder Misserfolg der betreffenden
Massnahmen entscheidet, wird von nicht wenigen Vertretern des "mainstreams" der heutigen Nationalökonomie noch weitgehend verkannt.

II. Das Anliegen

Die sich aus den vorstehenden Überlegungen für die nationalökonomische
Forschung ergebende Konsequenz besteht in der Notwendigkeit einer
weitgehenderen Orientierung der Wissenschaft an den Erkenntnisinte-
ressen der Wirtschaftspolitik und damit an aktuellen Problem- bzw. Auf-
gabenstellungen. Hieraus folgt für uns die Erfordernis, einen erkenntnistheoretischen Ansatz zu aktualisieren bzw. zu entwickeln, aus dessen Anwendung eine die wirtschaftspolitisch relevanten Gegebenheiten möglichst gut erfassende Theorie hervorgeht. Die konkrete Bestimmung und
theoretische Begründung eines solchen Theoriebildungsansatzes entspricht der in der vorliegenden Arbeit zu lösenden Aufgabe.

Bei der Verwirklichung dieses Vorhabens werden wir jene "Ressourcen" nutzen, die im Verlauf der geschichtlichen Entwicklung nationalökonomischer Theoriebildung entstanden, d. h. wir werden von theoriegeschichtlichen Quellen ausgehen. Eine Auseinandersetzung mit den
relevanten Theorien früherer Nationalökonomen verdeutlicht zunächst,
dass die Fragen, *ob* die politisch relevanten volkswirtschaftlichen Prozesse in ihrem "Kern" entweder durch allgemeingültige bzw. universelle Gesetze oder durch kulturspezifische Faktoren bestimmt sind und *ob* folgedessen die Anwendung einer axiomatisch-deduktiven oder einer empirischen Erkenntnismethode erforderlich ist, ebenso bedeutsam wie umstritten[12] sind und entsprechend von zwei grundverschiedenen Traditionen
nationalökonomischen Denkens konträr beantwortet wurden.

Die bei der Theoriebildung im Wesentlichen von faktisch a-priori
gegebenen Annahmen ausgehende und infolge der Abstraktion von kontextspezifischen Faktoren "a-historische" Position des heutigen "mainstreams" steht in der Tradition der Neoklassischen Schule und reicht in
ihren Wurzeln in die Klassische Schule und in die Physiokratie zurück.

---

[12] Durch die Tatsache, dass diese Fragestellungen in neuerer Zeit weniger diskutiert werden, haben sie keineswegs an Substanz verloren, sondern an potentieller Aktualität gewonnen.

Rückblickend auf die nationalökonomischen Theorien der vor ihm liegenden Jahrhunderte stellte Karl Knies 1852 fest: "Wenn man von verstreuten Einzelheiten absieht, so gewahrt man bei allen bisher vorgeführten Auffassungen und Bearbeitungen der Nationalökonomie den gleichen Anspruch: eine unter allen Umständen, für alle Verhältnisse in Zeit und Raum gültige absolute Wahrheit und unbedingt gültige Gesetze hinsichtlich der wirtschaftlichen Dinge geben zu wollen."[13]

Die sich in der ersten Hälfte des 19. Jahrhunderts am universalistischen Geltungsanspruch insbesondere der klassischen Theorie entzündende Kritik war der Impuls für die Entwicklung der von der Historischen Schule der Nationalökonomie vertretenen Gegenposition. Kennzeichen derselben ist die Auffassung, dass volkswirtschaftliche Prozesse primär durch spezifische geographische und historisch/institutionelle Bedingungen bzw. durch den kulturellen Kontext und insbesondere durch kulturspezifisch ausgeprägte Denk- und Verhaltensweisen der Individuen bestimmt sind. Hieraus folgt, dass die in Anwendung einer empirischen, d. h. "historischen" bzw. "kontextualen" Methode zu gewinnenden Theorien grundsätzlich nur für jene Region und für jenen Zeitraum Geltung beanspruchen können, der/dem die ihrer Ermittlung zugrundeliegenden Beobachtungen entstammen. Auch ein möglicherweise über die Bildung von Analogien ausgeweiteter Geltungsanspruch von Theorien ist immer auf jenen geographischen und zeitlichen Bereich, dem die empirische Basis entstammt, begrenzt. Dies ist mit dem entscheidenden Vorteil verbunden, dass eine solche Theorie die kontextspezifischen und in ihrer Konkretheit wirtschaftspolitisch relevanten Gegebenheiten zu erklären vermag.

Ein dies grundsätzlich ermöglichender Theoriebildungsansatz wurde in seinen Grundzügen von dem bereits zitierten Nationalökonomen Karl Knies (1821 - 1898) entwickelt, der als der "bedeutendste Theoretiker"[14] der älteren Historischen Schule gilt. Sein 1853 erschienenes und 1883 in ergänzter Fassung unter dem Titel *"Die politische Ökonomie vom geschichtlichen Standpunkte"* veröffentlichtes Hauptwerk enthält die massgebenden Elemente einer umfassenden und fundierten historischen bzw. kontextualen Theorie der Volkswirtschaft einschliesslich der theoretischen Begründung einer historischen bzw. kontextualen Erkenntnismethode. Knies' eigenen Worten zufolge beinhaltet dieses Werk "... bedeutsamste und erstmals methodisch erörterte Grundfragen für die politische

---

[13] Knies, K.: Die Wissenschaft der Nationalökonomie seit Adam Smith bis auf die Gegenwart, 1852, S. 153
[14] Vgl. Brinkmann, C.: 1959, S. 27

Oekonomie ..."[15] und bezweckt, "... eine[r] neue[n] '*Grundlegung*' der politischen Oekonomie ... zum Durchbruch [zu] verhelfen ..."[16]

Ungeachtet der hohen Wertschätzung, die Knies zu seiner Zeit - nicht nur durch Wilhelm Roscher und Gustav von Schmoller, sondern unter anderem auch durch Eugen von Böhm-Bawerk, John B. Clark und Edwin Seligman - erfahren hat, blieben seine entscheidenden Beiträge zur Entwicklung einer historischen bzw. kontextualen Erkenntnismethode und zur volkswirtschaftlichen Theoriebildung bis zur Gegenwart weitgehend ungenutzt. Diese bedauerliche Tatsache hat verschiedene Ursachen. Zunächst hat Knies selbst die Auseinandersetzung mit den Inhalten seines Werkes "*Die politische Ökonomie vom geschichtlichen Standpunkte*" dadurch erschwert, dass es ihm kaum gelang, "... die seinem Geist sich aufdrängende Fülle der Gedanken formal zu bändigen und zu gliedern ..."[17], d. h. zu einem klar strukturierten "Ganzen" zu verbinden. Gustav Cohn stellte hierzu fest: "The new and enlarged edition which came out in 1883, would ... have been received with more favour in scientific circles ..., if the work had been transformed into a true methodology of political economy."[18] Insbesondere infolge dieses Versäumnisses bietet eine "... Analyse des Kniesschen Werkes ... nicht geringe Schwierigkeiten"[19]. Hinzu kommt, dass "... seine Schreibweise ... eine etwas ungelenke und schwerfällige ..." ist, woraus Schmoller folgert: Knies "... wird nie populär werden können ..."[20]. Eine andere und wohl entscheidende Ursache der gegenwärtig ungenügenden Berücksichtigung der Knies'schen Theorie ist darin zu sehen, dass die in wesentlichen Punkten auf Fehlinterpretationen beruhende Kritik Max Webers[21] an den Inhalten des Knies'schen Werkes von einem - die Paradigmatik der Historischen Schule ablehnenden - "Zeitgeist" späterer Jahrzehnte bereitwillig und weitgehend unkritisch übernommen wurde.

Die so erklärbare Diskrepanz zwischen der potentiellen Bedeutung des Knies'schen Hauptwerkes für die heutige Theoriebildung und letztlich für die Wirtschaftspolitik einerseits und der gegenwärtig ungenügenden Auseinandersetzung mit dem theoretischen Gehalt dieses Werkes andererseits soll durch die in der vorliegenden Arbeit erfolgende Aktualisie-

---

[15] Knies, K.: 1883, S. III
[16] Vgl. Knies, K.: 1883, S. 294
[17] Pütz, T.: 1936, S. 8
[18] Cohn, G.: 1899, S. 491
[19] Vgl. Weber, M.: 1922, S. 43
[20] Schmoller, G.: 1888, S. 207. - Im gleichen Sinne äusserten sich Max Weber (1922, S.43) und Henry William Spiegel (1991, S. 423).
[21] Vgl. Weber, M.: Roscher und Knies ... In: ders.: 1922, S. 42 - 145. - Das achte Kapitel der vorliegenden Arbeit ist der Auseinandersetzung mit Webers Einwendungen gewidmet.

rung des Ansatzes von Knies zumindest verringert werden. - Indem zu diesem Zweck der Mitte des 19. Jahrhunderts von Knies entwickelte Theoriebildungsansatz rekonstruiert wird, resultiert ein Beitrag zur theoriegeschichtlichen Forschung. Da eine umfassende Erarbeitung und Systematisierung der Inhalte des Knies'schen Hauptwerkes bisher nicht vorgenommen wurde, kann damit eine "Lücke" in der Theoriegeschichte geschlossen werden. In Anbetracht der uns zu dieser Arbeit veranlassenden Problemstellung ist jedoch offensichtlich, dass die Auseinandersetzung mit Knies und damit mit der Theoriegeschichte für uns ein Mittel zu dem Zweck ist, aktuellen Diskussionen bestimmte Impulse zu geben, um hierdurch einen Beitrag zur Lösung des dargestellten Problems zu leisten. Damit geht es in anderer Hinsicht darum, durch die Aktualisierung des kontextualen Ansatzes das in der "a-Historizität" bestehende Defizit der heutigen "mainstream"-Ökonomie auszugleichen. Es wird auch deutlich werden, dass die kontextuale Theorie und Methode durchaus mit der Anwendung bestimmter neoklassischer "tools" der Analyse zu vereinbaren ist.

III. Die Struktur der Argumentation in der vorliegenden Arbeit

Erster Teil: Ausgehend von der Theorie des heutigen "mainstreams" der Nationalökonomie wird im *ersten Kapitel* durch eine Charakterisierung der Voraussetzungen, Leistungen und Restriktionen des hier zugrundeliegenden Theoriebildungsansatzes dessen grundsätzliche Abstraktion von der essenziellen Bedeutung kulturspezifischer Faktoren, die aus einem geschichtlichen Entwicklungsprozess hervorgegangen sind, verdeutlicht und zugleich infrage gestellt. Im *zweiten Kapitel* wird diese a-historische bzw. universalistische Position in ihrer theoriegeschichtlichen Entwicklung behandelt, und es wird versucht, ihre geistesgeschichtlichen "Wurzeln" zu benennen. Mit der Darstellung der geschichtlichen Entstehung und Entfaltung der historischen bzw. kontextualen Gegenposition wird verdeutlicht, dass die Frage, ob bzw. in welcher Hinsicht die volkswirtschaftlichen Prozesse durch kontextspezifische Faktoren bestimmt sind, eine der grundlegendsten Fragestellungen der Nationalökonomie ist. Indem sich die Darstellung der konträren Positionen schwerpunktmässig auf das 18. und 19. Jahrhundert konzentriert, wird zugleich der Hintergrund für die Entwicklung der Position von Karl Knies aufgezeigt. Der Absicht, das Verständnis der Knies'schen Theorie durch die Behandlung des Kontextes ihrer Entstehung zu fördern, dient auch die sich im Rahmen des *dritten Kapitels* anschliessende Herausarbeitung der die geistige bzw. wissenschaftliche Entwicklung von Karl Knies beeinflussenden Faktoren.

Zweiter Teil: Vor dem im ersten Teil dargestellten Hintergrund erfolgt nun die im Zentrum unseres Projektes stehende Rekonstruktion der historischen bzw. kontextualen Theorie und Methode von Knies, der die Analyse des Knies'schen Hauptwerkes und die Strukturierung seines theoretischen Gehaltes vorausgegangen ist. - Das zu diesem Zweck erforderlich gewesene Vorgehen hat Max Weber vorgezeichnet: "Wer den ganzen Inhalt dieses eminent gedankenreichen Werkes [von Knies] überhaupt in voller Tiefe wiedergeben wollte, dem bliebe nichts übrig, als zunächst die gewissermassen aus verschiedenen Gedankenknäueln stammenden Fäden, welche neben- und durcheinander herlaufen, voneinander zu sondern und sodann jeden Gedankenkreis für sich zu systematisieren"[22]. Bei der nach Abschluss dieser - von Weber seinen eigenen Worten zufolge nicht durchgeführten - Systematisierung erfolgenden Zusammenführung dieser "Gedankenkreise" von Knies zu einer möglichst umfassenden und logisch konsistenten Theorie und Methode wurde offensichtlich, dass das von Knies geschaffene "... Mosaik aus Steinen von sehr verschiedener ... Färbung"[23] signifikante "Lücken" aufweist, die von uns ausgefüllt werden mussten. Auch wenn hierdurch in gewisser Hinsicht die Grenzen einer theoriegeschichtlichen Darstellung überschritten wurden, so sind wir doch gewiss, dass die aus diesem Vorgehen resultierende "Kontextuale Theorie der Volkswirtschaft" dem "Geiste" von Karl Knies entspricht.

Der zweite Teil der vorliegenden Arbeit ist wie folgt strukturiert: Um das Verständnis der in einzelnen Schritten erfolgenden Rekonstruktion der historischen bzw. kontextualen Theorie und Methode zu fördern, wird im *vierten Kapitel* das diesem Theoriebildungsansatz übergeordnete "Ganze" - d. h. die historische Nationalökonomie - in seinen Grundzügen dargestellt, indem der Gegenstandsbereich und die Aufgaben dieser nationalökonomischen Schule behandelt werden. Dass es sich bei der im engsten Zusammenhang hiermit stehenden Erkenntnismethode um eine historische bzw. kontextuale Methode handeln muss, resultiert aus der im *fünften Kapitel* rekonstruierten "Theorie der kontextualen Bestimmtheit der Volkswirtschaft": Da das "Sosein"[24] volkswirtschaftlicher Erscheinungen bzw. Prozesse primär durch raum- und zeitspezifische Faktoren be-

---

[22] Weber, M.: 1922, S. 43

[23] Vgl. ebd.

[24] Es erwies sich im Kontext unserer Arbeit als sinnvoll, den in der Philosophie gebräuchlichen Begriff des "Soseins" einzuführen. Unter "Sosein" wird hier das "Wesen" bzw. der qualitative Gehalt einer Erscheinung verstanden, d. h. mit der Bestimmung des "Soseins" einer Erscheinung ist die Frage beantwortet, "wie" sie ist.

stimmt wird und natur- bzw. allgemeingesetzliche Einflüsse nicht dominieren, kann es nur durch eine kontextuale Methode erfasst werden. Eine
Konkretisierung des methodischen Vorgehens erfordert die vorab im
sechsten Kapitel erfolgende Beantwortung der Frage, ob dem vorrangig
raum- und zeitspezifischen wirtschaftlichen Geschehen eine bestimmte
Art von Gesetzmässigkeiten immanent ist. Indem es der Theorie von
Knies zufolge kontextspezifische "Wirtschaftsgesetze" gibt, deren Geltungsbereich über Analogien ausgeweitet werden kann, ist das Erkenntnisziel der kontextualen Methode bestimmt. Nach der Beantwortung der
Frage, "warum" eine solche Methode anzuwenden ist, wird im *siebten
Kapitel* dargelegt, "wie" der Nationalökonom in Anwendung dieser Methode im einzelnen vorzugehen hat, um bestimmte "Wirtschaftsgesetze" zu
ermitteln. - Den Abschluss des zweiten Teils bildet im *achten Kapitel* eine
kritische Hinterfragung der erkenntnistheoretischen Position von Karl
Knies, in deren Rahmen insbesondere die Einwendungen von Max Weber
erörtert werden.

Dritter Teil: Indem die durch Erfahrung gestützte Hypothese, dass
die wirtschaftspolitisch relevante Realität durch die a-historische Theorie
des "mainstreams" der ökonomischen Wissenschaft nicht selten nur unbe-
friedigend erklärt werden kann, den unmittelbaren Problemhintergrund
und die Motivation für die Rekonstruktion der kontextualen Theorie und
Methode von Knies bildete, stellt sich nun die im dritten Teil zu lösende
Aufgabe, die zentralen Inhalte des zweiten Teils zu aktuellen Diskussionen in Beziehung zu setzen, um so Impulse zu geben, die eine Annäherung heutiger Theoriebildung an das Erkenntnisinteresse der wirtschaftspolitischen Praxis bewirken können. Da die Ursachen der Diskrepanz
zwischen der Theorie des "mainstreams" und der wirtschaftspolitisch relevanten Realität auf erkenntnistheoretischer Ebene liegen, wird im *neunten
Kapitel* zunächst der bis in die Gegenwart hineinreichende Dissens über
die Frage, ob die der Theoriebildung zugrundeliegenden Annahmen entweder a-priorisch oder empirisch zu bestimmen sind, dargestellt und im
Lichte der Theorie und Methode von Knies interpretiert. Vor diesem Hintergrund werden im *zehnten Kapitel* aktuellere Auseinandersetzungen
über die Inhalte konkreter Annahmen behandelt, wobei wir uns auf jene
Annahmen konzentrieren, die für die Formulierung und für den Gehalt
volkswirtschaftlicher Theorien von entscheidender Bedeutung sind, nämlich auf die Verhaltensannahmen. Die hier vom "mainstream" der Nationalökonomie einerseits und von verschiedenen Institutionalisten andererseits vertretenen Positionen werden in ihren Bezügen zur Knies'schen
Theorie und Methode behandelt. Ziel ist es auch hier, die vom Knies'

schen Ansatz implizierten Bedingungen für die Bildung wirklichkeits-
adäquater Theorien im Kontext aktueller Diskussionen zu konkretisieren.

Erster Teil:

Der kontextuale Ansatz
in seiner Relevanz, Genese und seinen
Bezügen zu Karl Knies

Erstes Kapitel

Die Ausgangssituation:
Ausblendung von Geschichte und Kontextualität
durch heutige Ökonomen

Der "mainstream" der heutigen Nationalökonomie betrachtet die eigene Wissenschaft in dem Sinne als "a-historisch", dass er einerseits die "Geschichtlichkeit" wirtschaftlicher Erscheinungen, d. h. deren "Bestimmtheit" durch ihre geschichtliche Entwicklung in einem kulturspezifischen Kontext, aus seiner Analyse ausblendet (vgl. folgenden Punkt II.) und andererseits der Geschichte der eigenen Wissenschaft, d. h. der Theoriegeschichte, keine wesentliche Bedeutung für die aktuelle Forschung beimisst (vgl. Punkt I.). Eine solche "Entkoppelung" der ökonomischen Wissenschaft sowohl von der Geschichtlichkeit bzw. Kontextualität der wirtschaftlichen Erscheinungen als auch von der Geschichte ökonomischen Denkens ist zumindest fragwürdig. Dies wird insbesondere deutlich, wenn wir über die Paradigmatik der heutigen "mainstream"-Ökonomie hinausgehen und durch Zuwendung zur Geschichte die Veränderung der wirtschaftlichen Erscheinungen im Zeitablauf ebenso erkennen, wie die Unterschiedlichkeit der Ansätze einer theoretischen Abbildung der jeweiligen Erscheinungen.

I. Die Vernachlässigung der aktuellen Bedeutung von theoriegeschichtlichen Ansätzen

Die Verkennung der Möglichkeit einer aktuellen Relevanz theoriegeschichtlicher Ansätze durch Vertreter der "mainstream"-Ökonomie äussert sich in Gestalt folgender Fragen: Besteht der wissenschaftliche Fortschritt nicht darin, dass sich im "Wettstreit der Theorien" jeweils jene Theorie durchsetzt, die das jeweilige (als a-historisch betrachtete) Erkenntnisobjekt besser zu erklären vermag als andere? Ist dann nicht einzig der aktuelle Stand der Forschung von Bedeutung, und ist die Theoriegeschichte dann nicht nur eine Darstellung des Fortschritts im Sinne eines Prozesses der Überwindung von "Irrtümern" und damit für die Theoriebildung der

13

Gegenwart irrelevant? - Diese Fragen könnten, wenn sie sich auf bestimmte Bereiche der Naturwissenschaften beziehen würden, sicherlich
bejaht werden - in der Nationalökonomie als einer Sozialwissenschaft
hingegen sind sie sehr umstritten: Die Erklärung wirtschaftlicher Erscheinungen durch zwei einander widersprechende Theorien lässt sich nämlich
in der Nationalökonomie nur zum Teil darauf zurückführen, dass eine der
beiden einen "Irrtum" bzw. einen logischen Fehler impliziert. Weit häu-
figer sind jene Fälle, in denen entweder die zu erklärenden Erscheinungen
- infolge ihrer zeitlichen- und räumlichen Varianz - unterschiedlich sind
oder in denen grundsätzlich gleiche Erscheinungen unterschiedlich erklärt
werden, weil sie aus unterschiedlichen "Perspektiven" und durch unterschiedliche "Raster" betrachtet wurden, bzw. weil diese Theorien auf dem
Fundament unterschiedlicher "Weltbilder" und Wissenschaftsverständnis-
se entstanden. Indem Theorien insbesondere von der jeweiligen Paradigmatik und Methodik abhängig sind und der Nationalökonom sich im Rahmen der ihm bekannten Alternativen zu entscheiden hat, sind ökonomische Theorien durch das wertende Urteil des Wissenschafters mitbestimmt. Die hierbei zugrundeliegenden Werthaltungen können nun grundsätzlich weder in "richtig" und "falsch" unterteilt werden, noch ist hier der
gebräuchliche Fortschrittsbegriff anwendbar.

Mit der Schilderung des historischen Wandels und der Kontextabhängigkeit[1] der "normativen Basis" und der Methodik[2] der ökonomischen
Wissenschaft verdeutlicht die Theoriegeschichte, dass es unterschiedliche
Zugänge zur wirtschaftlichen Wirklichkeit gibt und dass daher verschiedene Traditionen ökonomischen Denkens ihre Berechtigung haben. Hieraus folgt, dass der von der heutigen "mainstream"-Ökonomie begangene
"Weg" weder der einzig mögliche noch zwangsläufig der "beste" ist und
dass es deshalb des ständigen Wettbewerbs mit anderen Ansätzen bedarf.
Die Theoriegeschichte kann zudem als "Reservoir" verschiedenster Ansätze für die Entwicklung von Alternativen zum "mainstream" der Nationalökonomie betrachtet werden. In diesem Verständnis ist Theoriegeschichte

---

[1] Infolge des Einflusses des kulturellen Kontextes auf die Theoriebildung hat die Theoriegeschichte nicht nur eine "zeitliche", sondern auch eine "räumliche", d. h. eine geographische, Dimension: Sie verdeutlicht, dass sich - aus einem gemeinsamen Ursprung stammende
- "Ideen" in verschiedenen Kulturkreisen bzw. Staaten zu unterschiedlichen Theorien oder
gar zu unterschiedlichen Schulen der Nationalökonomie ausbilden können.
[2] Die Geschichte ökonomischer Theorien ist untrennbar verbunden mit der geschichtlichen
Entwicklung unterschiedlichster methodischer Ansätze, aus deren Anwendung diese Theorien hervorgegangen sind. Daher gehört auch die zeit- und raumspezifische Entwicklung der
Methoden der Erkenntnisgewinnung bzw. der "tools" und der "Techniken" der Analyse zum
Gegenstandsbereich der Theoriegeschichte.

nicht "Selbstzweck".[3] Sie ist kein "verzichtbares" Randgebiet der ökonomischen Wissenschaft, sondern eine sehr anregende Quelle, die es im Interesse einer fruchtbaren Forschung in Gegenwart und Zukunft weiter zu erschliessen und auszuschöpfen gilt.

Ob und inwiefern ein theoriegeschichtlicher Ansatz eine aktuelle Bedeutung besitzt, ist im Einzelfall zu untersuchen und zu begründen. Entsprechend liegt auch der Rekonstruktion der historischen bzw. kontextualen Theorie und Methode von Knies die zu prüfende Hypothese zugrunde, dass eine aktuelle Relevanz dieses Ansatzes gegeben ist. Diese Hypothese ist insoweit haltbar, als die ungenügende Erklärung wirtschaftspolitisch relevanter Gegebenheiten durch die Theorie des heutigen "mainstreams" auf deren Abstraktion von der Bedeutung des jeweiligen historischen bzw. kulturellen Kontext beruht und insoweit ein solches "Defizit" durch den Ansatz von Knies aufgehoben werden kann.

II. Die Abstraktion von der Bestimmtheit wirtschaftlicher Erscheinungen durch ihren geschichtlichen/kulturellen Kontext

Indem die a-Historizität - bzw. die Verkennung des kontextspezifischen Soseins wirtschaftlicher Erscheinungen - ein essenzielles Charakteristikum des Ansatzes der "mainstream"-Ökonomie ist, kann sie nur im Kontext dieses Ansatzes verständlich gemacht werden, weshalb dieser nun in seinen wesentlichen Zügen darzustellen ist.

1. Darstellung des "mainstream"-Ansatzes

a. Der Begriff "mainstream"

Die Auseinandersetzung mit dem Ansatz des "mainstreams" konfrontiert uns zunächst mit dem Problem, dass der Begriff "mainstream" - ähnlich wie die synonymen Begriffe "Neoklassik" und "Orthodoxy" - entweder in wenig konkreter Bestimmtheit als "Sammelbegriff" gebraucht wird oder im Kontext verschiedener Argumentationen einen jeweils spezifisch ausgeprägten Bedeutungsgehalt hat. Die Schwierigkeit einer Begriffsbestimmung ist auch darauf zurückzuführen, dass der heutige "mainstream" der Nationalökonomie - im Gegensatz beispielsweise zur marxistischen Öko-

---

[3] Vgl. auch Jöhr, W. A.: 1941, 115 ff.

nomie - eine Vielzahl von Quellen hat, die im Verlauf seiner geschichtlichen Entwicklung entstanden. Diese Quellen haben - um im Gleichnis
zu bleiben - den Strom verstärkt und seine Richtung mitbestimmt. Gleichzeitig bildeten sich aber auch Nebenströme heraus, von denen der eine
Teil dem "mainstream" relativ verwandt war bzw. wieder in ihn aufgenommen werden konnte, während ein anderer Teil sich im fliessenden
Übergang so weit von ihm entfernte, dass er ihm nicht mehr angehörte. In
Betrachtung nicht der Übergänge und Grenzbereiche, sondern des Zen-
trums des Stromes wollen wir versuchen, den Begriff "mainstream" inhaltlich zu füllen. Dieses "Zentrum" des Stromes ist vorrangig durch seine
wesentlichsten Quellen bestimmt. Daher wird nun versucht, den Begriff
"mainstream" - dem Geist von Karl Knies entsprechend - durch die Thematisierung seiner geschichtlichen Entwicklung zu konkretisieren.

Die für die "mainstream"-Ökonomie konstitutiven Quellen entspran-
gen in den 70er Jahren des vorigen Jahrhunderts in Gestalt der Arbeiten
insbesondere von Leon Walras (1834 - 1910), William Stanley Jevons
(1835 - 1882) und Carl Menger (1840 - 1921). Anknüpfend an die Klassische Schule und an deren Welt- und Menschenbild sowie unter massgeb-
lichem Einfluss des liberalistischen "Zeitgeistes" und der Paradigmatik
der klassischen Physik[4] wurden in den Folgejahren mit dem (methodologischen) Individualismus, der Marginalanalyse sowie der Nutzen- und
Gleichgewichtstheorie und auch mit der Überwindung der "metaphysischen" Werttheorie durch die Preistheorie wesentliche Grundlagen geschaffen für eine "technisch"-rationale Analyse der Ökonomie und für die
Entwicklung von Theorien, die als "rein" bzw. als "wertfrei" galten und
eine allgemeine, d. h. nicht an Raum und Zeit gebundene, Gültigkeit be-
anspruchten. Der "mainstream" der Nationalökonomie entwickelte sich in
seinem Selbstverständnis zu einer "exakten Wissenschaft" bzw. zu einer
"positiven Ökonomie". George Shackle charakterisiert diesen Wandel wie
folgt: "The forty years from 1870 saw the creation of a Great Theory or
Grand System of Economics, in one sense complete and selfsufficient,
able, on its own terms, to answer all questions which those termes allowed."[5]

Zentrale Beiträge zu Formierung der neoklassischen Nationalökonomie leisteten insbesondere Leon Walras[6] und Alfred Marshall[7] (1842 -

---

[4] Vgl. Mirowski, P.: 1988, S. 11 ff.
[5] Shackle, G. L. S.: 1967, S. 4
[6] Vgl. Walras, L.: Elements of Pure Economics or the Theory of Social Wealth, 1969. - Vgl.
auch Robinson, J.: 1974, S. 15
[7] Zu erwähnen ist vor allem das 1890 in erster Auflage erschienene Hauptwerk von Alfred
Marshall: *"Principles of Economics"*, welches "... das Standardwerk der englischen Natio-

1924), indem sie deren analytisches Instrumentarium und deren formal-mathematische Methode entwickelten. Walras' und Marshalls Arbeiten bildeten fortan eine wesentliche Grundlage ökonomischer Modellbildung. Die hierauf aufbauende weitere Entwicklung führte bis zum dritten Quartal des 20. Jahrhunderts zu einer "mainstream"-Ökonomie, deren zentrale Elemente unseres Erachtens im von Paul Samuelson (1915 -) verfassten Werk *"Foundations of Economic Analysis"*[8] gut charakterisiert werden. Seit den 60er Jahren gewann in Gestalt des kritischen Rationalismus eine hinzutretende Quelle bedeutenden Einfluss auf die Entwicklung der "mainstream"-Ökonomie bis zur Gegenwart. Die in neuerer Zeit entstandenen Varianten bzw. "Verzweigungen" des "mainstreams" sind im Kontext des dritten Teils der vorliegenden Arbeit bedeutsam und werden dort behandelt.

b. Charakterisierung des Ansatzes

Wie lässt sich der aus diesen und anderen Quellen entstandene Ansatz der heutigen "mainstream"-Ökonomie konkreter charakterisieren? Vereinfacht ausgedrückt konstituiert sich ein wissenschaftlicher Ansatz durch bestimmte Annahmen oder Voraussetzungen und durch das auf dieser Grundlage erfolgende methodische Vorgehen der Analyse. Entsprechend beruht die Methodik der "mainstream"-Ökonomie auf bestimmten impliziten oder explizit formulierten Voraussetzungen bzw. Annahmen über den Erkenntnisbereich. Diese Annahmen werden auf drei unterschiedlichen Ebenen getroffen:

(1) Von der heutigen Nationalökonomie wenig reflektiert, aber von grundlegender Bedeutung sind zunächst *generelle Annahmen über das Sosein der Wirklichkeit*, welche folgendes beinhalten: Es gibt eine Wirklichkeit im Sinne von "Fakten", welche von "Theorie" und "Werten" zu unterscheiden ist. Diese Wirklichkeit ist bestimmt durch logisch nachvollziehbare Kausalitäten von Ursachen und Wirkungen. Diese Kausalitäten treten zwar in raum- und zeitspezifischen Kontexten in Erscheinung, sie sind aber in ihrem "Kern" raum- und zeit*in*variant, woraus folgt, dass man durch Abstraktion von diesen Kontexten zu allgemeingültigen Gesetzmässigkeiten gelangen kann. Diese von diesen Gesetzmässigkeiten bewirkten

---

nalökonomie vor und bis zu Keynes (wurde), an das Pigou und Robertson ebenso anknüpften, wie Keynes selbst sich stets als Schüler von Marshall gefühlt hat" (HdWW, Bd. 9, S. 436).
[8] Vgl. Samuelson, P. A.: 1983

Veränderungen sind segmentierbar und quantifizierbar, d. h. messbar. Damit wird faktisch eine "physikalische" und "mechanistische" Bestimmtheit der wirtschaftlichen Wirklichkeit unterstellt.[9]

(2) Die als *Paradigmen* zu bezeichnenden grundlegenden Annahmen der "mainstream"-Ökonomie über ihren Erkenntnisbereich können wie folgt umschrieben werden: Gegenstandsbereich der ökonomischen Wissenschaft ist die Wirtschaft in engeren Sinne, d. h. es wird von den Annahmen ausgegangen, dass die Wirtschaft (a) durch "eigene" Gesetzmässigkeiten - insbesondere durch die raum- und zeit*in*varianten "Gesetze des Marktes" - bestimmt wird bzw. dass sie ein selbstregulierendes System ist, und (b) dass sie in dem Sinne als "autark" gelten kann, dass die sie konstituierenden Gesetzmässigkeiten unabhängig von gesellschaftlichen bzw. kulturellen Subsystemen und deren Normen sind. Nicht nur gesellschaftliche bzw. kulturelle, sondern auch ökonomisch-rechtliche Institutionen werden allenfalls als "gegebener" exogener Rahmen der Entfaltung allgemeingültiger ökonomischer Gesetzmässigkeiten betrachtet. Unter Zugrundelegung solcher Annahmen werden entsprechende "tools" der Analyse angewendet. "Was die[se] ökonomische Tradition in methodologischer Hinsicht auszeichnet, ist ... ein Aspekt der theoretischen Analyse, den sie mit den Verfahrensweisen der Naturwissenschaften gemeinsam hat... Es handelt sich um die Konstruktion von Modellen ..."[10]

(3) Zu den *im Rahmen des Theoriebildungsprozesses explizit formulierten Annahmen* zählen zunächst jene, die sich unmittelbar auf die Menschen beziehen.[11] Die Menschen werden (a) als Individuen betrachtet, die (b) über statische, konsistent geordnete und interindividuell unabhängige Präferenzen verfügen und (c) nicht nur eigeninteressiert, sondern zudem bestrebt sind, ihren Nutzen zu maximieren. Dieses Ziel verfolgen sie durch (d) selbstbestimmte und (e) rationale Entscheidungen und Handlungen. Ferner wird überwiegend angenommen, dass die heute als "Akteure" bezeichneten Individuen über vollständige Informationen verfügen bzw. dass vollständige Transparenz insbesondere hinsichtlich Angebot und Nachfrage gegeben ist. Die Akteure sind hier folglich vollständig über ihren Handlungsspielraum bzw. über dessen Restriktionen informiert

---

[9] Vor diesem Hintergrund besteht wissenschaftlicher Fortschritt darin, sich den der Wirklichkeit immanenten Gesetzen durch immer bessere Theorien anzunähern.

[10] Albert, H.: 1995, S. 19. - Hans Albert kritisiert zwar den "Modellplatonismus", betont aber zugleich, dass "... gegen die Konstruktion theoretischer Modelle im Bereich der Sozialwissenschaft an sich nichts einzuwenden ist" (a. a. O., S. 20).

[11] Diese Annahmen sind auch deshalb von besonderer Bedeutung, weil der durch sie charakterisierte einzelne Mensch den "Ausgangspunkt" für die Erklärung des wirtschaftlichen Geschehens bildet.

und "... reagieren rational und eigeninteressiert auf die situativen Anreizbedingungen."[12] In der Regel wird zudem von der Annahme ausgegangen, dass vollständige Konkurrenz besteht.

Aus solchen Annahmen oder Voraussetzungen, die im Kontext des jeweiligen Erklärungszieles ergänzt oder teilweise gelockert bzw. variiert werden können[13], konstituiert sich ein "Bild von der Wirklichkeit", das nicht den Anspruch erhebt, in einem umfassenden Sinne "realistisch" zu sein, sondern - im Hinblick auf das Ziel, ein Segment dieser Wirklichkeit (idealtypisch) zu erklären, - eine gezielte und reflektierte Vereinfachung darzustellen beabsichtigt. Diese Reduktion der hochkomplexen und sich im Zeitablauf verändernden Wirklichkeit auf eine überschaubare Anzahl von Annahmen bzw. Hypothesen und Hilfshypothesen ermöglicht es, hieraus *durch logisches Schliessen bestimmte Folgerungen abzuleiten* und damit eine Theorie zu formulieren. Das Forschungsinteresse gilt folglich grundsätzlich in erster Linie der Erklärung bestimmter Folgen eigeninteressierten und rationalen Handels, nicht hingegen dem Prozess einer tatsächlich stattgefundenen Handlung.

Wird ein logischer Kausalnexus in der Wirklichkeit unterstellt und ist die Ableitung der Folgerungen aus den Annahmen logisch korrekt, so gilt, dass die Folgerungen immer dann "richtig" sind, wenn die Annahmen "richtig" sind. Auch a-historische Annahmen können *in dieser Sicht* gerechtfertigt sein, wenn entweder eine im "idealtypischen" Sinne geltende Theorie ermittelt werden soll oder wenn sich diese a-historischen Annahmen - im Falle einer "anwendungsorientierten" Theorie - nur auf raum- und zeit*in*variante und damit quasi naturgesetzliche Bestimmungsfaktoren wirtschaftlichen Geschehens beziehen und wenn sie durch Berücksichtigung historischer Rahmenbedingungen bzw. durch situationsspezifische Hilfshypothesen ergänzt werden. Führt die empirische Überprüfung einer "anwendungsorientierten" Theorie mittels ökonometrischer Testverfahren nicht zu befriedigenden Resultaten, so kann ein Teil der zugrundeliegenden Annahmen und insbesondere der Hilfshypothesen (im Rahmen der Paradigmatik des "mainstreams") so lange variiert werden, bis eine hinreichende empirische Evidenz erzielt ist. - Dieser Fokussierung der Annahmen steht die auch innerhalb des "mainstreams" umstrittene Position von Milton Friedman (1912 -) gegenüber, welcher Versuche kritisiert, "... die Güte einer Theorie an der 'Realistik' der Annahmen festzumachen;

---

[12] Suchanek, A.: 1994, S. 101

[13] Beispielsweise wird zum Teil von der Annahme "unvollständiger Information" ausgegangen, oder es wird - wie in game-theoretischen Ansätzen - eine "asymmetrische" Informationsverteilung unter den Akteuren berücksichtigt.

vielmehr seien die Folgerungen (Prognosen) einer Theorie der adäquate Massstab".[14] Die Kontroverse über diese Position wird im neunten Kapitel der vorliegenden Arbeit eingehend behandelt.

c. Die Leistungen des "mainstream"-Ansatzes

Die den unterschiedlichen Varianten des "mainstreams" gemeinsame Leistung kann insbesondere darin gesehen werden, dass in Gestalt der Mikro- und Makroökonomie Systeme grundsätzlich kompatibler Theorien geschaffen wurden, die - infolge ihres idealtypischen Charakters - *eine* gesamthafte Erklärung ihres Gegenstandsbereiches geben können. Diese Theorien haben zudem in der Regel den bedeutenden Vorteil, (mathematisch) exakt formulierbar sowie logisch eindeutig nachvollziehbar zu sein. Indem davon ausgegangen wird, dass unter der raum- und zeitspezifisch ausgeprägten "Oberfläche" der Erscheinungen allgemeine Gesetzmässigkeiten wirken und so für den "Kern" wirtschaftlichen Geschehens bestimmend sind, können die entsprechenden Theorien zudem eine universelle und zeitlose Gültigkeit beanspruchen. - Insbesondere diese Leistungen bzw. Vorteile des "mainstream"-Ansatzes entsprechen dem Bedürfnis des Menschen nach Ordnung, Konsistenz und Permanenz und vermögen zur Erklärung beizutragen, weshalb dieser Ansatz in Lehre und Forschung der ökonomischen Wissenschaft so bedeutsam geworden ist.

d. Die Restriktionen des "mainstream"-Ansatzes

Die Leistungen und der Erfolg des "mainstream"-Ansatzes stehen in engstem Zusammenhang mit jenen Annahmen, die auf den behandelten drei "Ebenen" getroffen wurden. Indem mit bestimmten (impliziten oder explizit formulierten) Annahmen immer gleichzeitig anderes ausgeschlossen wird, fungieren auch diese Annahmen als "Filter" oder "Raster": sie sind bestimmend dafür, *welcher* Ausschnitt aus der Wirklichkeit *wie* wahrgenommen wird. Im Idealfall können solche Wahrnehmungs-"Filter" eine Konzentration auf das im Erkenntnisprozess Wesentliche ermöglichen. Daher liegt in der "... Reduktionsleistung die besondere Stärke [des "mainstream"-Ansatzes], sofern damit die Fokussierung auf die für die

---

[14] Suchanek, A.: 1994, S. 9, FN 13. - Zur Kritik von Paul Samuelson an der Position von Milton Friedman vgl.: Frank, J.: 1976, S. 20 ff.

Problemstellung *relevanten* Zusammenhänge gelingt."[15] Während die letztgenannte Bedingung von der Mehrzahl heutiger Nationalökonomen als grundsätzlich erfüllt angesehen wird, halten wir dieser Position die Hypothese entgegen, dass der "mainstream"-Ansatz mit den Inhalten der genannten Annahmen bzw. Voraussetzungen *relevante* Bestimmungsfaktoren von wirtschaftlichen Prozessen und deren Resultaten ausgrenzt.[16] Diese Hypothese wird nun durch die Erläuterung von fünf "Restriktionen" dieses Ansatzes begründet.

(1) Die Betrachtung des Menschen ausschliesslich als ein durch rationale Handlungen seinen Nutzen maximierendes Individuum[17] impliziert den Ausschluss anderer realer Bestimmungsfaktoren menschlichen Handelns aus der ökonomischen Analyse: Zunächst lässt der Nutzenbegriff infolge seiner Abstraktheit offen, worauf der Nutzen konkreter Güter zurückzuführen ist bzw. warum ein bestimmtes Gut einem anderen gegenüber präferiert wird. Damit wird die Untersuchung der Frage verzichtbar, *warum*, d. h. aus welchen Motivationen oder Antrieben heraus, der Mensch bestimmte ökonomische Aktivitäten unternimmt. Indem die "mainstream"-Ökonomie bestimmte *psychische Bestimmungsfaktoren* ökonomisch relevanten Handelns aus ihrer Analyse ausschliesst[18], kann sie zwar infolge der damit verbundenen Eliminierung nicht rational erklärbarer Einflüsse die Rationalitätsannahme aufrecht erhalten - sie grenzt hierdurch aber nicht nur wesentliche Triebe des Menschen aus, sondern sie verkennt damit ferner die Bedeutung von zwei anderen Faktoren, die das wirtschaftliche Geschehen beeinflussen. Hierbei handelt es sich zum einen um die Phantasie des Menschen[19], die als schöpferische Kraft immer

---

[15] Suchanek, A.: 1994, S. 101

[16] Entsprechend stellt Kurt Dopfer fest: "Es ist eine Paradoxie, dass die grössten Erfolge der modernen Sozial- und namentlich der Wirtschaftswissenschaften gerade deshalb möglich wurden, weil sie wesentliche Bereiche der relevanten Wirklichkeit ausgeschlossen haben." (Dopfer, K.: Machbarkeit und Determinismus ..., 1979, S. 314)

[17] Indem das Verhalten des Individuums durch die Annahme der rationalen Nutzenmaximierung exakt bestimmt und in diesem Sinne "standardisiert" ist, geht die "mainstream"-Ökonomie keinesfalls vom Individuellen aus. Der "Individualismus" ist hier folglich ein rein "methodologischer".

[18] Die unter der Bezeichnung "behavioral economics" fortschreitenden Versuche einer Integration psychologischer Erkenntnisse in die ökonomische Forschung finden ihre Grenzen an der für den "mainstream"-Ansatz konstitutiven Rationalitätsannahme. Vor dem Hintergrund der behandelten Voraussetzungen dieses ökonomischen Ansatzes wird deutlich, dass insbesondere eine Einbindung tiefenpsychologischer Erkenntnisse in die ökonomische Theoriebildung allenfalls partiell gelingen kann.

[19] Auf Grundlage seiner anthropologischen Arbeiten folgert Arnold Gehlen: "In der Tat wäre der Mensch als Phantasiewesen so richtig bezeichnet, wie als Vernunftwesen." (Gehlen, A.: 1950, S. 343)

neue Produkte hervorbringt und für die Entstehung neuer Bedürfnisse massgebend ist, und zum anderen um die Bestimmtheit insbesondere der Bedürfnisse und Motivationen des Menschen durch den raum-/zeitvarianten Einfluss seiner Aussenwelt.[20]

(2) Indem der "mainstream"-Ansatz die Position des methodologischen Individualismus impliziert, d. h. indem der Mensch ausschliesslich als autonomes Individuum betrachtet wird, werden die Konsequenzen der Tatsache verkannt, dass der Mensch ein "soziales", d. h. ein Gemeinschaften bildendes und in diesen lebendes, Wesen ist. Die ökonomische Relevanz der sozialen Interaktion lässt sich nicht auf den Austausch wirtschaftlicher Güter auf dem Markt reduzieren, sondern sie hat eine hierüber hinausgehende Dimension: Aus der sozialen Interaktion der Menschen entwickelt sich unter dem Einfluss historisch gewachsener Institutionen und insbesondere des "Zeitgeistes" mit seinen ideologischen Komponenten ein "organisches Ganzes", das als *"sozialpsychischer" Faktor* bezeichnet werden kann. Dieser Faktor lässt sich infolge seiner institutionellen Mitbestimmtheit und seiner eigendynamischen Rückwirkungen auf den Menschen weder aus der Interaktion autonomer Individuen bzw. aus deren Präferenzen herleiten[21], noch ist er aufgrund seiner "Verwobenheit" mit der Psyche des Menschen auf einen blossen "Rahmen" menschlichen Handelns reduzierbar. Der "sozialpsychische" Faktor hat daher eine eigenständige Bedeutung und einen unmittelbaren Einfluss auf das wirtschaftliche Geschehen. Von den Begriffen "Nationalökonomie" und "Volkswirtschaftslehre" wird die Berücksichtigung des "sozialpsychischen" Faktors zwar suggeriert - die heutige "mainstream"-Ökonomie des deutschen Sprachraums ist jedoch, auch wenn sie sich als "Volkswirtschaftslehre" bezeichnet, eine grundsätzlich von diesem Faktor abstrahierende Wissenschaft.

(3) Die den "sozialpsychischen" Faktor mitbestimmenden und als Element der "geistigen Umwelt" des Menschen auch unmittelbar dessen "Weltbild" und Handlungen beeinflussenden Institutionen können unter anderem in Gestalt der Sprache, der Philosophie i. w. S. und insbesondere der *kulturellen Werte* und Normen näher spezifiziert werden. Diese Werte sind nicht nur kulturspezifisch, sondern sie verändern sich auch im Zeit-

---

[20] Vgl. Löwe, J.: Der unersättliche Mensch, 1995, I. Teil

[21] Für mechanistisch strukturierte Systeme gilt, dass das "Ganze" aus der Interaktion seiner einzelnen Teile hinreichend erklärt werden kann. In sozialen Systemen wie dem der Volkswirtschaft hingegen ist der Mensch als dessen "Teil" durch das "Ganze" mitbestimmt. Psychische bzw. geistige Prozesse, die mit der Umwelt interagieren und insofern "offen" sind, erfordern daher - ergänzend - eine Optik, die sie von "Ganzen" ausgehend zu erklären versucht.

ablauf. Selbst wenn die "mainstream"-Ökonomie kulturelle Werte als statischen "Rahmen" der Entfaltung rationaler Nutzenmaximierung berücksichtigt, vernachlässigt sie nicht nur den evolutiven Charakter kultureller Werte, sondern auch die Unmittelbarkeit des Einflusses dieser Werte und damit die Tatsache, dass der Mensch infolge dieses Einflusses keineswegs immer vollständig und im ökonomischen Sinne "rational" handelt. Diese (weitgehende) Ausgrenzung von Werten und anderen kulturspezifischen Einflüssen aus dem Erkenntnisbereich der ökonomischen Wissenschaft ermöglicht es, diesen als "autark" und "eigengesetzlich" zu betrachten.

(4) Unmittelbarer als die kulturellen Werte sind die jeweiligen *Strukturen der wirtschaftlichen und gesellschaftlichen Institutionen* für die ökonomischen Prozesse und deren Resultate mitbestimmend. Diese Institutionen werden in ihrer kulturspezifischen Ausprägung vom "mainstream"-Ansatz entweder nicht berücksichtigt, indem auf der Basis eines abstrakten, d. h. zeit- und raum*un*spezifischen, Markt-Modells argumentiert wird, oder sie werden als statische "Rahmenbedingungen" betrachtet. Insbesondere letzteres bedeutet, dass die jeweiligen Institutionen faktisch als "gegeben" betrachtet werden und dass ihre Entwicklung und ihr Wandel - auch in rein deskriptiver Hinsicht - aus der ökonomischen Theorie ausgeblendet werden. - Gleiches gilt grundsätzlich auch für die im engeren Zusammenhang mit den jeweiligen institutionellen Gegebenheiten stehenden Entscheidungsprozesse und Einflussmöglichkeiten verschiedener Interessengruppen. Ungeachtet der zentralen Bedeutung dieser Thematik für die volkswirtschaftliche Entwicklung[22] wird "Macht" von der "mainstream"-Ökonomie überwiegend nur partiell in Gestalt einer die Preisbildung mitbestimmenden Markt-Macht von Monopolisten behandelt.[23]

(5) Wurde unter den Punkten (1) bis (4) die Ausgrenzung von Bestimmungsfaktoren wirtschaftlichen Geschehens betrachtet, so sind nun die aus den Voraussetzungen bzw. Annahmen des "mainstream"-Ansatzes resultierenden *Restriktionen im methodischen Vorgehen* zu erläutern. - Hierzu zählt zunächst, dass infolge der Annahme, die wirtschaftliche Wirklichkeit sei segmentierbar und quantitativ fassbar, nur quantitative bzw. quantifizierbare - insbesondere in Geldwerten messbare - Grössen berücksichtigt werden. Indem die Wirklichkeit ausschliesslich durch einen entsprechenden "Filter" wahrgenommen wird, finden *qualitative Grössen*

---

[22] Vgl. Samuels, W. J. (Hrsg.): The Economy as a System of Power, 1979; vgl. auch ders.: 1991, 109 ff.

[23] Ebenfalls von der "mainstream"-Ökonomie vernachlässigt werden Interessenkonflikte. "In der tiefsten Tiefe neoklassischen Denkens ruht die Vorstellung von einer Gesellschaft als harmonisches Ganzes, ohne interne Interessenkonflikte." (Robinson, J.: 1974, S. 14)

bzw. Werte entweder keine Beachtung oder sie werden nach rein ökonomischen Kriterien "quantifiziert". Indem eine solche Quantifizierung bzw. eine Messung von Daten nur zu bestimmten Zeitpunkten möglich ist, können nur Zeitpunktbetrachtungen verglichen werden, d. h. dieser Ansatz impliziert zudem grundsätzlich die Restriktion, dass keine *Prozesse* analysiert werden[24]. Entsprechend werden die Erkenntnisobjekte auch nicht aus dem Prozess ihrer Entwicklung aus ihren konkreten Ursprüngen, d. h. aus ihren *raum- und zeitspezifischen Ursachen*, heraus erklärt. Stattdessen werden die Erklärungen aus (überwiegend) a-historischen und faktisch a-priori gegebenen Annahmen abgeleitet.[25]

Der "mainstream"-Ansatz grenzt somit durch die ihm zugrundeliegenden Annahmen bzw. Voraussetzungen nicht nur unmittelbar Bestimmungsfaktoren des ökonomischen Erkenntnisobjektes aus seiner Analyse aus, sondern er vermag mit seinem methodischen "Zugang" zur wirtschaftlichen Wirklichkeit auch deren qualitatives und prozesshaftes bzw. evolutives Wesen nicht oder allenfalls sehr bedingt zu erfassen. Für uns entscheidend ist, dass fast alle erläuterten Restriktionen des "mainstream"-Ansatzes eine Abstraktion von jenem implizieren, was in verschiedenen Kulturen oder Staaten und zu verschiedenen Zeiten unterschiedlich ist, und dass sie damit in einer Verkennung des prozesshaft-evolutiven Charakters der Wirtschaft bestehen. Eine grundsätzliche "Gemeinsamkeit" dieser Restriktionen besteht folglich in der *Ausgrenzung der Geschichtlichkeit bzw. der Kontextualität des Erkenntnisobjektes "Volkswirtschaft"*. Sofern die zeitliche Dimension von der "mainstream"-Ökonomie überhaupt berücksichtigt wird[26], so handelt es sich hier in aller Regel nicht um eine "prozesshafte" und insbesondere nicht um eine "geschichtliche" - d. h. den kulturellen Kontext involvierende - Zeit. Voluntaristische und deterministische Theorien unterscheidend, stellt Kurt Dopfer fest, dass letztere "... kein geschichtliches Verhältnis zur Zeit [haben]. Die geschichtliche Essenz, die ihre Erheblichkeit erst begründen könnte, ist im Zuge des theoretischen Abstraktionsprozesses abhanden

---

[24] Vgl. Arndt, H., 1984, S. 59; vgl. auch Suchanek, A.: 1994, S. 104
[25] Vor dem Hintergrund aller erläuterten Restriktionen des "mainstream"-Ansatzes ist die in der ersten Hälfte der 60er Jahre auch innerhalb der Nationalökonomie gehegte Erwartung verständlich, "... dass sich die Ökonomen in Zukunft verstärkt anderen Sozialwissenschaften zuwenden werden, um den ökonomischen Theorien mit Hilfe der Nachbardisziplinen mehr empirischen Gehalt zu geben ..." (Fleischmann, G.: 1988, 20f.; zit. nach Suchanek, A.: 1994, S. 2). Die tatsächliche Entwicklung ging paradoxerweise in die entgegengesetzte Richtung: "Die Ökonomen haben weniger versucht, Hypothesen anderer Sozialwissenschaften auf den Bereich der Wirtschaft anzuwenden, als vielmehr in grossem Umfang ökonomische Hypothesen auf Erklärungsbereiche der anderen Sozialwissenschaften." (ebd.).
[26] Vgl. auch Allgoewer, E.: Ökonomische Theoriebildung und Zeit, 1992

gekommen. Zeit wurde zu unhistorischer Zeit ..."[27]

2. Die sich aus der Charakterisierung des "mainstream"-Ansatzes ergebenden Konsequenzen

Die durch bestimmte Annahmen - also durch wertende Urteile - erfolgende Abstraktion von der "geschichtlichen" Zeit und damit von der kontextualen (Mit-)Bestimmtheit des ökonomischen Erkenntnisobjektes "Volkswirtschaft" ermöglicht es zwar, dass Theorien der "mainstream"-Ökonomie den Anspruch auf allgemeine bzw. universelle Gültigkeit erheben können. Wie im fünften Kapitel der vorliegenden Arbeit verdeutlicht wird, wurde mit dem raum- und zeitspezifischen Kontext jedoch von einem essenziellen und damit *relevanten Bestimmungsfaktor* des ökonomischen Erkenntnisobjektes abstrahiert. Da wirtschaftliche Erscheinungen durch den geschichtlichen bzw. kulturellen Kontext mitbestimmt sind und daher nur aus diesem heraus erklärt werden können, impliziert der erkenntnistheoretische Ansatz der heutigen "mainstream"-Ökonomie folglich ein "Defizit", dessen Beseitigung die Aktualisierung der historischen bzw. kontextualen Theorie und Methode von Karl Knies erfordert.

Da selbstverständlich auch die erkenntnistheoretische Position von Knies und der Historischen Schule auf elementaren Annahmen über das Sosein der Wirklichkeit und über den Erkenntnisbereich der Nationalökonomie beruht, sind wir nun mit der Tatsache konfrontiert, dass sich in Gestalt der Positionen von Historischer Schule einerseits und Neoklassischer Schule andererseits zwei - sich in wesentlichen Punkten unterscheidende - "Weltbilder" und Paradigmatiken gegenüberstehen. Es ist offensichtlich, dass die Positionen beider Schulen auf wertenden Urteilen und damit auf normativen Grundlagen aufbauen. Hieraus können zwei Folgerungen abgeleitet werden:

(1) Beruht die in der neoklassischen Tradition stehende "mainstream"-Ökonomie ebenso wie andere nationalökonomische Schulen auf normativen Fundamenten[28], so ist die aus ihrem Selbstverständnis, "posi-

---

[27] Dopfer, K.: Machbarkeit und Determinismus ..., 1979, S. 305

[28] Die Bedeutung und Wirkung der von der "mainstream"-Theorie implizierten Werturteile werden in der Literatur teils derart interpretiert und beurteilt, dass sie den Anspruch der "mainstream"-Ökonomie, "positive" Wissenschaft zu sein, infrage stellen. Benjamin Ward gelangt in seiner Untersuchung sogar zu folgendem Urteil: "If our picture is reasonably accurate there is no question but that economics *is* a science in the Kuhnian sense. Nevertheless, there are important aspects of its procedure that are rather troubling. The fact that a science should be so closely tied to an ideology is perhaps the most important of these troubling aspects." (Ward, B.: 1972, S. 31/32, vgl. auch S. 193ff.) - Zu erwähnen sind in

tive" Wissenschaft zu sein, resultierende Gleichsetzung ihrer selbst mit "ökonomischer Wissenschaft" schlechthin nicht haltbar. Folglich haben ökonomische Ansätze, die - wie jene der Historischen Schule - auf einem anderen "Weltbild" ihre eigene Paradigmatik und Methodologie aufbauen, nicht nur eine Berechtigung, sondern sie sind im Interesse einer möglichst "ausgewogenen" und in diesem Sinne "werturteilsneutralen" Theoriebildung sogar unerlässlich.

(2) Da die Frage, welche der beiden genannten Schulen über die dem Erkenntnisbereich der Nationalökonomie "entsprechenden" normativen Grundlagen verfügt, durch verschiedene geistesgeschichtliche Traditionen unterschiedlich beantwortet wird und nicht abschliessend beantwortet werden kann, da eine "Letztbegründung" solcher Werturteile unmöglich ist, ist ein Wettbewerb der auf den unterschiedlichen normativen Fundamenten "errichteten" Theorien erforderlich. Insofern es die Aufgabe der Nationalökonomie ist, wirtschaftliche Wirklichkeit zu erklären, kann das Kriterium für die Beurteilung unterschiedlicher Theorien nur deren Bewährung in der "Praxis" sein. Ein Wettbewerb zwischen den verschiedenen Theoriebildungsansätzen ist nicht nur im Interesse einer erfolgreichen Wirtschaftspolitik notwendig und daher wünschenswert, sondern er ist - wie Paul Feyerabend im Kontext seiner Argumentation betont[29] - auch unmittelbar der wissenschaftlichen Entwicklung förderlich.

Die Möglichkeiten eines solchen Wettbewerbs innerhalb der ökonomischen Wissenschaft sind davon abhängig, wieviel Raum den Nationalökonomen jenseits des "mainstreams" vom jeweiligen "mainstream" gewährt wird. Die Theoriegeschichte lehrt, dass ein Wettbewerb im eigentlichen Sinne die Ausnahme ist; vielmehr ist jedem "mainstream" die Tendenz immanent, sich bis an die Grenzen seiner Möglichkeiten auszuweiten und damit die Entwicklung von Alternativen zu erschweren. Dies galt nicht zuletzt für die Historische Schule[30] und gilt heute für die Neoklassik einschliesslich ihrer jüngeren Varianten. Auch die nun darzustellende Entwicklung der "Kontroverse" über die Bestimmtheit des Erkenntnisbereiches der Nationalökonomie ist weniger die Geschichte eines offenen Dis-

---

diesem Zusammenhang auch die Abhandlungen von Gunnar Myrdal *"Der ideologische Hintergrund der nationalökonomischen Doktrinbildung"* (in Myrdal, G.: 1963, 19 ff.) und von Lothar Kramm *"Die ideologische Basis nationalökonomischer Lehrinhalte"* (in Kramm, L.: 1975, 97 ff.). Ergänzend zu verweisen ist ferner auf den Aufsatz von Warren Samuels *"The Roles of Theory in Economics"* (1994, S. 21 ff., insbes. S. 36) sowie auf das Werk von Joan Robinson *"Ökonomische Theorie als Ideologie"* (1974).

[29] Vgl. Feyerabend, P.: 1977, insbes. S. 53 ff.

[30] Auch der seinerzeit von Schmoller im deutschen Sprachraum dominierte "mainstream" erschwerte die Entwicklung von Alternativen. So entstanden Carl Mengers *"Grundsätze der Volkswirtschaftslehre"* (1871) in einer Sphäre intellektueller Isolation.

kurses und freien Wettbewerbs, als vielmehr die Geschichte zweier konträrer Positionen, die zu unterschiedlichen Zeiten in verschiedenen Bereichen dominierten.

Zweites Kapitel

Der Hintergrund:
Zur Genealogie der Kontroverse zwischen universalistischen und historischen Positionen

Wie das vorstehende Kapitel verdeutlichte, ist die Beantwortung der Fragen, *ob* der Erkenntnisbereich der Nationalökonomie - also die Volkswirtschaft - durch den jeweiligen historischen bzw. kulturellen Kontext massgebend (mit-)bestimmt ist oder nicht und *ob* das wirtschaftliche Geschehen folglich im Wesentlichen durch allgemeingültige Gesetze erklärt werden kann oder nicht, abhängig von den der Betrachtung des Erkenntnisbereiches zugrundeliegenden Voraussetzungen und insbesondere von elementaren Annahmen über das Sosein der wirtschaftlichen Wirklichkeit. Die in den Positionen der "mainstream"-Ökonomie und der Historischen Schule in Erscheinung tretenden konträren "Weltbilder" haben tiefe "Wurzeln" in der abendländischen Geistesgeschichte.

Mit der sich anschliessenden Behandlung von Ursprung und Entwicklung dieser "Weltbilder" sowie von deren Einfluss auf die ökonomische Theoriebildung wird zweierlei bezweckt: Einerseits soll verdeutlicht werden, dass die Fragen, wie der Erkenntnisbereich der Nationalökonomie "bestimmt" ist, welche Methoden der Erkenntnisgewinnung folglich anzuwenden sind und über welchen Geltungsanspruch die resultierenden Theorien verfügen, die wohl grundlegendsten und nicht abschliessend beantwortbaren Fragestellungen dieser Wissenschaft sind. Andererseits soll durch die Erörterung der konträren Antworten, die von den Vertretern verschiedener nationalökonomischer Traditionen insbesondere des 18. und beginnenden 19. Jahrhunderts auf diese Fragen gegeben wurden, der theoriegeschichtliche Hintergrund der Entstehung des Knies'schen Werkes aufgezeigt werden.

I. Die universalistische Position und ihre theorie- und geistesgeschichtlichen "Wurzeln"

Der Grundgedanke der universalistischen Position[1] lässt sich wie folgt formulieren: Ökonomische Theorien können eine allgemeine Gültigkeit beanspruchen, weil der Erkenntnisbereich der Nationalökonomie durch zeitlos bzw. universell gültige Gesetze bestimmt ist und die Bedeutung raum- und zeitspezifischer Faktoren allenfalls darin besteht, externer institutioneller "Rahmen" der Entfaltung dieser Gesetze zu sein. In dieser Sicht ist das wirtschaftliche Geschehen somit in seinem "Kern" durch universell gültige Gesetze bestimmt. Indem davon ausgegangen wird, dass diese Gesetze grundsätzlich sowohl für alle Volkswirtschaften als auch in Vergangenheit, Gegenwart und Zukunft gelten, entspricht ihre Bedeutung faktisch jener von Naturgesetzen. Somit gilt die Wirtschaft in ihrem "Kern" faktisch als "naturgesetzlich" bestimmt. - Dieser "naturgesetzliche", d. h. zeit- und rauminvariante, "Kern" umfasst also nicht nur die physiologischen und damit eindeutig naturgesetzlichen Komponenten ökonomisch relevanten Verhaltens, sondern er besteht in Gestalt sämtlicher für das wirtschaftliche Geschehen bestimmender Gesetze. Diese Gesetze sind infolge ihrer Zeit- und Rauminvarianz abstrakt, wie beispielsweise die Gesetze eines "reinen Marktes". Infolge ihres universellen Gültigkeitsanspruchs implizieren sie die Voraussetzung, dass die für das wirtschaftliche Geschehen bestimmenden Menschen aller Völker und Zeiten in gleicher Weise "rational" - nämlich "ökonomisch rational" - handeln.

1. Die geistesgeschichtlichen Ursprünge der universalistischen Position

Die "Wurzeln" dieser Position reichen teils sehr tief und treten bereits in der *römischen Stoa* in Erscheinung. Der stoischen Metaphysik zufolge ist die Welt und damit die Natur von einer "göttlichen Vernunft" durchdrungen. Diese "Welt-Vernunft" ist dem gesamten irdischen Sein immanent und damit für dessen Sosein bestimmend. Hierüber hinaus ist durch die "Welt-Vernunft" eine Zweckbestimmtheit der zukünftigen Entwicklung vorgegeben. Die Idee der stoischen "Welt-Vernunft" impliziert damit die Immanenz einer "Gesetzlichkeit", die nicht nur universell und damit rauminvariant,

---

[1] Die folgende Charakterisierung dieser Position verdeutlicht, dass der hier verwendete Begriff "universalistisch" in keinem unmittelbaren Zusammenhang mit dem "Universalismus" von Othmar Spann (1878 - 1950) steht.

sondern infolge ihres transzendentalen Ursprungs auch zeit*in*variant ist.
Folglich liefert die stoische Philosophie eine (metaphysische) Begründung
der Annahme, dass auch der Erkenntnisbereich der Sozialwissenschaften -
und damit die Volkswirtschaft - durch raum- und zeit*in*variante Gesetze bestimmt ist und dass der Mensch als "Vernunftwesen" über die Fähigkeit verfügt, diese Gesetze zu erkennen und in Gestalt allgemeingültiger Theorien
abzubilden.

Indem jedoch allenfalls einzelne dieser Gesetze unmittelbar der Beobachtung zugänglich sind, muss die Annahme hinzutreten, dass diese raum-
und zeit*in*varianten Gesetze generell jenseits der beobachtbaren äusseren
Erscheinungen, d. h. "hinter den Dingen", verborgen und daher durch Abstraktion vom raum- und zeitspezifischen "Äusseren" zu gewinnen sind. In
dieser Trennung der unmittelbar wahrnehmbaren Welt einerseits von einem
die äusseren Erscheinungen transzendierenden Bereich der Erkenntnis andererseits kann eine zweite - in der Philosophie *Platos* (427 - 347) liegende -
"Wurzel" der universalistischen Position gesehen werden.

Vor dem Hintergrund des sich durch diese Annahmen konstituierenden
"Weltbildes" kommt der Wissenschaft die Aufgabe zu, die jenseits der Vielfalt und Interdependenz sowie des Wandels äusserer Erscheinungen verbor-
genen Gesetze bzw. "Vernunftwahrheiten" (Leibniz) zu ermitteln und damit
zu den "letzten Ursachen" irdischen Geschehens vorzudringen. Dieses
Selbstverständnis der Wissenschaft wurde entscheidend durch die *Philosophie der "Aufklärung"* ("Enlightenment Philosophy") bzw. durch den klassischen Rationalismus und den Realismus insbesondere des 18. Jahrhunderts
geprägt. - Der stoischen Vorstellung von der Immanenz einer "Weltvernunft" relativ gleichbedeutend war in dieser Epoche die Annahme einer "natürlichen Ordnung", welche auch die Gesellschaft und Wirtschaft in ihrer
idealen Form umfasst und deren Gesetze vom Menschen grundsätzlich erkennbar sind.

Infolge des Einflusses des englischen *Empirismus* auf Vertreter der universalistischen Position entstand ein (von dem Einfluss des Platonismus
entkoppelter) "naiver" Induktionismus, demzufolge auf Grundlage empirischer Beobachtungen allgemeingültige Theorien entwickelt werden können.
Der Einwand des "skeptischen Empiristen" David Hume (1711 - 1776),
dass beispielsweise aus der Beobachtung auch einer sehr grossen Anzahl
weisser Schwäne nicht geschlossen werden kann, dass alle Schwäne weiss
sind, führte keinesfalls zu einer generellen Aufgabe des Allgemeingültig-
keitsanspruchs wissenschaftlicher Erkenntnis und damit der universalistischen Position. Vielmehr setzte sich in der ökonomischen Wissenschaft ein
Apriorismus und damit eine grundsätzliche "Entkoppelung" von der empiri-

schen Basis durch, insoweit Gesetzmässigkeiten nicht mehr aus Beobachtungen, sondern aus a-priori gegebenen Annahmen bzw. Voraussetzungen abgeleitet wurden.

Wie gezeigt wurde, konstituiert sich das dem Universalismus der Gegenwart zugrundeliegende "Weltbild" aus verschiedenen geistesgeschichtlichen bzw. philosophischen Quellen, die zu sehr unterschiedlichen Zeiten entstanden. Theoriegeschichtlich ältere Erscheinungsformen des Universalismus basieren infolge ihrer Abhängigkeit vom jeweiligen Stand der geistesgeschichtlichen Entwicklung auf der zu ihrer Zeit existierenden und wirkenden Philosophie. Mit den sich im Verlauf der Theoriegeschichte wandelnden philosophischen und erkenntnistheoretischen Grundlagen der universalistischen Position änderten sich jedoch nur die Begründungen einer grundsätzlich unveränderten "Weltsicht". So ist es zu erklären, dass sich durch "... die ganze Geschichte der Wirtschaftstheorie ... die Neigung (zieht), Schlussfolgerungen aus speziellen Annahmen zu verallgemeinern ..."[2]

2. Die Erscheinungsformen des Universalismus in der National-ökonomie

Eine Variante des Universalismus begegnet uns bereits in der *Scholastik*. Die in scholastischer Sicht grundlegende "göttliche Ordnung" bzw. das "Gesetz Gottes" ist raum- und zeit*in*variant und hat infolge der Unterscheidung zwischen "Jenseits" und "Diesseits" - ebenso wie das platonische "Reich der Ideen" - einen transzendenten Charakter.

Mit dem Übergang zur *Physiokratie* trat an die Stelle der "göttlichen Ordnung" die "natürliche Ordnung". Indem die "natürliche Ordnung" von den Physiokraten als "gottgegeben" betrachtet und auf nahezu alle Bereiche des menschlichen Lebens - auch jenen der Moral - bezogen wurde, ist sie in gewisser Hinsicht vergleichbar mit einer göttlichen "Gesetzlichkeit", wie sie uns in unterschiedlichen Ausprägungen nicht nur in der scholastischen, sondern auch in der stoischen Philosophie begegnet. Physiocratical "... thoughts reflect the stoic view of the world as a cosmos ordered by law, the optimism of the philosophy of Leibniz, and the belief of the French rationalists in the power of reason to derive truth from 'self-evident' premises." The view of Francois Quesnay (1694 - 1774) "... of the world and of science [is] conform to the pattern of Cartesian rationalism as modified by the French philosopher Malebranche (1638 - 1715), of whom Quesnay was a faithful

---

[2] Arndt, H.: 1979, S. 94

follower. Malebranche envisaged the cosmos as a variety of hierarchically and harmoniously arranged orders. Like Descartes, he distrusted data ostensibly established by the senses and instead extolled the immutable and eternal representations of the mind. These artifacts of reason have their counterparts both in Plato's ideas and in the abstract concepts and theoretical models employed in economics. As a Cartesian and follower of Malebranche, Quesnay thus became the founder of the rationalistic tradition in economics."[3] - Diese Ausführungen von Henry William Spiegel (1911 - 1995) verdeutlichen die Abhängigkeit der von den Universalisten vertretenen - rationalistischen - Annahme, dass allen irdischen Erscheinungen eine vernunftbestimmte bzw. gesetzmässige Ordnung immanent ist, von dem sich im Zeitalter der "Aufklärung" entfaltenden "Weltbild". Dieser Auffassung zufolge können die wirtschaftlichen und gesellschaftlichen Erscheinungen in ähnlicher Weise erklärt werden, wie die Erkenntnisobjekte der (klassischen) Naturwissenschaften. Entsprechend wurden der Gesetzes- und Fortschrittsbegriff und die Methoden der klassischen Naturwissenschaften auf die Nationalökonomie übertragen[4], deren Aufgabe dann darin besteht, die dem wirtschaftlichen Geschehen immanenten - universell gültigen - Gesetze zu ermitteln. Vor diesem Hintergrund wird die folgende Aussage des Physiokraten Anne Robert Jacques Turgot (1727 - 1781) verständlich: "Wer nicht vergessen kann, dass es voneinander getrennte und verschieden regierte Staaten gibt, kann niemals eine Frage der politischen Ökonomie richtig erfassen ..."[5]

Diese Formulierung Turgots charakterisiert nicht nur die universalistische Position der französischen Physiokraten, sondern auch jene der englischen *Klassiker*. Das den Universalismus begründende "Weltbild" hat sich mit der Entwicklung der Klassischen Schule jedoch gewandelt: Statt einer gottgegebenen "natürlichen Ordnung" legten die Klassiker ihren Theorien die Vorstellung zugrunde, dass das wirtschaftliche Geschehen aus eigennützigen Handlungen von Individuen[6] resultiert und dass die ungehinderte Entfaltung individuellen Eigennutzes - wie von einer "unsichtbaren Hand" geleitet - zu einem gesellschaftlichen Optimum führt. Damit wird vorausgesetzt, dass der wirtschaftlichen Wirklichkeit eine der stoischen "Weltvernunft" vergleichbare Ordnung immanent ist. Sofern sich die indivi-

---

[3] Spiegel, H. W.: 1991, S. 185/186
[4] Vgl. Rothacker, E.: 1930, S. XVI
[5] Turgot, A. R. J., zitiert in Übersetzung von: Gide, Ch.; Rist, Ch.: 1913, S. 11
[6] Die Fokussierung des Einzelnen und seiner Interessen entsprang dem Zeitgeist der "Aufklärung" und hatte als Element der "Enlightenment Philosophy" bereits wesentlichen Einfluss auf die Physiokraten: "Turgot insisted that the individual is the best judge of his own interest ..." (Spiegel, H. W.: 1991, S. 186).

duellen Handlungen dieser Ordnung entsprechend entfalten können - und nicht vom Staat hieran gehindert werden -, resultiert aus ihnen ein als "optimal" zu betrachtendes Ergebnis. Diese Bedeutung des individuellen Eigeninteresses resultiert aus der Annahme, dass eine "unsichtbare Hand" existiert und im dargestellten Sinne wirkt. Diese Annahme ist offensichtlich nicht empirisch, sondern nur metaphysisch begründbar. Entsprechend transzendiert diese Annahme das in Raum und Zeit Gegebene und damit das Kontextspezifische, d. h. sie ist raum- und zeit*in*variant. - Hierüber hinaus ermöglichte die Annahme einer "unsichtbaren Hand", derzufolge der Wirtschaft eine "Tendenz zum Optimum" immanent ist, eine Entkoppelung von religiösen und moralischen - also kulturspezifischen - Bindungen und Einflüssen früherer Zeit und begründete damit die "Eigenständigkeit" und "Universalität" des Erkenntnisbereiches der Nationalökonomie.

In weitgehender Entkoppelung von der Empirie tritt der Universalismus der *Neoklassik* zunächst primär im Apriorismus von Carl Menger[7] (1840 - 1921) in Erscheinung: In Fortsetzung der platonisch geprägten Tradition ging Menger davon aus, dass es ein "hinter" den äusseren Erscheinungen der Erkenntnisobjekte verborgenes "allgemeines Wesen" derselben gibt. Die Aufgabe der Nationalökonomie besteht dann darin, dieses "allgemeine Wesen" zu erkennen, indem sie vom empirisch Wahrnehmbaren abstrahiert und aus raum- und zeit*in*varianten Annahmen - gemäss logischen Schluss-Regeln - Folgerungen ableitet. Eine durch diese deduktive Methode gewonnene Theorie existiert folglich jenseits von raum- und zeitspezifischen Beobachtungen, was einerseits ihre empirische Überprüfbarkeit ausschliesst und andererseits ihren Anspruch begründet, wie eine Naturgesetz zeitlos und universell zu gelten. - Die sich insbesondere auch jenseits der Österreichischen Schule vollziehende Entwicklung der neoklassischen Nationalökonomie orientierte sich - Philip Mirowski zufolge - noch in einem weit umfassenderen Sinne an den Naturwissenschaften: "Neoclassical economic theory was appropriated wholesale from midnineteenth century physics ... The rise of energetics in physical theory induced the invention of neoclassical economic theory, by providing the metaphor, the mathematical techniques, and the new attitudes toward theory construction."[8] Von solchen Grundlagen ausgehend festigte sich in den folgenden Jahrzehnten das Selbstverständnis der Neoklassik, "science" und damit einer Naturwissenschaft "gleichwertig" zu sein, was den universellen Geltungsanspruch ihrer Theorien unterstrich. - Eine sich bis in die Gegenwart erstreckende Fortsetzung der universalistischen Tradition kann mit Ein-

---

[7] Vgl. zur Position Mengers: Leuschner, H. J.: 1964, S. 130 - 132
[8] Mirowski, P.: 1988, S. 17

schränkung in der sich seit den 60er Jahren vollziehenden Orientierung nicht weniger neoklassischer Nationalökonomen am kritischen Rationalismus gesehen werden: Obwohl es dieser Auffassung zufolge keine "absolute" Erkenntnis gibt[9], können deduktiv gewonnene und in der Regel empirisch überprüfte Theorien grundsätzlich (universelle) Gültigkeit beanspruchen, so lange sie nicht falsifiziert worden sind.

3. Die Einwendungen gegen den Universalismus

Die Kritik am universalistischen Geltungsanspruch ökonomischer Theorien entsprang vorrangig der Anfang des 19. Jahrhunderts bei deutschen Nationalökonomen dominierenden Einsicht, dass eine Anwendung der Freihandels-Theorien der englischen Klassiker wohl in der relativ industrialisierten Kolonialmacht England, nicht aber in den deutschen Kleinstaaten ökonomisch sinnvoll ist.[10]

Gehen wir der Frage nach, warum die Anwendung einer als "allgemeingültig" postulierten Theorie in konkreten Situationen entweder nicht zu den theoretisch zu erwartenden Resultaten führt oder von vornherein unterbleibt, weil die Theorie offensichtlich nicht "wirklichkeitsadäquat" ist, so liegt es nahe, an den Annahmen bzw. Voraussetzungen dieser Theorie anzusetzen. Der sich auf diese normativen Grundlagen der universalistischen Position beziehende Einwand besteht darin, dass hier eine ausschliessliche "Vernunftbestimmtheit"[11] des Erkenntnisbereiches bzw. ein naturwissenschaftlich geprägtes "Weltbild" vorausgesetzt wird. Solche Grundannahmen sind - so die Kritiker - dem Erkenntnisbereich "Volkswirtschaft" und der Nationalökonomie als einer Sozialwissenschaft nicht adäquat und haben zur Folge, dass die raum- und zeitspezifische Bestimmtheit des Erkenntnisobjektes negiert und von etwas Wesentlichem abstrahiert wird. Diese Kritik bildet den Hintergrund für die nun zu charakterisierende Gegenposition.

---

[9] Vgl. Albert, H.: Kritischer Rationalismus. In: Seiffert, H.; Radnitzky, G. (Hrsg.): 1992, S. 177 - 182, insbes. S. 180

[10] Vgl. Knies, K.: 1883, S. 286, vgl. auch S. 284 f.

[11] Im Sinne eines Exkurses sei hierzu Friedrich Nietzsche (1844 - 1900) zitiert: "Dass die Welt *nicht* der Inbegriff einer ewigen Vernünftigkeit ist, lässt sich endgültig dadurch beweisen, dass jenes *Stück Welt*, welches wir kennen - ich meine unsre menschliche Vernunft -, nicht allzu vernünftig ist. Und wenn *sie* nicht allezeit und vollständig weise und rationell ist, so wird es die übrige Welt auch nicht sein ..." (Nietzsche, F.: Menschliches, Allzumenschliches, II. Bd., II. Abt., Aphor. 2. In: ders.: 1954, S. 873).

II. Die historische Position
und ihre theorie- und geistesgeschichtlichen Ursprünge

Die "historische" oder "kontextuale" Position kann wie folgt charakterisiert werden: Ökonomische Theorien können grundsätzlich nur für jenes geographische Gebiet und für jenes Zeitintervall, dem die ihrer Formulierung zugrundeliegenden Beobachtungen entstammen, Gültigkeit beanspruchen, da von der Annahme ausgegangen wird, dass das zu erklärende bzw. zu "verstehende" Erkenntnisobjekt zunächst als eine raum- und zeitspezifische Erscheinung zu betrachten ist und daher durch seine Beobachtung in seiner kontextualen Bestimmtheit erfasst werden muss. Diese Auffassung wird in erster Linie dadurch begründet, dass die wirtschaftliche Wirklichkeit und insbesondere die das wirtschaftlich relevante Verhalten mitbestimmenden Institutionen - infolge ihrer Geprägtheit durch "geistige"[12] Faktoren - an verschiedenen Orten unterschiedlich und zudem im Prozess ihrer Entwicklung befindlich - d. h. raum- und zeitvariant - sind. Diese Entwicklungsprozesse gelten damit überwiegend als "einzigartige" Produkte der jeweiligen historischen bzw. kulturellen Gegebenheiten.

Dies bedeutet allerdings nicht, dass hier der Einfluss allgemeiner Gesetzmässigkeiten auf das wirtschaftliche Geschehen bestritten wird. Auch von Vertretern der historischen Position werden in der Regel die überall und damit auch im Erkenntnisbereich der Nationalökonomie wirkenden Naturgesetze berücksichtigt. Allerdings ist dieser naturgesetzliche Einfluss - in Sicht der historischen Position - ebensowenig in *dominierender* Weise für die Wirtschaft bestimmend, wie für die Erkenntnisbereiche anderer Sozialwissenschaften. Das Naturgesetzliche gleicht hier einem mitwirkenden Faktor in einem durch raum- und zeitspezifische Faktoren dominierten "Produkt". Die letztgenannten kontextspezifischen Faktoren werden damit faktisch als "endogene" Bestimmungsfaktoren wirtschaftlichen Geschehens betrachtet, während der spezifische Kontext von den Universalisten allenfalls als "exogener" Rahmen einer allgemeingesetzlichen Entwicklung berücksichtigt wird. Solche allgemeingültigen Gesetze wiederum kann es in historischer Sicht infolge der "Endogenität der Kontextualität" grundsätzlich nicht geben.

---

[12] Allen historischen bzw. "... 'historistischen' Positionen ist ungeachtet der Fülle ihrer Unterarten dies gemeinsam, dass der Geist für sie alle seine eigentliche Bedeutung als konkreter Gehalt konkreter Geisteswerke besitzt" (Rothacker, E.: 1930, S. XVII).

1. Die geistesgeschichtlichen "Wurzeln" der historischen Position

Indem die historische Position von der Annahme einer vorrangig kontextualen Bestimmtheit des ökonomischen Erkenntnisbereiches ausgeht, bildet sie eine Antithese zur stoischen und platonischen Sicht: Weder eine den äusseren Erscheinungen immanente "Weltvernunft" noch eine jenseits des Wahrnehmbaren existierende "Ideenwelt" werden vorausgesetzt, sondern es wird ausschliesslich vom unmittelbar der Erfahrung zugänglichen Irdischen ausgegangen. Mit dieser Zuwendung zum Irdischen, d. h. zum "real Existierenden", hat die historische Position eine geistesgeschichtliche "Wurzel" in der *aristotelischen Philosophie*. Aristoteles (384 - 322) zufolge kann sich Erkenntnisgewinnung nicht durch ein von der Erfahrungswelt entkoppeltes "denkendes Eindringen" des Vernunftwesens "Mensch" in vorausgesetzte "Vernunftgesetze" vollziehen, sondern sie muss von den wahrnehmbaren irdischen Erscheinungen ausgehen. "Aus Wahrnehmung und Erinnerung entsteht die Erfahrung, die zum Allgemeinen führt. ... Das Allgemeine ... kommt durch die Wahrnehmung in die Seele ..."[13] Indem die Wahrnehmung von Erscheinungen als Grundlage der Theoriebildung betrachtet wird, ist die aristotelische Erkenntnistheorie grundsätzlich "empirisch". Da der zu bestimmten Zeitpunkten an bestimmten Orten erfolgenden Wahrnehmung immer nur das "Einzelne" zugänglich sein kann und da von einer Anzahl Einzelwahrnehmungen auf das "Allgemeine" geschlossen wird, begründet die aristotelische Philosophie zudem die Anwendung einer induktiven Methode: "Eine eigentliche Theorie der Induktion findet sich erst bei Aristoteles ...", welcher unter Induktion in erster Linie den "Weg vom Einzelnen zum Allgemeinen" versteht.[14] - Der Begriff "Allgemeines" wird von Aristoteles im Rahmen einer Erkenntnistheorie verwendet, die sich auf die Erkenntnisbereiche grundsätzlich aller Erfahrungswissenschaften bezieht, weshalb dieser Begriff im Kontext der jeweils betrachteten Wissenschaft zu interpretieren bzw. zu spezifizieren ist. Indem Aristoteles von den wahrnehmbaren Erscheinungen ausgeht und diese Erscheinungen im Erkenntnisbereich der Nationalökonomie infolge der (aristotelischen) Entelechie grundsätzlich einer teleologischen Entwicklung folgen, steht hier das "Allgemeine" nicht zwangsläufig in einem Gegensatz zum "Historischen". Das aristotelische "Weltbild" und die hieraus abgeleitete Erkenntnistheorie ge-

---

[13] Aristoteles in Übersetzung und Interpretation von: Ruzicka, R.: Der Induktions-Begriff von Aristoteles bis Galilei. In: Ritter, J.; Gründer, K. (Hrsg.): 1976, Bd. 4, S. 324
[14] Ruzicka, R.: Der Induktions-Begriff von Aristoteles bis Galilei. In: Ritter, J.; Gründer, K. (Hrsg.): 1976, Bd. 4, S. 323

ben vielmehr Anlass, Wilhelm Roscher zuzustimmen, wenn er feststellt, dass die historische Methode als "... Keim schon im Aristoteles ... vorhanden" ist.[15]

Zudem hat der "... Aristotelismus ... eine beträchtliche Rolle in der Ausarbeitung der Philosophie Hegels gespielt ..."[16]. Den von Georg Wilhelm Friedrich *Hegel* (1770 - 1831) ausgehenden Einfluss auf die Entwicklung der historischen Position beurteilt Henry William Spiegel wie folgt: Since "... Hegel's ideas came to suffuse the other manifestations of German historicism, the German variant of historical economics might be designated as Hegelian."[17] Dem ist insoweit zuzustimmen, als Hegels Philosophie die sich während der ersten Hälfte des 19. Jahrhunderts in den deutschen Staaten vollziehende geistige Entwicklung dominierte und damit auch die Entfaltung der historischen Nationalökonomie beeinflusste und in gewisser Hinsicht begünstigte. In diesem Sinne von Bedeutung waren unseres Erachtens insbesondere die folgenden drei "Elemente" Hegel'scher Philosophie:

(1) Insoweit die Aussage "In its substance historical economics was a revolt against the Enlightenment ..."[18] zutrifft, wurde die von der historischen Nationalökonomie geübte Kritik an Inhalten der "Aufklärung" in wesentlichen Punkten durch die Hegel'sche Philosophie mitgetragen. Der in Bezug zur Philosophie der "Aufklärung" antithetische Gehalt Hegel'scher Philosophie resultiert vorrangig aus deren "Primat des Geistes über die Natur" und aus der angestrebten "Eingliederung der Naturphilosophie in eine Geistesphilosophie"[19]. Demgemäss ist die Übertragung eines naturwissenschaftlich geprägten Denkens und entsprechender Erkenntnismethoden auf die Geistes- und Sozialwissenschaften mit der Hegel'schen Metaphysik unvereinbar. Hegel wendet sich insbesondere gegen den Rationalismus der "Aufklärung" und gegen deren Fortschrittskonzeption.

(2) Besonders hervorzuheben ist die in der Kritik des Individualismus der "Aufklärung" bestehende grundsätzliche Gemeinsamkeit zwischen Vertretern der Historischen Schule und Hegel. Beide waren der Auffassung, dass die Philosophie der "Aufklärung" die Eigenständigkeit und Rationalität des Individuums überbewertet und die kulturelle "Eingebettetheit" des Menschen und dessen Mitbestimmtheit durch diesen Kontext seiner Entwicklung verkennt. Hegel thematisiert vorrangig einen dieser kulturspezifischen Einflussfaktoren, den er - den Gepflogenheiten seiner Zeit entsprechend -

---

[15] Roscher, W.: 1843, S. 150
[16] Steenberghen, F. v.: Aristotelismus. In: Ritter, J. (Hrsg.): 1971, Bd. 1, S. 516
[17] Spiegel, H. W.: 1991, S. 414
[18] Spiegel, H. W.: 1991, S. 411
[19] Vgl. Kroner, R.: 1977, S. 230

als "Volksgeist" bezeichnet und wie folgt bestimmt: Zunächst definiert er den "Geist", wo er in Gebundenheit an die historische Realität erscheint, als "objektiven Geist". "Der objektive Geist ist der 'bestimmte Volksgeist', sofern er die absolute Geistsubstanz zum Subjekt macht. ... Dieser objektive Geist ... ist wesentlich im Werden. Durch dies Werden gibt er den Individuen und Staaten die Richtung ... Individuen und Staaten werden geprägt vom Geist ..."[20] Dieser metaphysisch begründete "Volksgeist" ist nicht nur kultur- bzw. "raumspezifisch", sondern infolge seines evolutiven Charakters auch "zeitspezifisch" und - insoweit sich das wirtschaftliche Geschehen im "Rahmen" einer Volkswirtschaft vollzieht - in dieser kontextspezifischen Ausprägung für den Erkenntnisbereich der Nationalökonomie mitbestimmend.

(3) Der Hegel'schen Auffassung zufolge ist nicht nur der "Volksgeist", sondern das gesamte irdische Sein in einem Prozess des "Werdens" befindlich, der durch die "Verwirklichung des Geistes" in der Welt bestimmt wird und daher - analog zum Geschichtsverständnis von Aristoteles – teleologisch ist. Für Hegel hatte die geschichtliche Entwicklung damit die höhere Bedeutung einer Selbstentfaltung des "Weltgeistes", weshalb die Erkenntnis desselben eine historische Forschung erfordert.

Die vorstehenden drei "Analogien" zwischen den Positionen der Hegel' schen Philosophie und der historischen Nationalökonomie vermögen die von Henry William Spiegel vertretene Auffassung, dass die (ältere) Historische Schule der Nationalökonomie als "hegelianisch" bezeichnet werden kann, nicht zu rechtfertigen. Eine Charakterisierung der historischen Nationalökonomie als "hegelianisch" verkennt einerseits, dass deren Geschichtsverständnis nicht dialektisch und grundsätzlich auch nicht teleologisch ist, und andererseits, dass die Hegel'sche Philosophie im Wesentlichen "universalhistorisch" und nicht in jenem Sinne "historisch" ist, in dem dieser Begriff von Knies[21] und anderen Vertretern der Historischen Schule gebraucht wird. In Hegels Philosophie werden nämlich, von "... der leitenden Idee der Vernunftherrschaft in der Welt ausgehend, einem System von logisch-apriorischen Begriffen alle empirischen Erscheinungen der Welt zugeordnet ..., um mit apriorischen Mitteln der Logik ein objektives Abbild der Wirk-

---

[20] Flöter, H. H. F.: 1936, S. 126. Vgl. auch: Jendreiek, H.: Hegels Volksgeist als geschichtliche Erscheinungsform des absoluten Geistes. In: Jendreiek, H.: 1975, S. 178 ff., insbes. S. 187, vgl. auch S. 230/231
[21] Dass sich das Geschichtsverständnis von Knies grundlegend von jenem Hegels unterscheidet, verdeutlicht Knies unter anderem indem er kritisiert, dass unter dem "... Einflusse der Philosophie Hegels ... auch über die Geschichtsforscher ... das Dogma von der vernünftigen und notwendigen Entwicklung der menschheitlichen Geschichte ..." und von der Gegebenheit eines "absoluten" Ziel gekommen ist (Knies, K.: 1883, S. 368, vgl. 369).

lichkeit zu schaffen."[22] - Diese und andere zwischen der Hegelianischen
Schule und den Historischen Schulen insbesondere der Geschichts-, Rechts-
und Sprachwissenschaften bestehenden grundlegenden Unterschiede führten im Übrigen an der von Wilhelm von Humboldt gegründeten Berliner
Universität, an der Hegel seit 1818 lehrte, zu heftigen Kontroversen, die
sich auf andere Universitäten ausweiteten und über Hegels Tod im Jahr
1831 hinaus andauerten.[23]

Mehr als Hegel war der von den Historischen Schulen der oben ge-
nannten Disziplinen verkörperte "Zeitgeist", d. h. der *Historismus*, für die
Entwicklung der historischen Position der deutschen Nationalökonomie und
insbesondere für Karl Knies, dessen *"Politische Ökonomie"* 22 Jahre nach
Hegels Tod erschien, mitbestimmend. - Der folgenden Behandlung "des"
Historismus ist - aufgrund der Vielfalt der von diesem Wort repräsentierten
Bedeutungen - eine Konkretisierung dessen voranzustellen, was im hier
relevanten Kontext sinnvollerweise hierunter zu verstehen ist: Der Historismus lässt sich durch die Auffassung kennzeichnen, dass alle (geistigen) Erscheinungen in einem geschichtlichen Prozess entstanden sind und dass sich
diese Entwicklung in Abhängigkeit von den zur einer jeden Zeit am jeweiligen Ort gegebenen Bedingungen vollzogen hat und entsprechend durch
den Wandel dieser Bedingungen im Zeitablauf bestimmt ist. Die aus diesem
geschichtlichen Entwicklungsprozess hervorgegangenen Erscheinungen
sind dann - zumindest hinsichtlich wesentlicher Charakteristika - einzigartig
bzw. individuell, woraus folgt, dass sie in einem umfassenden Sinne nur aus
dem jeweiligen Prozess ihrer Entstehung heraus erklärt bzw. verstanden
werden können. Diese historische Sichtweise wird auf die Gegenstands-
bereiche grundsätzlich aller nicht zu den Naturwissenschaften zählenden
Wissenschaften angewandt, d. h. die Historisten sind bestrebt, "... in dua-
listischer Abgrenzung von Natur- und Geisteswissenschaften, letztere an die
Geschichtswissenschaft zu binden ..."[24] Damit werden die Erkenntnisobjekte grundsätzlich aller Geistes- (und Sozial-)wissenschaften im obigen
Sinne als "geschichtlich Gewordenes" betrachtet und entsprechend analysiert. Indem die Erkenntnisobjekte nicht unter Zugrundelegung der "univer-
salhistorischen" Metaphysik Hegels oder vergleichbarer Voraussetzungen
betrachtet werden, sondern in ihrem kultur- und zeitspezifischen Sosein erfasst und erklärt werden sollen, tritt der Unterschied zwischen einem so ver-
standenen Historismus einerseits und dem Naturalismus[25] sowie dem Uni-

---

[22] Jendreiek, H.: 1975, S. 339
[23] Die Hintergründe und Erscheinungsformen dieses Konfliktes werden näher erläutert in:
Jendreiek, H.: 1975, S. 331 ff.
[24] Brandt, K.: 1993, Bd. 2, S. 47
[25] Vgl. Troeltsch, E.: 1922, S. 102 ff.

versalismus[26] andererseits deutlich zutage.

Aus der Tatsache, dass die Betrachtung der Erkenntnisobjekte in ihrer "Geschichtlichkeit" vorrangig in der Erfassung der der Wahrnehmung zugänglichen Erscheinungen besteht und dass nur das so "Erfahrene" die Gültigkeit von Erkenntnis begründen kann, folgt, dass der Historismus eine empirische bzw. induktive Erkenntnismethode impliziert. Somit ist im *Empirismus* eine weitere "Wurzel" der historischen Position zu erkennen. Damit pflanzen sich Grundüberzeugungen von Francis Bacon (1561 - 1626) und John Locke (1632 - 1704), des Begründers des englischen Empirismus, in der historischen Position fort. Bei jenen Vertretern dieser Position, die, wie beispielsweise Karl Knies, aus den empirischen Beobachtungen grundsätzlich keine allgemeingültigen Aussagen ableiten, kann von einem "strengen Empirismus" gesprochen werden. - Indem hier ausschliesslich die Erfahrung erkenntnisbegründend ist, ist der Empirismus "aposteriorisch" und steht damit im Gegensatz zum Apriorismus sowohl Hegels, durch dessen Metaphysik ein bestimmtes Sosein der Wirklichkeit vorgegeben ist, als auch zu jenem von Rationalismus bzw. Universalismus, der die Vernunftbestimmtheit bzw. die Immanenz von allgemeinen Gesetzmässigkeiten voraussetzt.

Die für den Verzicht auf solche apriori gegebene Voraussetzungen ursächliche Grundannahme, dass die Theoriebildung nur von den wahrnehmbaren "Gegebenheiten" auszugehen hat, lässt die historische Position auf den ersten Blick als "*positivistisch*" erscheinen. Allein daraus, dass Beobachtungen die Grundlage der Erkenntnisgewinnung bilden, kann jedoch noch nicht geschlossen werden, dass die betreffende Untersuchung positivistisch ist. Entscheidend dafür, ob die Charakteristika des Positivismus gegeben sind, ist vielmehr, "wie" die Wahrnehmung erfolgt und in welcher Weise vom jeweils Wahrgenommenen auf das Sosein des Erkenntnisobjektes geschlossen wird. Dies bedeutet, dass eine historische Untersuchung dann positivistisch ist, wenn die Beobachtungen als "Tatsachen" bzw. als "Fakten" interpretiert und in diesem Sinne "objektiviert" werden und wenn davon ausgegangen wird, dass sie als solches die Basis der Gewinnung "sicherer" Erkenntnis bilden können.

In deutlichem Gegensatz zum Positivismus stehen hingegen jene Vertreter der historischen Position, die in den wahrgenommenen Erscheinungen nicht nur "Tatsachen" im Sinne von (meist quantitativen oder quantifizierten) Fakten sehen, sondern die über diese "Oberfläche" hinausgehen und versuchen, die Erscheinungen in ihrer Mitbestimmtheit durch den kulturellen Kontext bzw. in ihrer Entwicklung aus ihren Ursachen zu erkennen und

---

[26] Vgl. Rothacker, E.: 1926, S. 168

insbesondere "gesamthaft"[27] in ihrem "Wesen" zu verstehen. Nicht wenige Vertreter der historischen Position haben damit eine ihrer geistigen "Wurzeln" in der *hermeneutischen Philosophie*. Diese wurde seinerzeit vorrangig durch Friedrich Schleiermacher (1768 - 1834) und Wilhelm Dilthey (1833 - 1911) geprägt. Dilthey wurde später von Ernst Troeltsch (1865 - 1923) als "der Philosoph des Historismus" bezeichnet.[28]

2. Die Entstehung der Historischen Schulen zu Beginn des 19. Jahrhunderts

In der ersten Hälfte des 19. Jahrhunderts bildete die Hermeneutik gemeinsam mit den übrigen hier behandelten philosophischen bzw. erkenntnistheoretischen Strömungen die "geistigen Grundlagen", aus denen in verschiedenen wissenschaftlichen Disziplinen eigenständige Historische Schulen hervorgegangen sind. Die anfängliche Entwicklung der Historischen Schule der Nationalökonomie wurde nicht unwesentlich durch die sich in anderen Wissenschaften durchsetzende historische Ausrichtung der Forschung beeinflusst. Zu nennen ist hier neben der Ausbildung und Vertiefung der historischen Forschungsprinzipien in der Geschichtswissenschaft durch Leopold von Ranke[29] (1795 - 1886) und der Entwicklung der historischen Sprachwissenschaft vorrangig durch Jacob Grimm (1785 - 1863) insbesondere die Entstehung der Historischen Rechtsschule. Die Juristen Friedrich Carl von Savigny (1779 - 1861), Gustav F. Hugo (1769 - 1844) und Carl Friedrich von Eichhorn (1781 - 1854) widersetzten sich der auf der Naturrechtslehre basierenden "... Idee, Rechtsgrundsätze aufzustellen, die allen Nationen gemeinsam wären, und hoben die Einzigartigkeit und Individualität des 'Volksgeistes' hervor, der die eigentümlichen Gesetze und Institutionen einer Nation hervorbringe ..."[30]

---

[27] Die Zielsetzung, das Erkenntnisobjekt im umfassenden Sinne zu verstehen, erfordert die Berücksichtigung aller für sein Sosein bestimmenden Einflüsse und setzt damit voraus, dass es innerhalb des - sich durch den historischen bzw. kulturellen Kontext konstituierenden - "organischen Ganzen" betrachtet wird. Damit wird deutlich, dass die historische Position bis zu einem gewissen Grad durch den *Holismus* beeinflusst ist.

[28] Vgl. Scholtz, G.: Historismus. In: Ritter, J.: 1974, Bd. 3, S. 1144

[29] Vgl. Brandt, K.: 1993, S. 47; vgl. auch: Pribram, K.: 1992, S. 408

[30] Pribram, K.: 1992, S. 407; vgl. auch: Jendreiek, H.: 1975, S. 338/339

3. Zur Entfaltung der historischen Position in der Nationalökonomie des 19. und 20. Jahrhunderts

Als sich im Zuge dieser "Historisierung" geistes- und sozialwissenschaftlicher Forschung unter anderem in Deutschland eine Historische Schule der Nationalökonomie formierte, war die historische Position bereits in den Werken verschiedener Nationalökonomen angelegt. Zu diesen "Vorläufern"[31] der Historischen Schule zählt zunächst *Sir James Steuart* (1712 - 1780). Sich auf Steuarts 1767 erschienenes Hauptwerk *"An Inquiry into the Principles of Political Economy"* beziehend schreibt Henry William Spiegel: "It is the policy orientation of his thought that makes him never lose sight of the special historical and geographical circumstances that surround each country's economy. These limit the validity of general rules and of 'systems' such as that of the Physiocrats ... It is not surprising that the appreciation of Steuart's work reached its peak in nineteenth-century Germany."[32] Entsprechend setzt sich die Steuart'sche Position auch im Werk von Karl Knies fort, obwohl sich Knies nicht direkt auf Steuart bezieht. Mit *Ferdinando Galiani* (1728 - 1787) hingegen beschäftigt sich Knies eingehender und stellt unter anderem fest: "Galiani bestreitet schon 1770, dass man ... absolut wahre und überall anwendbare Lehrsätze aufstellen solle ..."[33] Wie Steuart, so ist auch Galiani der Auffassung, dass sich die Theoriebildung massgebend an den raum- und zeitspezifischen Gegebenheiten zu orientieren hat. Entsprechendes gilt grundsätzlich auch für *Simonde de Sismondi* (1773 - 1842): "Er wollte, dass man die ökonomischen Phänomene in dem sozialen und politischen Milieu, in dem sie auftraten, studiere. Er kritisierte die allgemeinen Theoreme Ricardos und befürwortete die genaue Beobachtung der Tatsachen."[34] Deutlich massiver hatte *Friedrich List* (1789 - 1846) "... die klassischen Volkswirtschaftler angegriffen. Seine Vorwürfe machten nicht bei Ricardo halt, sondern wendeten sich sogar gegen Smith."[35] "Er kritisierte die Lehren von Adam Smith als Ergebnis eines 'bodenlosen Kosmopolitismus', 'toten Materialismus' und 'Individualismus'. Besonders richteten sich seine Angriffe gegen die Benutzung der Tauschwerttheorie zur Rechtfertigung des Freihandelsprinzips ..."[36], bzw. gegen dessen von

---

[31] Vgl. Brandt, K.: 1993, S. 48 f.

[32] Spiegel, H. W.: 1991, S. 216

[33] Knies, K.: 1883, S. 326. - Knies bezieht sich hier auf Galianis Schrift "Dialogues sur le commerce des grains", Paris, 1770.

[34] Gide, C.; Rist, C.: 1913, S. 433; vgl. auch: Eisermann, G.: 1995, S. 39 ff.

[35] Gide, C.; Rist, C.: 1913, S. 433

[36] Pribram, K.: 1992, S. 408

den Klassikern postulierte universelle Gültigkeit. Die erwähnte Tatsache, dass eine Anwendung der - der seinerzeitigen Situation Englands adäquaten - Freihandelstheorie im kleinstaatlich strukturierten und wirtschaftlich weniger entwickelten deutschen Gebiet für weite Teile der Wirtschaft ruinöse Folgen gehabt hätte, bildete den wirtschaftspolitischen Hintergrund, vor dem sich in Deutschland die historische Ausrichtung der nationalökonomischen Forschung durchsetzte.

Geprägt wurde die deutsche Historische Schule der Nationalökonomie in den ersten Jahrzehnten vorrangig durch *Wilhelm Georg Friedrich Roscher* (1817 - 1894), in dessen 1843 erschienenen Hauptwerk[37] der Einfluss von Savigny deutlich zu erkennen ist, sowie durch *Bruno Hildebrand* (1812 - 1878), dem Lehrer und Mentor von *Karl Gustav Adolf Knies* (1821 - 1898). Die vorrangig durch diese drei Nationalökonomen repräsentierte "ältere" Historische Schule kann unter anderem dadurch charakterisiert werden, dass ihre Vertreter in erster Linie bestrebt waren, die theoretischen Grundlagen der historischen Nationalökonomie auszubauen, indem sie - auf verschiedenen Wegen und mit sich im einzelnen unterscheidenden Zielsetzungen - versuchten, die Abhängigkeit des wirtschaftlichen Geschehens vom historischen Kontext nachzuweisen und indem sie hieraus ihre erkenntnistheoretischen Folgerungen ableiteten.

Im Unterschied hierzu galt das Forschungsinteresse der durch *Gustav von Schmoller* (1838 - 1917) dominierten "jüngeren" Historischen Schule[38] vermehrt empirischen Arbeiten: "Das Fundament der Volkswirtschaftslehre, so wie Schmoller sie versteht, bilden 'philosophisch-wirtschaftsgeschichtliche und statistische Untersuchungen'."[39] "Schmoller war der Auffassung, dass man in einer ersten Theoriebildungsphase eine reiche empirische Ernte in Form historischer Einzelanalysen und statistischen Materials einbringen müsse, bevor man in einer zweiten Phase darangehen könne, aus diesem Material theoretische Schlüsse zu ziehen. ... Die methodische Stufentheorie ist eine radikale Konsequenz, die auf die methodischen Vorstellungen des frühen englischen Empirismus zurückgeführt werden kann."[40]

Der sich zu Beginn des 20. Jahrhunderts verstärkende Einfluss der Hermeneutik auf die deutsche Nationalökonomie war unter anderem für die

---

[37] Vgl. Roscher, W.: Grundriss zu Vorlesungen über die Staatswirtschaft. Nach geschichtlicher Methode, 1843

[38] Neben Schmoller sind als Mitglieder der "jüngeren" Historischen Schule vorrangig zu nennen: Lujo Brentano (1844 - 1931), Karl Bücher (1847 - 1930), Friedrich von Gottl-Ottlilienfeld (1868 - 1958), Adolph Wagner (1835 - 1917), Georg Friedrich Knapp (1842 - 1926), Gustav Friedrich von Schönberg (1839 - 1908) und Alfred Weber (1868 - 1958).

[39] Brandt, K.: 1993, S. 207

[40] Dopfer, K.: Das historische Element in der ökonomischen Theorie, 1992, S. 290; zur Methodik Schmollers vgl. Leuschner, H.-J.: 1964, insbes. 72 ff.

Entwicklung der erkenntnistheoretischen Ansätze von *Max Weber*[41] (1864 - 1920) und *Werner Sombart* (1863 - 1941) mitbestimmend. Für Sombart besteht die Aufgabe der Nationalökonomie unter anderem darin, durch ein Verstehen der wirtschaftlichen Zusammenhänge deren Wesen zu erkennen.[42] Diese Ausrichtung ihres Forschungsansatzes und ihre den Einfluss historischer bzw. kulturspezifischer Faktoren berücksichtigenden Arbeiten[43] legen es einerseits nahe, Weber und Sombart der Historischen Schule zuzurechnen, wenngleich sich andererseits ihre Position im "Werturteilsstreit" nicht auf einen Konsens innerhalb der Historischen Schule stützen konnte und sie die für die historische Position charakteristische Unterscheidung zwischen "Natur" und "Geschichte" bzw. Naturwissenschaften und geschichtlichen Wissenschaften in gewisser Hinsicht infrage stellten.[44] Vor diesem Hintergrund stellt sich die hier nicht beantwortbare Frage, ob Weber und Sombart als die Hauptvertreter einer "dritten" Historischen Schule bezeichnet werden können.

Unmittelbar aus der Historischen Schule ist der *amerikanische Institutionalismus* hervorgegangen, dessen Entwicklung zudem durch die in den Vereinigten Staaten einflussreiche Philosophie des *Pragmatismus* beeinflusst wurde. Eine Nähe des Pragmatismus zur historischen Position ist insofern gegeben, als die für den Pragmatismus zentrale "Anwendbarkeit" und "Bewährung" von Theorie in der Praxis die Berücksichtigung des konkreten institutionellen Kontextes voraussetzt und "... die Wirklichkeit ... für den Pragmatismus 'immer noch im Entstehen' ..."[45] und damit evolutiv bzw. historisch ist. - Der der Historischen Schule eng verwandte Institutionalismus wird von Malcolm Rutherford (1948 -) als "old institutional economics" (OIE) bezeichnet und wie folgt charakterisiert: The OIE "... consists of that tradition of thought associated with Thorstein Veblen, Wesley Mitchell, John R. Commons[[46]], and Clarence Ayres, and with the more recent contributions of Allan Gruchy, Wendell Gordon, [and] Marc Tool

---

[41] Vgl. Jöhr, W. A.: 1979, S. 320

[42] Vgl. Sombart, W.: 1930, S. 319 und S. 196

[43] Vgl. unter anderem: Weber, M.: Die protestantische Ethik und der Geist des Kapitalismus, 1934

[44] Vgl. Sombart, W.: 1930, S. 167 ff.; vgl. auch: Weber, M.: 1922, 1 ff. - Auf die Kritik Webers an der historischen Theorie und Methode von Knies werden wir im achten Kapitel ausführlich eingehen.

[45] Seiffert, H.; Radnitzky, G. (Hrsg.): 1992, S. 273

[46] Commons' Denken wurde durch seinen Lehrer Richard T. Ely geprägt, welcher bei Karl Knies studierte. "The school he [Ely] founded at Wisconsin provided a link between German historical economics and institutionalism ..." [Blaug, M. (Hrsg.): 1986, S. 251]. Der Einfluss der Historischen Schule ist auch in Elys Werk *"Outlines of Economics"* (6. Ed., New York, 1937) deutlich erkennbar.

...". In "... the OIE there are two research programs of major theoretical significance. The first is associated with Thorstein Veblen, and with the development and modification of Veblen's system undertaken by Clarence Ayres. ... In very sweeping terms, this program focuses on investigating the effects of new technology on institutional schemes, and the ways in which established social conventions and vested interests resist such change. ... The second major program within the OIE has its roots in the work of John R. Commons and is now represented by writers such as Warren Samuels and Allan Schmid ... This program concentrates on law, property rights, and organizations, their evolution and impact on legal and economic power, economic transactions, and the distribution of income."[47]

Im deutschsprachigen Raum stehen derzeit nur einzelne Nationalökonomen unmittelbar in der Tradition der Historischen Schule. Die historische Position tritt hier unter anderem in Gestalt bestimmter kulturtheoretischer und evolutionsökonomischer Theorieansätze in Erscheinung. Hierüber hinaus ist sie auch im Rahmen der Entwicklung anwendungsorientierter Theorien von Bedeutung, auch wenn hier nicht explizit auf sie rekurriert wird.

4. Generelle Einwendungen gegen die historische Position

Die Kritik der historischen Position wird im Anschluss an die Darstellung der Knies'schen Theorie und Methode und in Bezug auf dieselbe eingehend behandelt. Vorab sind hier zwei generell geltend gemachte Einwendungen zu besprechen.

(1) Die historisch ältere Kritik zielt auf eine bestimmte Art der empirischen bzw. induktiven Methode der Historischen Schule und wurde von *Ludwig von Mises* (1881 - 1973) durch sein bekanntes Gleichnis veranschaulicht. Von Mises fordert dazu auf, sich vorzustellen, dass folgendes zu beobachten ist: Zu bestimmten Tageszeiten bewegen sich an bestimmten Orten Lebewesen und "Schächtelchen". An bestimmten Stellen kommen diese "Schächtelchen" für kurze Zeit zum Stillstand und eine Anzahl der Lebewesen verschwindet in ihnen; andere hingegen laufen aus ihnen heraus. Zudem ist zu beobachten, dass einzelne Lebewesen den "Schächtelchen" hinterherlaufen. - Der Empiriker könne nun - so von Mises - die entsprechenden Daten erheben, Korrelationen ermitteln und eine Theorie formulieren, die unter Umständen befriedigende Prognosen ermöglicht. Verborgen bliebe ihm jedoch, dass es sich um Menschen handelt, die sich auf dem Weg zu ihrem Arbeitsort befinden und Busse benutzen. - Damit weist von

---

[47] Rutherford, M.: 1994, S. 1/2

Mises darauf hin, dass die Anwendung einer solchen empirischen bzw. induktiven Methode allein nicht die Erkenntnis der "Substanz" oder des "Wesens" des Erkenntnisobjektes gewährleistet. Dieser Einwand ist für sich genommen zwar berechtigt, trifft aber die Vertreter der Historischen Schule insofern nicht, als sie die Beobachtungen entweder - wie unter anderem Karl Knies - in ihrer kontextualen Bestimmtheit und Bedeutung ursächlich erklären und/oder durch ein hermeneutisches Vorgehen zu einem tieferen Verständnis des Beobachteten vordringen.

(2) Der zweite, von *Sir Karl Raimund Popper* (1902 - 1994) stammende und bis in die Gegenwart einflussreiche Einwand ist im Zusammenhang mit der Tatsache zu sehen, dass der erkenntnistheoretische Ansatz des kritischen Rationalismus mit jenem *bestimmter Vertreter* der Historischen Schule kaum zu vereinbaren ist. Dies beruht zunächst darauf, dass bei der Anwendung einer hermeneutischen Methode das Verstehen vom Verstehenden und vom Kontext des Verstehens beeinflusst wird, wodurch die vom kritischen Rationalismus gestellte Bedingung einer intersubjektiven Nachprüfbarkeit und damit die Möglichkeit einer Verifikation bzw. Falsifikation infrage gestellt sein kann. - Poppers Kritik richtet sich aber vor allem unmittelbar gegen eine bestimmte Variante des Historismus bzw. gegen den "Historizismus" und beruht vorrangig darauf, dass sein "... Falsifikationismus ... prinzipiell der These [widerspricht], dass es historische Gesetzmässigkeiten gibt"[48]. Hieraus wird ersichtlich, dass Poppers Kritik im Wesentlichen gegen Autoren gerichtet ist, "... die geschichtliche Entwicklungen als determinierte oder gar gesetzmässige Prozesse begreifen und somit historische Prognosen für möglich erachten"[49]. Dieser Einwand vermag, wie wir sehen werden, die Theorie von Karl Knies nicht zu treffen.

---

[48] Zinn, K. G.: 1976, S. 67
[49] Ebd.

Drittes Kapitel

Der "Haupttheoretiker" der Historischen Schule: Charakterisierung des Ökonomen Karl Knies

Mit der Behandlung der universalistischen und der historischen Position in ihrer Entwicklung und ihrer Entfaltung im 18. und 19. Jahrhundert wurde der *theorie- bzw. geistesgeschichtliche Hintergrund* der Entstehung der historischen Theorie und Methode von Karl Knies dargestellt. Bevor wir im zweiten Teil mit der Rekonstruktion des Knies'schen Ansatzes dessen Beitrag zur Kontroverse über die Gesetzmässigkeit wirtschaftlicher Erscheinungen und den Gültigkeitsanspruch ökonomischer Theorien herausarbeiten, ist es zudem erforderlich, im vorliegenden Kapitel den "*persönlichen*" - d. h. den sich durch das "Weltbild", die Werthaltungen und die Überzeugungen von Knies konstituierenden - *Hintergrund* der Entwicklung seiner Theorie darzustellen. Dies ist deshalb notwendig, weil die normative "Grundeinstellung" eines Nationalökonomen und damit seine Entscheidungen darüber, aus welcher "Perspektive" und durch welches "Raster" er welche wirtschaftlichen Erscheinungen betrachtet und wie er diese analysiert, nicht nur durch den in seiner Wissenschaft jeweils herrschenden "Zeitgeist", sondern auch durch persönliche Faktoren mitbestimmt sind. Diese für die wertenden Urteile des Nationalökonomen mitbestimmenden persönlichen Faktoren sind ein Produkt der Entwicklung seiner Gesamtpersönlichkeit. Die geistige Entwicklung eines Menschen - die die Herausbildung seiner weltanschaulichen Positionen, seines "Wirklichkeitszugangs" und der Formen seiner Auseinandersetzung mit dem Wahrgenommenen umfasst - vollzieht sich in Interaktion mit seiner Aussenwelt und wird daher nicht nur durch seine Ausbildung und seine Arbeit, sondern auch durch sein übriges - sich im familiären und gesellschaftlichen Kontext vollziehendes - Erleben mitbestimmt. Es ist daher zweckmässig, zunächst die persönliche Entwicklung von Karl Knies in ihrer spezifischen Bestimmtheit darzustellen und seinen Lebensweg nachzuzeichnen.

I. Der Lebensweg von Karl Knies

Karl Gustav Adolf Knies wurde am 29. März 1821 in Marburg (Lahn) als Sohn eines Polizeiexpedienten geboren. Die Jahre seiner Kindheit und Jugend charakterisiert Knies in einem seiner Person gewidmeten Artikel wie folgt: "Sein Vater bezog eine ganz kleine Besoldung, und in der Familie wohnten Mangel an Vermögen und Reichthum an Kindern zusammen, so dass die harte Schule der Noth ihre Zucht über eine lange Reihe von Jahren seines Lebens walten liess."[1] Die bescheidenen wirtschaftlichen Verhältnisse seiner Eltern waren jedoch kein Hindernis für den Besuch des Gymnasiums in Marburg, dessen "stramme Disziplin" Knies rückblickend hervorhebt. Infolge der dienstlichen Versetzung des Vaters nach Fulda wechselte Knies 1833 an das dortige Gymnasium, das er weiterhin besuchte, als der Vater 1839 erneut - diesmal nach Rinteln - versetzt wurde. Im Alter von nun 18 Jahren war Knies weitgehend auf sich selbst gestellt und verdiente sich seinen Lebensunterhalt als Hauslehrer, während er die letzten eineinhalb Jahre seiner Gymnasialzeit absolvierte. Ostern 1841 legte er die Reifeprüfung am Gymnasium zu Fulda ab.

Wenig später kehrte Knies in seine Geburtsstadt Marburg zurück und begann an der dortigen Universität im Sommersemester 1841 mit dem Studium, zunächst der Philologie und Theologie, später vornehmlich der Geschichte.[2] Älteren Quellen zufolge konzentrierte sich Knies im weiteren Verlauf seines Studiums auf die Staats- und Rechtswissenschaften[3] und zählte zu den Studenten Bruno Hildebrands (1812 - 1878), welcher Ordinarius für Staatswissenschaften gewesen ist. Aus dem so entstandenen Kontakt zwischen dem jungen Studenten Knies und dem nur neun Jahre älteren Hildebrand entwickelte sich ein intensiver geistiger Austausch und in späteren Jahren eine enge Freundschaft. Gegen Ende seines Studiums hielt sich Knies um 1845 längere Zeit in Göttingen auf, um im Rahmen der Ausarbeitung seiner Dissertation die dortige Bibliothek zu benutzen. Diese Arbeit schloss Knies 1846 ab und veröffentlichte sie unter dem Titel *"Historia Praenestis oppidi. Praecedit nominis explicatio et topographiae brevis expositio".* Im gleichen Jahr erfolgte seine Promotion an der Philosophischen Fakultät der Universität Marburg. Indem seine Dissertation gleichzeitig als

---

[1] Knies, K.: Autobiographische Darstellung. In: Strieder, F. W.; Gerland, O.: 1868, S. 67. - Diese Quelle ist für den vorliegenden Abschnitt unserer Arbeit von primärer Bedeutung; sie ermöglicht es, verschiedene Unstimmigkeiten in der sich auf die erste Lebenshälfte von Knies beziehenden Literatur auszuräumen.

[2] Vgl. Eisermann, G.: 1956, S. 190

[3] Vgl. Beiträge über Knies von E. Blenck (1900) und F. v. Weech (1906).

Habilitationsschrift anerkannt wurde, konnte Knies seit 1846 als Privatdozenten für Geschichte und Staatswissenschaften an der Universität Marburg lehren. Während sieben Semestern - bis zum Sommersemester 1849 - hielt er dort erst vorwiegend geschichtliche, dann primär staatswissenschaftliche Vorlesungen.

In diese Zeit fiel die Revolution von 1848, die in ihrer Intention der liberalen Gesinnung von Knies entsprach und in deren Folge er neue Aufgaben übernahm: "Im Herbst 1849 folgte er einer Berufung des 'Märzministers' Eberhard an eine Lehrstelle für Geschichte und Statistik, welche an der polytechnischen Schule zu Kassel errichtet wurde. Knies selbst bestand darauf, dass ihm diese Stelle nur auftragsweise übertragen werde, damit er erst sicher werde, dass der Anstalt wirklich die projektierte gehobenere Haltung und Aufgabe dauernd zufalle. Nachdem jedoch ein Plan zur durchgreifenden Reorganisation dieser Schule, den er [Knies] im Auftrag des Ministers ausgearbeitet [hatte], die Billigung desselben erhalten hatte, schien seine feste Anstellung unmittelbar bevorzustehen ..."[4] Dann wandelten sich jedoch die politischen Verhältnisse und Eberhard wurde durch Minister Hassenpflug abgelöst, "... der nach seiner Rückkehr ins Amt im Jahre 1850 eine absolutistische Ordnung restaurieren ..."[5] wollte. Für Knies hatte dies zunächst zur Folge, dass der einer "Hebung des Bürgerstandes" dienende Plan der Reorganisation der polytechnischen Schule fallen gelassen wurde. Der Liberale Knies wurde von Hassenpflug entlassen; Ostern 1851 wurde seine Lehrstelle in Kassel aufgehoben. Nachdem inzwischen sein zweites nationalökonomisches Werk *"Die Statistik als selbständige Wissenschaft"* 1850 in Kassel erschienen war, kehrte Knies mit seiner Familie - er hatte inzwischen geheiratet - nach Marburg zurück und nahm dort seine Lehrtätigkeit als Privatdozent wieder auf. In seinen dortigen "... Vorlesungen über Nationalökonomie, Statistik, Finanzwissenschaft, Handelsgeographie, Weltgeschichte seit 1815, Neueste Geschichte Europas sowie Geschichte von England, Irland und Nordamerika [stellte er] seine vielseitigen Kenntnisse unter Beweis"[6]. Als dann die "... akademischen Behörden mit nachdrücklicher Empfehlung seine Ernennung zum Professor befürworteten, erschienen zwei Abgesandte Hassenpflug's nach einander bei ihm mit dem Verlangen, dass Knies vor seiner dann zweifellosen Anstellung eine schriftliche Erklärung zu Gunsten der hassenpflug'schen Regierungspolitik abgebe, wobei ihm bedeutet wurde, die Sache könne geheim bleiben."[7] Karl

---

[4] Knies, K.: Autobiographische Darstellung. In: Strieder, F. W.; Gerland, O.: 1868, S. 68
[5] Eisermann, G.; Häuser, K.; Yagi, K.: 1996, S. 126
[6] Ebd.
[7] Knies, K.: Autobiographische Darstellung. In: Strieder, F. W.; Gerland, O.: 1868, S. 68

Knies blieb sich selbst treu und beugte sich nicht der Zensur: "Die Unbedingtheit und Reinheit seiner Überzeugungen verhinderte ... seine - um seiner finanziellen Abhängigkeit und Mittellosigkeit willen doppelt ersehnte - definitive Ernennung zum Professor ..."[8] Knies zog es vor, im Herbst 1852 an der Kantonsschule in Schaffhausen eine Lehrstelle für Geschichte, Geographie sowie eidgenössisches und kantonales Staatsrecht zu übernehmen

Karl Knies

und damit von einer Universität an ein Gymnasium zu wechseln. Knies' Übersiedlung in die Schweiz fiel in jene Zeit, in der die Arbeiten an seinem Hauptwerk *"Die Politische Ökonomie vom Standpunkte der geschichtlichen Methode"* kurz vor ihrem Abschluss - am Neujahrstag 1853 - standen. Knies' "hervorragende statistische sowie generell staatswissenschaftliche Untersuchungen"[9] bildeten zwei Jahre später die Begründung für seine Berufung zum ordentlichen Professor der Staatswirtschaftslehre bzw. der

---

[8] Eisermann, G.: 1956, S. 192/193
[9] Vgl. Eisermann, G.: 1956, S. 223

Kameralwissenschaften[10] an der Universität Freiburg i. Br. Nach Ostern 1855 hielt Knies dort seine ersten Vorlesungen. Wenig später folgten in kurzem zeitlichen Abstand zwei Berufungen an die Universitäten Basel und Zürich, die von Knies abgelehnt wurden.

Neben seiner wissenschaftlichen Arbeit engagierte sich Knies in den folgenden Jahren zunehmend im gemeinnützigen bzw. politischen Bereich: Hervorzuheben ist zunächst die Gründung und Leitung des ersten Arbeiterbildungsvereins und seine Tätigkeit als Vorstandsmitglied in landwirtschaftlichen und gewerblichen Vereinen. Im Herbst 1861 wurde Knies, "... obwohl Protestant und kein Landeskind, ... von einem fast ganz katholischen Wahlbezirk als Abgeordneter in die zweite badische Kammer gewählt ..."[11] Im Rahmen seiner parlamentarischen Arbeit verfasste er den "ausführlichen Kommissionsbericht über den wichtigen Gesetzentwurf zur Einführung der Gewerbefreiheit"[12]. Ein halbes Jahr nach seiner Wahl in die badische Kammer wurde Knies um Ostern 1862 - er war inzwischen 41 Jahre alt - zum Prorektor der Universität Freiburg gewählt. Im gleichen Jahr, im Herbst 1862, erfolgte zudem seine Ernennung zum Direktor des neu errichteten badischen Oberschulrates, dem sämtliche Mittel- und Volksschulen des Landes unterstellt waren. Daneben erhielt Knies "... das Referat für die beiden Universitäten und die polytechnische Schule in dem Ministerium des Innern".[13]

Die hochschul- und schulpolitische Arbeit von Knies war in erster Linie durch das Ziel bestimmt, das Bildungswesen von einseitigen politischen oder konfessionellen Bindungen zu befreien und seine Unabhängigkeit zu verteidigen. Insbesondere im dominierenden Einfluss des Katholizismus sah Knies "... einen politischen Faktor, gegen dessen universellen Gestaltungsanspruch er sich nicht ohne Leidenschaft wandte ..."[14] Dieses Bestreben fand bereits 1861 seinen Ausdruck in dem von Knies federführend verfassten *"Promemoria der protestantischen Professoren an der badischen Landesuniversität Freiburg"*, dessen Ziel es war, den Abschluss eines Konkordates zwischen der badischen Landesregierung und dem Vatikan zu verhindern. Die von Knies bis Herbst 1862 erlangten Zuständigkeiten und Möglichkeiten bildeten wenig später die Grundlage für die Ausarbeitung einer Gesetzesvorlage, die eine Reform des badischen Volksschulwesens bezweckte. Die die Intention dieser Reform konkretisierenden *"44 Knies'schen Thesen"* bildeten den Inhalt eines im Frühjahr 1863 ver-

---

[10] Vgl. Blenck, E.: 1900; vgl. auch: Meitzel: 1910, S. 890
[11] Knies, K.: Autobiographische Darstellung. In: Strieder, F. W.; Gerland, O.: 1868, S. 69
[12] Ebd.
[13] Knies, K.: Autobiographische Darstellung. In: Strieder, F. W.; Gerland, O.: 1868, S. 70
[14] Eisermann, G.: 1956, S. 224

öffentlichten Berichtes an den Innenminister. Knies erwähnt, dass "... kein Geringerer als der Papst zu Rom mit einem Sendschreiben gegen diese Reform ..." auftrat und dass der "... Erzbischof in Freiburg ... wahrhaft schauerliche Hirtenbriefe von allen Kanzeln verlesen ..." liess.[15] In dieser Zeit heftiger Kontroversen wurde die von Knies erarbeitete Gesetzesvorlage, die insbesondere "... die Bildung von Ortsschulräten unter Teilnahme von Geistlichen beider Konfessionen und der Elternschaft ..."[16] vorsah, zu Beginn des Jahres 1864 eingereicht und am 29. Juli 1864 als Gesetz beschlossen. "Trotz aller Gegenanstrengungen der Kurie traten die neuen Kreisschulräthe und Ortsschulräthe für die circa 1800 Volksschulen im November 1864 ihr Amt an."[17] - In den Folgemonaten gewannen allerdings jene Kräfte an Einfluss im Innenministerium, die die Vereinbarungen mit der Kurie befürworteten. Dies hatte zur Folge, dass der "ganz beharrlich widerstrebende Oberschulratsdirektor"[18] Karl Knies im Jahr 1865 abgesetzt wurde: Überraschend erging die Mitteilung, dass "... Knies - nach gesichertem Sieg über die Kurie - aus seinem wichtigen Amte scheide und als Geheimerath und Professor der Staatswissenschaften an die Universität Heidelberg gehe."[19] Wenngleich Knies Mitglied der badischen Kammer blieb[20], so stellte er seine Arbeitskraft ab 1865 wieder fast ausschliesslich in den Dienst seiner wissenschaftlichen Arbeit.

Zwei Jahre nachdem Knies seine Professur an der Ruprecht-Karls-Universität in Heidelberg angetreten hatte, erschien im Jahr 1867 die erste seiner dort verfassten Schriften[21]. 1871 wurde Knies Direktor des an der Universität Heidelberg neu gegründeten staatswissenschaftlichen Seminars, des heutigen Alfred-Weber-Instituts. Nach mehrjähriger Ausarbeitungszeit veröffentlichte Knies 1873 die "Erste Abteilung" seines Werkes *"Geld und Credit"* unter dem Titel *"Das Geld. Darlegung der Grundlehren von dem Gelde"*. Die "Zweite Abteilung" über den Kredit erschien in zwei Bänden in den Jahren 1876 und 1879. Zwischenzeitlich - im Jahr 1877 - wurde Karl Knies von der juristischen Fakultät der Universität Tübingen anlässlich des einhundertjährigen Universitätsjubiläums die Ehrendoktorwürde verliehen.[22] Unmittelbar bevor Karl Knies am 1. April 1896 - im Alter von 75

---

[15] Knies, K.: Autobiographische Darstellung. In: Strieder, F. W.; Gerland, O.: 1868, S. 70
[16] Eisermann, G.; Häuser, K.; Yagi, K.: 1996, S. 127
[17] Knies, K.: Autobiographische Darstellung. In: Strieder, F. W.; Gerland, O.: 1868, S. 71
[18] Vgl. ebd.
[19] Knies, K.: Autobiographische Darstellung. In: Strieder, F. W.; Gerland, O.: 1868, S. 71/72
[20] Knies wurde in der Folgezeit wiederholt (1877 und 1881) Mitglied der ersten Kammer der Ständeversammlung und war 1882 deren Vizepräsident.
[21] Hierbei handelt es sich um die Arbeit *"Das moderne Kriegswesen"*.
[22] Vgl. Blenck, E.: 1900

Jahren - in den Ruhestand trat, erfolgte eine nicht minder bedeutsame Ehrung durch die Überreichung der von Otto Freiherr von Boenigk herausgegebenen "Festgaben", die dem "Herrn Geheimrat Knies" "in dankbarer Verehrung dargebracht" wurden von so bedeutenden Ökonomen wie Eugen von Böhm-Bawerk, John Bates Clark, Eberhard Gothein und Edwin Robert Seligman.

Karl Gustav Adolf Knies starb am 3. August 1898 an den Folgen eines Schlaganfalls.

II. Die weltanschaulichen Positionen von Karl Knies

Im Lebenslauf von Karl Knies gab es in den Jahren 1851/52 und 1865 zwei herausragende Einschnitte, welche es (vorübergehend) verunmöglichten, den Lebensweg in der eingeschlagenen Richtung weiterzugehen. Beide Rückschläge, seine zunächst nicht erfolgende Anstellung als Professor und der Verlust seiner Schlüsselfunktion in der badischen (Hoch-)Schulpolitik, haben insofern eine gemeinsame Ursache, als sie infolge der Knies'schen Weigerung eintraten, sich den politischen Verhältnissen anzupassen. Und in beiden Fällen war es seine *liberale Grundhaltung*, deren Bewahrung und aufrichtige Vertretung ihm wichtiger gewesen ist, als der persönliche Vorteil. Wir können hierin nicht nur einen generellen Charakterzug von Knies erkennen, sondern auch, wie weitgehend sein Denken durch den deutschen Idealismus und vor allem durch den Geist des Liberalismus bestimmt ist. Gottfried Eisermann charakterisiert Knies sehr treffend, wenn er ihn als den "... kämpferische[n] und für seine Sache stets zum bedingungslosen Einsatz seiner Person bereite[n] Liberale[n] ..." [23] bezeichnet. Seine liberale Grundhaltung liess Knies gegen eine Fremdbestimmung durch eine weltliche und kirchliche Obrigkeit und vor allem gegen deren mit absolutistischem bzw. universalistischem Anspruch vertretene Ideen opponieren und für eine freie Entfaltung des Einzelnen eintreten, sowohl der einzelnen Menschen als auch der einzelnen Völker. Knies hat "... sein ganzes Leben hindurch für die Belange des freien Staatsbürgers in einem freien Gemeinwesen seine Stimme erhoben und gekämpft" [24]. Entsprechend reagierte Knies mit Begeisterung auf die Revolution von 1848 - er schrieb im gleichen Jahr: "Heute ist das Volk selbst dazu geschritten, der Herr ist in sein Haus zurückgekehrt, und hat an der Stelle seiner Verwalter das Regiment zu eigenen Händen ge-

---

[23] Eisermann, G.: 1956, S. 225
[24] Werner, U.: 1938, S. 82

nommen."[25] Auch für Knies war dieses Verlangen nach demokratischer Selbstbestimmung gleichzeitig ein Streben nach nationaler Einheit des deutschen Volkes[26]. - Insbesondere die aus einer kulturspezifischen Entwicklung hervorgegangenen Charakteristika eines Volkes haben in Gestalt bestimmter sittlicher und ethischer Orientierungen einen Einfluss auf das Verständnis und die Ausübung individueller Freiheit. Der Grad der Freiheit kann um so grösser sein, je weiter der - von Knies angenommene - Prozess des sittlichen und ethischen Fortschritts gediehen ist.

Diese Einschränkung ist insofern bedeutsam, als sich der Liberalismus von Knies hierdurch vom "laissez faire" der Klassiker unterscheidet: Indem Knies nicht von der Annahme der Existenz einer "unsichtbaren Hand" ausgeht, sind sittliche/ethische bzw. durch den *Humanismus* bestimmte Werte unerlässlich. Für Knies sind "... Liberalismus und Humanismus letzten Endes nur verschiedene Seiten ein und derselben Sache ..."[27]: "Human" ist nur jene Gesellschaft, die ihren Mitgliedern eine relativ freie Entfaltung ermöglicht - die dauerhafte Gewährleistung der Freiheit der Menschen wiederum erfordert deren Entfaltung im Rahmen eines (humanistischen) Wertesystems.[28] So arbeitete Knies einerseits am erwähnten Gesetzentwurf zur Einführung der Gewerbefreiheit mit, regte die Beseitigung der Durchfuhrzölle an[29] und votierte dafür, "... dass das freie Schaffen und Walten der Privattätigkeiten [auch] in dem Verkehr mit dem Auslande als das Normale und als die Regel ..."[30] betrachtet werden soll. Andererseits schreibt er, dass die "... Grösse der Production den sittlich zu rechtfertigenden Mitteln der Erzeugung unter[zu]ordnen ..."[31] sei, was gleichermassen für die Binnenwirtschaft, wie für den Aussenhandel gelte.

---

[25] Knies, K.: Der Deutsche Bund ..., 1848, S. 748
[26] Die Kenntnis der historischen Situation und insbesondere der Persönlichkeit von Knies verdeutlicht, dass es gänzlich verfehlt ist, Knies im heute gebräuchlichen Sinne des Wortes als "nationalistisch" zu bezeichnen, wie es leider in einem Kurzbeitrag über Knies im 1986 von Mark Blaug herausgegebenen *"Who's who in Economics"* (S. 469) geschehen ist. - Es sei hier beispielsweise darauf verwiesen, dass Knies von "... der höheren Bestimmung aller einzelnen Völker zu einander und zur Entwicklung der menschheitlichen Geschichte ..." spricht (Knies, K.: 1883, S. 429).
[27] Eisermann, G.: 1956, S. 227
[28] Hierin besteht eine Übereinstimmung zu Friedrich August von Hayek (1899 - 1992), welcher schreibt, "... dass Freiheit ohne tief eingewurzelte moralische Überzeugungen niemals Bestand gehabt hat ..." (Hayek, F. A. v.: 1971, S. 79).
[29] Vgl. Aufsätze im Bremer Handelsblatt, "... welche die in ihrem weiteren Verlauf so wichtig gewordene Frage über die Beseitigung der Durchfuhrzölle anregten ..." (Knies, K.: Autobiographische Darstellung. In: Strieder, F. W.; Gerland, O.: 1868, S. 72).
[30] Knies, K.: 1883, S. 436
[31] Knies, K.: 1883, S. 439, vgl. S. 429

Die liberale Intention von Knies bezieht sich jedoch nicht nur auf die wirtschaftliche Sphäre. Knies will die Freiheit des Menschen, unabhängig davon, ob sich diese im wirtschaftlichen oder beispielsweise im wissenschaftlichen ober im privaten Bereich entfaltet, und unabhängig davon, welcher sozialen Schicht der einzelne Mensch entstammt. Seine eigene Herkunft aus relativ bescheidenen materiellen Verhältnissen hat wohl wesentlich dazu beigetragen, dass Knies ein Freiheitsideal entwickelte, dessen Realisation nur auf Grundlage einer bestimmten "Chance*ngerechtigkeit*" möglich ist. Wesentliche Beiträge zur Verwirklichung einer solchen Chancengerechtigkeit leistete Knies im Rahmen der Ausarbeitung eines Planes für die Reorganisation der polytechnischen Schule in Kassel und insbesondere durch die spätere Gründung des ersten Arbeiterbildungsvereins sowie auch als badischer Oberschulratsdirektor. In diesem Engagement von Knies - wie auch in seiner wissenschaftlichen Arbeit[32] - kann der Ausdruck einer *sozialen Grundeinstellung* gesehen werden, die in ihrem unmittelbaren Bezug auf den Menschen die Bedingungen dafür schaffen will, dass dieser seine individuellen Fähigkeiten und Kräfte so weit als möglich selbstbestimmt und insoweit frei entfalten kann. - Durch diese soziale Grundeinstellung gerät Knies jedoch nicht in die Nähe des "... Sozialismus, gegen den er sich mit allem Nachdruck, ja mit Leidenschaft wandte"[33]. Ein Grund dafür, dass Knies es sogar als ein Ziel betrachtete, "... die eigentlich socialistischen Theorien nieder[zu]kämpfen ..."[34], kann darin gesehen werden, dass für ihn der "... Socialismus ... die Freiheit des Individuums vollständig auf[hebt] ..."[35].

Eine massgebende Ursache dieser Kritik der sozialistischen Theorien besteht zudem darin, dass diese mit der durch den *Historismus* geprägten Position von Knies grundsätzlich nicht zu vereinbaren sind: "Das Axiom ... der Gleichheit ist auch auf dem Gebiete des Wirtschaftslebens und seiner wissenschaftlichen Bearbeitung ... der scharf ausgeprägte Widerspruch zu der grundsätzlichen Hingabe an die concreten Besonderheiten der empirischen Wirklichkeit und das unterschiedsvolle Leben der geschichtlichen Menschheit. Was für uns die Ausgangs- und Stützpuncte abgibt, das muss die consequente sozialistische Organisation der Wirtschaft vernichten oder als nicht vorhanden ansehen ..."[36] Es ist damit vorrangig die Negierung oder

---

[32] Vgl. u.a.: Knies, K.: Über den Wohnungsnotstand unterer Volksschichten ..., 1859, S. 83ff.

[33] Vgl. Eisermann, G.: Carl Knies in seiner Zeit. In: Eisermann, G.; Häuser, K.; Yagi, K.: 1996, S. 66

[34] Vgl. Knies, K.: Die Wissenschaft der Nationalökonomie ..., 1852, S. 155

[35] Knies, K.: 1883, S. 292

[36] Knies, K.: 1883, S. 30, vgl. S. 293/294

Nivellierung des Einzigartigen - d. h. des historisch Gewachsenen bzw. des Kulturspezifischen - durch eine mit absolutistischem Anspruch vertretene universalistische Theorie oder Weltanschauung, die Knies ebenso zum Gegner des Sozialismus und des politischen Katholizismus werden lies, wie zum Kritiker der klassischen Nationalökonomie.

III. Der Nationalökonom Karl Knies

1.   Das Gesamtwerk von Knies in thematischer Gliederung

Bevor wir die nationalökonomische Position von Karl Knies näher betrachten ist es zweckmässig, zunächst darzustellen, auf welche Themenstellungen sein Erkenntnisinteresse gerichtet war. Hierbei wollen wir uns nicht auf eine chronologische Auflistung seiner Veröffentlichungen beschränken - diese ist im Literaturverzeichnis der vorliegenden Arbeit enthalten -, sondern versuchen, möglichst alle seiner Publikationen in einem thematisch sinnvollen Zusammenhang zu präsentieren.[37] Eine solche Strukturierung ist unseres Erachtens in mancherlei Hinsicht aufschlussreich.

(1) *Zeit- und theoriegeschichtliche Arbeiten:* Die von Knies während seiner Privatdozententätigkeit in Marburg und damit vor Erscheinen der *"Politischen Ökonomie"* im Jahr 1853 publizierten Arbeiten sind - neben der Statistik - weitgehend zeit- und theoriegeschichtlichen Themenstellungen gewidmet. Zu den zeitgeschichtlichen und letztlich politisch motivierten Arbeiten gehören: *"Der Deutsche Bund bis zur Epoche von 1830 und seit 1830 bis zur Auflösung des Bundestages i. J. 1848"* (1848/1849), *"Über die in Kurhessen angeregte Forderung eines konstituierenden Landtages"* (1848) sowie *"Die katholische Hierarchie in den grossen deutschen Staaten seit 1848 und der gegenwärtige Konflikt in der oberrheinischen Kirchenprovinz"* (1852). Knies' bedeutsamste theoriegeschichtliche Publikation, mit der Vorarbeiten für Teile der ein Jahr später erschienenen *"Politischen Ökonomie"* geleistet wurden, ist *"Die Wissenschaft der Nationalökonomie seit Adam Smith bis auf die Gegenwart"* (1852). Zur Theoriegeschichte im engeren Sinn kann auch die Abhandlung *"Macchiavelli als volkswirtschaftlicher Schriftsteller"* (1852) gezählt werden. Mit Macchiavelli setzte sich Knies in dem Aufsatz *"Der Patriotismus Macchiavellis"* (1871) nochmals auseinander. Als letzte wissenschaftliche Arbeit verfasste Knies einen Bei-

---

[37] Ein solches Vorhaben steht um so mehr unter dem Einfluss wertender Urteile des Autors, als Karl Knies ein weites Spektrum unterschiedlichster Themenstellungen bearbeitet hat und die Inhalte einzelner Werke nicht eindeutig zuzuordnen sind.

trag über die Vorgeschichte der ersten französischen Revolution und der Physiokratie, welcher in dem von ihm eingeleiteten zweibändigen Werk *"Karl Friedrichs von Baden brieflicher Verkehr mit Mirabeau und Du Pont"* (1892) erschienen ist. – Hierüber hinaus ist es ein generelles Charakteristikum der Knies' schen Werke, dass im Kontext der jeweiligen Themenstellungen relevante theorie- und wirtschaftsgeschichtliche Aspekte berücksichtigt werden.

(2) *Arbeiten zur Theorie der Statistik:* Wenngleich die Statistik nur bis Anfang der 50er Jahre einen Forschungsschwerpunkt von Knies bildete und er zu dieser Thematik - von dem kürzeren Beitrag *"Die Statistik auf ihrer jetzigen Entwicklungsstufe"* (1852) abgesehen - lediglich ein umfangreicheres Werk veröffentlichte, so hatte er mit letzterem doch wesentlichen Einfluss auf die Entwicklung der statistischen Wissenschaft, was auch im Zusammenhang mit seiner Berufung an die Universität Freiburg entsprechend gewürdigt wurde. Diese im Bereich der Statistik "epochemachende"[38] Arbeit trägt den Titel: *"Die Statistik als selbstständige Wissenschaft. Zur Lösung des Wirrsals in der Theorie und Praxis dieser Wissenschaft. Zugleich ein Beitrag zu einer kritischen Geschichte der Statistik seit Achenwall"* (1850). In diesem Buch sprach sich Knies dafür aus, die bisher gebräuchliche Achenwall-Schlözer'sche "Statistik" bzw. die Staatsarithmetik als rein historische Disziplin nicht mehr zu dieser Wissenschaft zu zählen. Stattdessen argumentierte er zu Gunsten einer Statistik, die ausschliesslich von quantifizierten Grössen ausgeht und ihre Erkenntnisse in Anwendung einer mathematisch–exakten Methode gewinnt. "Mit seinem bahnbrechenden Werk hatte er somit .... die antihistorische Emanzipation der heutigen Statistik ... begründet und ihr den Weg zur späteren Verschmelzung mit der Wirtschaftstheorie gewiesen."[39]. Im Verständnis von Knies ist die Statistik folglich ein unhistorisches "tool" der historischen Analyse der Volkswirtschaft.

(3) *Arbeiten zur Grundlegung einer historischen Nationalökonomie:* Mit seinem - zwei Jahre vor seiner Berufung an die Universität Freiburg erschienenen - Hauptwerk *"Die Politische Ökonomie vom Standpunkte der geschichtlichen Methode"* (1853) wollte Karl Knies vorrangig die erkenntnistheoretischen Grundlagen der historischen Nationalökonomie schaffen. Seine Erwartung, dass von diesem Werk "... eine aufwühlende, ja befreiende und für die deutsche Nationalökonomie richtungweisende Wirkung ..."[40]

---

[38] Vgl. Blenck, E.: 1900
[39] Eisermann, G.: Carl Knies in seiner Zeit. In: Eisermann, G.; Häuser, K.; Yagi, K.: 1996, S. 59
[40] Eisermann, G.: 1956, S. 223

ausgeht, wurde infolge ungenügender Anerkennung - auch von Seiten Wilhelm Roschers (1817 - 1894) und Bruno Hildebrands (1812 - 1878) - zunächst enttäuscht. Erst im Verlauf der folgenden Jahrzehnte wurde - so Gustav von Schmoller (1838 - 1917) - "... das vortreffliche Buch von Knies ... in gewisser Beziehung zum gemeinsamen Glaubensbekenntnis ... [der historischen] Schule deutscher Nationalökonomen ..."[41]. Der mit diesem Werk von Knies ausgeübte Einfluss reichte Schmoller zufolge so weit, dass er "... auf jeder Seite unserer heutigen zahlreichen volkswirthschaftlichen Zeitschriften zu konstatieren ..."[42] ist. Eine zweite, "durch abgesonderte Zusätze vermehrte Auflage" dieses Werkes erschien 1883 unter dem Titel: *"Die Politische Ökonomie vom geschichtlichen Standpunkte"*. - Die aus der "Verwobenheit" wirtschaftlichen Geschehens mit dem historischen bzw. kulturellen Kontext resultierende wirtschaftliche Relevanz religiöser und ethischer Normen findet in den folgenden Aufsätzen spezielle Berücksichtigung: *"Religiöse Gesichtspunkte für Volkswirtschaft und Volkswirtschaftslehre der Gegenwart"*[43] (1858) und *"Ethische und religiöse Gesichtspunkte zur Beurteilung der Volkswirtschaft und Volkswirtschaftslehre in der Gegenwart"* (1859).

(4) *Arbeiten zur Theorie des Geldes, Kredites und Kapitals:* Die Ausarbeitung des in drei Bänden in den Jahren 1873, 1876 und 1879 erschienenen Werkes *"Geld und Credit"* erfolgte zwar an der Universität Heidelberg und damit in der zweiten Phase von Knies' wissenschaftlicher Arbeit - seine Auseinandersetzung mit diesem Themenbereich reicht jedoch in die 50er und frühen 60er Jahre zurück. In dieser Zeit veröffentlichte er folgende (kürzere) Aufsätze: *"Das heutige Kredit- und Bankwesen"* (1855), *"Über die Geldentwertung und die mit ihr in Verbindung gebrachten Erscheinungen"* (1858), *"Erörterungen über den Kredit"* (1859/1860) und *"Zur Lehre vom wirtschaftlichen Güterverkehr, vom Geld und vom Credit"* (1862). Mit grossem zeitlichen Abstand erschien seine 60 Seiten umfassende Schrift *"Weltgeld und Weltmünze"* (1874), die "... einen frühen Vorläufer der Keynesschen Weltwährungsgedanken darstellt."[44] Wie erwähnt, wurde ein Jahr zuvor der erste Band des Werkes *"Geld und Credit"* veröffentlicht - sein Titel lautet: *"Das Geld. Darlegung der Grundlehren von dem Gelde, insbesondere der wirtschaftlichen und der rechtsgiltigen Functionen des*

---

[41] Schmoller, G.: 1888, S. 204
[42] Schmoller, G., ohne Quellenangabe zitiert in: Eisermann, G.; Häuser, K.; Yagi, K.: 1996, S. 128
[43] Dieser Aufsatz ist - ebenso wie der im Folgejahr in der gleichen Zeitschrift (in mehreren Teilen) veröffentlichte - anonym und unter Nennung eines Symbols verfasst. In der Sekundärliteratur wird jedoch davon ausgegangen, dass diese Arbeit von Karl Knies stammt.
[44] Brinkmann, C.: 1959, S. 27

Geldes, mit einer Erörterung über das Kapital und die Übertragung der Nutzungen" (1873).[45] Die beiden anderen Bände tragen den gemeinsamen Haupttitel *"Der Credit"* sowie die Titel: *"Allgemeines"* (1876) und *"Das Wesen des Zinses und die Bestimmgründe für seine Höhe. Wirkungen und Folgen des Creditverkehrs. Die Creditinstitute"* (1879). Das Werk *"Geld und Credit"* weist Knies als "... Denker von ausserordentlichem Scharfsinn und grosser Befähigung zu rational-theoretischer Analyse aus ..."[46] und "... vereinigt in fast idealer Weise die eigengesetzliche Innenansicht und die politisch-juristische Aussenansicht der Währung, die sich dann gerade in deutscher Wissenschaft so scharf in die 'Staatliche' Geldtheorie Georg Friedrich Knapps und die autoharmonisch-liberale (etwa von Ludwig v. Mises) scheiden sollte."[47] Das - nicht nur im Hinblick auf seine theoriegeschichtliche Wirkung - bedeutsame Werk *"Geld und Credit"* ist allerdings kaum aus einer Anwendung der von Knies selbst erarbeiteten Methode der historischen Nationalökonomie hervorgegangen. Dies ist jedoch insofern und insoweit nicht als eine Inkonsistenz von Knies zu deuten, als Geld, Kapital und Kredit a-historische Elemente in einer grundsätzlich historisch bzw. kontextual bestimmten Volkswirtschaft sind und folglich als solche analysiert werden müssen.

(5) *Analysen einzelner Bereiche der Volkswirtschaft:* Überwiegend vor und während der Zeit seiner Professur in Freiburg hat Knies verschiedene Bereiche der Volkswirtschaft untersucht und die Resultate in einer Reihe separater Schriften und Artikel veröffentlicht. Hierzu zählen zunächst jene Arbeiten, die sich vorrangig mit dem *Verkehrswesen* auseinandersetzen. Zu nennen sind hier: *"Die Eisenbahnen und ihre Wirkungen"* (1853), *"Über die Wirkungen der Eisenbahnen auf die Pflege der Wissenschaft in unserer Zeit"* (1854), *"Das Eisenbahnwesen"* (1855) und *"Der Telegraph als Verkehrsmittel. Mit Erörterungen über den Nachrichtenverkehr überhaupt"* (1857). - Vorrangig der Analyse der Situation und der volkswirtschaftlichen Bedeutung einzelner *Berufsstände* sind die folgenden Arbeiten gewidmet: *"Die Handwerkerfrage in unserer Zeit"* (185?), *"Gewerb- und Gesellenvereine in Deutschland"* (1859), *"Missgriffe in der praktischen Behandlung der Besoldungserhöhungsfrage"* (1858) und *"Die Dienstleistung des Soldaten und die Mängel der Conskriptionspraxis. Eine volkswirtschaftlich-finanzielle Erörterung"* (1860) - ergänzend genannt

---

[45] Dieser Band wurde 1996 von Bertram Schefold als Faksimile-Nachdruck herausgegeben. Zu diesem Werk erschien im gleichen Jahr der bereits zitierte Kommentarband von Gottfried Eisermann, Karl Häuser und Kiichiro Yagi unter dem Titel "Carl Knies' 'Das Geld'".
[46] Vgl. Eisermann, G.: 1956, S. 230
[47] Brinkmann, C.: 1959, S. 27

werden kann hier: *"Das moderne Kriegswesen"* (1867)[48]. - Mit den Auswirkungen der Preisbildung auf dem **Wohnungsmarkt** befasst sich Knies
im folgenden Aufsatz: *"Über den Wohnungsnotstand unterer Volksschichten und die Bedingungen des Mietpreises"* (1859). Im Zusammenhang mit
dieser auch preistheoretischen Arbeit ist der Aufsatz *"Die nationalökonomische Lehre vom Wert"* (1855) zu erwähnen. - Abschliessend zu nennen ist
der von Knies während seiner Tätigkeit an der Kantonsschule in Schaffhausen verfasste und in zwei Teilen erschienene Artikel: *"Das Getreidewesen in der Schweiz"* (1854/ 1855).

2. Grundzüge der historischen Position des Nationalökonomen Knies

Nach der Darstellung des Knies'schen Werkes in seiner thematischen Breite
werden nun inhaltliche Positionen von Knies charakterisiert, wobei wir uns
auf jene konzentrieren, die in unmittelbarem Zusammenhang mit seiner historischen bzw. kontextualen Theorie und Methode stehen. Hiermit wollen
wir den Inhalten des zweiten Teils dieser Arbeit nicht vorgreifen, wohl aber
die Auseinandersetzung mit diesen erleichtern, indem wir im folgenden ein
"Vorverständnis" zu vermitteln suchen.

Zu diesem Zweck ist zunächst das "Menschenbild" von Knies zu konkretisieren. Wenngleich Knies die Vernunftbegabtheit des Menschen nicht
verkennt, so ist der Mensch für ihn doch in erster Linie ein "geistbegabtes"
und daher "weltoffenes" Wesen. Die freie Entfaltung des menschlichen
Geistes darf dem liberalistischen Ideal von Knies entsprechend nicht durch
einen weltlichen oder klerikalen Absolutismus beschränkt werden. Andererseits ist sich Knies der Existenz von natur- und kulturbedingten Grenzen
menschlicher Entfaltung bewusst. Beschränkungen der individuellen Ent-
scheidungsfreiheit sind dadurch gegeben, dass die Menschen, "... nach ihrer
animalischen Naturseite hin, Naturgesetzen unterworfen sind ..."[49] und dass
sie "von Natur aus" soziale und daher in kulturellen Gemeinschaften lebende Wesen sind. Hieraus folgt für Knies nicht nur, dass sich der Mensch an
bestimmten Rechtsnormen zu orientieren hat: Indem kulturspezifische Gemeinschaften oder Gesellschaften mit ihren Institutionen den Kontext der
Entwicklung des "weltoffenen" Menschen bilden, haben die in ihnen dominierenden "Weltbilder" und Wertesysteme einen Einfluss auf das - damit

---

[48] Vgl. zu den vorstehend genannten drei Arbeiten: Fritz-Assmus, D.: Karl Knies – ein
früher Militärökonom. Vergessene Schriften eines führenden Vertreters der Älteren Historischen Schule zu militärökonomischen Problemen unserer Zeit, 1995
[49] Knies, K.: 1883, S. 466

kulturspezifische und evolutive - Sosein des Menschen und sind folglich nicht nur "exogener Rahmen" einer gänzlich selbstbestimmten Entfaltung. - Hierin deutet sich bereits an, dass für Knies die "... Seele des Menschen ... ein Einheitliches ..."[50], d. h. "... etwas Organisches, nicht in Teile Zerlegbares ..."[51], ist.

Indem sich die Menschen in Interdependenz mit ihrer Aussenwelt entwickeln, konstituiert sich aus ihrer - sich in einem spezifischen kulturellen Kontext vollziehenden - Interaktion ein eigenständiger "Organismus", der für Knies - vor dem Hintergrund des überwiegend nationalstaatlich organisierten Europas des 19. Jahrhunderts und wohl auch infolge des Einflusses des Hegel'schen Zeitgeistes - mit dem "Volk" gleichbedeutend ist. Als "... ein mit dem gesamten Lebensorganismus [der Völker] ... eng verbundenes Glied ..." müssen die "... wirtschaftlichen Zustände und Entwicklungen ..." angesehen werden.[52] "Alles wirtschaftliche Leben eines Volkes ist so eng mit den übrigen Lebensäusserungen desselben verbunden, dass man jenes ..., nur wenn man den Zusammenhang mit dem Ganzen im Auge behält, in der Wahrheit der empirischen Wirklichkeit zu erfassen vermag ..."[53]

Das wirtschaftliche Geschehen ist somit massgebend durch den historisch gewachsenen kulturellen Kontext - d. h. nicht nur durch naturgesetzliche Einflüsse bzw. "Sachverhältnisse der materiellen Welt"[54], sondern *vorrangig* durch kontextspezifische und damit variante "geistige" Faktoren - bestimmt. Daher sind "... die volkswirtschaftlichen ... *Erscheinungen unserer Zeit als ein geschichtliches Fragment* zu begreifen und ... *weder als das Ganze und Allgemeine noch als ... Typus aller ökonomischen Phasen und Evolutionen* hinzustellen"[55]. Entsprechend ist bei der Theoriebildung nicht von abstrakten und damit raum- und zeit*in*varianten Annahmen, sondern von den geschichtlich entstandenen Gegebenheiten in ihrer konkreten Erscheinung auszugehen. Der Nationalökonomie stellen sich dann grundsätzlich zwei Aufgaben: "... einmal eine historisch erkenntnismässige, die sich mit dem geschichtlichen Werdegang der Volkswirtschaften befasst, sodann

---

[50] Knies, K.: 1883, S. 505

[51] Kerschagl, R.: 1936, S. 23. - Wenn Kerschagl an gleicher Stelle schreibt, dass es daher für Knies "... absolut unzulässig [ist], ... ein Moment der Seele, ein Motiv allein als gegeben anzunehmen [oder] ... die einzelnen Motive absolut zu verselbständigen", so bedeutet dies, dass ein eigenständiger Trieb "... des reinen Eigennutzes ... eine theoretisch unzulässige Annahme ..." ist (Knies, K.: 1883, S. 505). - Mit dieser Aussage kritisiert Knies eine grundlegende Voraussetzung der (neo-)klassischen Nationalökonomie.

[52] Knies, K.: 1883, S. 141

[53] Knies, K.: 1883, S. 436

[54] Vgl. Knies, K.: 1883, S. 475/76

[55] Knies, K.: 1883, S. 122

eine kausal erklärende, welche die Ursachen dieses Werdens blosslegt"[56]. Knies schreibt, "... dass volkswirtschaftliche Thatsachen ... für die National-ökonomie ... fast wertlos sind, wenn der Feststellung derselben nicht eine besondere Feststellung der Ursachen zur Seite steht, als deren Ergebnis sie zu betrachten sind."[57/58] In diesem Sinne kausal erklärt werden sollen nicht singuläre, sondern regelmässig zu beobachtende Erscheinungen: "Es muss ... die ... Frage beantwortet werden, worin die Regel der Erscheinungen und die Abweichungen von derselben ihren Grund haben ... [und] was der Be-stand und das Wesen einer volkswirtschaftlichen Regel ist ..."[59] Wurde eine entsprechende Kausalität ermittelt, so ist sie abschliessend empirisch zu überprüfen: "Es gehört ... zur Richtigkeit des nationalökonomischen Schlus-ses, dass man den logisch richtigen Schluss wiederum an der Erscheinung des empirischen Lebens prüft ..."[60]. Konnte eine solche Theorie verifiziert werden, so spricht Knies von einem "Wirtschaftsgesetz". Dieses kann zu-nächst nur für jenes Gebiet und für jenen Zeitraum Gültigkeit beanspruchen, dem die seiner Ermittlung und empirischen Überprüfung zugrundeliegen-den Beobachtungen entstammen. Eine Ausweitung des Gültigkeitsan-spruchs ist grundsätzlich möglich, sofern Analogien zu anderen raum- und zeitspezifischen "Wirtschaftsgesetzen" ermittelt werden können.

3. Zur Bedeutung und Wirkung von Karl Knies

Mit seiner - vorerst nur in ihren Umrissen skizzierten - historischen bzw. kontextualen Theorie und Methode leistete Knies den mit Abstand bedeu-tendsten und umfassendsten Beitrag zur Fundierung der erkenntnistheoreti-schen Grundlagen der Historischen Schule der Nationalökonomie. Dieses Urteil stützt sich insbesondere auch auf die Würdigungen, die das Knies' sche Werk von Seiten massgebender Nationalökonomen erfahren hat. So schreibt Wilhelm Roscher - wenn auch erst 1874 -, dass in der *"Politischen Ökonomie vom Standpunkte der geschichtlichen Methode"* "... zuerst die geschichtliche Methode unserer Wissenschaft zu einer reichen, mit trefflich

---

[56] Eisermann, G.: 1993, S. 56
[57] Knies, K.: 1883, S. 468
[58] Die "... Erforschung der Ursachen für diese äusseren Erscheinungen [führt] auch auf die *geistigen Bezirke im Innern des Menschen* zurück und man kann sich des Eintretens auf psychologisch motivierte Zusammenhänge nicht entschlagen" (Knies, K.: 1883, S. 6), d. h. es sind auch "... Factoren, die nicht rein ökonomischer Natur sind, mit in Anschlag [zu] bringen ..." (Vgl. Knies, K.: 1883, S. 424.).
[59] Knies, K.: 1883, S. 477
[60] Knies, K.: 1883, S. 472/73

durchgeführten Beispielen versehenen Methodologie entwickelt sei"[61] Gustav von Schmoller sieht in Knies "den theoretischen Begründer der historisch-psychologischen modernen deutschen Nationalökonomie" und charakterisiert ihn wie folgt: Im Vergleich zu Hildebrand und Roscher ist Knies "... der schwerflüssige, schwerbewegliche, ernste, tiefe, grübelnde Theoretiker, der nach neuen stichhaltigeren theoretischen Fassungen der Probleme ringt. Nicht die Geschichte interessiert ihn in erster Linie, sondern die Vertiefung und der Umschwung der nationalökonomischen Wissenschaft überhaupt."[62] Von Knies' Zeitgenossen sei hier nicht zuletzt Adolph Wagner (1835 - 1917) genannt, der Knies' "... tiefe geschichtsphilosophische Auffassung der Volkswirthschaft ... rühmt ..."[63]. Im Rückblick wird Knies von Carl Brinkmann (1885 - 1954), der zu den späteren Nachfolgern auf Knies' Heidelberger Lehrstuhl zählt[64], als "... das theoretisch bedeutendste Mitglied der Historischen Schule der deutschen Nationalökonomie[,] sowohl den Ursprüngen wie den Folgen seines Denkens nach", bezeichnet. Brinkmann gelangt an gleicher Stelle ferner zu dem Schluss, dass "... Knies den modernen Verfahren einer soziologischen Erweiterung und Unterbauung der Wirtschaftstheorie am nächsten ..."[65] kommt.

Karl Knies hat die Entwicklung der Nationalökonomie nicht nur durch seine wissenschaftlichen Arbeiten, sondern auch durch seine Lehrtätigkeit, insbesondere an der Universität Heidelberg, mitbestimmt. Nicht zuletzt auf Grundlage der in den Seminaren von Knies erlangten Kenntnisse und Fähigkeiten entwickelten sich mehrere seiner Studenten in der Folgezeit - teils auf divergierenden Wegen - zu namhaften Nationalökonomen. Als jene Schüler, die sich grundsätzlich in der Tradition von Knies entfalteten, sind vorrangig zu nennen: Friedrich von Gottl-Ottlilienfeld (1868 - 1958), Heinrich Dietzel[66] (1857 - 1935) und Eberhard Gothein (1853 - 1923), welcher Knies als den "Methodenlehrer unserer Wissenschaft"[67] bezeichnete. Auch Gothein war während einiger Jahre Inhaber des Heidelberger Lehrstuhls von Knies, welcher zwischenzeitlich durch Max Weber (1864 - 1920) besetzt gewesen ist. Wie erwähnt, hat Max Weber ebenfalls bei Knies studiert. - Zu jenen Studenten von Knies, die in späteren Jahren zusammen mit Carl Menger - dem Opponenten Schmollers im Methodenstreit - zu den Haupt-

---

[61] Roscher, W.: 1874, S. 1038
[62] Schmoller, G.: 1888, S. 206, vgl. S. 207
[63] Vgl. Blenck, E.: 1900
[64] Vgl. Eisermann, G.: Carl Knies in seiner Zeit. In: Eisermann, G.; Häuser, K.; Yagi, K.: 1996, S. 96
[65] Brinkmann, C.: 1959, S. 27
[66] Vgl. Brandt, K.: 1993, S. 242
[67] Vgl. Gothein, E.: Agrarpolitische Wanderungen im Rheinland. In: Boenigk, O. Frhr. v. (Hrsg.): 1896, S. 233, Fussnote 1

vertretern der Österreichischen Schule zählten, gehören Eugen von Böhm-Bawerk (1851 - 1914) und Friedrich von Wieser (1851 - 1926): In Knies' Heidelberger "... Seminar legten ... Böhm-Bawerk und Wieser den Grund zu ihren so verschiedenen Erweiterungen von Carl Mengers Grenznutzlehre."[68] Seine mit der historischen Position von Knies nicht zu vereinbarenden Überzeugungen hielten Böhm-Bawerk nicht davon ab, Knies "... zu den ernstesten und würdigsten Denkern unserer Wissenschaft ..."[69] zu zählen.

Vorrangig über seine Schüler reichte der Einfluss von Knies weit über den deutschsprachigen Raum hinaus: "His seminars were attended by many American scholars."[70/71] Zu diesen zählte bereits in den 70er Jahren John Bates Clark (1847 - 1938), der später Tutor von Thorstein Veblen (1857 - 1929) gewesen ist. In der Folgezeit studierte - neben Henry Carter Adams (1851 - 1921), Frank Albert Fetter (1863 - 1949), Simon Nelson Patten (1852 - 1922) und Frank William Taussig (1859 - 1940)[72] - auch Edwin Robert Seligman (1861 - 1939) in Heidelberg bei Knies. Seligman "... wrote on general economics, where the influence of his earlier German studies is revealed by his high estimation of the value of historical studies."[73] Noch weitgehender in seiner späteren Arbeit durch seinen Lehrer Knies beeinflusst ist Richard Theodore Ely (1854 - 1943), zu dessen Studenten John Rogers Commons (1862 - 1945) gehörte.

In Vergegenwärtigung (1) des theoretischen Gehaltes des Knies'schen Werkes, (2) der hohen Wertschätzung, die es über die Lebenszeit von Knies hinaus erfahren hat, und (3) des Einflusses von Knies auf die ihm folgenden Generationen von Nationalökonomen wird deutlich, dass Knies in seiner theoriegeschichtlichen und theoretischen Bedeutung zumindest nicht geringer einzuschätzen ist, als Roscher oder Schmoller. Hieraus resultiert die Notwendigkeit einer verstärkten Auseinandersetzung mit Knies - keineswegs nur unter theoriegeschichtlichen Aspekten. Die Leistung eines Beitrages zur Aktualisierung der Knies'schen Theorie und zu ihrer Nutzbarmachung im Rahmen der zukünftigen Lösung wirtschaftspolitischer Problemstellungen ist das primäre Ziel der vorliegenden Arbeit.

---

[68] Brinkmann, C.: 1959, S. 27
[69] Böhm-Bawerk, E. v.: Zum Abschluss des Marxschen Systems. In: Boenigk, O. Frhr. v. (Hrsg.): 1896, S. 87. - Vgl. Böhm-Bawerk, E. v.: 1898, S. 21
[70] Bell, J. F.: 1953, S. 336, Fussnote 11
[71] Zum Einfluss der deutschen Historischen Schule auf die amerikanische Nationalökonomie vgl.: Farnam, H. W.: 1908; vgl. auch: Dorfman, J.: 1955, S. 17 ff.
[72] Vgl. Stadler, M.: 1983, S. 147
[73] Blaug, M. (Ed.): 1986, S. 770

Zweiter Teil

Rekonstruktion der kontextualen Theorie und Methode von Karl Knies

Viertes Kapitel:

Das Erkenntnisinteresse
der historischen Nationalökonomie

Bevor wir im Rahmen der Rekonstruktion des Knies'schen Ansatzes die einzelnen Elemente seiner Erkenntnistheorie und -methode in ihren logischen Zusammenhängen darstellen und detailliert erläutern, ist es sinnvoll, die sich im Wesentlichen hierdurch konstituierende historische Nationalökonomie - so wie Knies sie versteht - gesamthaft in ihren Grundzügen und hinsichtlich ihrer paradigmatischen Grundlagen zu behandeln. Indem damit in diesem Kapitel die Konturen der historischen Nationalökonomie umrissen werden, wird ein "Raster" geschaffen, in welches die Inhalte der sich anschliessenden Kapitel eingeordnet werden können, wodurch die Erarbeitung und das Verständnis derselben erleichtert werden.

Ein Hinweis darauf, wie sich die uns hier interessierenden Charakteristika der historischen Nationalökonomie bestimmen lassen, findet sich bei Knies: "Das eigentümliche Wesen jeder einzelnen Wissenschaft wird durch das *Gebiet für ihre Untersuchungen*, die *Aufgabe*, welche ihr gestellt ist, und durch die *Methode* bestimmt, in welcher sie dieselbe lösen muss ..."[1] Die "... Methode der Untersuchung und Beweisführung [bildet] mit dem Gegenstand [bzw. mit dem Gebiet] der Forschung und der Beschaffenheit der gestellten Aufgabe ein einheitliches Ganzes ..."[2] Die im siebten Kapitel der vorliegenden Arbeit detailliert behandelte Methode resultiert daraus, was (vgl. "Gebiet") zu welchem Zweck (vgl. "Aufgabe") betrachtet bzw. untersucht wird und ist damit ein aus dem Erkenntnisinteresse der Wissenschaft abzuleitendes Mittel bzw. "tool". Die folgende Auseinandersetzung mit dem Gebiet, d. h. mit dem Gegenstandsbereich, und mit der bzw. den Aufgabe(n) der historischen Nationalökonomie führt damit - im Sinne von Knies - zu einer Annäherung an das "Wesen" dieser Wissenschaft.

---

[1] Knies, K.: 1883, S. 157
[2] Ebd.

I. Der Gegenstandsbereich der historischen Nationalökonomie

Karl Knies zufolge handelt es sich bei dem von der historischen Nationalökonomie zu untersuchenden Gegenstandsbereich um die "tatsächlich" existierende, d. h. um die "... in Zeit und Raum sich verwirklichende[,] Volkswirtschaft ..."[3]. Diese Auffassung wird im fünften Kapitel mit der Behandlung der raum- und zeitspezifischen Bestimmungsfaktoren volkswirtschaftlichen Soseins *begründet*. An dieser Stelle ist die vorstehende Bestimmung des Gegenstandsbereiches zunächst in viererlei Hinsicht zu *präzisieren:*

1. Die "Tatsachen" in ihrer grundlegenden Bedeutung

Betrachtet und erklärt werden sollen Knies zufolge die "Tatsachen" des wirtschaftlichen Lebens: Es kommt "... unserer Wissenschaft nur auf das [an], was in dem tatsächlichen Leben der Völker eingetreten ist oder eintreten kann ..."[4] Wenn Knies schreibt, dass "... die Thatsachen des Lebens das Fundament der Theorie bilden ..."[5], so bedeutet dies auch, dass die der Theoriebildung zugrundeliegenden Annahmen in Orientierung an den jeweiligen - raum- und zeitspezifischen - Gegebenheiten zu treffen sind.[6]

An dieser Stelle ist zu klären, ob bzw. in welcher Hinsicht Knies in seiner Betrachtung des Erkenntnisbereiches *"positivistisch"* ist. Zunächst ist festzustellen, dass Knies all' jenes als "tatsächlich gegeben" betrachtet, was der Wahrnehmung des Menschen zugänglich ist, unabhängig davon, ob dies in der Aussenwelt des Menschen beobachtet werden kann oder ob es als Inhalt menschlichen Bewusstseins wahrnehmbar ist. Indem Knies den Bereich der "Tatsachen" auf die geistig-psychische Ebene ausweitet[7], vertritt er eine Position, die mit einer positivistischen Auffassung kaum zu vereinbaren ist. Entsprechend kritisiert er den "... Begründer ... der 'positivistischen' Philosophie ... A. Comte ..."[8]: Knies bezeichnet es als eine Irrung

---

[3] Vgl. Knies, K.: 1883, S. 94
[4] Knies, K.: 1883, S. 460
[5] Knies, K.: 1883, S. 460
[6] Entsprechend lehnt Knies die a-priorische Gegebenheit allgemein bzw. universell gültiger Annahmen ab. Der "... Kopf des denkenden Menschen [hat] die objectiv wahrnehmbaren Thatsachen des Lebens nur [zu] verarbeiten, nicht [zu] ersetzen ..." (Knies, K.: 1883, S. 459).
[7] Knies spricht explizit von "psychischen Tatsachen". - Vgl. Knies, K.: 1883, S. 518
[8] Vgl. Knies, K.: 1883, S. 515

Comtes, dass sich dieser "... grundsätzlich nur mit den in die äussere Erfahrung fallenden sinnlich wahrnehmbaren Erscheinungen des socialen Lebens beschäftigt ..."[9] und kritisiert, dass er "... die Thatsache und die Möglichkeit der Selbstbeobachtung des menschlichen Geistes sowie eines jeden nicht als naturgesetzliche Folge sinnlicher Reize und Eindrücke auftretenden Vorganges in unserer Innenwelt"[10] verneint.

Vor diesem Hintergrund verbleibt als Gemeinsamkeit der Knies'schen und der positivistischen Position "nur" noch die grundlegende Annahme, dass es generell "objektive Tatsachen" gibt. Obwohl Knies eine "objektive Gegebenheit" von Dasein und Sosein des Erkenntnisobjektes und der hierfür bestimmenden Faktoren voraussetzt, bringt er in verschiedener Hinsicht eine Skepsis zum Ausdruck, inwieweit eine "objektive" Erfassung und Erklärung dieser Gegebenheiten durch den Menschen möglich ist. Er schreibt: "Mag man sich ... noch so bestimmt darauf beschränken wollen ..., nur an und mit realen Objecten die volkswirtschaftliche Logik in Bewegung zu setzen, immer tritt doch wieder der Mensch als eine mitwirkende ursächliche Kraft ... hervor ..."[11] Dies hat auch zur Folge, dass "... einer jeglichen volkswirtschaftlichen Theorie ... eine psychologische, politische, sittliche, überhaupt allgemeinculturgeschichtliche Welt- und Menschenanschauung zu Grunde ..."[12] liegt. - Aus diesen Aussagen lässt sich folgern, dass für Knies das "objektiv" Gegebene vom Menschen letztlich *nicht rein* "objektiv" wahrnehmbar und verarbeitbar ist. Um so bedeutsamer ist deshalb das Bestreben des Nationalökonomen, das "tatsächlich Gegebene" *möglichst* "objektiv" zu erfassen.

2. Das volkswirtschaftliche Geschehen als Explanandum

Erklärt werden sollen grundsätzlich nur volkswirtschaftliche Erscheinungen. Bezogen auf die Nationalökonomie fordert Knies, dass "... die specifisch ökonomischen Thatsachen ... ihr nächstes und hauptsächliches Forschungsobject ..."[13] bleiben müssen. Diese "ökonomischen Tatsachen" haben jedoch eine bei ihrer Erklärung zu berücksichtigende kulturelle bzw. gesellschaftliche Dimension. Entsprechend gilt es (auch), "... das gesellschaftliche Wirtschaftsleben der Menschen zu erforschen ..."[14] - Indem die

---

[9] Knies, K.: 1883, S. 517
[10] Knies, K.: 1883, S. 518
[11] Knies, K.: 1883, S. 425
[12] Knies, K.: 1883, S. 255
[13] Knies, K.: 1883, S. 361
[14] Vgl. Knies, K.: 1883, S. 3

"... Volkswirtschaft ... von dem Nationalökonomen ... [auch] als ein sozial-wirtschaftliches Gebilde ... aufgefasst werden soll"[15], bilden "... nicht [nur] die Individual-Wirtschaften, sondern [auch] die social-politischen Gebilde der Volkswirtschaft das nationalökonomische Untersuchungsobject ..."[16]

Es ist zu betonen, dass eine solche "Ausweitung" des Gegenstandsbereiches der historischen Nationalökonomie in die gesellschaftliche bzw. politische Sphäre der Erklärung volkswirtschaftlicher Erscheinungen dient und nicht bezweckt, Ausser-Ökonomisches zum Erkenntnisobjekt der Nationalökonomie zu machen. Knies ist nämlich der Auffassung, dass die Nationalökonomie "... davon abstehen [muss], in den wirtschaftlichen Interessen, Strebungen, Zuständen und Vorgängen die primäre Ursache und ausschliessliche Entscheidungsmacht für alle Culturerscheinungen vorfinden zu wollen."[17]

3. Ökonomische und ausser-ökonomische Bestimmungsfaktoren wirtschaftlichen Geschehens als Explanans

Die Erklärung volkswirtschaftlicher Erscheinungen erfordert in jenem Ausmass ein Überschreiten der "Grenzen" der Nationalökonomie", in welchem das Erkenntnisobjekt in seinem Sosein durch ausser-ökonomische Faktoren mitbestimmt ist und daher nur in Berücksichtigung dieser ursächlichen Faktoren kausal erklärt werden kann. Entsprechend stellt Knies fest, dass man zum Zweck der Erklärung der "ökonomischen Thatsachen des wirklichen Lebens" jene "... Faktoren, die nicht rein ökonomischer Natur sind, mit in Anschlag bringen [muss] ..., wenn man nicht zu einem Resultate gelangen soll, das der Wirklichkeit widerspricht."[18] Hierbei kommt der Analyse der ausser-ökonomischen Bestimmungsfaktoren des ökonomisch relevanten Verhaltens eine besondere Bedeutung zu[19], da die "... wirtschaftlichen Ver-

---

[15] Knies, K.: 1883, S. 133

[16] Knies, K.: 1883, S. 492. - Die durch die in Klammern gesetzten Einschübe von uns vorgenommene Einschränkung der Aussage dieses Zitats stützt sich auf ein Gesamtverständnis des Knies'schen Werkes, demzufolge das Individuelle - in seiner Interdependenz mit den "sozial-politischen" Institutionen und Prozessen - vorrangige Bedeutung besitzt. - Vgl. insbes.: Knies, K.: 1883, S. 216

[17] Knies, K.: 1883, S. 9; vgl. S. 215/216

[18] Vgl. Knies, K.: 1883, S. 424; vgl. S. 422, S. 363

[19] Hier wird deutlich, dass sich die Position von Knies in zweifacher Hinsicht von dem Ansatz der "Neuen Politischen Ökonomie" bzw. des "public choice" unterscheidet: Während Knies einerseits die Auffassung vertritt, dass wirtschaftliche Motive und Interessen für wesentliche Bereiche der "Kulturerscheinungen" grundsätzlich nicht in ausschlaggebender Weise bestimmend sind, und andererseits ökonomisch relevante Verhaltensweisen und die hieraus resultierenden Erscheinungen in ihrer Entwicklung auch aus ausser-ökonomischen

hältnisse mit allen übrigen Kreisen des Lebens ..."[20] zusammenhängen und das "nächste Untersuchungsgebiet" der Volkswirtschaftslehre "... mit dem gesamten allgemeingeschichtlichen Leben ... innig verbunden ist ..."[21] "Auf diese Verbindung wird man immer wieder hingewiesen, so oft man sich die Frage nach den Ursachen vorlegt, aus denen wirtschaftliche Zustände hervorgewachsen sind ..."[22] - Infolge der Berücksichtigung ausser-ökonomischer - insbesondere psychischer, moralisch/sittlicher[23], weltanschaulicher, politischer und rechtlicher - Bestimmungsfaktoren ökonomischer Erscheinungen weitet sich der Gegenstandsbereich der historischen Nationalökonomie in dieser Hinsicht aus und reicht in andere Disziplinen, deren Forschungsergebnisse bei der nationalökonomischen Theoriebildung entsprechend zu berücksichtigen sind.[24]

4. Die Geschichtlichkeit von Explanans und Explanandum

Indem die für eine ökonomische Erscheinung ursächlichen Faktoren (Explanans) überwiegend kulturspezifisch und damit aus einem geschichtlichen Entwicklungsprozess hervorgegangen sind, ist auch die in ihrer Entstehung aus diesen Ursachen zu erklärende Erscheinung (Explanandum) im Wesentlichen "kulturspezifisch" bzw. "historisch" und in diesem Sinne "evolutiv": "Die empirische Wirklichkeit, die ökonomischen Erscheinungen in der Gesamtentfaltung des rastlos sich weiter entwickelnden Völkerlebens stellen fort und fort neue Thatsachen hervor ..."[25] Damit ist das "... Untersuchungs-Object der politischen Oekonomik ... dem Gebiet der geschichtlichen Erscheinungswelt ... angehörig ..."[26] "Die Erforschung der geschichtlichen Entwicklung ... ist es gewiss allein, wodurch wir zum vollen Verständnis der ökonomischen Lage der Gegenwart und der Richtung, in welcher wir

---

Ursachen erklärt, ist der "public choice"-Ansatz grundsätzlich dadurch gekennzeichnet, dass das ökonomische Verhaltensmodell des "homo oeconomicus" auch zur Erklärung ausser-ökonomischen Verhaltens angewendet wird, wobei die Frage nach den ausser-ökonomischen Ursachen ökonomischen Verhaltens allenfalls von sekundärer Bedeutung ist.

[20] Vgl. Knies, K.: 1883, S. 254
[21] Vgl. ebd.; vgl. auch S. 41
[22] Knies, K.: 1883, S. 142/143
[23] Die "... Behauptung, dass die wirtschaftlichen Erscheinungen ... mit den Fragen der Sittlichkeit überhaupt nichts gemeinsam hätten ..., ist doch so wunderlich, dass man grosse Mühe hat, sich die Möglichkeit ihrer Entstehung verständlich zu machen" (Knies, K.: 1883, S. 139).
[24] Vgl. Knies, K.: 1883, S. 358 und S. 522
[25] Knies, K.: 1883, S. 463
[26] Knies, K.: 1883, S. 490; vgl. auch S. 361

uns bewegen, gelangen können."[27] Wo hingegen die Theorie nicht auf dem Fundament der "... Thatsachen des geschichtlichen Lebens ... [aufbaut], wo auf dem Wege der Construction und durch blosse Denkevolutionen die Basis gewonnen und das Raisonnement begründet wird, da ist keinerlei Garantie gegen den Irrtum und die Unwahrheit gegeben ..."[28]

II. Die Aufgaben der historischen Nationalökonomie

Der Auseinandersetzung mit dem Gegenstandsbereich liegt jeweils eine bestimmte Intention zugrunde, d. h. sie erfolgt in Ausrichtung auf ein bestimmtes Erkenntnisziel. Dieser Zweck der jeweiligen Untersuchung ist gleichbedeutend mit der zu lösenden Aufgabe und entscheidend für das methodische Vorgehen. Karl Knies thematisiert in verschiedenen Zusammenhängen vier Aufgaben- bzw. Forschungsbereiche der historischen Nationalökonomie, die sich in Verwendung heutiger Terminologie wie folgt voneinander abgrenzen lassen.

1. Die Darstellung geschichtlicher Entwicklungen (Wirtschaftsgeschichte)

Eine "Erfassung" wirtschaftlicher Wirklichkeit kann zunächst in ihrer Beschreibung bzw. in einer Darstellung ihrer geschichtlichen Entwicklung bestehen. Da "... die Befragung der Geschichte [für den Nationalökonomen] nicht etwas Accessorisches [ist], auch nicht ein blosses Hilfsstudium, das seine eigentliche Arbeitsaufgabe unterstützt, sondern ... mitten in seinem eigensten Beruf"[29] steht, bilden historische "Tatsachen" bzw. Entwicklungen die Grundlage einer jeden nationalökonomischen Untersuchung. Das Erkenntnisziel kann nun bereits darauf beschränkt sein, geschichtliche Entwicklungen lediglich darzustellen, um damit beispielsweise folgende Fragen zu beantworten:
- Wie hat sich eine bestimmte Volkswirtschaft bzw. ein Sektor derselben innerhalb eines bestimmten Zeitraumes entwickelt?
- Wie ist eine bestimmte ökonomische Institution der Gegenwart geschichtlich entstanden?

Derartige wirtschafts- bzw. institutionengeschichtliche Untersuchungen be-

---

[27] Knies, K.: 1883, S. 376
[28] Knies, K.: 1883, S. 466
[29] Knies, K.: 1883, S. 162

zwecken, die jeweilige Erscheinung durch eine Beschreibung des Prozesses ihrer Entstehung zu "erfassen", wobei sie sich auf die Darstellung des Zusammenhangs der beobachtbaren Ereignisse beschränken und nicht nach den tiefer liegenden Ursachen fragen. Eine solche "... nur geschichtliche Erforschung und Berichterstattung bezüglich der wirtschaftlichen Partie in der Historie ..."[30] entspricht an sich der Aufgabe eines Historikers. Entsprechend erfolgt die Darstellung wirtschaftsgeschichtlicher Entwicklungen in Anwendung einer geschichtswissenschaftlichen und in diesem Sinne "historischen" Methode. - Vor diesem Hintergrund verweist Knies darauf, dass die von ihm entwickelte Erkenntnismethode nur mit Vorbehalt als "historische Methode der politischen Oekonomie"[31] bezeichnet werden kann, da sie infolge der von ihr bezweckten ursächlichen bzw. kausalen Erklärung des Beobachteten weit über die wirtschaftsgeschichtliche Darstellung hinausreicht.

2. Die Auswertung theoretischer Reflexion über wirtschaftliche Wirklichkeit (Theoriegeschichte)

Indem die Theoriebildung - d. h. die kausale Erklärung wirtschaftlicher Erscheinungen - durch die Kenntnis der jeweils bereits existierenden Erklärungen des gleichen oder eines vergleichbaren Erkenntnisobjektes zumindest gefördert wird, zählt die Erfassung und Auswertung der in der Vergangenheit entstandenen Theorien - d. h. die Auseinandersetzung mit der Theoriegeschichte - zu den Aufgaben der historischen Nationalökonomie.[32] Hierbei muss die Nationalökonomie "... gerade auch *sich selbst als eine geschichtliche Entwicklung begreifen* ..."[33], d. h. sie muss anerkennen, dass die raum- und zeitvarianten Erscheinungen aus der "Optik" einer sich hinsichtlich ihrer weltanschaulichen Voraussetzungen, ihrer Paradigmatik und ihres Analyse-Instrumentariums ebenfalls verändernden ökonomischen Wissenschaft betrachtet werden. Ökonomische Theorien sind daher im kulturellen und wissenschaftshistorischen Kontext ihrer Entstehung zu erfassen, denn "... eine isolierte Behandlung der nationalökonomischen Theorie [kann] keineswegs das volle Verständnis ..."[34] hervorbringen. Vor diesem Hintergrund ist offensichtlich, dass auch in der theoriegeschichtlichen Forschung eine kontextuale Erkenntnismethode zur Anwendung kommen muss.

---

[30] Knies, K.: 1883, S. VII
[31] Vgl. ebd.
[32] Vgl. Knies, K.: 1883, S. 12 und S. 19
[33] Knies, K.: 1883, S. 23
[34] Knies, K.: 1883, S. 254/255

3. Die Ermittlung von "Wirtschaftsgesetzen" und "Gesetzen der Analogie" (Wirtschaftstheorie)

Die entscheidende Aufgabe der historischen Nationalökonomie und das Erkenntnisziel der zwecks Lösung dieser Aufgabe anzuwendenden historischen bzw. kontextualen[35] Methode von Knies besteht darin, wirtschaftsgeschichtliche bzw. volkswirtschaftliche "Tatsachen" daraufhin zu untersuchen, ob die entsprechenden Beobachtungen Regelmässigkeiten aufweisen bzw. ob sie analoge Elemente enthalten und ob dieses "Analoge" in seiner Entstehung aus (zunächst) hypothetischen Ursachen kausal erklärt werden kann. Die Bedeutung einer solchen ursächlichen Erklärung unterstreichen die folgenden Aussagen von Knies: "Die Wissenschaft unterscheidet sich [dadurch] ... von dem blossen Wissen, dass dieses in der Kenntnis von Thatsachen und Erscheinungen besteht, die Wissenschaft aber die Erkenntnis des Causalitätszusammenhanges zwischen diesen Erscheinungen und den sie hervorbringenden Ursachen vermittelt ..."[36] Eine "... von ihrem ursächlichen Grunde losgerissene und freigewordene wirtschaftliche Thatsache, wie geschichtlich sie immerhin sein mag, [kann] keine Erkenntnis ihres eigentlichen Wesens und darum auch keine richtige theoretische Verwendung vermitteln; es sind ausgerissene Augen, die nicht sehen."[37]

Wurde hingegen eine regelmässig bzw. analog auftretende Erscheinung auf ihre hypothetischen Ursachen zurückgeführt und konnte diese Kausalität durch eine empirische Überprüfung verifiziert werden, so wurde ein "Wirtschaftsgesetz"[38] ermittelt, das innerhalb jenes raum-/zeitlichen Kontextes Gültigkeit beanspruchen kann, dem die seiner Ermittlung zugrundeliegenden Beobachtungen entstammen. Der Theoriebildungsprozess ist mit der Feststellung eines solchen "Wirtschaftsgesetzes" allerdings keineswegs abgeschlossen: Der Nationalökonom steht zudem vor der Aufgabe zu unter-

---

[35] Infolge des grundlegenden Unterschiedes zwischen der Knies'schen *historischen Methode der Nationalökonomie* und den *historischen Methoden der Geschichtswissenschaft* ist es zweckmässig, die von Knies konzipierte Methode als "kontextuale" Methode zu bezeichnen.

[36] Knies, K.: 1883, S. 349

[37] Knies, K.: 1883, S. 468. - Die Erforschung der Ursachen der Erscheinungen ist für Knies auch deshalb so bedeutsam, weil ähnliche "... *Erscheinungen ... die Wirkung ungleicher Ursachen* sein" können (Knies, K.: 1883, S. 403).

[38] Wenn Knies der nationalökonomischen Wissenschaft die Aufgabe zuweist, die "... auf dem Gebiete ihrer Untersuchungen hervortretenden Gesetze der Erscheinung ..." (Knies, K.: 1883, S. 349/350) zu ermitteln und diese als "Wirtschaftsgesetze" bezeichnet, so handelt es sich hierbei - nach unserem heutigen Verständnis - nicht um "Gesetze", sondern um "Theorien" mit kontextgebundenem Gültigkeitsanspruch.

suchen, ob der Gültigkeitsbereich eines "Wirtschaftsgesetzes" durch die Bildung von Prognosen oder von Analogien zu anderen "Wirtschaftsgesetzen" ("Gesetze der Analogie") *erweitert* werden kann. Hierüber hinaus ist der Aussagegehalt eines "Wirtschaftsgesetzes" dadurch zu *vertiefen*, dass ein die kausale Erklärung ergänzendes Verständnis, d. h. eine "Erfassung" des Erkenntnisobjektes in seinen komplexen kontextualen Bezügen, erarbeitet wird.

4. Mitwirkung an der Verwirklichung exogen gegebener Zielsetzungen

Ein weiteres Aufgabenfeld wird von Knies wie folgt begründet: Indem die historische Nationalökonomie "... das Leben in seiner [geschichtlichen] *Bewegung* erforscht, muss sie neben der Frage nach dem Woher - auch die Frage nach dem Wohin ins Auge fassen ..."[39] Es ist daher "... die Aufgabe ... der politischen Ökonomie", sich "... vom Boden der Gegenwart aus über die Zielpuncte dieser Zukunft zu vergewissern, auf der Bahn zu ihnen zurechtzufinden ..."[40]. Indem diese unter anderem durch entsprechende Entwicklungen im wirtschaftlichen Bereich zu erreichenden Ziele - sehr allgemein formuliert - in der Erfüllung der "... höchsten Aufgaben des Menschen und der Völker ..."[41] bestehen, ist es für "... die Nationalökonomie, welche sich mit klarer Einsicht auf den geschichtlichen Standpunct stellt, ... eine Sache der einfachen Notwendigkeit ...", die "... politische Oekonomie zu einer moralisch-politischen Wissenschaft ..."[42] zu erheben. Die angestrebten Ziele sind für die Nationalökonomie exogen gegeben. Insoweit sie hinreichend definiert werden können, steht die Nationalökonomie - Knies zufolge - vor der Aufgabe, an ihrer "Verwirklichung" mitzuwirken. Wie dies konkret geschehen kann, lässt Knies jedoch weitgehend unbestimmt.

Die aus dem vorstehenden Grund - und auch vom Standpunkt einer dem Postulat der "Wertfreiheit" verpflichteten Nationalökonomie aus - an der zuletzt behandelten Aufgabenstellung zu übende Kritik ist insofern in ihrer Tragweite begrenzt, als der 4. Aufgabenbereich infolge seiner Zukunftsgerichtetheit von den zuvor behandelten - und im Kontext der vorliegenden Arbeit relevanten – eher deskriptiven Forschungsbereichen (1. bis 3.) eindeutig zu trennen ist.

---

[39] Knies, K.: 1883, S. 485; vgl. auch S. 42
[40] Knies, K.: 1883, S. 377; vgl. S. 484
[41] Vgl. Knies, K.: 1883, S. 438
[42] Vgl. Knies, K.: 1883, S. 440

In den nun folgenden drei Kapiteln werden wir uns auf den vorstehend unter Punkt 3. behandelten Forschungsbereich, d. h. auf die Wirtschaftstheorie, konzentrieren. Dies scheint deshalb angebracht, weil das Erkenntnisinteresse von Knies vorrangig auf die kausale Erklärung wirtschaftlicher Wirklichkeit und damit auf die Theoriebildung gerichtet ist und weil die wirtschafts- und theoriegeschichtliche Forschung auch im Rahmen des Theoriebildungsprozesses von wesentlicher Bedeutung ist und daher in den folgenden Ausführungen entsprechende Berücksichtigung finden wird.

Fünftes Kapitel:

Die Theorie der kontextualen Bestimmtheit der Volkswirtschaft

Indem die historische bzw. kontextuale Methode die Erklärung wirtschaftlicher Erscheinungen in ihrer Entwicklung aus ihren "tatsächlichen" Ursachen bezweckt, liegt ihr die Überzeugung zugrunde, dass die Theoriebildung ausschliesslich von wahrnehmbaren "Tatsachen" auszugehen hat. Dies ist deshalb unabdingbar, weil die für das Sosein des Erkenntnisobjektes "Volkswirtschaft" ursächlichen Faktoren als vorrangig raum- und zeitspezifisch betrachtet werden und folgedessen nur durch die sich auf die konkrete Situation beziehende Wahrnehmung erfasst werden können. Die Hypothese, dass die Volkswirtschaft in ihrem Sosein massgebend durch raum- und zeitspezifisch ausgeprägte Faktoren bestimmt ist, ist damit von entscheidender Bedeutung für die Legitimation der historischen bzw. kontextualen Methode. Entsprechend ist es ein zentrales Anliegen von Karl Knies, diese Hypothese zu begründen. Seine diesbezügliche Argumentation ist so fundiert und umfassend, dass sich hieraus eine "Theorie der kontextualen Bestimmtheit der Volkswirtschaft" ergibt.

Vor der unter Punkt II. erfolgenden Behandlung der einzelnen kontextspezifischen Faktoren, die der Theorie von Knies zufolge für das Sosein und damit für die Entwicklung der Volkswirtschaft bestimmend sind, ist zunächst das Knies'sche Grundverständnis von der Beziehung zwischen der Volkswirtschaft und ihrem kulturellen bzw. historischen Kontext näher zu erläutern.

I. Die Volkswirtschaft als Element des "geschichtlichen Kulturlebens"

Die Knies'sche Überzeugung, derzufolge das Sosein der Volkswirtschaft massgebend durch den jeweiligen historischen bzw. kulturellen Kontext bestimmt ist, impliziert die Betrachtung der Volkswirtschaft als "Element" eines kontextspezifischen "Ganzen". Indem diese Beziehung zwischen "Teil" und "Ganzem" von Knies im "organischen" Sinne verstanden wird, folgt, dass die volkswirtschaftlichen Gegebenheiten und Prozesse nicht nur durch dieses umgebende "Ganze" mitbestimmt werden, sondern ihrerseits wiederum einen Einfluss auf die Entwicklung dieses "Ganzen" ausüben. Es besteht folglich eine Interdependenz zwischen der Entwicklung der Volkswirtschaft und der Entwicklung des "Ganzen". - Was Knies unter diesem "Ganzen" versteht, lassen die folgenden Aussagen erkennen: "Die *Volkswirtschaft* ist ... die ökonomische Seite des einen Volkslebens" bzw. des "... allgemeingeschichtlichen Culturleben[s] der Völker ..."[1] Die "... *wirtschaftlichen Zustände und Entwicklungen der Völker dürfen nur als ein mit dem gesamten Lebensorganismus derselben eng verbundenes Glied angesehen werden.*"[2]

Der von diesem das gesamte kulturelle bzw. geistige Leben umfassenden Organismus ausgehende Einfluss auf die volkswirtschaftlichen Gegebenheiten und Entwicklungen hat insofern zwei Dimensionen, als die Volkswirtschaft einerseits in das gegenwärtige "Ganze" "eingebettet" und folglich mit den hierfür konstitutiven Gegebenheiten "vernetzt" ist und sich andererseits in zeitlicher Hinsicht in Abhängigkeit von diesem "Ganzen" entwickelt. Die Mitbestimmtheit der Volkswirtschaft durch den gegenwärtigen Kontext [vgl. (1)] und durch dessen geschichtliche Entwicklung [vgl. (2)] sei nun etwas näher betrachtet:

(1) Wie weitgehend die Volkswirtschaft als "Teil" von dem sie umgebenden "Ganzen" mitbestimmt ist, bringt Knies zum Ausdruck wenn er schreibt, dass ihm "... zu klar die einheitliche Verschlungenheit aller einzelnen Lebenskreise in dem Ganzen des Volkslebens ... vor Augen ..."[3] steht. "Alles wirtschaftliche Leben eines Volkes ist so eng mit den übrigen Lebensäusserungen desselben verbunden, dass man jenes bei gesonderter Betrachtung, nur wenn man den Zusammenhang mit dem Ganzen im Auge behält, in der Wahrheit der empirischen Wirklichkeit zu erfassen vermag ..."[4] - Der von dem umfassenden "Lebensorganismus" ausgehende Einfluss auf das wirtschaftliche Geschehen vollzieht sich auf verschiedenen Ebenen: Die Volkswirtschaft wird insbesondere in jener Weise durch das "Volksleben" beeinflusst, dass sich die wirtschaftliche Tätigkeit der Individuen als Element der Lebensäusserungen der kulturell geprägten Gesamtpersönlichkeit entfaltet, ebenso wie sich die wirtschaftliche Haushaltsführung als Aktivität des "Lebensorganismus Familie" gestaltet. Und indem für Knies das einzelne Volk wiederum "... ein der Entwicklung des Ganzen sich einfügen-

---

[1] Knies, K.: 1883, S. 141 und S. 361
[2] Knies, K.: 1883, S. 141
[3] Knies, K.: 1883, S. 396
[4] Knies, K.: 1883, S. 436

der Teil ..."[5] und damit ein Element der Menschheit ist, hat auch dieser umfassendste menschliche "Lebensorganismus" einen Einfluss auf die einzelne Volkswirtschaft. - Hinzu kommt, dass Knies das volkswirtschaftliche Geschehen nicht nur als ein Resultat eines Teils der "Lebensäusserungen" der zu einer Gesellschaft zählenden Menschen betrachtet, sondern dass für ihn die Volkswirtschaft in anderer Hinsicht zugleich ein Element der ihr übergeordneten Weltwirtschaft ist.

(2) Es ist nun offensichtlich, dass die Bestimmung der Volkswirtschaft durch ihren gegenwärtigen Kontext nur analytisch, nicht aber faktisch von der geschichtlichen Entwicklung dieses Kontextes getrennt werden kann. "Das Menschengeschlecht ist in einer nie abbrechenden Bewegung, in einem ununterbrochenen Vorschreiten des Thuns und Erkennens ..."[6] befindlich, und auch die Charakteristika der einzelnen Völker sind evolutiv. Infolge dieser zeitlichen Varianz der für die Volkswirtschaft bestimmenden Faktoren ist "... die Bewegung der Volkswirtschaft eine ununterbrochene ..."[7], d. h. ihr Sosein verändert sich im Zeitablauf. - Vor diesem Hintergrund wird verständlich, dass sich Knies entschieden dagegen wendet, dass "... man die volkswirtschaftlichen Zustände aus ihrem geschichtlichen Prozess und aus ihrer Verbindung mit dem Gesamtleben der Völker und Zeiten herausreisst ..."[8].

Die Betrachtung der Wirtschaft als "Teil" oder als "ökonomische Seite" eines - sich durch das Leben von Individuum, Familie, Volk und Menschheit entfaltenden - "Ganzen" führt Knies zwangsläufig zur Berücksichtigung der Tatsache, dass die durch diesen Kontext geprägte (Volks-)Wirtschaft ihrerseits wiederum für dieses "Ganze" mitbestimmend ist. Bedenken wir hier zudem, dass für Knies "... jeder Teil nur ein Mittel zum Zweck des Ganzen ist ..."[9] und dass folglich die Zielsetzungen des "Ganzen" - für Knies letztlich die geistige bzw. moralisch-sittliche Entwicklung der Menschheit - vorrangig sind, so resultiert eine moralisch-sittliche bzw. ethische Verpflichtung wirtschaftlich relevanten Handelns.

---

[5] Vgl. Knies, K.: 1883, S. 152, vgl. S. 158
[6] Knies, K.: 1883, S. 397
[7] Vgl. Knies, K.: 1883, S. 401
[8] Knies, K.: 1883, S. 400
[9] Vgl. Knies, K.: 1883, S. 440

II. Die für das Sosein der Volkswirtschaft bestimmenden Faktoren

Da der Nachweis der vorrangig raum- und zeitspezifischen Bestimmtheit des Soseins der Volkswirtschaft von grundlegender Bedeutung für die Legitimation des historischen bzw. kontextualen Ansatzes ist, werden die entsprechenden Bestimmungsfaktoren im folgenden relativ detailliert behandelt. Indem diese Faktoren für das Sosein der Volkswirtschaft ursächlich sind, wirken sie in diesem Sinne zwar "determinierend" - da sie jedoch überwiegend raum- und zeitspezifisch bzw. evolutiv und in ihrem "Zusammenwirken" für die Volkswirtschaft bestimmend sind, sind Entwicklungen nur sehr bedingt prognostizierbar, weshalb die Knies'sche Position keineswegs "deterministisch" ist.

Die von Knies eingehend, aber nur ansatzweise systematisch behandelten Bestimmungsfaktoren der Volkswirtschaft haben wir in sechs Gruppen mit ihren jeweiligen Untergliederungen aufgeteilt, die nun nacheinander näher besprochen werden.

1. Die materiellen Gegebenheiten

Unter dem Begriff der "materiellen Gegebenheiten" lassen sich das Territorium mit seinen natürlichen Ressourcen (vgl. *a.*) und die Kapital-Ressourcen der Volkswirtschaft (vgl. *b.*) zusammenfassen.

a. Das Territorium der Volkswirtschaft

Unter "Territorium" versteht Knies jenes umgrenzte Gebiet, innerhalb dessen ein rechtlich eigenständiges Gemeinwesen, d. h. ein Staat, existiert. Das Territorium gehört zu den "... allgemeinsten Grundbedingungen, auf denen die geschichtliche Existenz und Entwicklung der einzelnen Völker überhaupt beruht ..."[10], und bildet die "... natürliche Basis für die ökonomischen Verhältnisse ..."[11] An anderer Stelle bezeichnet Knies die jeweiligen Territorien "... als naturgegebene *Vermögensgrundlagen* der einzelnen Volkswirtschaften ..."[12]: Diese "Naturgaben"[13] - die "... nach der qualitativen Seite

---

[10] Knies, K.: 1883, S. 44
[11] Knies, K.: 1883, S. 44
[12] Knies, K.: 1883, S. 61
[13] Knies spricht nicht nur von "Naturgaben" (Knies, K.: 1883, S. 63), sondern auch von "Geschenken der Natur" (a. a. O., S. 49), und warnt schon 1853 vor einer übermässigen

hin differenziert ... [und] insbesondere auch quantitativ begrenzt ..."[14] sind -
bilden die "... Grundlagen für die Zustände und die Entwicklung der ökonomischen Verhältnisse [und üben] ... einen bestimmenden Einfluss auf die
Bahnen und die Erfolge der wirtschaftlichen Strebungen aus ..."[15] In Anbetracht des vom Territorium ausgehenden Einflusses auf die Volkswirtschaft
geht es Knies insbesondere auch um den "... Vorweis der Wirkung eines
unterschiedlichen ... Besitztumes einer ... Volkswirtschaft gegenüber einer
anderen Volkswirtschaft"[16] - Worin unterscheiden sich nun die Territorien
der einzelnen Volkswirtschaften bzw. wodurch lässt sich das Territorium
einer Volkswirtschaft charakterisieren? Wenngleich die im folgenden genannten Charakteristika in ihrem Zusammenwirken für die Volkswirtschaft
bestimmend sind, ist es sinnvoll, sie hier separat zu besprechen.

(1) *Grösse des Territoriums:* Zunächst ist die Grösse des Territoriums,
d. h. "... der *Umfang* eines Landes, ... für die wirtschaftlichen Verhältnisse
... von grosser Bedeutung ..."[17] Ein "... höherer Grad von *ökonomischer*
Selbständigkeit dem Auslande gegenüber [ist] natürlicherweise nur bei einem umfangreicheren Territorium in Aussicht zu stellen, welches für den
Anbau der verschiedenartigen notwendigen Bodenproducte und die mannigfaltige Umformung der Rohstoffe eine verhältnismässig grössere Möglichkeit in einem ausgedehnteren Raume darbietet."[18]

(2) *Lage des Territoriums:* Von grundlegender Bedeutung für eine
Volkswirtschaft ist zudem die geographische Lage ihres Territoriums, d. h.
insbesondere "... die Entfernung vom Äquator ... "[19] und die "Höhe der
Lage"[20]. Die Entwicklung einer Volkswirtschaft ist zudem davon abhängig,
ob ihr Territorium über einen unmittelbaren oder mittelbaren Zugang zu den
Weltmeeren, d. h. zu einer "Weltstrasse für den Handel"[21], verfügt. Zu den
durch die Lage des Territoriums bedingten Charakteristika desselben zählt
Knies ferner "... die Beschaffenheit der *angrenzenden Länder* und den
Charakter der *Umwohnerschaft* ..."[22]

Nutzung dieser "Naturgaben", indem er in Erörterung der Folgen bestimmter Waldrodun-
gen feststellt, dass "... die Natur die Habsucht und den unverständigen Cultureifer des Menschen" straft (a. a. O., S. 86, vgl. S. 101). - "Ausbeuten kann der Mensch die Gunst des Territoriums, nicht aber sie schaffen ..." (a. a. O., S. 45).

[14] Knies, K.: 1883, S. 63
[15] Knies, K.: 1883, S. 60, vgl. S. 44 und S. 368
[16] Knies, K.: 1883, S. 61
[17] Knies, K.: 1883, S. 58
[18] Knies, K.: 1883, S. 58
[19] Vgl. Knies, K.: 1883, S. 45
[20] Vgl. Knies, K.: 1883, S. 45
[21] Vgl. Knies, K.: 1883, S. 60, vgl. S. 57
[22] Knies, K.: 1883, S. 59, vgl. S. 90

(3) *Klima:* Unmittelbar von der geographischen Lage des Territoriums abhängig ist auch das Klima. Knies spricht von einer "Productionskraft des Klimas"[23], durch deren Unterschiedlichkeit in verschiedenen Regionen "... die Natur selbst ... eine internationale Productionsteilung dauernd begründet ..."[24] hat. So ist beispielsweise in Regionen mit relativ hoher Temperatur und Feuchtigkeit die landwirtschaftliche Produktion begünstigt, während hier "... die *Arbeitslust* und die *Arbeitsfähigkeit* des Menschen ..."[25] beeinträchtigt werden. Aber nicht nur die Produktion, sondern "... auch die Consumtion der Güter ist unter die Bedingungen des Klimas gestellt"[26]. Knies erörtert an anderer Stelle ebenfalls jene "Vorgänge von Wertconsumtionen", die nicht durch den Menschen, sondern durch Naturkräfte erfolgen, indem diese "... 'das Gebild der Menschenhand' entstellen oder zerstören ..."[27]. Auch diese "Wertconsumtionen" sind vom Klima abhängig: sie treten dort "... am intensivsten auf, wo die von dem Menschen geleitete Natur für ihn am furchtbarsten ist, in den Ländern mit tropischem Klima"[28].

(4) *Landschafts-Struktur:* Wie das Klima, so ist auch die Struktur der Oberfläche eines Territoriums mitbestimmend für die Entwicklungsmöglichkeiten einer Volkswirtschaft. Indem "... die *Oberfläche* der einzelnen Länderterritorien ... eine grösste Mannigfaltigkeit der Formationen ..."[29] - also Gebirge, Hügellandschaften, Flachland, Seen und Flüsse - aufweist, sind die Möglichkeiten sowohl ihrer wirtschaftlichen Nutzung als auch ihrer Erschliessung durch Verkehrswege[30] entsprechend unterschiedlich. Die sich im Rahmen der jeweiligen naturgegebenen Restriktionen vollziehende wirtschaftliche Nutzung des einzelnen Territoriums führt ihrerseits zu einer Veränderung der Landschafts-Struktur, indem beispielsweise Waldgebiete in Weide- oder Ackerland verwandelt werden[31] oder letzteres in Siedlungsgebiete überführt wird.

---

[23] Vgl. Knies, K.: 1883, S. 351
[24] Knies, K.: 1883, S. 417
[25] Vgl. Knies, K.: 1883, S. 54. - Knies vergleicht an anderer Stelle "... den genügsamen ... Südländer [mit] den "... eifrig arbeitenden Bewohnern kälterer Gegenden ..." (a. a. O., S. 231). Eine im Sinne von Knies erfolgende Fortführung dieses Gedankens findet sich bei Friedrich Nietzsche: In den fruchtbaren Ländern des Südens braucht es, um sich "... zu ernähren, ... nur ein sehr geringes Mass von Arbeit, jedenfalls keinen Fleiss. ... - Der Fleiss englischer Arbeiter hat dagegen den Erwerbssinn hinter sich ..." (Nietzsche, F.: Menschliches, Allzumenschliches; I. Bd., Aph. 478. In: ders.: 1954, S. 688).
[26] Knies, K.: 1883, S. 55
[27] Knies, K.: 1883, S. 176/177
[28] Knies, K.: 1883, S. 177
[29] Knies, K.: 1883, S. 45
[30] Vgl. Knies, K.: 1883, S. 57
[31] Vgl. Knies, K.: 1883, S. 84/85

(5) *Nicht erneuerbare Ressourcen:* Besondere Aufmerksamkeit widmet Knies der hinsichtlich Art, Güte und Menge sehr unterschiedlichen Ausstattung der einzelnen Territorien mit Bodenschätzen und verweist darauf, dass diese "... Unterschiede '*unter* der Erde' ... *über* derselben zu bedeutungsvollen Unterschieden in den ökonomischen Positionen der einzelnen Völker [führen] und ... sich in mannigfaltiger Weise als Ursachen weittragender Wirkungen für die wirtschaftlichen Erfolge der Menschen ..."[32] zeigten. Auch in Bezug auf die Bodenschätze betrachtet Knies nicht nur die zu einem Zeitpunkt bestehenden Unterschiede zwischen den Territorien einzelner Volkswirtschaften, sondern auch die "zeitliche Varianz" der Ressourcenausstattung: Es "... versiegen die Quellen ... an der einen Stelle zu derselben Zeit, wo sie sich an einem anderen Orte erschliessen ..."[33].

(6) *Erneuerbare Ressourcen:* Von wesentlicher Bedeutung für die Entwicklung der einzelnen Volkswirtschaft ist zudem, welche erneuerbaren Ressourcen ihr in welchem Umfang zur Verfügung stehen. Knies erwähnt diesbezüglich die durch das jeweilige Territorium bedingten Möglichkeiten einer "... Anwendung der Kraft insbesondere des treibenden Wassers und des Windes ..."[34] sowie den Fischbestand[35] in den der einzelnen Volkswirtschaft zugänglichen Gewässern. Vorrangig thematisiert Knies in diesem Zusammenhang die Ertragskraft der Forst-[36] und Landwirtschaft bzw. die "... Productionskraft ... der Grundstücke ..."[37]. Er schreibt: Der Mensch erscheint "... in vielgestaltiger Abhängigkeit von der Scholle, deren Kräfte er seinem Willen unterthan zu machen sucht, und die Macht des 'freien Herrschers' über die Natur' reicht wenigstens hinsichtlich seiner wirtschaftlichen Anstrengungen nicht über gewisse Grenzlinien hinaus, die ihm von der Natur vorgeschrieben werden"[38]. So sind die Erträge der Landwirtschaft wesentlich mitbestimmt durch die Fruchtbarkeit bzw. durch die "Beschaffenheit" des Bodens. Massgebend für die Bodenfruchtbarkeit sind die "... Tiefe der Ackerkrume und insbesondere die chemische Mischung des Bodens ..."[39] sowie die geologischen Gegebenheiten unter der oberen Bodenschicht[40] und die im Boden vorhandene bzw. durch Niederschläge hin-

---

[32] Knies, K.: 1883, S. 51/52, vgl. S. 49
[33] Knies, K.: 1883, S. 88
[34] Knies, K.: 1883, S. 90
[35] Vgl. Knies, K.: 1883, S. 89
[36] Vgl. Knies, K.: 1883, S. 85ff.
[37] Vgl. Knies, K.: 1883, S. 351/352
[38] Knies, K.: 1883, S. 44. - In anderem Zusammenhang weist Knies erneut darauf hin, dass einer "... Steigerung der Bodenerträgnisse durch Verstärkung der Kapital- und Arbeitsanwendung ... eine bestimmte Grenze gesteckt ist ..." (a. a. O., S. 54).
[39] Knies, K.: 1883, S. 46
[40] Vgl. Knies, K.: 1883, S. 47

zutretende Wassermenge[41]. - Knies verweist auf die "... mannigfaltige und bedeutsame Verschiedenheit ... hinsichtlich des *Grades der Fruchtbarkeit und der Art der Production der Bodenoberfläche*"[42] der Territorien der einzelnen Volkswirtschaften sowie auf die "... geschichtlich nachweisbaren grossen *Veränderungen in der Productivität des Ackerbodens* einzelner Länder ..."[43]: "In mancher 'Kornkammer' früherer Zeiten ist heutzutage die Getreideeinfuhr ein wichtiger Gegenstand des Handels und der Volkswirtschaftspolitik."[44]

b. Die Kapital-Ressourcen der Volkswirtschaft

Knies versteht "... unter 'Capital' niemals etwas 'Abstractes'," sondern es ist für ihn "immer ein thatsächlich vorhandener Bestand concreter Güter ..."[45], d. h. Realkapital. Das in einer Volkswirtschaft vorhandene Kapital ist - hinsichtlich seines Volumens und seiner Art - "... das Ergebnis besonderer concreter Verhältnisse, die mitten in der allgemeinen geschichtlichen Entwicklung der Völker stehen"[46]. Somit betrachtet Knies den Gesamtbestand an Kapitalkräften als die "... Errungenschaft eines Volkes auf seinem besonderen Territorium, aus seiner eigentümlichen Geschichtsentwicklung, mit seinen Institutionen u.s.w. ..."[47]. Daraus folgt, dass "... die Capitalkräfte zweier Nationen zu keiner Zeit als ganz gleich angesehen werden können, weder in ihrer *Gesamtmenge* noch in ihrer Art ..."[48] Für Knies ist der Kapitalbestand einer Volkswirtschaft nicht nur ein in diesem Sinne "einzigartiges" Produkt einer sich innerhalb eines spezifischen Kontextes vollziehenden geschichtlichen Entwicklung, sondern er "potenziert" zudem in einer jeden Gegenwart die spezifischen Charakteristika der einzelnen Volkswirtschaft: "Indem das Capital Ergebnisse aus der Benutzung der Grundstücke und dem Gebrauch der menschlichen Arbeitskraft in einer Vergangenheit für eine Gegenwart wirksam machen lässt, verstärkt es für die Zeit, in welcher es zur Anwendung gelangt, die Tragweite des Unterschiedes, welcher zwischen den verschiedenen Völkern in Beziehung auf die territori-

---

[41] Vgl. Knies, K.: 1883, S. 56
[42] Knies, K.: 1883, S. 52
[43] Knies, K.: 1883, S. 88
[44] Knies, K.: 1883, S. 89
[45] Knies, K.: 1883, S. 103
[46] Knies, K.: 1883, S. 95. - Knies erörtert auf den Seiten 95 ff. verschiedene kontextspezifische Bestimmungsfaktoren von Umfang und Art des Kapitalbestandes einer Volkswirtschaft.
[47] Knies, K.: 1883, S. 418
[48] Knies, K.: 1883, S. 98, vgl. S. 418

ale Grundlage ... stattfindet; er macht sich durch das Capital in einer höheren Potenz geltend."[49]

2. Die demographischen Gegebenheiten

a. Die Grösse der Bevölkerung

Die jeweilige Grösse eines Volkes ist Knies zufolge nicht nur unmittelbar für das Volumen des Binnenmarktes bestimmend, sondern sie hat hierüber hinaus auch dadurch einen Einfluss auf die volkswirtschaftliche Entwicklung, als durch sie die personellen Möglichkeiten der Arbeitsteilung gegeben sind. Mit dem Wachstum der in einem bestimmten Territorium ansässigen Bevölkerung, d. h. "... mit der zunehmenden Dichtigkeit der Bevölkerung [verzweigt sich] die Arbeitsteilung ..."[50], was weitreichende Auswirkungen auf den Binnen- und Aussenhandel hat. Wenngleich ein Wachstum der Bevölkerung unter diesen ökonomischen Gesichtspunkten zu begrüssen ist, so verweist Knies gleichzeitig auch auf dessen Grenzen: "Wir können die Oberfläche der Erde nicht grösser, die Fruchtbarkeit unserer Grundstücke nicht so stark machen, dass 'jede beliebige Menge von Menschen ... ernährt werden kann'."[51]

b. Die Struktur der Bevölkerung

Neben der Grösse der Bevölkerung ist deren Altersstruktur[52] mitbestimmend für die Anzahl der Arbeitskräfte und für die Leistungsfähigkeit einer Volkswirtschaft. Für die volkswirtschaftliche Entwicklung massgebend ist nicht nur die Anzahl der Arbeitskräfte, sondern auch deren Qualifikation bzw. deren "Verteilung" auf verschiedene Berufe. Die "... Verhältniszahlen der Altersstufen, der Berufsarten und Beschäftigungsweisen zeigen sich stets auch durch zeitliche Verhältnisse bestimmt"[53].

---

[49] Knies, K.: 1883, S. 98
[50] Knies, K.: 1883, S. 461, vgl. auch S. 377/378
[51] Knies, K.: 1883, S. 486
[52] Vgl. Knies, K.: 1883, S. 74/75
[53] Knies, K.: 1883, S. 91

3. Die volks- bzw. kulturgeschichtlichen Gegebenheiten

"Wie der einzelne Mensch leiblich und geistig von Entwicklung zu Entwicklung fortschreitet ..., so ist auch in den Organismen menschlichen Gemeinschaftslebens eine andauernde Bewegung und Entwicklung ..."[54]: Im geschichtlichen Zeitablauf entwickeln sich aus der zwischenmenschlichen Interaktion bestimmte Institutionen, wie insbesondere die Sprache, der religiöse Glaube sowie sittliche bzw. moralische Normen und ein bestimmtes Geschichtsbild. Diese kulturspezifischen Institutionen gehören zu einer jeden Zeit in ihrer spezifischen Ausprägung zur Lebenswelt der Menschen und wirken derart auf sie zurück, dass sie deren "Weltbild" prägen und so ihr Denken beeinflussen. Aus einem derartigen - sich in einem begrenzten Gebiet vollziehenden - geschichtlichen Prozess wechselseitiger Beeinflussung von Menschen und Institutionen ist das den in diesem Gebiet lebenden Menschen "Gemeinsame" und das sie in ihrem Selbstverständnis "Verbindende" hervorgegangen.

a. Die Charakteristika eines Volkes

Indem die zu einem Volk gehörenden Menschen über Gemeinsamkeiten verfügen, erlangt dieses Gemeinsame als Charakteristikum des betreffenden Volkes eine eigenständige Bedeutung.[55] Entsprechend bestreitet Knies die Auffassung, "... dass das Ganze eines Volkes gleichbedeutend sei mit der blossen Summe der gleichzeitig lebenden Individuen"[56]. Im Verständnis von Knies ist das Volk nicht "... ein summarisches und äusserlich abgegrenztes Aggregat hier wie dort gleicher Individuen, sondern ... ein ... durch Nationalität und geschichtliche Erlebnisse überall eigentümlich bestimmtes und staatlich geeinigtes Ganze[s]."[57] - Indem die zu einem Volk zählenden einzelnen Menschen neben individuellen eben auch ihnen gemeinsame Charakteristika haben, sind auch die ökonomisch relevanten Verhaltensweisen dieser Menschen durch bestimmte ihnen gemeinsame Merkmale ge-

---

[54] Knies, K.: 1883, S. 478
[55] Vgl. Knies, K.: 1883, S. 360
[56] Knies, K.: 1883, S. 360, vgl. S. 141. - Entsprechend kritisiert Knies die der (neo-)klassischen Theoriebildung zugrundeliegenden individualistischen Verhaltensannahmen: Die "... Lehre, dass der *Eigennutz* als ausschliessliche Grundlage für die Gewinnung *volks*wirtschaftlicher Gesetze anzusehen sei, ist nur aus einer Zeit erklärlich, in welcher man ... den Begriff des Volkes in einer Summe von Einzelmenschen fand" (Knies, K.: 1883, S. 242, vgl. S. 68 f.).
[57] Knies, K.: 1883, S. 157

kennzeichnet.[58] Knies verdeutlicht mittels verschiedenster Beispiele, in welcher Hinsicht sich die Charakteristika und ökonomisch relevanten Handlungen der Angehörigen einzelner Völker unterscheiden.[59/60] Diese Merkmale sind im Verständnis von Knies evolutiv, d. h. sie verändern sich im Verlauf des "Lebenszyklus"[61] eines Volkes.

b. Die Sprache

Das "Medium einer gemeinsamen Sprache"[62] hat eine verbindende Wirkung, die über Staatsgrenzen hinausreicht und sich auf den jeweiligen Sprachraum erstreckt. - Knies hat erkannt, dass die Sprache kein neutrales Medium ist: Indem die Worte einer jeden Sprache spezifische Bedeutungen haben, beeinflussen sie die Wahrnehmung bzw. deren Bewertung. In unterschiedlichen Sprachräumen gibt es folglich Unterschiede in der Bewertung an sich gleicher Phänomene. Wenn Knies schreibt, dass "... Ausländer und Feind ... in den Sprachen des Altertums ein und dasselbe Wort"[63] waren, und wenn wir uns die in neuzeitlichen Sprachen bestehenden Unterschiede zwischen "Ausländer" und "Feind" vergegenwärtigen, so haben wir ein Beispiel dafür, wie "Gleiches" - nämlich der "Ausländer" - infolge seiner Wahrnehmung durch unterschiedliche "Sprach-Filter" eine unterschiedliche Bedeutung erlangt.

c. Die Religion

"Der Einfluss der *Religion* ist ein Einfluss auf den inneren Menschen, und da für uns das psychologische Element ... von sehr erheblicher Bedeutung ist, so schätzen wir die Einwirkung der religiösen Lehre auf die wirtschaftlichen Verhältnisse hoch genug."[64] Über das Medium "Mensch" tragen "Kräfte aus einer anderen Sphäre ... ihre Wirkungen auf das Gebiet der

---

[58] Vgl. Knies, K.: 1883, S. 479
[59] Vgl. Knies, K.: 1883, S. 76, S. 318, S. 327ff., S. 465
[60] Die insbesondere im Zuge der Globalisierung unumgängliche Berücksichtigung dieser Unterschiede wurde in neuer Zeit von der Managementlehre thematisiert. Wir werden hierauf zurückkommen. An dieser Stelle sei verwiesen auf: Harris, P. R.; Moran, R. T.: Managing Cultural Differences. Leadership Strategies for a New World of Business, 1996.
[61] Vgl. Knies, K.: 1883, S. 151
[62] Vgl. Knies, K.: 1883, S. 79
[63] Knies, K.: 1883, S. 113
[64] Vgl. Knies, K.: 1883, S. 111

ökonomischen Verhältnisse hinüber ..."[65] Knies verdeutlicht durch verschiedene Beispiele, in welcher Hinsicht die christliche Religion für die
volkswirtschaftliche Entwicklung bestimmend wurde: So ist für Knies der
Einfluss der christlichen Tugenden der "Mässigkeit, Sparsamkeit und Ar-
beitsamkeit" derart bedeutsam, dass er diese Tugenden als "... Sonne und
Regen für die wirtschaftlichen Thätigkeiten ..."[66] bezeichnet. Auch durch
die "... Umbildung des Urteiles über die werkthätige Handarbeit ..."[67], d. h.
durch deren Aufwertung gegenüber der Antike, beeinflusste das Christentum die wirtschaftlich relevanten Aktivitäten der Menschen - ebenso wie
durch seine Stellungnahmen zum "gerechten Preis" bzw. zum "Handelsge-
winn"[68] und durch wiederholte "Verbote des Zinsnehmens von Darleihen"[69].
Knies verweist auch auf die - weit über das Mittelalter hinausreichende -
politische Macht der Kirche, mittels derer sie Einfluss auf das wirtschaftliche Geschehen nahm: "Eine sehr grosse Zahl von Staatsgesetzen, welche
für die volkswirtschaftlichen Verhältnisse von grosser Wichtigkeit waren,
wurde durch die Kirche geheiligt und gefestigt."[70]

Indem der Einfluss des Christentums seine Grenzen immer dort fand
bzw. findet, wo der Islam, der Buddhismus[71] oder andere Religionen domi-
nier(t)en, und indem sich mit der Reformation in verschiedenen Staaten
unterschiedliche Varianten der christlichen Religion herausbildeten, verstärkt der aus religiösen "Wurzeln" stammende Einfluss eher die Divergenz
der Charakteristika einzelner Volkswirtschaften, als dass er sie vereinheit-
licht.[72] Die vom religiösen Glauben der Menschen ausgehende Wirkung ist
nicht nur grundsätzlich in einzelnen Volkswirtschaften unterschiedlich,
sondern sie verändert sich auch im Zeitablauf. Dies geschieht unter anderem
dadurch, "... dass bei so sehr vielen Einzelnen und in grossen Teilen ganzer
Volksschichten *jeder* religiöse Glaube weggefallen ist"[73] und durch einen

---

[65] Knies, K.: 1883, S. 121
[66] Knies, K.: 1883, S. 116. - Die Inhalte der Knies'schen Auseinandersetzung mit den vom
Christentum ausgehenden Einflüssen auf die Wirtschaftsentwicklung verdeutlichen, dass
der Grundgedanke von Max Webers Werk *"Die protestantische Ethik und der Geist des
Kapitalismus"* bei Knies angelegt ist. Es lässt sich nachweisen, dass Weber von seinem
Lehrer Knies zumindest inspiriert wurde.
[67] Knies, K.: 1883, S. 119
[68] Vgl. Knies, K.: 1883, S. 116 f.
[69] Vgl. Knies, K.: 1883, S. 118 f.
[70] Knies, K.: 1883, S. 115
[71] Vgl. Knies, K.: 1883, S. 125
[72] Es ist hier beispielsweise auf die Unterschiede zwischen dem Puritanismus in den Vereinigten Staaten, dem Katholizismus in Polen und dem Evangelismus in Norddeutschland
zu verweisen. Obwohl es sich jeweils um eine christliche Religion handelt, sind die Einflüsse auf die Volkswirtschaft sehr verschieden.
[73] Knies, K.: 1883, S. 125

rationalistisch oder materialistisch geprägten Glauben ersetzt wurde. Infolge dieser "Entbindung von religiösen Vorstellungen" entfällt die Angst vor "dem Richter, der ins Verborgene sieht"[74], was wiederum weitreichende Folgen auch für das wirtschaftlich relevante Handeln hat.

d. Ethos und Sitte

In Gestalt von Ethos bzw. von sittlichen Lebensgrundsätzen "... baut der Mensch in die Natur eine zweite Welt, 'die Welt der Cultur' hinein"[75], womit sich "... das geistige, mithin auch das ethische Princip ... aus dem leiblichen und natürlichen erhebt ..."[76] Ethos bzw. Sitten unterwerfen die naturbedingten Leidenschaften bestimmten Verhaltensnormen, was Knies zufolge nicht durch äusseren Zwang geschieht, sondern den "... sittlichen und politischen Bedürfnisse[n] des Einzelnen wie der Gemeinwesen ..."[77] entspringt. Die Sitten bestehen in Gestalt von "... zeitlich andauernde[n] und zumeist auch bei vielen Personen und örtlich verbreitete[n] Gewohnheiten in dem Verhalten der Menschen ..."[78], die sich auch auf die wirtschaftliche Sphäre auswirken. Dies erklärt sich daraus, dass das wirtschaftliche Geschehen "... in einem innigen Zusammenhang mit dem Ganzen des sittlichen und politischen Lebens zu einer bestimmten Zeit und in dem einzelnen Lande und Volke."[79] steht. Daher sind "... sittliche und politische Motive als mitwirkende Factoren dieser 'ökonomischen' Erscheinungen anzuerkennen ..."[80/81]. "Für die wissenschaftliche Erforschung des Verursachungssystems auf dem Gebiete des Wirtschaftslebens erstellt die Sitte eine für sich zu beachtende Kraft ..."[82], welche sich nicht nur in verschiedenen Kulturen hinsichtlich Ausrichtung und Intensität unterscheidet, sondern sich zudem im Zeitablauf verändert. Wie erwähnt, geht Knies von der Annahme aus, dass sich ein Prozess sittlichen bzw. ethischen Fortschritts realisiert.

---

[74] Vgl. ebd.
[75] Schmoller, G., zitiert von: Knies, K.: 1883, S. 135
[76] Huschke, zitiert von: Knies, K.: 1883, S. 438
[77] Vgl. Knies, K.: 1883, S. 331
[78] Knies, K.: 1883, S. 140
[79] Knies, K.: 1883, S. 467
[80] Vgl. Knies, K.: 1883, S. 424
[81] Entsprechend kritisiert Knies, dass die Klassiker die Bedeutung von Sitte bzw. Ethos als Bestimmungsfaktor ökonomisch relevanten Handelns verkennen: "*Machiavelli* ... warf die Ethik aus der Politik heraus ...; was *Machiavelli* mit der Politik getan hatte, das geschah durch *Adam Smith* mit der Nationalökonomie" (Knies, K.: 1883, S. 438, vgl. auch S. 274, Fussnote 1).
[82] Knies, K.: 1883, S. 140

4. Die rechtlichen und politischen Gegebenheiten

Diese Faktoren sind zunächst insofern für die einzel- und volkswirtschaft-lichen Prozesse von grundlegender Bedeutung, als mit der Verfassung eines Staates die Struktur seines Gesellschafts- und Wirtschaftssystems gegeben ist. Diese Grundordnung wiederum beeinflusst nicht nur als elementarer Be-standteil des "Weltbildes" der Menschen deren ökonomisch relevantes Han-deln, sondern sie bildet auch unmittelbar den Rahmen für die Ausgestaltung wirtschaftlicher Institutionen und insbesondere für die Gesetzgebung. Die auf Grundlage der Verfassung erlassenen Gesetze konkretisieren die Bedin-gungen wirtschaftlichen Handelns und sind folglich mitbestimmend für das Sosein wirtschaftlichen Geschehens. Entsprechend stellt Knies fest, dass "... die Frage, *warum* eine wirtschaftliche Erscheinung vor uns steht, sich aus dem erklären kann, was Rechtens ist"[83]. Knies verweist darauf, dass wir "... einen ganz *unmittelbaren* Zusammenhang mit dem Wirtschaftsleben ... durch diejenigen Rechtsvorschriften begründet [finden], welche sich als *Besitzrecht, Erwerbsrecht* und *Verkehrsrecht* neben einander stellen lassen ..."[84] Es ist offensichtlich, dass die rechtlichen Gegebenheiten nicht nur ein für das Sosein der Volkswirtschaft mitbestimmender Faktor sind, sondern auch, dass sie in verschiedenen Staaten unterschiedlich ausgeprägt und zudem zeitvariant sind: "Der Grad und Umfang, wie die Art, in welchen eine allgemeine Staatsgewalt [primär durch die Gesetzgebung] auf die wirtschaftlichen Verhältnisse eines Volkes einwirkt, wird ... immer in ei-nem ersichtlichen Zusammenhange mit dem Volkscharakter und der Volks-geschichte einer Nation gefunden werden ..."[85]

Indem die Rechtsordnung in einem politischen Prozess von bestimmten gesellschaftlichen Instanzen geschaffen wurde, ist der von ihr ausgehende Einfluss auf das wirtschaftliche Geschehen ein Resultat politischer Ent-scheidungen. Knies verweist daher darauf, dass "... jede Form des politi-schen Staatslebens in einem besonderen Causalnexus zu den wirtschaft-lichen Dingen ..."[86] steht, und stellt wertend fest, dass Roscher sich durch "... seine Ausführungen über den Zusammenhang der wirtschaftlichen Le-bensformen der Völker mit ihrem gesamten politischen Dasein und Wirken

---

[83] Knies, K.: 1883, S. 132
[84] Knies, K.: 1883, S. 130, vgl. S. 104
[85] Knies, K.: 1883, S. 110. - Entsprechend stellt Knies ferner fest: "Wie verkehrt und haltlos müssen die Schlüsse und die Motive eines Urteils erscheinen, welches davon ausgeht, dass man der Gesetzgebung ... der allgemeinen Staatsgewalt in aller früheren Zeit ein und dasselbe Ziel vorgesetzt glaubt ..." (a. a. O., S. 109).
[86] Knies, K.: 1883, S. 145

... die grössten Verdienste erworben ..."[87] hat. Das "politische Leben einzelner Völker" steht wiederum in engstem Zusammenhang mit den jeweiligen gesellschaftlichen und staatlichen Institutionen sowie mit spezifischen Mentalitäten und Gewohnheiten der Wahrnehmung und des Denkens. Damit ist der historisch-kulturelle Hintergrund mitbestimmend für politische Prozesse und für die hieraus hervorgehenden rechtlichen Regelungen sowie für deren Auswirkungen auf die Volkswirtschaft.

5. Der Erkenntnisstand und "Zeitgeist" der Wissenschaften

Knies zählt das Anwachsen der Kenntnisse zu den "... wichtigsten Momente[n] für die ökonomische, wie auch für die allgemeine Culturentwicklung der Völker ..."[88]. Es ist, so Knies an anderer Stelle, neben der "... Zunahme der Capitalgüter, das Anwachsen der Resultate der geistigen Arbeit und der erprobten Erfahrungen, durch welche[s]... jedes später lebende Volk innerhalb jener ununterbrochenen Fortbewegung der Oekonomie in der menschheitlichen Geschichte eine andere Stelle einnimmt und einnehmen muss, als das frühere."[89] Die in diesen Zitaten zum Ausdruck kommende Vorstellung einer akkumulativen Vermehrung der Kenntnisse bezieht sich nicht nur, aber doch vorrangig auf die von Knies beobachteten Entwicklungen in Naturwissenschaft und Technik. Im Urteil von Knies kaum weniger bedeutsam für die wirtschaftlichen Prozesse sind jene "Resultate der geistigen Arbeit", die aus dem Bereich der Geistes- und Sozialwissenschaften und aus "ausserwissenschaftlichen" Quellen stammen und in Gestalt von "Theorien" oder "Ideen" bzw. "geistigen Strömungen" das wirtschaftliche und wirtschaftspolitische Handeln leiten. Die Unterschiedlichkeit des von den Naturwissenschaften, von den Geistes- und Sozialwissenschaften und insbesondere von der ökonomischen Wissenschaft ausgehenden Einflusses auf die ökonomische Entwicklung wurde von Knies deutlich erkannt.

a. Der Stand von Naturwissenschaft und Technik

Der Erkenntnisstand dieser Wissenschaften ist bestimmend dafür, welche Möglichkeiten der Gestaltung von Produktion und Transportwesen in technischer und damit auch in organisatorischer Hinsicht gegeben sind. Der

---

[87] Knies, K.: 1883, S. 362
[88] Knies, K.: 1883, S. 377/378
[89] Knies, K.: 1883, S. 394

Stand der naturwissenschaftlichen/technischen Forschung hat somit einen wesentlichen Einfluss darauf, was in welchen Mengen produziert werden kann und über welche Entfernungen der Transport der Produkte rentabel ist. Folglich hat der sich in diesen Wissenschaften vollziehende Fortschritt wesentliche Veränderungen im wirtschaftlichen Bereich zur Folge. Knies verdeutlicht dies am Beispiel der Baumwollindustrie, indem er feststellt, dass dort "... die neuere gewerbliche Production mit Verwendung elementarer Bewegungskräfte ..." gewaltige Auswirkungen "... auf die praktische Gestaltung und Entwicklung des Wirtschaftslebens ..."[90] hatte, die unter anderem in einer Zunahme der Arbeitsteilung[91] bestanden. Knies' besonderes Interesse gilt den volkswirtschaftlichen Auswirkungen des sich zu seinen Lebzeiten entfaltenden Eisenbahnwesens.[92] Das Auftreten der Eisenbahnen (und der Dampfschiffe) bezeichnet Knies als "weltgeschichtlich epochemachend"[93]. Durch die "... Leistungen der neuen Transportmittel ... werden mit Wirkung für alle Productionsgebiete ganz Völker mit all ihrer Cultur und ganze Territorien mit allen ihren Productionsbedingungen wie auf einen nahe benachbarten Raum zusammengestellt ..."[94] Insbesondere die Verbreitung der Eisenbahnen führte zu einer erheblichen Reduktion der Transportkosten. Hierdurch wurde "... der internationale Verkehr ... stärker erleichtert als der inländische und der Transport der Rohproducte mehr als der Transport der Gewerksproducte"[95]. Am Beispiel der Eisenbahnen wird deutlich, in welchem Ausmass ein Produkt naturwissenschaftlicher/technischer Forschung die Struktur von Produktion und Handel verändert. Indem das Sosein der Volkswirtschaft durch den Stand wissenschaftlicher Forschung mitbestimmt ist, wird es durch einen Faktor beeinflusst, der sich nicht nur im Zeitablauf ständig und mit zunehmender Beschleunigung verändert und damit zeitvariant ist, sondern der infolge der Ungleichverteilung von menschlichen und materiellen Forschungsressourcen sowie von Patenten auch in geographischer Hinsicht sehr unterschiedlich ausgeprägt ist.

---

[90] Knies, K.: 1883, S. 463, vgl. S. 464
[91] Vgl. Knies, K.: 1883, S. 377
[92] Knies widmete dieser Thematik neben den in der *"Politischen Ökonomie"* enthaltenen Erörterungen drei separate Publikationen mit den Titeln: *"Die Eisenbahnen und ihre Wirkungen"* (1853), *"Über die Wirkungen der Eisenbahnen auf die Pflege der Wissenschaft in unserer Zeit"* (1854) und *"Das Eisenbahnwesen"* (1855).
[93] Vgl. Knies, K.: 1883, S. 443
[94] Knies, K.: 1883, S. 446
[95] Knies, K.: 1883, S. 444, vgl. S. 445

b. Der geistes- und sozialwissenschaftliche "Zeitgeist"

Der in den Wissenschaften jeweils dominierende "Zeitgeist" entwickelt sich in Interdependenz mit den jenseits der Wissenschaften in bestimmten kulturellen Kontexten existenten Vorstellungen über das gegenwärtige und zukünftige Sosein der Wirklichkeit. Als Beispiele für solche geistige Strömungen können ebenso die Ideen der "Aufklärung" oder materialistisch/mechanistische "Weltbilder" genannt werden, wie verschiedene bis in die Gegenwart hinein wirkende Ideologien. Knies schreibt, dass hauptsächlich dadurch, "... dass sich bestimmte Ideen und geistige Strömungen Bahn brechen, [d. h. dass sie] die Herrschaft über die Gemüter zu erringen und zu behaupten vermögen", der "... besondere Charakter der einzelnen geschichtlichen Perioden"[96] entsteht. Und indem sich die wirtschaftliche Entwicklung als Element dieses umfassenden geschichtlichen Prozesses vollzieht, ist sie durch den Einfluss des jeweiligen "Zeitgeistes" mitbestimmt. Wenn "... durch das Auftreten neuer Grundgedanken von allgemein wirtschaftlicher Bedeutung eine Umbildung in dem Charakter des Wirtschaftslebens einer Periode erfolgt, so suchen sich eben diese auf allen einzelnen Gebieten desselben zur Geltung zu bringen."[97]
Knies zufolge hat sich unter anderem "... die in den neueren Jahrhunderten auf Begründung, Festigung und Erweiterung *individueller Freiheitsrechte* gerichtete Ideenströmung ... auf dem Gebiete des Wirtschaftslebens [als folgenreich] erwiesen ..."[98] . Dies verdeutlicht Knies, indem er an gleicher Stelle feststellt, dass infolge dieser Ideenströmung dem Einzelnen die "... öffentliche Freiheit ... gleichbedeutend mit der Herrschaft seiner wirtschaftlichen Interessen"[99] wurde. "Nirgends kann sich der Individualismus durchgreifender Genüge tun, als in dem Gebiete des Privateigentums ..."[100] Diese Zitate deuten darauf hin, wie weitgehend hier der "Zeitgeist" die wirtschaftliche Entwicklung der folgenden Jahrhunderte beeinflusst hat.

c. Die nationalökonomischen Theorien

Die Theorien der ökonomischen Wissenschaft, deren Ziel es ist, wirtschaftliche Wirklichkeit "abzubilden", wirken in jenem Mass auf ihr Erkenntnisobjekt zurück, in dem sie richtungsweisend für Handlungen werden,

---

[96] Knies, K.: 1883, S. 123
[97] Knies, K.: 1883, S. 145/146
[98] Knies, K.: 1883, S. 124
[99] Ebd.
[100] Ebd.

durch die sich das Sosein der Volkswirtschaft verändert. Ein solcher Einfluss der Theorien auf wirklichkeitsveränderndes Handeln ist insofern gegeben, als mit einer Theorie eine Interpretation bestimmter Elemente der Wirklichkeit vorgegeben ist, die - insoweit sie vom Individuum übernommen wird - für dessen Bezug zur wirtschaftlichen Wirklichkeit und für dessen Verhalten mitbestimmend ist. Die Inhalte der Theorie haben hier einen Einfluss darauf, wie das Individuum wirtschaftliche Situationen und Prozesse wahrnimmt und fungieren insofern als *Wahrnehmungs-"Filter"*.

Theorien enthalten nicht nur (hypothetische) Aussagen darüber, "wie" etwas ist bzw. abläuft, sondern sie implizieren auch Urteile darüber, wie dieses Wahrgenommene zu bewerten ist. Insbesondere diese Funktion der Theorie als *Bewertungs-"Filter"* hat Knies deutlich erkannt: Man darf "... sich nicht über die Schwäche der Stellung täuschen, wenn die Wissenschaft erklärt, sie wolle den Eigennutz und das ungehemmte Walten des Privategoismus nicht fördern, während sie zugleich erklärt, die Verfolgung eigennütziger Interessen fördere das Gemeinwohl ..."[101] Wer "... den Eigennutz in seiner Wurzel und in seinen gewöhnlichen Wirkungen als etwas gemeinnütziges anzusehen gelehrt worden ist, [wird] ihn auch in seiner ... 'Uebertreibung' schwerlich als ein Uebel für das Gemeinwohl ..."[102] ansehen. Dieses Beispiel lässt erkennen, wie weitgehend nationalökonomische Theorien in ihrer Funktion als Wahrnehmungs- bzw. Bewertungs-"Filter" für wirtschaftliches Handeln und damit für die volkswirtschaftlichen Prozesse bestimmend sind. - Insbesondere dann, wenn eine nationalökonomische Theorie richtungsweisenden Einfluss auf die Wirtschaftspolitik eines Staates erlangt hat, ist sie ursächlich für die Veränderung ihres Erkenntnisobjektes "Volkswirtschaft".

Die Feststellung, dass die nationalökonomischen Theorien ein das Sosein der Volkswirtschaft mitbestimmender Faktor sind, macht es erforderlich, diese Theorien wiederum auf die für ihre Inhalte massgebenden Faktoren zurückzuführen. In Orientierung an Knies ist festzustellen, dass die Inhalte von Theorien grundsätzlich durch drei Faktoren bestimmt sind: durch das Erkenntnisobjekt, durch das Analyseinstrumentarium ("tools") und ferner durch den die Theorie formulierenden Nationalökonomen:

(1) Im Idealfall wäre nur das Sosein des jeweiligen *Erkenntnisobjektes* für die Inhalte der Theorie bestimmend, d. h. eine volkswirtschaftliche Erscheinung würde hier von einer Theorie vollständig und zutreffend erfasst. Ist in diesem Sinne ausschliesslich eine "... Abhängigkeit der nationalökonomischen Theorie von der zeitlichen und örtlichen Gestaltung und Ent-

---

[101] Knies, K.: 1883, S. 229
[102] Knies, K.: 1883, S. 232/233

wicklung der wirtschaftlichen Dinge in dem thatsächlichen Leben ..."[103] gegeben, so ist die Theorie vollkommen "wirklichkeitsadäquat" und hat insofern keinen *eigenständigen* Einfluss auf das wirtschaftlich relevante Handeln.

(2) Eine solche "Kongruenz" von Theorie und Erkenntnisobjekt ist im Erkenntnisbereich der Nationalökonomie schon deshalb kaum möglich, weil die Theoriebildung durch die jeweilige Art der Wirklichkeits-Erfassung bzw. durch das *Analyseinstrumentarium* - durch die "tools" - mitbestimmt wird. Knies bezeichnet es hierüber hinaus als eine Tatsache, dass nationalökonomische Theorie, "... in allen dem praktischen Leben voranschreitenden Lösungen aufgeworfener Probleme sich nur an die in eben diesem vorhandenen praktischen Leben dargebotenen Mittel zu halten vermag ..."[104]. Indem sich die dem Nationalökonom zur Verfügung stehenden "Mittel" bzw. "tools" in Abhängigkeit vom jeweiligen Kontext weiterentwickeln, verändern sich die aus ihrer Anwendung hervorgehenden Theorien.

(3) Mitbestimmend für die Inhalte einer Theorie und damit für deren Einfluss auf wirklichkeitsveränderndes Handeln ist insbesondere der - diese Theorie formulierende - *Nationalökonom*[105]. Insofern der Nationalökonom über die Wirkung seiner Theorien das Sosein der Volkswirtschaft und damit das Erkenntnisobjekt seiner Wissenschaft verändert, stellt sich die Frage, durch "was" der Nationalökonom in seiner theoriebildenden Tätigkeit bestimmt ist. Neben dem Forschungsinteresse[106] sowie persönlichen und gruppenspezifischen Interessen ist hier vorrangig das zu nennen, was heute in der englischsprachigen Literatur als "belief-system"[107] bezeichnet wird. Dieses "belief-system" des Nationalökonomen ist durch individuelle Komponenten und insbesondere durch den "Zeitgeist" sowie durch die Paradigmatik und die Theorien seiner Wissenschaft geprägt. Knies verweist an mehreren Stellen auf die Abhängigkeit der Nationalökonomie bzw. der sie repräsentierenden Wissenschafter vom jeweiligen "Zeitgeist". So spricht er von der "...

---

[103] Vgl. Knies, K.: 1883, S. 255
[104] Vgl. Knies, K.: 1883, S. 460/461
[105] Vgl. Löwe, J.: Ökonomische Theorie und reale Politik, 1995, S. 56 f.
[106] Für seine Zeit stellt Knies unter anderem folgende Unterschiede im Forschungsinteresse der Nationalökonomen verschiedener Staaten fest: "Trägt der ... Engländer gewöhnlich nur einzelne Bausteine zum Aufbau der Nationalökonomie zusammen, fast unbekümmert darum, wie sie sich zu einem grösseren Ganzen zusammenschliessen ..., so zimmert der organisationseifrige Franzose am liebsten zunächst das Gerüst des Ganzen, das 'System' auf, dass die allgemeinen Gedanken des Bauherrn augenfällig macht ..., auch bevor das Material zum Ausbau erkundet und gesichert ist." (Knies, K.: 1883, S. 323, vgl. S. 324)
[107] Vgl. Samuels, W. J.: 1994, S. 21 ff.; Samuels, W. J.: 1988, S. 347 ff.; Hollis, M.: Science as a web of belief. In: ders.: 1994, S. 77 ff., vgl. S. 90 ff.

Einwirkung der allgemeinen Menschen-, Staats- und Weltanschauung, überhaupt der geistigen und sittlichen Bildungsstufe der einzelnen Zeiten und Völker, auf die gesamte Haltung der Volkswirtschaftslehre ..."[108] Als Beispiel nennt Knies die Stufentheorie von Friedrich List, welche deutlich erkennen lasse, "... mit welcher Stärke die Ueberzeugungen und der Aberglaube der allgemein wissenschaftlichen oder philosophischen Forscher einer bestimmten Zeit auch auf die Ueberzeugungen und die Zielpuncte der nationalökonomischen Theoretiker einwirken."[109]

6. Der Mensch: Die Bestimmungsfaktoren des volkswirtschaftlich relevanten Handelns

Der Mensch beeinflusst das volkswirtschaftliche Geschehen natürlich nicht nur mittelbar, indem er als Nationalökonom Theorien formuliert, die eine wirklichkeitsverändernde Wirkung haben, sondern insbesondere unmittelbar, wenn er als Produzent, Konsument, Sparer, Investor etc. wirtschaftlich tätig wird. Indem Knies den Menschen "... als eine mitwirkende ursächliche Kraft ..."[110] bezeichnet, identifiziert er ihn als das energetische Moment des volkswirtschaftlichen Prozesses. Die Entfaltung dieser Energien hängt nicht nur von ihrer Quantität, sondern insbesondere von ihrer spezifischen Ausrichtung ab: Wie die Menschen ihre jeweils verfügbaren Energien einsetzen, ist abhängig von ihren diesbezüglichen Möglichkeiten sowie von ihren jeweiligen Vorstellungen und Zielen, welche als ein Produkt der sich in ihnen vollziehenden geistigen bzw. psychischen Prozesse durch das Sosein der Menschen mitbestimmt sind. Eine ursächliche Erklärung wirtschaftlich relevanten Verhaltens erfordert daher die Konkretisierung des *"Menschenbildes"*[111] von Karl Knies.

Für Knies ist der Mensch ein Produkt aller für sein physisches und psychisches Leben bestimmenden Faktoren. Folglich sind neben biologischen und anthropologischen Faktoren insbesondere auch historische bzw. kulturelle Einflüsse für das Sosein des Menschen und damit für sein wirtschaftliches Handeln massgebend. Knies schreibt: "Wird der Mensch wirtschaft-

---

[108] Knies, K.: 1883, S. 255, vgl. auch S. 254 und S. 457
[109] Knies, K.: 1883, S. 368
[110] Knies, K.: 1883, S. 425
[111] Auf die grundlegende Bedeutung des "Menschenbildes" im Prozess ökonomischer Theoriebildung verweist Knies indem er schreibt, dass "... die Verschiedenheit, in welcher die Natur des Menschen von den einzelnen Theoretikern aufgefasst wird, der innerste Grund für die Verschiedenheit des Ergebnisses ist, zu welchem sie durch eine scheinbar allein auf abstracte Begriffe gestellte Ideenverbindung gelangt sind" (Knies, K.: 1883, S. 67).

lich thätig, so steht diese Thätigkeit unter dem Einflusse seiner Persönlichkeit im ganzen, und wo er wirtschaftliche Zielpuncte verfolgt, da vergisst er nicht ... die Gesamtaufgabe seines Lebens ..."[112/113]

Bei der folgenden Systematisierung der sich auf sein "Menschenbild" beziehenden Aussagen von Knies ist es naheliegend, biologische, anthropologische und historische bzw. kulturelle Komponenten zu unterscheiden.

a. Die biologischen Determinanten menschlicher Existenz

Die biologischen Bestimmungsfaktoren menschlichen Verhaltens werden von der historischen bzw. kontextualen Theorie keineswegs vernachlässigt. Knies berücksichtigt die Tatsache, dass "... die Menschen ..., nach ihrer animalischen Naturseite hin, Naturgesetzen unterworfen sind ..."[114]. Dies impliziert nicht nur, dass die Menschen sich "... als leibliche Geschöpfe über die Begrenztheit der Sachgüterwelt nicht hinausheben ..."[115] können, sondern es bedeutet auch, dass die Ausrichtung bestimmter physischer bzw. psychischer Energien von Natur aus vorgegeben ist. Solche biologischen Verhaltensdeterminanten können als "Triebe" bezeichnet werden.[116] Bei Knies erfolgt die Thematisierung dieser Triebe meist unter Verwendung des Adjektivs "animalisch", da er den Begriff "Trieb" auch jenseits der biologischen Sphäre verwendet und hierunter generell die - auch anthropologisch

---

[112] Knies, K.: 1883, S. 423, vgl. auch S. 363 und S. 490
[113] Die Überzeugung von Knies, derzufolge eine Erklärung wirtschaftlicher Prozesse nur auf Basis eines - aus dem "Menschenbild" des *"ganzen Menschen"* abgeleiteten - Handlungsmodells möglich ist, steht im Gegensatz zur (neo-)klassischen Position, die der Theoriebildung die Annahme zugrundelegt, dass der Mensch im wirtschaftlichen Bereich als *"homo oeconomicus"*, d. h. als ökonomisch rationaler Nutzenmaximierer, agiert. Entsprechend kritisiert Knies das Handlungsmodell der klassischen Nationalökonomie: Der "... geschichtliche Mensch ... wurde vertreten durch eine immer gleichförmig wirkende, sich überall gleich bleibende Kraft in den Individuen, welche die ... äussere Welt in *einer* bestimmten Richtung in Bewegung setzt" (Knies, K.: 1883, S. 354). - Nicht "... der geschichtliche Mensch, in abstracter Contrahent, nicht der ganze Mensch, sondern ein Factor in ihm schliesst ... Verträge" (ebd.). - An anderer Stelle schreibt Knies: "Man muss entweder dem Menschen insgemein alle und jede Selbsterkenntnis absprechen oder sich den absoluten Widerspruch als wirkliche Einheit zu denken vermögen, wenn man der Annahme sich hingeben mag, dass der Mensch als Christ voller Nächstenliebe, als Bürger erfüllt von Gemeinsinn und Patriotismus, als Mensch im gewöhnlichen Verkehr human und billig gesinnt sein könne, und nur in seinem Handelscomptoir, auf dem Markte ... u.s.w. voll Eigennutz und auf die höchstmögliche Steigerung seines Eigenvorteils bedacht sei." (Knies, K.: 1883, S. 232)
[114] Knies, K.: 1883, S. 466
[115] Knies, K.: 1883, S. 341
[116] Vgl. Löwe, J.: Der unersättliche Mensch, 1995, S. 20 - 31

und kulturell bedingten - Antriebe zu bestimmten Verhaltensweisen des Menschen versteht. Zu den biologischen Verhaltensdeterminanten zählt Knies insbesondere den Selbsterhaltungstrieb: "In dem Menschen liegt 'von Natur' der instinctive Trieb aller animalischen Geschöpfe, zur *Selbsterhaltung* und zum *Wohlbehagen* ..."[117] "Wie der Selbsterhaltungstrieb die erste Aeusserung der Selbstliebe ist, so zeigt sich das Streben nach dem Eigenwohle zunächst als Streben nach Erlangung der zur selbständigen Befriedigung des Eigenbedarfes notwendigen wirtschaftlichen Güter."[118] Das "... Walten derselben physischen Naturgesetze und mancher instinctiven Triebe ..."[119] führt dazu, dass die überwiegend kontextspezifische Entwicklung verschiedener Volkswirtschaften auch durch grundsätzlich gleiche Faktoren mitbestimmt wird.

b. *Die anthropologischen Bestimmungsfaktoren menschlicher Entfaltung*

Die anthropologischen Faktoren treten zu den biologischen Determinanten hinzu und begründen die den Bereich des Animalischen überschreitende "Natur des Menschen". Im Unterschied zum Tier ist der Mensch durch eine höhere Form des Bewusstseins gekennzeichnet. Dieses menschliche Bewusstsein umfasst "... eine 'Innenwelt' des 'Selbstbewusstseins' ..."[120]. Der Mensch ist dazu fähig, bewusst zu urteilen[121] und vermag sich so weitgehend von Trieben bzw. Instinkten zu entbinden, dass er ein "gesittetes"[122] Leben führen kann. Damit geht Knies implizit von der Existenz dessen aus, was von der späteren Anthropologie als "Instinktreduktion" bezeichnet wurde. Zu dieser partiell realisierbaren *Freiheit von* dem Zwang, den durch die Natur vorgegebenen Verhaltensmustern zu folgen, kommt die *Freiheit zu* geistiger Auseinandersetzung mit der ihn umgebenden Welt. Knies geht davon aus, dass "... dem menschlichen Geiste ... eine Verstärkung seiner Befähigung für 'durchdringende Einsicht', ein Wachstum seiner Kraft des Erkennens beschieden ..."[123] ist. Neben einer solchen Fähigkeit des Erkennens von Seiendem besitzt der Mensch auch jene Fähigkeit, ständig neue

---

[117] Knies, K.: 1883, S. 236
[118] Knies, K.: 1883, S. 237. - Knies zufolge kann sich dieses "... Streben nach dem Eigenwohle ... auf keiner Stufe ... zur Rücksichtslosigkeit oder Feindschaft gegen das Wohl der Anderen und gegen das Wohl des Gemeinwesens gestalten" (a. a. O., S. 239).
[119] Knies, K.: 1883, S. 147, vgl. S. 364
[120] Knies, K.: 1883, S. 138
[121] Vgl. ebd.
[122] Vgl. ebd.
[123] Knies, K.: 1883, S. 457

Ideen bzw. Vorstellungen[124] von nicht oder noch nicht Seiendem hervor-
zubringen. Knies spricht von einem "... Trieb zum Vorschreiten auf ein
begehrtes Neues hin, sowie zur Beschleunigung und Verstärkung einer beginnenden Neuerung."[125] - Die im Menschen angelegte Schrankenlosigkeit
thematisiert Knies auch in anderem Kontext, indem er schreibt, dass gegen
"... die Beschränkung auf das Notwendige ... ein instinctiver Trieb des
Menschen ..."[126] ankämpft. Dieser expansive Drang des Menschen unterscheidet sich jedoch unter anderem deshalb von der individuellen Nutzenmaximierung des "homo oeconomicus", weil der Mensch Knies zufolge in
seinem Wesen auch durch ein "... Interesse für den Nächsten und für das
Gemeinwesen ..." gekennzeichnet ist und weil "... die Berücksichtigung und
Förderung des Wohles Anderer oder des Ganzen ... schon zu seiner Natur-
anlage ..."[127] gehört.

c. Die Geprägtheit des Menschen durch den Kontext seiner Existenz

Je mehr sich der Mensch von seinen Instinkten entkoppelte, je mehr nahm
seine "Weltoffenheit"[128] zu, was zur Folge hat, dass er heute nicht nur von
"innen" durch Triebe, Instinkte und anthropologische Anlagen bestimmt
wird, sondern sich zudem in Interdependenz mit der ihn jeweils umgeben-
den "äusseren" Welt entwickelt. Der spezifische Kontext menschlicher
Existenz hat daher einen prägenden Einfluss auf das "Weltbild", auf das
Denken sowie auf das Verhalten des Menschen und ist folglich für dessen
Sosein von wesentlicher Bedeutung.
  Einen richtungsweisenden Hinweis darauf, was Knies unter diesem
"Kontext menschlichen Lebens" versteht, gibt uns das folgende Zitat: "Der
Mensch existiert ja überhaupt nicht bloss als Individuum, sondern von Haus
aus in Gemeinschaft mit Seinesgleichen und als ein Glied des gesellschaft-
lichen und staatlichen Ganzen ..."[129] Dieses geschichtlich gewachsene staatliche bzw. gesellschaftliche "Ganze" konstituiert sich in jeder Gegenwart
durch spezifische territoriale, demographische, kulturgeschichtliche, recht-
liche und politische Gegebenheiten und steht unter dem Einfluss der jewei-

---

[124] Vgl. Knies, K.: 1883, S. 123 und 138
[125] Knies, K.: 1883, S. 166. - Diesen "Trieb zum Vorschreiten" zählt Knies zusammen mit
einem "Trieb zum Beharren" zu den "psychischen Grundtrieben" des Menschen (vgl. auch
S. 165).
[126] Knies, K.: 1883, S. 238
[127] Ebd.
[128] Vgl. auch Gehlen, A.: 1950, S. 59
[129] Knies, K.: 1883, S. 238

ligen wissenschaftlichen/technischen Möglichkeiten und des "Zeitgeistes".
Damit gehören jene Faktoren zum Kontext menschlicher Existenz, die vorstehend unter den Punkten 1. bis 5. behandelt wurden und die somit nicht
nur unmittelbar für das Sosein der Volkswirtschaft bestimmend sind, sondern auch mittelbar über ihren Einfluss auf das Sosein und das Handeln des
Menschen.

Diese den Kontext menschlicher Existenz bildenden Faktoren sind
zwar grundsätzlich zeit- und raumvariant, innerhalb bestimmter - grösserer
oder kleinerer - Zeitintervalle und Gebiete sind sie jedoch überwiegend entweder statisch oder nur marginal variant. Insoweit diese Faktoren für die in
ihrer Summe eine Gesellschaft bildenden Menschen innerhalb eines bestimmten zeitlichen Intervalls weitgehend gleich bzw. hinreichend ähnlich
sind, entstehen über den Einfluss dieser Faktoren auf die Menschen die spezifischen Charakteristika einzelner Gesellschaften, die Knies zufolge zu den
"... wichtigsten Momente[n] für die ökonomische, wie auch für die allgemeine Culturentwicklung der Völker ..."[130] zählen. - Wenngleich Knies immer wieder auf die Unterschiede im Sosein und Verhalten der Menschen
verschiedener Völker hinweist[131] und diese dadurch zu erklären sucht, dass
er den Zusammenhang zu den Existenzbedingungen - d. h. zu dem die Menschen prägenden Kontext ihrer Existenz - aufgezeigt, so war er sich doch
darüber im klaren, dass der "räumliche" Kontext menschlicher Existenz
keineswegs nur durch die jeweiligen Staatsgrenzen, sondern einerseits auch
durch Subsysteme und Subkulturen und andererseits durch inter- und supra-
nationale Faktoren bestimmt wird. Zu letzteren zählen der sich über alle
Staatsgrenzen ausbreitende (Welt-)Handel und die wissenschaftlichen/tech-
nischen Entwicklungen.[132] Erst in Ansätzen erkennen konnte Knies die
enorme zeitliche Varianz des von den wissenschaftlichen/technischen Entwicklungen ausgehenden Einflusses auf den Menschen.

Mit dem Menschen haben wir den letzten und bedeutendsten jener Faktoren behandelt, die Knies zufolge für das Sosein einer Volkswirtschaft bestimmend sind. Diese Bestimmungsfaktoren - zu denen neben dem Menschen die territorialen, demographischen, kulturgeschichtlichen und recht-
lichen/politischen Gegebenheiten sowie der "Zeitgeist" und der wissenschaftliche Erkenntnisstand zählen - haben grundsätzlich eines gemeinsam:
Ihre geschichtliche Entwicklung vollzog sich vorrangig in ihrem jeweiligen
kultur- bzw. staatsspezifischen Kontext, weshalb sie in den einzelnen
Volkswirtschaften durch mehr oder weniger unterschiedliche Charakteris-

---

[130] Knies, K.: 1883, S. 377/378
[131] Vgl. Knies, K.: 1883, S. 72-79, S. 324, S. 476
[132] Vgl. Knies, K.: 1883, S. 155

tika gekennzeichnet sind. Die Kenntnis der kontextspezifischen Merkmale der für das Sosein der Volkswirtschaften bestimmenden Faktoren ermöglicht es, die gegenwärtig zwischen verschiedenen Volkswirtschaften bestehenden Unterschiede in ihrer essenziellen Bedeutung zu erkennen und in ihrer Entstehung aus ihren Ursachen zu erklären.

Indem die heutigen Charakteristika einzelner Volkswirtschaften nicht nur aus geschichtlichen Prozessen hervorgegangen sind, sondern sich auch in der Zukunft infolge sich mehr oder weniger fortsetzender oder gänzlich neuer Entwicklungen weiter verändern werden, ist offensichtlich, dass die zwischen Volkswirtschaften bestehenden Unterschiede (d. h. die räumlichen Variabilitäten) von den Veränderungen der Volkswirtschaften im Zeitablauf (d. h. von den zeitlichen Variabilitäten) abhängig sind. Auch diesen evolutiven Charakter volkswirtschaftlichen Geschehens hat Knies deutlich erkannt: "Die empirische Wirklichkeit, die ökonomischen Erscheinungen in der Gesamtentfaltung des rastlos sich weiter entwickelnden Völkerlebens stellen fort und fort neue Thatsachen hervor ..."[133]

Es stellt sich nun die Frage, ob die sich in verschiedenen Volkswirtschaften vollziehenden Veränderungen dazu führen, dass die Charakteristika der einzelnen Volkswirtschaften konvergieren und sich die zwischen ihnen bestehenden Unterschiede mit der Zeit aufheben. Knies bestreitet dies, indem er auf die Folgen einer Veränderung einzelner für das Sosein der Volkswirtschaft bestimmender Faktoren eingeht: "Indem sich ... eine Wirksamkeit *der Zeit* ... auch an dem Territorium wie an dem nationalen Menschen zur Geltung bringt, geschieht dies keineswegs in einer solchen Weise, dass die Verschiedenheit in den wirtschaftlichen Grundbedingungen der Völker ausgeglichen würde. Vielmehr wird durch sie nur die Verhältnisstellung in den Gegensätzen und Verschiedenheiten verändert, und während an der einen Stelle sich manches wenn auch nicht zu einer vollen Gleichheit[,] so doch zu einer allgemeineren Aehnlichkeit herausbildet, werden an der anderen Stelle Weiterungen der Unterschiede herbeigeführt."[134] Selbst die von Knies im Ansatz erkannte Tendenz zur Globalisierung führt seiner Auffassung zufolge nicht zu einer Aufhebung der spezifischen Charakteristika einzelner Volkswirtschaften: "Werden auch die Resultate der wissenschaftlichen Forschung, die Fortschritte der Technik, die Ergebnisse neuer Methoden in einzelnen Zweigen der Wirtschaft durch die Zunahme des Verkehrs immer und bald zu einem Gemeingute, so wird dadurch der Unterschied in der Raschheit ... der Anwendung[,] wie der Unterschied zwischen immer vorschreitenden und immer nur nacheifernden Völ-

---

[133] Knies, K.: 1883, S. 463
[134] Knies, K.: 1883, S. 84

kern nicht aufgehoben."[135] Somit kommen wir zu dem Schluss, dass auch bei fortschreitender Entwicklung der für das Sosein der einzelnen Volkswirtschaft bestimmenden Faktoren wesentliche kontextspezifische Charakteristika erhalten bleiben und dass die Volkswirtschaften auch unter Berücksichtigung des evolutiven Momentes vorwiegend kontextual bestimmt sind und bleiben.

---

[135] Knies, K.: 1883, S. 93. - An anderer Stelle schreibt Knies: "Je grösser die Übereinstimmung dessen wird, was durch den Verkehr, durch die Gleichheit der Bildungsstufe, die Beharrlichkeit der Nacheiferung übereinstimmend gemacht werden kann, um so schärfer treten die von der Natur gesetzten Unterschiede zu Tage." (a. a. O., S. 150)

Sechstes Kapitel

Die der Volkswirtschaft immanenten kontext-spezifischen Gesetzmässigkeiten

Die im fünften Kapitel begründete Theorie, derzufolge volkswirtschaftliche Entwicklungen vorrangig durch raum- und zeitspezifische Faktoren bestimmt sind, so dass die aus diesen Prozessen hervorgehenden Erscheinungen kontextuale Charakteristika tragen, - diese Theorie lässt für sich genommen einstweilen offen, ob die kulturspezifische bzw. geschichtliche Evolution volkswirtschaftlicher Erscheinungen *entweder* durch ständige stochastische Veränderungen gekennzeichnet ist *oder* ob sie während bestimmter Perioden in bestimmten Gebieten solche Merkmale aufweist, die die Ermittlung einer Art von Gesetzmässigkeiten ermöglichen. Dass es sich hierbei - abgesehen von den infolge der materiellen Gebundenheit des wirtschaftlichen Geschehens mitwirkenden Naturgesetzlichkeiten - letztlich um keine allgemeingültigen sondern "nur" um kontextspezifisch gültige Gesetze handeln kann, ist offensichtlich. Solche für einen bestimmten geographischen und zeitlichen Kontext geltenden "Wirtschaftsgesetze"[1] sind Karl Knies zufolge dann ermittelbar, wenn innerhalb bestimmter räumlicher und zeitlicher Intervalle - also beispielsweise in einer konkreten Volkswirtschaft während einer Dekade - eine relative Konstanz bzw. eine hinreichende Ähnlichkeit von grundsätzlich raum- und zeitvarianten Erscheinungen und von den für sie bestimmenden Faktoren gegeben ist. In diesem Fall gibt es in dem - sich in einer bestimmten Volkswirtschaft vollziehenden - Prozess der geschichtlichen Entwicklung eines konkreten Erkenntnisobjektes bestimmte Phasen, in denen die Erscheinungen desselben relativ ähnlich und zudem die Wirkungen grundsätzlich gleicher Ursachen sind, so dass hier eine relativ konstante Kausalität - d. h. eine kontextspezifische Gesetzmässigkeit - nachgewiesen werden kann. - Diese vorstehend grob umrissene Theorie von Knies wird nun mittels Analyse der behandelten Bestimmungsfaktoren in

---

[1] Sofern davon ausgegangen wird, dass ein allgemeiner bzw. universeller Gültigkeitsanspruch für den Gesetzesbegriff konstitutiv ist, wäre hier von einer "Theorie" zu sprechen. - In der vorliegenden Arbeit ist es jedoch zweckmässig, den Knies'schen Terminus "Wirtschafts*gesetz*" zu verwenden und ihn - da es sich hierbei im heutigen Sprachgebrauch um eine Theorie handelt - in Anführungszeichen zu setzen. Entsprechendes gilt für die von Knies gebrauchten Begriffe "*Gesetz* der Analogie" und "Entwicklungs*gesetz*".

einzelnen Schritten hergeleitet und begründet.

I. Analyse der für die Volkswirtschaft bestimmenden Faktoren: Das "personale" und das "reale" Element

Im vorhergehenden Kapitel wurde verdeutlicht, dass das Sosein der Volkswirtschaft ein Produkt des Zusammenwirkens verschiedener Bestimmungsfaktoren ist, welche ihrerseits überwiegend aus einer kontextspezifischen Entwicklung hervorgegangen sind. Ursächlich für die primär kontextspezifische bzw. raum- und zeitvariante Ausprägung dieser Bestimmungsfaktoren ist in erster Linie, dass sie überwiegend durch ein "geistiges" und daher kulturspezifisches und evolutives Element mitbestimmt sind. Für dieses "geistige" Element prägte Knies den Begriff "personaler Faktor", von dem er ein materielles bzw. naturgesetzliches Element unterscheidet, das er als "realen Faktor" bezeichnet. Knies zufolge sind neben dem Menschen auch die territorialen, demographischen, kulturgeschichtlichen, rechtlichen/politischen und wissenschaftlichen/technischen Gegebenheiten sowohl durch einen "personalen" als auch durch einen "realen" Faktor bestimmt. Es ist offensichtlich, dass hier die relative Bedeutung beider Faktoren unterschiedlich ist: Überwiegt beim Territorium der Einfluss des "realen" Faktors, so dominiert bei den kulturspezifischen Gegebenheiten der "personale" Faktor.

Entscheidend ist nun, dass es auf einer höheren Abstraktionsebene folglich diese beiden Elemente bzw. Faktoren sind, die in ihrem Zusammenwirken das Sosein der Volkswirtschaft bestimmen: "Wie der Begriff der Geschwindigkeit eine Function ist von Bewegung und Zeit, so sind die ökonomischen Thatsachen und durch sie auch die nationalökonomischen Gesetze Ergebnisse aus einer Combination von zwei unterschiedlichen Factoren, deren einer, der *reale* Factor, dem Erscheinungsgebiet der materiellen Aussenwelt angehörig ist, während der andere, der *personale* Factor, dem Geistesleben in dem Inneren des Menschen entstammt."[2]

---

[2] Knies, K.: 1883, S. 356. - An anderer Stelle verweist Knies darauf, dass bereits Hildebrand "... das nationalökonomische Gesetz als ein Product der beiden - auf die Natur und auf die Handlungen des Menschen zurückführenden - Factoren ..." betrachtete (a. a. O., S. 247, Fussnote).

1. Das "naturgesetzliche" bzw. "reale" Element

Die wirtschaftlichen Prozesse und Erscheinungen werden zunächst insofern durch den "realen" Faktor mitbestimmt, als sie an Materie und Energie gebunden sind. Indem beispielsweise die Produktionsfaktoren "Boden" und "Real-Kapital" aus Materie bestehen und es mechanischer bzw. physischer Energien bedarf, um materielle Güter zu erzeugen, haben Materie und Energie - bzw. die ihnen immanenten Gesetzmässigkeiten - einen Einfluss auf den Verlauf und das Ergebnis wirtschaftlicher Prozesse. Knies verweist auf die Tatsache, dass das "... Auftreten wirtschaftlicher Vorgänge ... dadurch bedingt [ist], dass menschliche Thätigkeit mit Gegenständen, Producten, Bestandteilen der äusseren Natur in Verbindung tritt. ... Ihr Entstehen wie ihre Kraftwirkung ist durch Naturgesetze geregelt ..."[3] In Gestalt des "realen" Faktors werden folglich Naturgesetze *mit*bestimmend für die Entwicklung und das Sosein der Volkswirtschaft. - Dieser Einfluss des "realen" Faktors resultiert allerdings nicht nur aus der naturgesetzlichen Bestimmtheit der aussermenschlichen Natur, sondern er ist zudem darauf zurückzuführen, dass auch der Mensch über eine "animalische Naturseite"[4] verfügt und durch "Naturgesetze der individuellen Organismen"[5] mitbestimmt ist, was entsprechenden Einfluss auf dessen ökonomisch relevante Handlungen hat.

An dieser Stelle ist zu konkretisieren, was Knies unter einem "Naturgesetz" versteht. Auf "... rein naturgesetzlichem Boden ..." stehen solche Kausalitäten zwischen bestimmten Ursachen und Wirkungen, die "... mit vollkommener Sicherheit in naturwissenschaftlicher Beweisführung festgestellt werden ..." können und "... sich in allen Fällen und zu allen Zeiten mit vollkommener Identität bewahrheiten."[6] Die Wissenschaft kann hier "... darauf, dass sich dieser Causalnexus überall und ausnahmslos bewährt, mit jener Sicherheit rechnen, welche für uns überhaupt gewonnen werden kann ..."[7]. - Die Naturgesetze sind für Knies im wörtlichen Sinne "Gesetze der Natur", deren Feststellung nicht Aufgabe der Nationalökonomie, sondern "Sache anderer Disciplinen"[8] ist.

Für die Volkswirtschaft sind diese "Gesetze der Natur" *insoweit* von Bedeutung, als Elemente der Natur im dargestellten Sinne in die wirtschaftlichen Prozesse eingebunden sind. Da diese Prozesse jedoch nicht nur durch

---

[3] Knies, K.: 1883, S. 351
[4] Vgl. Knies, K.: 1883, S. 466
[5] Vgl. Knies, K.: 1883, S. 487
[6] Knies, K.: 1883, S. 475; vgl. S. 474 und S. 478
[7] Knies, K.: 1883, S. 474
[8] Vgl. Knies, K.: 1883, S. 352

den "realen" Faktor, sondern auch durch den "personalen" bzw. "geistigen" Faktor bestimmt werden, können Naturgesetze allein "... nicht ein *ökonomisches* Gesetz ... erstellen". Ihre Bedeutung besteht stattdessen darin, der "... naturgesetzliche Factor in der wirtschaftlichen Thatsache ..."[9] zu sein. Wenngleich Knies hierdurch die dem Naturgesetzlichen im wirtschaftlichen Bereich zukommende Bedeutung einschränkt, so entspricht die Identifizierung des naturgesetzlichen bzw. "realen" Faktors dennoch einer zentralen Aufgabe des Nationalökonomen: "Die Beachtung der naturgesetzlichen Causalität in den realen Verhältnissen der ökonomischen Welt bleibt immer erstes Erfordernis ..."[10].

Im engeren Zusammenhang mit der Berücksichtigung des naturgesetzlichen Elementes der wirtschaftlichen Prozesse steht die der Nationalökonomie zugewiesene Aufgabe, "... aus der historisch-individualisiert formierten Gestaltung der Wirtschaftserscheinungen das in diesen auch umschlossene Gattungsmässige zu erfassen ..."[11]. Die Existenz dieses Gattungsmässigen begründet Knies damit, dass es "... in allem menschlichen Leben und Wirken etwas Ewiges und Gleiches ..."[12] gibt. Diese die Menschen zu einer Gattung verbindenden Gemeinsamkeiten umfassen zwar spezifische Ausprägungen naturgesetzlich bestimmter Merkmale, sie sind teilweise aber auch "von geistiger Art"[13]. Folglich reicht das Gattungsmässige über den physiologischen bzw. materiellen Bereich hinaus. Da die "geistigen" bzw. psychischen Elemente hier jedoch in gattungsspezifischen Charakteristika bestehen, ist das Gattungsmässige unseres Erachtens nicht dem "personalen" Faktor, sondern ausschliesslich dem "realen" Faktor zuzuordnen.

2. Das "geistige" bzw. "personale" Element

"Das in den ökonomischen Thatsachen dargebotene Untersuchungsobject ist ... auch Ergebnis einer ... Geistesthätigkeit in dem personalen Factor ..."[14] Dieses "personale" oder "... geistige Element in der wirtschaftlichen Erscheinung erweist sich ... keineswegs wie die körperlichen Dinge, auf welche sich das 'Naturgesetz' bezieht, als etwas überall Gleiches [bzw. Raum*in-*

---

[9] Ebd. - Knies fügt hier an, dass dieses Urteil "... freilich im Widerspruch mit den Auffassungen vieler anderen Nationalökonomen" steht und setzt sich insbesondere mit der Position von Adam Smith auseinander.
[10] Knies, K.: 1883, S. 486
[11] Knies, K.: 1883, S. 492
[12] Knies, K.: 1883, S. 478
[13] Vgl. ebd.
[14] Knies, K.: 1883, S. 358

variantes] und immer Gleichbleibendes [bzw. Zeit*in*variantes]".[15] Stattdessen sind die "geistigen" bzw. "personalen" Faktoren dadurch gekennzeichnet, dass sie "... in sich nach Zeit und Ort Wandelungen erfahren, als deren natürliche Folge eine Verschiedenheit der von ihnen ausgehenden ursächlichen Wirkungen anzuerkennen ist."[16] Die Ursache dieser Raum- und Zeitvarianz des "personalen" Faktors besteht nicht nur in der (mehr oder weniger) individuellen Bestimmtheit und in der resultierenden Vielfalt geistiger Tätigkeit, sondern insbesondere darin, dass sich der Geist des Menschen in Interaktion mit seiner Aussenwelt entwickelt bzw. entfaltet. Knies zufolge ist "... zu beachten, dass die auf das Geistes-Leben in dem personalen Element ... zurückführende Verursachung nicht bloss auf die Menschen als Individuen, sondern auch auf die Menschen in ihrem *geselligen* und *staatlichen Verband* zu beziehen ist ..."[17] Vor dem Hintergrund der Variabilität der den Kontext geistigen Lebens bildenden Aussenwelt wird die Aussage verständlich, dass "... mit der Zeit und auch wohl von Volk zu Volk ... [die] Veränderung und Entwickelung in dem personalen Element ..."[18] verschieden vorschreitet.

Infolge des Einflusses des raum- und zeitspezifisch ausgeprägten "geistigen" bzw. "personalen" Faktors auf die wirtschaftlichen "Tatsachen" stehen diese "... in einem innigen Zusammenhang mit dem Ganzen des sittlichen und politischen Lebens ['und aller sonstigen Cultur'[19]] zu einer bestimmten Zeit und in dem einzelnen Lande und Volke."[20] Darüber hinaus ist das "geistige" bzw. "personale" Element "... die Ursache der im Wirtschaftsleben der Völker ersichtlichen, andauernd vorschreitenden *Entwicklung* ..."[21]. Die Kontextualität der Volkswirtschaft und deren evolutiver Charakter resultieren folglich aus der raum- und zeitspezifischen Ausprägung und damit aus der Varianz des "geistigen" bzw. "personalen" Elementes der für das Sosein wirtschaftlicher Prozesse und Erscheinungen bestimmenden Faktoren.

An diesem zentralen Ergebnis vermag auch die Tatsache nichts zu ändern, dass wirtschaftliche Erscheinungen nicht nur durch den "geistigen" bzw. "personalen" Faktor bestimmt sind, sondern aus dessen Interaktion mit dem materiellen bzw. naturgesetzlichen "realen" Faktor hervorgehen: Das "... immer vorfindliche ... Zusammenwirken geistiger und materieller Agen-

---

[15] Ebd.
[16] Knies, K.: 1883, S. 478
[17] Knies, K.: 1883, S. 358; vgl. auch S. 360
[18] Vgl. Knies, K.: 1883, S. 465
[19] Vgl. Knies, K.: 1883, S. 361
[20] Knies, K.: 1883, S. 467
[21] Knies, K.: 1883, S. 361

tien für das Wirtschaftsleben ... [wird] ungleiche Ergebnisse herbeiführen ..."[22], weil die "personalen" Elemente "... überall überwiegen, wo geistige und sittliche Factoren zu beachten sind."[23]

Infolge dieser entscheidenden Bedeutung des "geistigen" Faktors und seiner sich in Interdependenz mit dem historischen bzw. kulturellen Kontext vollziehenden Entwicklung findet sich "... der nach wirtschaftlichen Gesetzen forschende Nationalökonom ... an die Resultate der Psychologie und an die erfahrungsmässigen Erlebnisse der Geschichte verwiesen ..."[24] Bevor im siebten Kapitel auf die sich aus der Berücksichtigung des "personalen" Faktors ergebenden Konsequenzen für die Forschungsmethodik eingegangen wird, ist nun zu konkretisieren, in welchen Fällen das Produkt von "realen" und "personalen" Faktoren in "gesetzmässig" auftretenden Erscheinungen besteht und was unter einem "Wirtschaftsgesetz" zu verstehen ist.

II. Die aus dem Zusammenwirken von "realen" und "personalen" Elementen resultierenden "Wirtschaftsgesetze"

Wie bereits erläutert, resultiert aus dem Zusammenwirken der "personalen" und "realen" Elemente der für die wirtschaftliche Entwicklung bestimmenden Faktoren[25] das Sosein der Volkswirtschaft. Obwohl dieses Sosein infolge des Einflusses der raum- und zeitvarianten "personalen" Faktoren ein kontextspezifisches bzw. evolutives ist und ständig "neue Tatsachen"[26] entstehen, ist Knies davon überzeugt, dass der Volkswirtschaft dennoch - unter bestimmten Bedingungen – Gesetzmässigkeiten immanent sind[27]. Entsprechend grenzt sich Knies gegenüber jenen - wohl überwiegend der Historischen Schule zuzurechnenden - Nationalökonomen ab, die "... das Gesetzmässige der Erscheinung ... bestreiten ..."[28], und kritisiert die Position, derzufolge sich "... aus der Geschichte ... Alles ... beweisen [lässt], was doch nichts anderes heisst, als dass in den menschlichen Dingen weder irgend welche Vernunft noch ein bestimmtes Causalitätsverhältnis vorfindlich

---

[22] Vgl. Knies, K.: 1883, S. 356

[23] Vgl. Knies, K.: 1883, S. 317

[24] Knies, K.: 1883, S. 358

[25] Wie dargestellt, handelt es sich bei diesen Bestimmungsfaktoren insbesondere um den Menschen, um die materiellen Grundlagen (Territorium/Ressourcen) und um die demographischen, die kulturgeschichtlichen und die rechtlichen/politischen Gegebenheiten sowie um den wissenschaftlichen Erkenntnisstand.

[26] Vgl. Knies, K.: 1883, S. 463

[27] Vgl. Knies, K.: 1883, S. 477/478

[28] Knies, K.: 1883, S. 477; vgl. S. 476

sei."[29] Allein schon infolge des Einflusses der "realen" bzw. naturgesetzlichen Faktoren "... ist die Volkswirtschaft nicht etwas Willkürliches ..."[30], wenngleich eine "'naturgemässe' Entfaltung"[31] derselben aber aufgrund ihrer Mitbestimmtheit durch die "personalen" Faktoren ebenso ausgeschlossen ist. In diesem Spektrum zwischen den Extremen einer "gesetzlosen Willkürlichkeit" und eines "naturgesetzlichen Determinismus" sind die der Wirtschaft immanenten Gesetzmässigkeiten - die sogenannten "Wirtschaftsgesetze" - zu lokalisieren.

1. Der Bedeutungsgehalt eines "Wirtschaftsgesetzes"

Im Rahmen der Beantwortung der Frage, was Knies konkret unter einem "Wirtschaftsgesetz" versteht, ist es sinnvoll, in einem ersten Schritt den Gesetzes-Begriff von Knies inhaltlich zu bestimmen. Von grundlegender Bedeutung ist hier die Feststellung, dass "... jede Thatsache erst in dem Zusammenhange mit der sie hervorbringenden ursächlichen Kraft ihr Wesen ..."[32] bzw. die ihr immanente Gesetzmässigkeit erkennen lässt. Folglich ist der "... Nachweis der Gesetzmässigkeit einer Erscheinung ... abhängig von dem Beweis des Causalitätsverhältnisses von Ursache und Wirkung."[33] Ein "Gesetz der Erscheinung" ist aber erst dann nachgewiesen, wenn zwei hinzutretende Bedingungen erfüllt sind: Zum einen müssen "... die Richtung und die Tragweite einer ursächlichen Kraft klargestellt ..."[34] sein; zum anderen muss eine Ursache "... ihre Existenz und Wirkung so bethätigen, dass sie *stets in derselben Weise* auf die Hervorbringung von Erscheinungen einwirkt."[35] Vereinfacht ausgedrückt spricht Knies somit dann von einem "Gesetz", wenn hinreichend konkret bestimmte Ursachen zu (grundsätzlich) gleichen Wirkungen führen.

Dieser Gesetzes-Begriff ist jedoch noch so allgemein, dass er sowohl in den Natur- als auch in den Sozialwissenschaften angewandt werden kann. Um die Frage zu beantworten, was unter einem "*Wirtschafts*gesetz" zu verstehen ist, muss daher in einem zweiten Schritt geklärt werden, wie der obige Gesetzes-Begriff in Berücksichtigung der Charakteristika des Erkenntnisbereiches "Volkswirtschaft" zu spezifizieren ist. Knies zufolge ist die "...

[29] Knies, K.: 1883, S. 468
[30] Vgl. Knies, K.: 1883, S. 400
[31] Vgl. ebd.
[32] Knies, K.: 1883, S. 480
[33] Knies, K.: 1883, S. 477
[34] Ebd.
[35] Ebd.

Gesetzmässigkeit einer ökonomischen Erscheinung ... festgestellt, wenn ihre Factoren, das reale und das personale Element, in ihrem Wesen als wirkende Ursachen festgestellt sind."[36] Weil der die wirtschaftliche Erscheinung mitverursachende "personale" Faktor grundsätzlich raum- und zeitvariant ist, können die "... volkswirtschaftlichen Zustände ... von einem Causalzusammenhange mit Zeit und Raum nicht losgelöst werden"[37], weshalb die Nationalökonomie "... die *thatsächliche Wiederkehr* ganz gleicher Erscheinungen nicht vorweisen, beziehungsweise nicht erwarten ..."[38] kann.

In Berücksichtigung dieser Charakteristika des nationalökonomischen Erkenntnisbereiches kann der Knies'sche Begriff des "Wirtschaftsgesetzes" wie folgt definiert werden: *Ein "Wirtschaftsgesetz" ist ein Kausalitätsverhältnis von Ursache(n) und Wirkung(en), welches dadurch gekennzeichnet ist, dass die hinsichtlich Richtung und Tragweite konkret bestimmten ursächlichen Kräfte in Gestalt von "realen" und "personalen" Faktoren durch ihre Interaktion vergleichbare Wirkungen hervorbringen, was dann der Fall ist, wenn nicht nur die "realen", sondern auch die "personalen" Faktoren in jenem Zeitraum und jenem Gebiet, dem die dem Gesetz zugrundeliegenden Beobachtungen entstammen, annähernd konstant bzw. hinreichend ähnlich sind.*

2. Die Varianten der "Wirtschaftsgesetze"

Die Frage, ob sich in einer Region die relevanten Charakteristika der "geistigen" bzw. "personalen" Faktoren im Zeitablauf nicht wesentlich verändern, ist nicht nur dafür entscheidend, ob eine durch sie mitverursachte wirtschaftliche Erscheinung während eines bestimmten Zeitraums durch eine annähernd gleichbleibende Kausalität und damit durch ein "Wirtschaftsgesetz" erklärt werden kann, sondern von der zeitlichen Entwicklung und räumlichen "Verbreitung" der jeweils relevanten Faktoren hängt auch ab, über welchen Geltungsbereich und Aussagegehalt ein eventuell zu ermittelndes "Wirtschaftsgesetz" verfügt. Es gibt daher verschiedene Varianten von "Wirtschaftsgesetzen", die im folgenden näher bestimmt und voneinander abgegrenzt werden.

---

[36] Ebd.
[37] Knies, K.: 1883, S. 400
[38] Knies, K.: 1883, S. 478

a. Die Grundform des "Wirtschaftsgesetzes"

Indem wir oben den Bedeutungsgehalt eines "Wirtschaftsgesetzes" konkretisierten, wurde dessen Grundform definiert. Da eine für ein bestimmtes Gebiet ermittelte "wirtschaftsgesetzliche" Kausalität nur so lange besteht, wie sich die - grundsätzlich raum- und zeitvarianten - "personalen" Elemente der für sie bestimmenden Faktoren nicht massgebend verändern, ist der Geltungsbereich eines solchen "Wirtschaftsgesetzes" mehr oder weniger begrenzt. Hierin besteht der zentrale Unterschied zwischen den "Wirtschaftsgesetzen" und den - allgemeingültigen - Gesetzen der (klassischen) Naturwissenschaften und der (neo-)klassischen Nationalökonomie. Diese Differenz verliert auch dadurch nicht an Bedeutung, dass der Geltungsbereich von "Wirtschaftsgesetzen" in bestimmten Fällen unter anderem durch die Bildung von Analogien[39] mehr oder weniger ausgeweitet werden kann.

b. Die "Gesetze der Analogie"

Wenn Knies fordert, dass man sich bei der Ermittlung von "Gesetzen der Analogie" "... nicht auf die Erscheinungen beschränken dürfe, sondern auf ihre Ursachen zurückgehen müsse ..."[40], dann wird deutlich, dass es ihm primär um die Ermittlung von Analogien zwischen Kausalitäten bzw. zwischen "Wirtschaftsgesetzen" geht. Eine solche Analogie ist gegeben, wenn zwei oder mehrere "Wirtschaftsgesetze", deren Geltung sich auf unterschiedliche räumliche oder/und zeitliche Kontexte erstreckt, eine bestimmte wirtschaftliche Erscheinung in vergleichbarer Weise kausal erklären. Aus einer etwas anderen Optik gelangt Knies zu einer äquivalenten Formulierung: "Die Erforschung der Analogie lehrt ... das Gesetzmässige in den sich [an verschiedenen Orten und/oder zu verschiedenen Zeiten] wiederholenden wirtschaftlichen Erscheinungen erkennen ..."[41]
   Die sich nun aufdrängende Frage, unter welchen Bedingungen es in vorrangig kontextspezifisch bestimmten Volkswirtschaften Analogien zwischen "Wirtschaftsgesetzen" geben kann, lässt sich wie folgt beantworten: Sind die "personalen" Elemente der für das Sosein volkswirtschaftlicher Erscheinungen bestimmenden Faktoren nicht nur innerhalb konkreter Regionen und Zeiträume annähernd konstant, so dass "Wirtschaftsgesetze" gege-

---

[39] Vgl. zur generellen Bedeutung von Analogien: Kyrer, A.: 1966, S. 89 ff.
[40] Knies, K.: 1883, S. 480
[41] Ebd.

ben sind, sondern sind die "personalen" Elemente und damit die Bestimmungsfaktoren hierüber hinaus in den Geltungsbereichen verschiedener "Wirtschaftsgesetze" vergleichbar bzw. analog ausgeprägt, so sind "Gesetze der Analogie" ermittelbar. Eine analoge Ausprägung einzelner Bestimmungsfaktoren in verschiedenen Volkswirtschaften resultiert nicht nur aus dem Einfluss des von Knies thematisierten "Allgemeinmenschlichen"[42], sondern ist insbesondere auch dann möglich, wenn verschiedene Völker "... auf denselben Stufen der geistigen Entwicklung ..." stehen oder wenn eine "... verhältnismässig grössere Gleichheit in den wirtschaftlichen Grundbedingungen und in den von aussen her kommenden Volkserlebnissen ..."[43] gegeben ist. Knies verweist in diesem Zusammenhang auch darauf, dass die "... vorschreitende Entfaltung der wissenschaftlichen Disciplinen ... zu einer kosmopolitischen Anerkennung und Benutzung der ... Resultate ..."[44] führt, worin ebenfalls eine Ursache einzelner Analogien in der Entwicklung verschiedener Volkswirtschaften zu sehen ist.

In Vergegenwärtigung der Tatsache, dass Analogien nicht nur zwischen solchen "Wirtschaftsgesetzen" möglich sind, die für unterschiedliche Volkswirtschaften ermittelt wurden, sondern dass grundsätzlich auch jene "Wirtschaftsgesetze" "analog" sein können, die in einer bestimmten Volkswirtschaft für unterschiedliche Perioden festgestellt wurden, wird deutlich, dass drei verschiedene Varianten von Analogien zu unterscheiden sind:

(1) *"Horizontale Analogie":*[45] Bei dieser von Knies vorrangig behandelten[46] Variante besteht eine Analogie zwischen verschiedenen "Wirtschaftsgesetzen", die für den gleichen Zeitraum gelten und für unterschiedliche Volkswirtschaften oder Regionen ermittelt wurden. Theoretisch ist es möglich, dass ein einzelnes "Wirtschaftsgesetz" während eines bestimmten Zeitraumes in allen Volkswirtschaften in vergleichbarer Weise wirksam ist. In diesem Ausnahmefall ist der Geltungsanspruch des entsprechenden "Gesetzes der Analogie" in räumlicher Hinsicht "universell"; in zeitlicher Hinsicht ist dessen Gültigkeit jedoch auf jenen Zeitraum beschränkt, für den die der Analogie zugrundeliegenden "Wirtschaftsgesetze" festgestellt wurden.

(2) *"Vertikale Analogie":* Hier besteht die Analogie zwischen solchen "Wirtschaftsgesetzen", deren kausale Erklärung einer bestimmten wirtschaftlichen Erscheinung sich auf verschiedene Perioden in der Entwick-

---

[42] Vgl. Knies, K.: 1883, S. 147, 149 und 150
[43] Vgl. Knies, K.: 1883, S. 149
[44] Knies, K.: 1883, S. 148/149
[45] Die terminologische Unterscheidung zwischen "horizontalen" und "vertikalen" Analogien wurde von Knies nicht vorgenommen; sie lässt sich jedoch unmittelbar aus seinen Ausführungen ableiten.
[46] Vgl. u. a.: Knies, K.: 1883, S. 149

lung einer Volkswirtschaft bezieht. Bei der "vertikalen" Analogie wird folglich der Geltungsbereich von "Wirtschaftsgesetzen" in zeitlicher Hinsicht erweitert.

(3) *Synthese von "horizontaler" und "vertikaler" Analogie:* Eine Analogie ist zugleich "horizontal" und "vertikal", wenn sie zwischen "Wirtschaftsgesetzen" besteht, die für verschiedene Perioden in der Entwicklung unterschiedlicher Volkswirtschaften bzw. Regionen ermittelt wurden. - Knies stellt fest: "Freilich treten Analogien in der geschichtlichen Bewegung der volkswirtschaftlichen Verhältnisse bei verschiedenen Nationen in verschiedenen Zeiten unverkennbar hervor ..."[47].

Aber selbst wenn hinsichtlich eines bestimmten "Wirtschaftsgesetzes" eine sich auf alle Volkswirtschaften und auf eine grössere Anzahl von Perioden beziehende Analogie ermittelt werden kann, so lassen sich hieraus grundsätzlich keine Aussagen darüber ableiten, ob das betreffende "Wirtschaftsgesetz" auch jenseits des betrachteten Zeitintervalls galt bzw. in Zukunft gelten wird. Der grundlegende Unterschied zur allgemeingültigen Theorie der (Neo-)Klassiker bleibt bestehen, mag der Geltungsbereich eines "Wirtschaftsgesetzes" über die Bildung von Analogien im Einzelfall auch noch so weit ausgeweitet werden können.

Der zumindest in zeitlicher Hinsicht immer begrenzte Geltungsbereich einer jeden Analogie zwischen "Wirtschaftsgesetzen" deutet bereits auf die hier abschliessend hervorzuhebende Tatsache hin, dass jedes "Gesetz der Analogie" innerhalb einer vorrangig durch "personale" Faktoren bestimmten und damit kontextspezifisch geprägten Volkswirtschaft wirksam ist. Dies bedeutet nicht nur, dass sich das Analoge und "... Gemeinsame ... nur neben und auf dem Besonderen ..."[48] zeigt, sondern hat insbesondere zur Folge, dass bei "... *einer Vergleichung volkswirtschaftlicher Verhältnisse und Vorgänge in verschiedenen Ländern und Zeiten ... eine Gleichheit und eine Verschiedenheit zugleich in Betracht kommt ...*"[49]

c. Die "Entwicklungsgesetze"

Wenn "... eine Gesetzmässigkeit der ... wirtschaftlichen Thatsachen festgestellt werden soll, so müssen auch solche Gesetze in Frage kommen, welche *Gesetze der Entwicklung* sind, Gesetze, welche gerade diese Veränderung, nicht eine Constanz der Zustände zu ihrer Voraussetzung ha-

---

[47] Knies, K.: 1883, S. 153
[48] Knies, K.: 1883, S. 149/150
[49] Knies, K.: 1883, S. 479

ben."[50] Auch wenn sich Knies hiermit in gewisser Hinsicht in die Tradition jener Nationalökonomen stellt, die fordern, "... dass die volkswirtschaftliche Theorie *Entwicklungsgesetze der Volkswirtschaft* darzulegen habe"[51], so ergänzen sich seine diesbezüglichen Ausführungen unseres Erachtens nicht zu einer hinreichend klaren und umfassenden Definition dieser "Gesetze". Allerdings lässt sich aus der im vorliegenden Kapitel rekonstruierten Theorie von Knies herleiten, was unter "Entwicklungsgesetzen" verstanden werden kann.

Ausgehend vom Begriff "Entwicklungsgesetz" ist festzustellen, dass es sich hierbei um eine sich "gesetzmässig" vollziehende Veränderung im Zeitablauf handelt. Indem volkswirtschaftliche Prozesse durch den "personalen" Faktor mitbestimmt sind, können diese sich in verschiedenen Volkswirtschaften realisierenden Veränderungen nicht durch einen "absolut gleichen Kausalnexus" gekennzeichnet sein und sich nur "analog" vollziehen. Folglich handelt es sich bei den "Entwicklungsgesetzen" um eine Sonderform der "Gesetze der Analogie".

"Analog" ausgeprägt sind bei den "Entwicklungsgesetzen" aber nicht (nur) die "personalen" Elemente der für die "wirtschaftsgesetzlichen" Wirkungen ursächlichen Faktoren, sondern die Analogie besteht hier hinsichtlich der *Veränderung der "personalen Elemente"*. Sind die "geistigen" bzw. "personalen" Elemente im geographischen und zeitlichen Geltungsbereich eines "Wirtschaftsgesetzes" annähernd *konstant* und im Fall der Geltung eines "Gesetzes der Analogie" zusätzlich auch *analog* ausgeprägt, so sind "Entwicklungsgesetze" dadurch gekennzeichnet, dass sich die "personalen" Elemente der Bestimmungsfaktoren in unterschiedlichen Volkswirtschaften *analog verändern*. Diese für ein "Entwicklungsgesetz" konstitutive Analogie in der Entwicklung der "personalen" Elemente bzw. Faktoren hat zur Folge, dass sich die in Gestalt dieser Faktoren wirkenden Ursachen wirtschaftlichen Geschehens analog verändern, womit sich die Kausalitäten bzw. die "Wirtschaftsgesetze" ebenfalls analog entwickeln. Ein "Entwicklungsgesetz" besteht folglich in einer analogen Veränderung von "Wirtschaftsgesetzen" in verschiedenen Volkswirtschaften. Indem dies wiederum zur Folge hat, dass sich die durch die "Wirtschaftsgesetze" bestimmten ökonomischen Erscheinungen in den einzelnen Volkswirtschaften analog verändern, entsprechen die "Entwicklungsgesetze" einer kausalen Erklärung der sich in verschiedenen Volkswirtschaften vollziehenden analogen Entwicklung ökonomischer Erscheinungen, d. h. sie liefern eine ursächliche Erklärung von Analogien in der Entwicklung der Volkswirtschaften.

---

[50] Ebd.
[51] Knies, K.: 1883, S. 361

Dieser Zusammenhang zwischen einer sich in verschiedenen Volkswirtschaften vollziehenden analogen Veränderung bestimmter "geistiger" bzw. "personaler" Faktoren und den hieraus resultierenden Analogien in der Entwicklung dieser Volkswirtschaften sei nun an einem Beispiel verdeutlicht: Indem die Philosophie der "Aufklärung" in unterschiedlichen Staaten Europas den "Zeitgeist" prägte und so für das "Weltbild" und das Denken der Menschen bestimmend wurde, erfolgte in den betreffenden Staaten eine analoge Veränderung der "geistigen" bzw. "personalen" Faktoren. Dies hatte zur Folge, dass sich die für das wirtschaftliche Geschehen ursächlichen Handlungen der Menschen analog veränderten, woraus wiederum Analogien in der weiteren Entwicklung dieser Volkswirtschaften resultierten. Solche analoge Entwicklungen können auch mit zeitlicher Verzögerung stattfinden, wenn sich beispielsweise ein bestimmter "Zeitgeist" in verschiedenen Staaten zu unterschiedlichen Zeiten durchsetzt und "... sich dieselbe Stufe in der Entwicklung zweier Völker in verschiedenen Zeiträumen vorfindet"[52].

Da in dieser Auffassung auf den ersten Blick eine Parallelität zu den Entwicklungsstufen-Theorien insbesondere von List, Roscher und Hildebrand zu bestehen scheint, ist zu betonen, dass sich die aus der Theorie von Knies resultierenden "Entwicklungsgesetze" dadurch grundlegend von den Stufentheorien unterscheiden, dass für Knies die zukünftige Entwicklung der "geistigen" bzw. "personalen" Faktoren nur sehr bedingt prognostizierbar ist[53], weshalb die von den Stufentheorien implizierte Hypothese, dass jede Volkswirtschaft irgendwann die höchste Entwicklungsstufe erreichen wird, in der Sicht von Knies nicht haltbar ist. Entsprechend kritisiert Knies "... die weitverbreitete Anschauung über einen absoluten Endverlauf in der ökonomischen Entwicklung der Völker ..."[54] unter anderem auch an folgender Stelle: "Während der Glaube an den absoluten Auslauf dieser Entwicklung durch die ununterbrochen weiterschreitende Entwicklung selbst widerlegt wird, ist die Identität *jener* Entwicklungsstufen und die Gleichheit der Bewegung auf dasselbe Ziel hin bei allen Völkern einfach wegen der Verschiedenheit der Grundlagen für die ökonomischen Thätigkeiten unmöglich."[55]

---

[52] Knies, K.: 1883, S. 148
[53] "Wohl vermag der menschliche Geist in die *nächste* Zukunft einen wenngleich nie *ganz* sicheren Blick zu thun, die fernere ist ihm überhaupt verschlossen." (Knies, K.: 1883, S. 463)
[54] Knies, K.: 1883, S. 397
[55] Knies, K.: 1883, S. 370

3. Abgrenzung der "Wirtschaftsgesetze" gegenüber "Naturgesetzen der Wirtschaft"

Indem Knies dem "geistigen" bzw. "personalen" Faktor eine entscheidende Bedeutung zuerkennt und damit grundsätzlich jeder deterministischen Theorie die Berechtigung entzieht, steht seine Position im Gegensatz sowohl zu den Entwicklungsstufen-Theorien seiner Vorgänger als auch zu den Theorien der (Neo-)Klassiker, die von der Annahme ausgehen, dass die wirtschaftlichen Prozesse im Wesentlichen durch eine faktisch naturgesetzliche Logik bestimmt sind. Die folgende Thematisierung dieser antithetischen Beziehung zwischen "Wirtschaftsgesetzen" und "Naturgesetzen der Wirtschaft" dient dem Zweck, die zwischen beiden Positionen bestehenden zentralen Unterschiede zu konkretisieren und das Verständnis der "Wirtschaftsgesetze" auch dadurch zu fördern, dass die den Hintergrund ihrer Konzipierung bildende Knies'sche Kritik an der klassischen Theorie dargestellt wird.

a. Das Naturgesetzliche als "Faktor" und nicht als "Kern" wirtschaftlicher Gesetze

Während das Naturgesetzliche in der kontextualen Theorie von Knies in Gestalt des "realen" Elementes zusammen mit dem "personalen" Element für das Sosein der Volkswirtschaft bestimmend ist und folglich die Bedeutung *eines* "Faktors" in einem "Produkt" besitzt, bildet es in Sicht der (Neo-)Klassiker den "Kern" der für das wirtschaftliche Sein und Werden bestimmenden Gesetze. Dies bedeutet, dass im Bereich der Wirtschaft nicht nur der Einfluss der überall ihre Wirkung entfaltenden "allgemeinen" Naturgesetze berücksichtigt wird, sondern dass die Wirtschaft als Ganzes im Wesentlichen mittels einer naturgesetzlichen Logik erklärt wird. Eine solche naturgesetzliche Interpretation wirtschaftlichen Geschehens ist nur möglich, "... wenn man auch in das personale Element eine so stetige, immer gleich qualifizierte, stets in derselben Richtung hin wirksame, desselben Masses von Erfolg allüberall sichere Kraft verlegt, wie sie in den materiellen Dingen wahrgenommen wird."[56] Infolge dieser Reduktion des "geistigen" bzw. "personalen" Elementes auf einen naturgesetzlichen Faktor konnte sich "...

---

[56] Knies, K.: 1883, S. 476. - Knies fügt an dieser Stelle hinzu: "Und dieses ist wirklich von Denjenigen geschehen, welche in den Menschen ein ausschliessliches und instinctives Streben nach den Zielpuncten des Privategoismus verlegten ..." (ebd.).

die Untersuchungsmethode naturwissenschaftlicher Disciplinen ... wie allein berechtigt hinstellen ..."[57], und es kam dazu, "... dass in der politischen Oekonomie ... die constante Formel des Naturgesetzes jede andere verdrängen sollte ..."[58] Auf dieser Grundlage hat die Theorie "... allgemein gültige Antworten erteilt und Formeln für das überall Beste und Vorteilhafteste aufgestellt."[59] Die Kritik von Knies an der naturgesetzlichen Interpretation wirtschaftlichen Geschehens und am hieraus resultierenden Geltungsanspruch der Theorien resultiert aus seiner Überzeugung, dass es in der Wirtschaft keine "... *thatsächliche Wiederkehr* ganz gleicher Erscheinungen [gibt] ..., weil der die wirtschaftliche Erscheinung mitverursachende Factor des (geistig-)personalen Elementes eben *nicht* die Constanz der ursächlichen Kräfte erwährt ..."[60] Daher ist infolge der "... Mitwirkung des freien personalen Elementes ... eine nur naturgesetzliche Causalität ... keineswegs vorfindlich ..."[61].

b. Das Kontextuale als "endogener Faktor" und nicht als "exogener Rahmen"

Die vorstehenden Einwendungen von Knies implizieren die Kritik an einer Reduktion "geistiger" bzw. kontextspezifischer Faktoren auf den "exogenen Rahmen" eines im "Kern" naturgesetzlich ablaufenden Prozesses. Damit wendet sich Knies gegen die von (neo-)klassischen Nationalökonomen mehr oder weniger explizit vertretene Position, derzufolge das Kontextspezifische einem "Vorhang" gleicht, hinter dem die allgemeingültigen Gesetze ihre Wirkung entfalten, so dass dem Nationalökonomen folglich die Aufgabe gestellt ist, vom Spezifischen zu abstrahieren, um so zu "reinen" bzw. allgemeingültigen Theorien vorzudringen. - Der vielleicht wesentlichste Unterschied zwischen (neo-)klassischer und kontextualer Theorie wird besonders deutlich, wenn wir uns hier vergegenwärtigen, von welch' zentraler Bedeutung für Knies das "... immer vorfindliche ... Zusammenwirken geistiger und materieller Agenten für das Wirtschaftsleben ..."[62] ist. Indem für Knies die "geistigen" und damit raum- und zeitspezifischen Faktoren unmittelbar für das wirtschaftliche Geschehen mitbestimmend sind, entspricht das Kontextspezifische - um im Gleichnis zu bleiben - nicht

---

[57] Vgl. Knies, K.: 1883, S. 352
[58] Knies, K.: 1883, S. 353
[59] Knies, K.: 1883, S. 401
[60] Knies, K.: 1883, S. 478
[61] Knies, K.: 1883, S. 472; vgl. S. 153, S. 476
[62] Vgl. Knies, K.: 1883, S. 356

einem "Vorhang", sondern es ist für ihn ein essenzieller Bestandteil des auf der Bühne stattfindenden "Schauspiels". Als "endogener Faktor" des wirtschaftlichen Prozesses ist das Kontextspezifische unmittelbar für das Sosein der Volkswirtschaft konstitutiv.

c. Die dem "Absolutismus der Lösungen" entgegengesetzte "Relationalität"

Da die klassische Nationalökonomie vom Kontextspezifischen in seiner vorstehend beschriebenen Bedeutung abstrahierte und von der Annahme einer im "Kern" naturgesetzlichen Bestimmtheit wirtschaftlichen Geschehens ausging, gelangte sie zu allgemeingültigen Theorien, weshalb ihr Knies vorwarf, sie vertrete einen "Absolutismus der Lösungen"[63]. Roscher "... vornehmlich ist es zuzuschreiben, dass ... an Stelle eines *Absolutismus der Lösungen das Princip der Relativität* zur Anerkennung gelangen konnte."[64] Dieses Prinzip zielt nicht nur auf eine Relativierung des "absolutistischen" bzw. "universalistischen" Geltungsanspruchs der klassischen Theorie, sondern seine hierüber hinausreichende und primäre Aussage besteht in der Forderung, dass eine jede wirtschaftliche Erscheinung in ihrer *Relation* zu den für sie konstitutiven Bedingungen ihres spezifischen Kontextes zu betrachten und entsprechend zu erklären ist. Das von Knies thematisierte "Prinzip der Relativität" bezweckt also keine generelle "Relativierung" von Theorie - wie in der Literatur leider unterstellt wird -, sondern es ist eine Maxime kontextualer Theoriebildung.

Dieses "Prinzip der Relativität" - das sinnvollerweise als "Prinzip der Relationalität" zu bezeichnen ist - resultiert aus der Überzeugung, "... dass jede von der Erfahrung ausgehende nationalökonomische Theorie sich immer doch nur auf die in einer bestimmten Zeit bereits constatierte Erfahrung stützen kann, und dass sie, wie sie auf dem Grunde ihrer Gegenwart sich erhebt, so auch in allen ... Lösungen aufgeworfener Probleme sich nur an die in eben diesem vorhandenen praktischen Leben dargebotenen Mittel zu halten vermag ..."[65] Entsprechend muss, wegen "... des Wechsels der Grundbedingungen, von denen die Schlussfolgerung ausgeht, auch das Resultat der letzteren das Element des Wechsels in sich aufnehmen."[66]

---

[63] Vgl. Knies, K.: 1883, S. 401 ff.
[64] Knies, K.: 1883, S. 402; vgl. S. 409
[65] Knies, K.: 1883, S. 460/461
[66] Vgl. Knies, K.: 1883, S. 412

Die Ermittlung von "Wirtschaftsgesetzen" durch Anwendung der kontextualen Methode

Die aus dem *sechsten Kapitel* resultierende Feststellung, dass dem volks-wirtschaftlichen Geschehen "Wirtschaftsgesetze" bzw. "Gesetze der Analo-gie" immanent sind, stellt den Nationalökonomen vor die Aufgabe, diese Gesetzmässigkeiten zu ermitteln, was einen entsprechenden Forschungs-prozess und damit ein geeignetes methodisches Vorgehen erfordert. Indem Knies daran erinnert, dass "... es von dem Wege, den man einschlägt, ab[hängt], ob man ein erstrebtes Ziel erreicht oder verfehlt ..."[1], verweist er darauf, dass die Entscheidung für eine bestimmte Forschungsmethode von ausschlaggebender Bedeutung ist. Daher gilt Knies' besonderes Interesse der Entwicklung einer Methode, die dem Erkenntnisbereich "Volkswirtschaft" adäquat und folglich dazu geeignet ist, die diesem immanenten Gesetzmäs-sigkeiten zu ermitteln.

Die Frage, welche Methode dem Gegenstandsbereich der Nationalöko-nomie "entspricht" und daher zur Erreichung des Erkenntniszieles geeignet ist, wird im *fünften Kapitel* dieser Arbeit beantwortet: Indem die diesem Kapitel vorangestellte Hypothese, derzufolge das Sosein der Volkswirt-schaft massgebend durch den raum- und zeitspezifischen Kontext bestimmt ist, durch die sich hier anschliessenden Ausführungen bestätigt wird, müs-sen kontextspezifische Faktoren, d. h. kulturelle bzw. geschichtliche "Tatsa-chen", Grundlage und Gegenstand der Theoriebildung sein und - wie im *sechsten Kapitel* erläutert wird - auf ihre "personalen" und "realen" Ele-mente zurückgeführt werden. Hieraus folgt, dass die anzuwendende Metho-de eine "kontextuale" bzw. "historische" sein muss. Aus der Knies'schen Theorie, derzufolge die Volkswirtschaft vorrangig durch kontextuale Fakto-ren mit ihren "geistigen" bzw. "personalen" Elementen bestimmt ist, resul-tiert somit die "Legitimation" einer historischen bzw. kontextualen Metho-de, die demzufolge als adäquater "Schlüssel" zur Ermittlung der der Wirt-schaft immanenten Gesetzmässigkeiten zu betrachten ist.

Dieses Resultat stellt uns nun vor die Aufgabe zu konkretisieren, was unter einer "kontextualen" bzw. "historischen" Methode zu verstehen ist,

---

[1] Knies, K.: 1883, S. 453

d.h. wie der Nationalökonom in Anwendung dieser Methode im Detail vorzugehen hat. Die an verschiedensten Stellen im Knies'schen Werk enthaltenen ergiebigen Hinweise bilden jene "Bausteine", aus denen sich die historische bzw. kontextuale Methode rekonstruieren lässt. Vor der Erläuterung
der einzelnen "Schritte" des aus dieser Rekonstruktion hervorgehenden
Theoriebildungsprozesses werden nun die diesem zugrundeliegenden Voraussetzungen behandelt.

I. Die dem Forschungsprozess zugrunde liegenden Voraussetzungen in ihrer kontextualen Bestimmtheit

Aus der "Theorie der kontextualen Bestimmtheit der Volkswirtschaft" resultiert nicht nur die Begründung, weshalb im Erkenntnisbereich der Nationalökonomie eine historische bzw. kontextuale Methode anzuwenden ist,
sondern sie ist auch massgebend für die normativen Grundlagen eines solchen methodischen Ansatzes, d. h. für die Inhalte der hier der Theoriebildung zugrunde zu legenden Voraussetzungen. Indem nämlich - wie im fünften (und sechsten) Kapitel gezeigt wird - davon auszugehen ist, dass das Erkenntnisobjekt "Volkswirtschaft" massgebend durch den jeweiligen Kontext und unter gewissen Bedingungen durch kontextspezifische "Wirtschaftsgesetze" bzw. durch "Gesetze der Analogie" bestimmt ist, kann der
Nationalökonom diese Gesetzmässigkeiten nur dann ermitteln, wenn sein
Wirklichkeitszugang bzw. sein Instrumentarium und der Einsatz desselben
diesem Sosein seines Erkenntnisobjektes adäquat sind. Dies bedeutet, dass
neben dem "Weltbild" insbesondere die Paradigmatik, die Terminologie,
die Analysetechnik und die im Theoriebildungsprozess explizit formulierten
Annahmen der Kontextualität des Erkenntnisobjektes entsprechen müssen.
Diese zusammen mit dem methodischen Vorgehen für die historische bzw.
kontextuale Methode konstitutiven Voraussetzungen oder Annahmen lassen
sich wie folgt formulieren und drei unterschiedlichen Ebenen zuordnen:

1. Grundlegende Annahmen über das Sosein der Volkswirtschaft

Die der Theoriebildung zugrunde liegenden Annahmen über das Sosein des
Erkenntnisbereiches der Nationalökonomie sind unmittelbar in Gestalt der
"Theorie der kontextualen Bestimmtheit der Volkswirtschaft" gegeben oder
aus dieser ableitbar. Zu diesen Annahmen zählen insbesondere die folgenden:

(1) Es gibt eine wirtschaftliche Wirklichkeit im Sinne von in Erscheinung tretenden "Tatsachen", die ihr Wesen bzw. Sosein "in sich tragen"[2] - unabhängig davon, inwieweit dieses vom Menschen jeweils erfasst werden kann.

(2) Die einzelne wirtschaftliche "Tatsache" steht - ähnlich wie ein Organ in einem Organismus - in interdependenter Verbindung mit dem gesamten, also auch mit dem ausser-ökonomischen, Kontext ihres Seins und ist ebenso in den Prozess dessen geschichtlichen Werdens eingebunden.

(3) Entsprechend entwickelt sich eine jede wirtschaftliche "Tatsache" in Abhängigkeit von ihrem Kontext, welcher insoweit (neben naturgesetzlichen Faktoren) für ihr Sosein ursächlich ist.

(4) Indem die für das Sosein der "Tatsachen" ursächlichen Faktoren - infolge des dominierenden Einflusses ihrer "geistigen" bzw. "personalen" Elemente - vorrangig raum- und zeitspezifisch sind, sind die wirtschaftlichen "Tatsachen" im Wesentlichen raum- und zeitspezifisch und damit variant.

(5) Dennoch können den wirtschaftlichen "Tatsachen" kontextspezifische "Wirtschaftsgesetze" bzw. "Gesetze der Analogie" immanent sein, wenn neben den naturgesetzlichen bzw. "realen" Elementen auch die "geistigen" bzw. "personalen" Elemente der ursächlichen Faktoren innerhalb eines bestimmten raum-/zeitlichen Intervalls annähernd konstant sind bzw. wenn sie sich in unterschiedlichen Kontexten analog verändern.

2. Die paradigmatischen Voraussetzungen des Erkenntnisprozesses

Die paradigmatischen Voraussetzungen sind unmittelbar für den erkenntnistheoretischen Ansatz konstitutiv, denn sie sind dafür bestimmend, was durch welches "Raster" und in welcher Terminologie erfasst wird und wie die sich anschliessende Analyse erfolgt. Diese Voraussetzungen begegnen uns nicht nur in Gestalt des wissenschaftsspezifischen Selbstverständnisses hinsichtlich Gegenstandsbereich und Aufgabe, sondern sie umfassen auch die Grundlagen des begrifflichen und technischen Instrumentariums der Analyse:

(1) *Der Gegenstandsbereich und die Aufgaben* der historischen Nationalökonomie wurden im vierten Kapitel behandelt. Hier wird nun deutlich, dass die grundlegenden Annahmen über das Sosein der Volkswirtschaft da-

---

[2] Diese Annahme geht auf Aristoteles zurück. Vgl. hierzu R. Ruzicka in: Ritter, J.; Gründer, K. (Hrsg.): 1976, Spalte 324. - Dieser Auffassung steht die antithetische Position Platos gegenüber, die das Wesen der Dinge jenseits ihrer weltlichen Erscheinungen lokalisiert.

124   *Kontextuale Theorie der Volkswirtschaft*

für massgebend sind, wie die Nationalökonomie ihren Gegenstandsbereich und ihre Aufgaben definiert. Indem die historische Nationalökonomie unter anderem von der Annahme ausgeht, dass die Volkswirtschaft "... mit dem gesamten allgemeingeschichtlichen Leben der Völker innig verbunden ..."[3] ist, muss es ihre Aufgabe sein, volkswirtschaftliche Erscheinungen in ihrer Bestimmtheit durch diesen Kontext ihrer "tatsächlichen" Existenz zu erklären, wodurch ihr Gegenstandsbereich hinsichtlich der bei der Erklärung wirtschaftlicher Erscheinungen zu berücksichtigenden Faktoren eine entsprechende Ausweitung erfährt.

(2) *Das begriffliche Instrumentarium*, durch dessen Anwendung wahrgenommenen Elementen der wirtschaftlichen Wirklichkeit ein Äquivalent in einer sprachlichen und damit symbolischen Sphäre zugeordnet wird, muss so ausgeprägt sein und gebraucht werden, dass die durch die Wahrnehmung erfassten kontextspezifischen Charakteristika einer wirtschaftlichen Erscheinung infolge der Transformation des Wahrgenommenen in Sprache nicht verloren gehen. - Knies schreibt, er "... wüsste überhaupt keinen einzigen 'Grundbegriff' der Nationalökonomie namhaft zu machen, dessen Anerkennung nicht von bestimmten Voraussetzungen abhängig wäre, bei deren Veränderung eine Änderung der Definition nötig wäre."[4] Entsprechend bedarf es zur "... befriedigenden Definition ... [von Begriffen] der Relation zu einer concreten Voraussetzung"[5] bzw. zu den jeweils relevanten Gegebenheiten. Mit anderen Worten: Die Begriffe müssen so gebildet werden, dass sie die von ihnen repräsentierte Erscheinung in ihrer kontextspezifischen Ausprägung zu erfassen vermögen. - Wenngleich sich Knies sicherlich darüber im Klaren war, dass ökonomische Begriffe oder Kategorien wie "Eigentum" oder "Markt" über bestimmte allgemeine Charakteristika verfügen, die gegeben sein müssen, damit dieser Begriff gebraucht werden kann, so verweist er doch zugleich darauf, dass die im wirtschaftlichen Leben existierenden Eigentumsformen und Märkte über spezifische Charakteristika verfügen, die für die Erklärung wirtschaftlichen Geschehens bedeutsam sind. Beispielsweise würde auch Knies nur dann von einem "Markt" sprechen, wenn sich dort eine bestimmte Form von Angebot und Nachfrage begegnen; relevant für die Erklärung eines bestimmten Marktgeschehens ist jedoch, neben den spezifischen institutionellen Bedingungen, die Ausprägung des jeweiligen Angebots und der jeweiligen Nachfrage. In Sicht von Knies umfasst das begriffliche Instrumentarium der Analyse daher nicht "den" Markt im

---

[3] Vgl. Knies, K.: 1883, S. 254; vgl. auch S. 143/144, S. 361, S. 363
[4] Knies, K.: 1883, S. 404
[5] Vgl. Knies, K.: 1883, S. 403/404

Sinne einer abstrakten Kategorie, sondern dieser Begriff ist im Einzelfall in Orientierung an den kontextspezifischen Charakteristika des jeweils betrachteten Marktes zu konkretisieren.

(3) *Das technische Instrumentarium* ist gleichbedeutend mit den sogenannten "tools", mittels denen die der Wahrnehmung zugänglichen wirtschaftlichen "Tatsachen" erfasst und analysiert werden. Wie die Erläuterung der Anwendung der historischen bzw. kontextualen Methode zeigen wird, umfassen die auf den verschiedenen Stufen der Theoriebildung anzuwendenden "Techniken" sowohl statistische Auswertungen wie vergleichende, analogiebildende[6] und teils auch hermeneutische Vorgehensweisen. Zudem kommen Elemente sowohl induktiver als auch deduktiver Methodik zur Anwendung. Im Rahmen der historischen bzw. kontextualen Methode sind diese und andere "tools" so ausgeprägt und aufeinander abgestimmt, dass durch ihren Einsatz die der kontextual bestimmten Wirtschaft immanenten Gesetzmässigkeiten festgestellt werden können.

3. Die im Theoriebildungsprozess explizit formulierten Annahmen

Von den paradigmatischen Voraussetzungen sind jene Annahmen zu unterscheiden, die im Rahmen des jeweiligen Erkenntnisprozesses mit dem Ziel einer möglichst genauen Abbildung der relevanten Aspekte der konkreten Situation gebildet werden. Indem sich der Nationalökonom bei der Formulierung dieser Annahmen auf das jeweils Wesentliche zu beschränken hat, muss er auch hier abstrahieren[7] - allerdings nur vom Akzidenziellen und eben nicht von dem für das Sosein des Erkenntnisobjektes bestimmenden Kontextspezifischen.

Raum- und zeitspezifisch ausgeprägte Annahmen begegnen uns beispielsweise in Gestalt der von Knies der Theoriebildung zugrunde gelegten Verhaltensannahmen: Anstatt seine Theorie auf der abstrakten Annahme aufzubauen, dass der Mensch als "homo oeconomicus" agiert, geht Knies davon aus, dass der einzelne auch im ökonomischen Bereich als "ganzer" - d. h. als biologisch, anthropologisch und kulturell bestimmter - Mensch handelt. Daher ist die Berücksichtigung der Mitbestimmtheit des Menschen und seines ökonomisch relevanten Handelns durch den konkreten kulturellen Kontext seiner Existenz im Rahmen der Formulierung der Verhaltensannahmen von entscheidender Bedeutung.

---

[6] Vgl. auch Kyrer, A.: 1966, S. 89 ff.
[7] Auf die Unerlässlichkeit der Abstraktion im Forschungsprozess geht Knies in seiner *"Politischen Oekonomie"* (1883) unter anderem auf S. 459, S. 499 sowie auf S. 511/512 ein.

II. Erste Stufe nationalökonomischer Forschung: Die Ermittlung von "Wirtschaftsgesetzen"

1. Die Beobachtung von "Tatsachen" in ihrem Kontext

Indem der Erkenntnisgewinnungs- bzw. Theoriebildungsprozess mit der Beobachtung bzw. mit der Wahrnehmung des zu erklärenden Elementes der wirtschaftlichen Wirklichkeit beginnt und sich die Wahrnehmung immer auf die einzelnen "Dinge" bezieht[8], bildet das Einzelne (in seiner Vielheit) die Grundlage für die Bildung der von Knies als "Wirtschaftsgesetze" bezeichneten Theorien. Da sich der Geltungsanspruch dieser "Wirtschaftsgesetze" auf jenes räumliche und zeitliche Intervall erstreckt, dem die seiner Formulierung zugrundeliegenden Beobachtungen entstammen, ist er "allgemein*er*" als jener von Aussagen, die sich nur auf eine einzelne Beobachtung stützen können. Insofern die historische bzw. kontextuale Methode somit vom Einzelnen ausgeht und die Formulierung "allgemein*erer*" Aussagen bezweckt, scheint es auf den ersten Blick nahezuliegen, sie als Variante der *induktiven Methode* zu betrachten. Die aus dieser Sichtweise hervorgegangene Auffassung, derzufolge Knies' Methode rein induktiv ist und daher von "der" *deduktiven Methode* abgegrenzt werden muss, ist in theoriegeschichtlichen Lehrbüchern ebenso verbreitet, wie sie infolge ihrer oberflächlichen Rezeption der Knies'schen Theorie und Methode verfehlt ist. Zum einen impliziert die historische bzw. kontextuale Methode von Knies nämlich - wie gezeigt werden wird - auch üblicherweise der deduktiven Methode zugerechnete Verfahrensweisen[9], wie insbesondere das "logische Schliessen", und zum anderen kann die Knies'sche Methode allenfalls bedingt als "induktiv" bezeichnet werden. Während nämlich die Induktion seit Aristoteles vorwiegend als "Weg vom Einzelnen zum Allgemeinen"[10] definiert wird, ist die Knies'sche Position ja gerade dadurch gekennzeichnet, dass das volkswirtschaftliche Geschehen infolge seiner kontextspezifischen Bestimmtheit raum- und zeitvariant ist, so dass keine allgemeinen bzw. universellen, d. h. für alle Perioden und Regionen gültigen, Aussagen getroffen werden können. Die aus der Anwendung der historischen bzw. kontextualen Methode hervorgehenden "Wirtschaftsgesetze" besitzen daher "nur" eine -

---

[8] Vgl. R. Ruzicka in: Ritter, J.; Gründer, K. (Hrsg.): 1976, Spalte 324
[9] Knies betont, dass "... dem deductiven Vorgehen an den ihm einzuräumenden oder zugänglichen Stellen Berechtigung und Erspriesslichkeit ..." nicht abzusprechen ist (Knies, K.: 1883, S. 499).
[10] Aristoteles in der Übersetzung von R. Ruzicka in: Ritter, J.; Gründer, K. (Hrsg.): 1976, Spalte 323; vgl. Sp. 326

im Vergleich zu singulären Aussagen - "allgemein*ere*" Gültigkeit, die im Einzelfall über die Bildung von Analogien zwar erweitert werden, jedoch niemals im obigen Sinne "allgemein" sein kann. Die vom Induktionsschluss generell verkörperte - mehr oder weniger spekulative - Verallgemeinerung ist mit dem Knies'schen Grundverständnis vom Sosein der Volkswirtschaft und von einer adäquaten Erkenntnismethode unvereinbar. - Diese Klarstellung ist wichtig, um zu vermeiden, dass die sich anschliessende Auseinandersetzung mit den einzelnen Schritten des Theoriebildungsprozesses durch ein falsches Vorverständnis belastet wird.

a. Die Art der Beobachtungen

Die "Art" der Beobachtungen ist bestimmend dafür, wie sich der Wahrnehmungsvorgang vollzieht, d. h. was betrachtet wird und welche Intentionen sich durch die Betrachtung realisieren. Gemäss Knies soll der Beobachtungsprozess von dem Bestreben geleitet sein, "Tatsachen aus dem wirklichen Leben"[11] zum Gegenstand der Betrachtung zu machen [vgl. folgenden Punkt (1)] und selbige einerseits in ihrer Bestimmtheit durch ihren jeweiligen Kontext zu erfassen [vgl. (2)] und andererseits in den Dimensionen ihrer tatsächlichen Erscheinung abzubilden. [vgl. (3)].

(1) *Betrachtung von "Tatsachen":* Eine Antwort auf die Frage, weshalb die Theoriebildung von den "Tatsachen aus dem wirklichen Leben" auszugehen hat, erschliesst sich uns durch Vergegenwärtigung der Inhalte des sechsten Kapitels: Da die für das Sosein der Volkswirtschaft bestimmenden Faktoren neben "realen" Elementen insbesondere "personale" bzw. "geistige" Elemente enthalten und letztere ihre Charakteristika in Interdependenz mit kontextspezifischen Entwicklungen entfalten, sind volkswirtschaftliche Erscheinungen in ihrem "Kern" kontextspezifisch, d. h. raum- und zeitvariant. Indem damit die Erkenntnisobjekte in verschiedenen Regionen und Epochen grundsätzlich unterschiedlich sind, kann ihre Erklärung nicht auf Grundlage a-priori gegebener und damit raum- und zeit*in*varianter Annahmen erfolgen, sondern nur dadurch, dass man sie zunächst in ihrer jeweiligen raum- und zeitspezifischen Erscheinung erfasst und anschliessend analysiert. Erfasst wird die kontextspezifische Erscheinung eines Erkenntnisobjektes - in der Terminologie von Knies - mittels Betrachtung der "im wirklichen Leben" erfahrbaren, d. h. der Wahrnehmung zugänglichen, "Tatsachen". Entsprechend bezeichnet Knies "... die volle Hingabe an die Thatsachen und Lehren des wirklichen Lebens als erste Grundbedingung der

---

[11] Vgl. Knies, K.: 1883, S. 460

Wahrheitserforschung ..."[12]. Diese Aussage konkretisiert Knies in Gestalt der Feststellung, dass die Nationalökonomie "... die Thatsachen aus dem wirklichen Leben zur Grundlage, zum Ausgangspuncte der Beobachtung und der Annahmen nötig hat ..."[13] und dass diese "Tatsachen" folglich "... als das Fundament anzunehmen sind, auf welchem sich die Theorie aufbauen muss ..."[14]. - Die Vergegenwärtigung dieser Bedeutung der "Tatsachen" als Basis der Theoriebildung muss im Bewusstsein dessen erfolgen, was Knies unter dem Begriff der "Tatsache" versteht. Grundsätzlich ist in der Sicht von Knies dann etwas "tatsächlich" existent, wenn es als solches erfahrbar ist und wenn sich diese Erfahrung "im täglichen Leben" und im intersubjektiven Vergleich bewährt. Knies' "Tatsachen"-Begriff entspringt somit in erster Linie einem pragmatischen Grundverständnis. Hingegen kann die Knies'sche Position - wie im vierten Kapitel verdeutlicht wurde - nur bedingt als "positivistisch" bezeichnet werden, da sich Knies einerseits der Restriktionen des Wahrnehmungsvorgangs bewusst ist[15] und da andererseits für ihn die sogenannten "Tatsachen" nicht nur in der Aussenwelt des Menschen gegeben sind, sondern auch in seinem psychischen bzw. "inneren" Leben und damit in immateriellen Bereichen "wahrnehmbar" sind. - Knies' Überzeugung, derzufolge die Theoriebildung von "bewährter Erfahrung" auszugehen hat, impliziert eine Kritik des (neo-)klassischen Forschungsansatzes: Aus der Sicht von Knies ist die Volkswirtschaftslehre "... keine Wissenschaft, in welcher es nur auf richtige Logik der Gedankenverbindungen und auf ein der allgemeinen Zustimmung sicheres Axiom als Ausgangspunct ankommt ..."[16], weshalb "... logische Postulate vor erfahrungsmässigen Thatsachen das Feld räumen müssen ..."[17]

(2) *Erfassung der "Tatsachen" in ihrer kontextualen bzw. geschichtlichen Bestimmtheit:* Das hinsichtlich seines Daseins als "tatsächliche Gegebenheit" Wahrzunehmende ist in dem Bewusstsein zu betrachten, dass es ein Teil eines Ganzen bzw. eines evolutiven Organismus[18] ist und dass sich

---

[12] Knies, K.: 1883, S. 473
[13] Knies, K.: 1883, S. 460
[14] Knies, K.: 1883, S. 466
[15] Vgl. Knies, K.: 1883, S. 495
[16] Knies, K.: 1883, S. 162
[17] Knies, K.: 1883, S. 460
[18] Eine Thematisierung des organischen Wirtschaftsverständnisses von Knies findet sich bei M. Hutter: "Roscher's *System der Volkswirtschaft* (1854) and Knies's *Politische Ökonomie vom Standpunkt der geschichtlichen Methode* (1853) are central works in the German historical tradition that demonstrate the strong dependence on organic thought." (Hutter, M.: 1994, S. 295; vgl. auch S. 298 ff.) - Knies selbst schreibt: "Wir sind nicht etwa nur berechtigt, sondern in der That dazu gedrängt, die Volkswirtschaft ... als ein organisches Gebilde aufzufassen." (Knies, K.: 1883, S. 164)

daher sein Sosein in Abhängigkeit von Elementen dieses Kontextes seines Daseins entwickelt hat. Insoweit der Kontext für das Sosein des Erkenntnisobjektes konstitutiv ist, muss das Erkenntnisobjekt in den Bezügen zu seinem Kontext wahrgenommen werden. Infolge seiner isolierten Betrachtung würde von Essenziellem abstrahiert und das Erkenntnisziel von vornherein verfehlt. Knies stellt entsprechend fest: "Mag auch irgend ein Ausdruck für eine einzelne wirtschaftliche Erscheinung ...[,] so lange man die von ihm bezeichnete Thatsache isoliert ins Auge fasst, als wahr und richtig angesehen werden, er kann als durchaus verfehlt und falsch gelten müssen, sobald man weiss, dass er eine in das Gesamtleben eingefügte Thatsache ... repräsentieren soll."[19] Daher ist die "... Forderung, dass man die ... festzustellenden ökonomischen Thatsachen nicht losgerissen ... von der Verbindung, in der sie als Teile oder Puncte in einem grossen Gesamtkreise von Erscheinungen stehen, in Betracht ziehen möge, ... in vieler Hinsicht von einer ... fundamentalen Bedeutung ..."[20]. Wird eine wirtschaftliche "Tatsache" in ihrem jeweiligen Kontext betrachtet und in ihrer kontextspezifischen Ausprägung wahrgenommen, so ist eine Grundbedingung für die Erfassung ihres Soseins erfüllt. - Die zweite grundlegende Bedingung einer wirklichkeitsadäquaten Wahrnehmung besteht in einer Berücksichtigung des Faktums, dass der jeweilige Kontext und damit das durch diesen bestimmte Erkenntnisobjekt in einem bis zur Gegenwart reichenden geschichtlichen Prozess entstanden ist und dass sich das Sosein der wahrzunehmenden wirtschaftlichen "Tatsache" folglich im Zeitablauf verändert und damit "zeitvariant" bzw. "evolutiv" ist. Die Wahrnehmung darf sich daher nicht auf "... die Betrachtung eines temporären Stadiums der Volkswirtschaft, etwa wie es gerade in einer Gegenwart für den Nationalökonomen vorliegt, ..."[21] beschränken; stattdessen muss der Nationalökonom "... die Gegenwart als etwas Gewordenes begreifen, sie in geschichtlicher Bewegung, im lebendigen Zusammenhange mit Vergangenheit und Zukunft erkennen."[22] "

(3) *Erfassung der "Tatsachen" in den Dimensionen ihrer Erscheinung:* Wird die wirtschaftliche "Tatsache" in ihrer - in einem geschichtlichen Prozess entstandenen - kontextspezifischen Ausprägung erfasst, so ist damit gewährleistet, dass sie als Produkt der für sie bestimmenden Faktoren bzw. Prozesse wahrgenommen wurde. Offen bleibt hingegen, ob die wahrgenommene "Tatsache" in ihren "qualitativen" und "quantitativen" Dimensionen zutreffend erfasst wurde. Der Nationalökonom steht daher vor der Aufgabe,

---

[19] Knies, K.: 1883, S. 469
[20] Knies, K.: 1883, S. 470; vgl. S. 146
[21] Knies, K.: 1883, S. 492
[22] Knies, K.: 1883, S. 376/377

die wirtschaftliche "Tatsache" in den ihr zu eigenen Dimensionen zu erkennen und zu erfassen.

Wenngleich Knies die Statistik und damit die Quantifizierung als her-
vorragendes Instrument der Erkenntnisgewinnung betrachtet[23], so steht er
doch ausserhalb jener von den Physiokraten und Klassikern getragenen Tradition, in welcher wissenschaftliches Vorgehen gleichbedeutend mit Quantifizierung ist. Knies zufolge müssen die Nationalökonomen, "... wie sehr
ihnen auch überall der statistische Nachweis willkommen ist, wo dieser
erforderlich wird, doch darauf bestehen, dass sich nicht alle ... Thatsachen
in das präcise Mass der exacten Zahl fassen lassen"[24]. Entsprechend warnt
Knies davor, "... dass nicht 'Thatsachen' statistisch verarbeitet werden, welche wie die ursächlichen Vorgänge im Innern des Menschen einer objec-
tiven Constatierung durch den Statistiker unzugänglich sind ..."[25]. An anderer Stelle erläutert Knies an einem Beispiel, dass infolge einer unangebrach-
ten Quantifizierung qualitativer Erscheinungen von zentralen Dimensionen
derselben abstrahiert wird: Die "... qualitativen Unterschiede in den verschiedenen Arbeiten der Menschen" glaubt Marx "... dadurch beseitigen zu
können, dass er behauptet, jede Art von Arbeit, auch die 'qualificierteste' des
grössten Künstlers[,] lasse sich auf gemeine Handarbeit 'reduciren' und
man könne deshalb alle noch so verschiedenartigen Arbeiten durch Anwendung des Massstabes einer einheitlichen Arbeitszeitlänge messen und mit
einander vergleichen"[26]. Eine angemessene Erfassung auch der qualitativen
Dimensionen wirtschaftlicher "Tatsachen" ist eine von Knies erkannte
Grundvoraussetzung für eine wirklichkeitsadäquate Erklärung dieser "Tatsachen" durch die nationalökonomische Theorie.

b. Die "Aufbereitung" der Beobachtungen

Wurde eine wirtschaftliche "Tatsache" in ihrer kontextspezifischen Ausprägung bzw. in ihrer Geschichtlichkeit sowie in den Dimensionen ihrer Erscheinung wahrgenommen - womit sie im Idealfall in ihrem Sosein zutreffend erfasst wurde -, so ist der dieser Wahrnehmung immanente Informationsgehalt in der Regel relativ umfassend und vielschichtig. Um eine
dem Nationalökonomen in dieser Komplexität erscheinende wirtschaftliche
"Tatsache" ursächlich erklären zu können, muss er den Informationsgehalt

---

[23] Knies schreibt, dass "... die statistischen Angaben und Rechnungen ... *an ihrer Stelle*
durch *nichts Anderes gleich gut zu ersetzen* ..." sind (Knies, K.: 1883, S. 470).
[24] Knies, K.: 1883, S. 469
[25] Knies, K.: 1883, S. 514
[26] Knies, K.: 1883, S. 511

der betreffenden Beobachtungen - in Ausrichtung auf das jeweilige Erklä-
rungsziel - "aufbereiten", und er muss aus "... der sinnlichen Form, in welcher die Thatsache auftritt, ... ihre Stellung und Bedeutung in der Welt seiner Vorstellungen abstrahieren; er muss Wesentliches und Unwesentliches
scheiden ..."[27]

Wurde der Informationsgehalt der Beobachtungen auf seine wesentlichen Elemente konzentriert, so ist er im folgenden Schritt in eine "geeignete" Sprache zu überführen. Indem eine Sprache in der Regel nicht "neu-
tral" ist und als eine Art "Filter" zwischen den Menschen und den Erscheinungen fungiert[28], verändert sich grundsätzlich die Bedeutung einer unmittelbaren Wahrnehmung durch ihre Transformation in sprachliche Begriffe.
Ein "geeignetes" Medium für die Erfassung der Inhalte von Beobachtungen
ist daher jene Sprache, die einen möglichst geringen Einfluss auf den wahrgenommenen Informationsgehalt ausübt und somit die beobachtete "Tatsache" möglichst gut in ihrem Sosein abzubilden vermag. Ein zweites Kriterium für die "Geeignetheit" einer Sprache ist ihre Tauglichkeit als Medium
der Theoriebildung. Gerät dieses Kriterium in Konflikt mit dem erstgenann-
ten, so ist es stets von sekundärer Bedeutung, da für Knies nicht die (elegan-
te) "Form" theoretischer Ableitungen und damit die Theorie selbst im Vor-
dergrund steht, sondern ausschliesslich deren Beitrag zur Erklärung der "im
wirklichen Leben" erfahrbaren wirtschaftlichen "Tatsachen".

c. Die Anzahl der Beobachtungen

Ist durch die Art der Beobachtung grundsätzlich gewährleistet, dass die jeweilige wirtschaftliche "Tatsache" in ihrem Sosein erfasst wird, und wurden
die grundlegenden Entscheidungen darüber getroffen, worin der - im jeweiligen Erklärungszusammenhang - "wesentliche" Gehalt dieser Beobachtungen besteht und in welche Sprache dieser zu transformieren ist, so kann damit begonnen werden, die für die sich anschliessende Analyse notwendige
Anzahl der entsprechend spezifizierten Beobachtungen zu beschaffen. Unabhängig davon, ob der Gehalt der einzelnen Beobachtung quantitativ bzw.
quantifizierbar ist oder ob er beispielsweise in einer verbalen Beschreibung

---

[27] Knies, K.: 1883, S. 459
[28] Einerseits sind sprachliche Begriffe grundsätzlich abstrakter als die Erscheinungen, auf
die sie sich beziehen, weshalb sie eine Reduktion von Informationsgehalten bewirken. Andererseits haben sprachliche Begriffe in der Regel infolge ihrer Verwendung im jeweiligen
kulturellen bzw. gesellschaftlichen Kontext bestimmte - über ihren "Kerngehalt" hinausreichende - Bedeutungen erlangt, die bei einer Anwendung der Begriffe auf bestimmte Erscheinungen in die letzteren hineinprojiziert werden.

der beobachteten "Tatsache" besteht, kann die Frage, ob das zu Beobachtende durch eine "wirtschaftsgesetzliche" Kausalität zu erklären ist, nur auf
Grundlage einer grösseren Anzahl der sich auf das betreffende Erkenntnisobjekt beziehenden Beobachtungen beantwortet werden. "Es tritt deshalb zu
der Forderung, die Thatsachen des geschichtlichen Lebens genau festzustellen, um sie als Grundlage der Erkenntnis und des Raisonnements zu
verwenden, die andere hinzu, für jedes einzelne Problem möglichst viele
Thatsachen derselben Gattung zusammenzustellen ..."[29]

2. Die Analyse der Beobachtungen

Mit Abschluss der behandelten Beobachtungs- bzw. Datenerhebungsphase
liegt nun die unter den gegebenen Bedingungen grösstmögliche Anzahl solcher Wahrnehmungen vor, die das Sosein eines bestimmten Erkenntnisobjektes in Ausrichtung auf ein bestimmtes Erkenntnisinteresse so gut als
möglich erfassen. Obwohl damit eine wirtschaftliche Gegebenheit - nach
menschlichem Ermessen - "optimal" in ihrer "tatsächlichen" Erscheinung
erfasst wurde, ist der Erkenntniswert solcher Beobachtungen bzw. "Fakten"
- *für sich gesehen* - relativ gering. Dem der vorliegenden Arbeit vorange-
stellten Zitat von George P. Shultz[30] entsprechend gleichen "Fakten ohne
Theorie" einem "Schiff ohne Segel", d. h. sie vermitteln zwar Erkenntnisse
über das Gegenwärtige, nicht hingegen über dessen Ursprung und dessen
Entwicklung in Vergangenheit und Zukunft.[31]
    Auch die durch eine Inbeziehungsetzung von "Fakten", die in einem
chronologischen Zusammenhang stehen, zu gewinnende wirtschaftsgeschichtliche Darstellung kann Knies zufolge nicht höchstes Erkenntnisziel
sein, da auch diese an der wahrnehmbaren "Oberfläche" verbleibt und die
Erscheinungen nicht in ihrer Entwicklung aus ihren Ursachen erklärt. Es
handelt sich auch hierbei um eine "... von ihrem ursächlichen Grunde losge-

---

[29] Knies, K.: 1883, S. 480. - An anderer Stelle schreibt Knies, dass insbesondere der Statistiker "... möglichst viele (bezifferte) Thatsachen ..." braucht. Deshalb erweitert er "... den
Kreis seiner Nachforschungen auf ganze Gemeinden, Provinzen und Länder, [er] dehnt dieselben auch auf längere Zeiträume aus ..." (Vgl. Knies, K.: 1883, S. 483).
[30] Vgl. Shultz, G. P., zitiert in: Time, 26. Febr. 1973, S. 80
[31] Aufgrund ihres geringen Erkenntniswertes wird eine selbstzweckhafte "Faktenhuberei"
von Karl Knies ebenso kritisiert, wie von seinem Zeitgenossen Friedrich Nietzsche. - In
einem Beitrag über Nietzsche findet sich ein Satz, der auch von Knies stammen könnte:
"Diese grossen Gelehrten ..., die die Wirbel der Wirbeltiere gezählt haben ... - aber nicht
zeigen können, was die Geister und die Aktivitäten der Menschen in Bewegung versetzt ...,
sie studieren das Feuer, können aber nur die Asche beschreiben." (Zagajewski, A.: Der doppelte Nietzsche. In: FAZ, Nr. 240, 15. Okt. 1994)

rissene und freigewordene wirtschaftliche Thatsache[, die], wie geschichtlich sie immerhin sein mag, keine Erkenntnis ihres eigentlichen Wesens ...
vermitteln [kann]; es sind ausgerissene Augen, die nicht sehen."[32] Die Bedeutung einer ursächlichen und damit kausalen Erklärung wirtschaftlicher
Erscheinungen verdeutlicht Knies indem er zeigt, dass "... zwei äusserlich
gleiche Erscheinungen durch die Verschiedenheit der sie hervorbringenden
Ursachen zu wesentlich ungleichen Erscheinungen werden ..."[33].

Es ist nun offensichtlich, dass das Erkenntnisinteresse von Knies nicht
auf die kausale Erklärung singulärer Beobachtungen gerichtet ist, sondern
dass es ihm darum geht, eine möglichst grosse Anzahl der sich auf ein
Erkenntnisobjekt beziehenden Beobachtungen daraufhin zu untersuchen, ob
es sich hierbei um die Wirkungen grundsätzlich gleicher Ursachen handelt
und ob damit ein - für den räumlichen und zeitlichen Kontext der betreffenden Beobachtungen geltendes - "Wirtschaftsgesetz" ermittelt werden kann.
Denn das "... Vordringen zur Erkenntnis einer Gesetzmässigkeit ... ist es gewiss allein, wodurch wir zum vollen Verständnis der ökonomischen Lage
der Gegenwart und der Richtung, in welcher wir uns bewegen, gelangen
können."[34] - Die Untersuchung, ob in einem konkreten Fall eine "wirtschaftsgesetzliche" Kausalität besteht, erfordert die Analyse der vorliegenden Beobachtungen, wobei in folgenden Schritten vorzugehen ist:

a. Die Ermittlung des analogen Elementes in den Beobachtungen

Bevor eine hypothetische Kausalität ermittelt und damit zu der Ursachen-
ebene vorgedrungen werden kann, muss das durch die Rückführung auf
seine Ursachen zu Erklärende - d. h. die in allen verfügbaren Beobachtungen analog in Erscheinung tretende "Wirkung" - näher bestimmt werden.
Hierbei ist davon auszugehen, dass die sich auf ein Erkenntnisobjekt beziehenden und während eines bestimmten Zeitraumes in einer bestimmten Region gemachten Beobachtungen jeweils die Wirkungen *mehrerer* - zumindest teilweise auch einzigartiger - Ursachen sind und daher nicht nur durch
Gemeinsamkeiten, sondern auch durch mehr oder weniger bedeutsame Unterschiede gekennzeichnet sind. Aus diesem Grund besteht der erste Schritt
der Analyse in der Untersuchung, ob - und gegebenenfalls bezüglich welcher Merkmale - die verfügbaren Beobachtungen hinreichende Ähnlich-
keiten bzw. Regelmässigkeiten aufweisen.

---

[32] Knies, K.: 1883, S. 468
[33] Knies, K.: 1883, S. 471
[34] Knies, K.: 1883, S. 376

Wie bei dem zu diesem Zweck durchzuführenden Vergleich der verfügbaren Beobachtungen konkret vorzugehen ist, hängt davon ab, wie viele Beobachtungen mit welchem Informationsgehalt und mit welcher konkreten Zielsetzung im Einzelfall zu vergleichen sind. In der Praxis wird sich bereits im Verlauf der Erfassung der in die Untersuchung einzubeziehenden Beobachtungen bzw. während der Transformation derselben in eine geeignete Sprache eine Hypothese darüber herausbilden, ob und in welcher Hinsicht eine Analogie in den wahrnehmbaren Erscheinungen gegeben ist. Eine solche - vorerst hypothetische - Analogie kann in einer hinreichenden *Ähnlichkeit* bestimmter Aspekte der Beobachtungen bestehen oder in Gestalt eines *regelmässig* in gleicher Weise ablaufenden Prozesses in Erscheinung treten. Eine zu formulierende Hypothese muss eine exakte Spezifizierung des in allen verfügbaren Beobachtungen analog ausgeprägten Elementes enthalten. Mittels welcher technischen bzw. statistischen Vorgehensweise eine solche Hypothese am effizientesten geprüft werden kann, hängt wiederum von den Gegebenheiten des Einzelfalls und insbesondere davon ab, auf Grundlage welcher Anzahl von Beobachtungen die Überprüfung der Hypothese erfolgt. Eine Verifizierung dieser Hypothese würde bedeuten, dass bestimmte Elemente aller verfügbaren Beobachtungen analog - oder im Extremfall sogar gleich - ausgeprägt sind, was die Vermutung rechtfertigt, dass es sich bei diesen analogen Elementen der zu beobachtenden Erscheinungen um die Wirkungen gleicher Ursachen handelt.

b. Die Zurückführung des Analogen auf hypothetische Ursachen

Es stellt sich nun die Aufgabe, das den verfügbaren Beobachtungen gemeinsame Element auf hypothetische Ursachen zurückzuführen, d. h. es muss - in Knies' Worten - die "... Frage beantwortet werden, worin die Regel der Erscheinungen ... ihren Grund ..."[35] hat. Wurde eine hypothetische Ursache des analogen Elementes der Erscheinungen ermittelt, so ist zu prüfen, ob der betreffende ursächliche Faktor in allen raum- und zeitspezifischen Kontexten, denen die verfügbaren Beobachtungen entstammen, wirksam ist. Ist dies der Fall, so ist der Nachweis einer "wirtschaftsgesetzlichen" Kausalität erbracht.

Indem im zunächst zu vollziehenden Analyseschritt die Zurückführung des analogen Elementes der Beobachtungen auf seine hypothetische(n) Ursache(n) erfolgt, wird die Ebene der unmittelbar wahrnehmbaren Erscheinungen transzendiert. Da nämlich die Beziehung zwischen der Analogie

---

[35] Vgl. Knies, K.: 1883, S. 477

bzw. Regelmässigkeit und den hierfür ursächlichen Faktoren in der Regel nicht beobachtbar ist oder sich sogar - wie die Beziehung zu den psychischen bzw. "geistigen" Elementen der ursächlichen Faktoren - gänzlich der visuellen Wahrnehmung entzieht, kann der Nationalökonom nur durch "Überlegungen" - d. h. durch logische Verknüpfungen relevanter Elemente aus dem Bereich seiner Wahrnehmungen und Kenntnisse - zu ihnen vordringen. Ein durch eine ursächliche Erklärung zu gewinnendes "... Gesetz des ökonomischen Lebens, wie wäre es aus den äusseren Erscheinungen hervorzustellen, ohne einen Recurs an die Logik des Denk- und Schlussvermögens in dem menschlichen Geiste!"[36] Logische Schlüsse sind damit ein unverzichtbares Element des Prozesses der Gewinnung von "Wirtschaftsgesetzen". Gegenstand der logischen Verknüpfungen bzw. Ableitungen sind aber nicht a-priori gegebene und in diesem Sinne "abstrakte" Annahmen, sondern ausschliesslich konkrete Wahrnehmungen bzw. hieraus abgeleitete Erkenntnisse.[37]

Betrachten wir nun die sich in zwei Stufen vollziehende logische Herleitung der hypothetischen Kausalität zwischen beobachteten Analogien und deren Ursachen:

(1) *Zurückführung der analogen Erscheinungen auf ihre Bestimmungsfaktoren:* Das Erkenntnisobjekt, dessen Erscheinungen an verschiedenen Orten bzw. zu unterschiedlichen Zeiten hinsichtlich bestimmter Merkmale analog oder gleich sind, ist in einem ersten Analyseschritt auf die unmittelbar für die Ausprägung seiner analogen Elemente bestimmenden Faktoren zurückzuführen. Indem diese Erscheinungen in ihrem jeweiligen - für sie konstitutiven - Kontext betrachtet werden, lassen sich jene Faktoren identifizieren und mehr oder weniger gut spezifizieren, von denen ihr Sosein unmittelbar abhängig ist. Bei diesen Bestimmungsfaktoren handelt es sich - der im fünften Kapitel rekonstruierten "Theorie der kontextualen Bestimmtheit der Volkswirtschaft" zufolge - grundsätzlich um die materiellen, demographischen, kulturgeschichtlichen, rechtlichen und politischen Gegebenheiten sowie um den wissenschaftlichen/technischen Erkenntnisstand, den "Zeitgeist" und insbesondere um die für das wirtschaftlich relevante Handeln des Menschen konstitutiven Faktoren. Da nicht jede wirtschaftliche Erscheinung ein Produkt aller genannten Bestimmungsfaktoren ist, müssen die Erscheinungen im Einzelfall auf die für sie jeweils bestimmende "Auswahl" dieser Faktoren zurückgeführt werden. Durch einen sich anschlies-

---

[36] Knies, K.: 1883, S. 459

[37] Entsprechend stellt Knies fest, dass unsere "... Gedankenverbindung über Thatsachen der Sinnenwelt ... oft nur richtig [ist], so lange wir nach der Masse dessen uns richten, was wir bereits wissen ..." (Knies, K.: 1883, S. 472).

senden Vergleich der so gewonnenen Ergebnisse ist zu ermitteln, welche konkret spezifizierten Faktoren grundsätzlich für die analogen Elemente aller Erscheinungen des zu erklärenden Erkenntnisobjektes bestimmend sind.

(2) *Zurückführung der Bestimmungsfaktoren auf deren "reale" und "personale" Elemente:* Wie im sechsten Kapitel erläutert wurde, bestehen die für das Sosein des Erkenntnisobjektes bestimmenden Faktoren aus einem "realen" und einem "personalen" Element. Der Nationalökonom steht nun vor der Aufgabe, diese beiden Elemente, "... das reale und das personale Element, in ihrem Wesen als wirkende Ursachen ..."[38] festzustellen. Dieser Nachweis der Ursachen gilt dann als erbracht, wenn "... man ihr Wesen als wirkende Kraft nachgewiesen hat; man muss eben die Richtung und die Tragweite einer ursächlichen Kraft klargestellt haben."[39]

Mit einer solchen Bestimmung der "realen" und "personalen" Elemente sind - aus nationalökonomischer Sicht - die "letzten" Ursachen wirtschaftlicher Erscheinungen hinreichend identifiziert. Ein tieferes Vordringen, etwa zu "den" Ursachen der Entstehung der "realen" und "personalen" Elemente, ist Aufgabe anderer Wissenschaften. Die von diesen Disziplinen gewonnenen Erkenntnisse bilden das Fundament, auf dem die nationalökonomische Theoriebildung aufbaut. Dies wird deutlich, wenn wir uns beispielsweise vergegenwärtigen, dass das "reale" Element den Einfluss naturgesetzlicher Wirkungen auf das Wirtschaftsleben repräsentiert. Diesbezügliche Erkenntnisse aus dem Bereich der Naturwissenschaften sind im Rahmen der Ermittlung der hypothetischen Ursachen wirtschaftlicher Erscheinungen zunächst zu berücksichtigen, denn die "... Beachtung der naturgesetzlichen Causalität in den realen Verhältnissen der ökonomischen Welt bleibt immer erstes Erfordernis ..."[40] - wohl auch deshalb, weil sie *relativ* eindeutig zu identifizieren ist. "Um die Wurzel ökonomischer Erscheinungen, soweit dieselben nicht das naturgesetzliche Ergebnis der realen Welt sind, zu erfassen, wird man [anschliessend] auf die Motive und auf die Kräfterichtung in dem personalen Elemente zurückgehen müssen..."[41], denn das "... in den ökonomischen Thatsachen dargebotene Untersuchungsobject ist..." - wie erläutert wurde - "... auch Ergebnis einer unkörperlichen, sinnlich nicht greifbaren Geistesthätigkeit in dem personalen Factor ..."[42]

---

[38] Vgl. Knies, K.: 1883, S. 477
[39] Ebd.
[40] Knies, K.: 1883, S. 486. - Wo eine naturgesetzliche Kausalität für das wirtschaftliche Geschehen mitbestimmend ist, kann dieser Einfluss in Gestalt einer "exakten" bzw. "reinen" Theorie abgebildet werden. In diesem Fall würde eine "reine" Theorie - wir denken hier auch an *bestimmte* neoklassische Theorien - als ein "realer" Faktor in den Prozess der Bildung einer kontextualen Theorie integriert.
[41] Knies, K.: 1883, S. 489
[42] Knies, K.: 1883, S. 358

c. Die Formulierung eines Kausalitätsverhältnisses

Sind mit den "realen" und den raum-/zeitvarianten "personalen" Elementen die ursächlichen Kräfte hinreichend konkret bestimmt, so kann eine hypothetische Kausalität zwischen diesen Ursachen und dem analogen Element der beobachtbaren Erscheinungen des Erkenntnisobjektes formuliert werden. Hierbei werden die ermittelten Ursachen als gegeben betrachtet, so dass aus ihnen durch eine Abfolge logischer Schlüsse die resultierende Konklusion hergeleitet werden kann. Durch dieses der Deduktion verwandte Vorgehen gelangen wir - sofern im konkreten Fall ein logischer Kausalzusammenhang existiert und die logischen Schlüsse fehlerfrei sind - zu einer Folgerung, die in ihren Inhalten grundsätzlich mit dem zu erklärenden analogen Element der Beobachtungen übereinstimmt. Zu diesem Resultat müssen wir deshalb gelangen, weil von der beobachteten Analogie (Wirkung) ausgehend deren Ursachen hergeleitet wurden und nun von den Ursachen auf die Wirkung geschlossen wird. Der damit vollzogene Umkehrschluss darf nichts am Kerngehalt der jeweiligen Ursachen und Wirkungen verändern; er kann und sollte aber weit weniger komplex als der Schluss von den Beobachtungen auf deren Bestimmungsfaktoren und deren Elemente sein. Die nun gewonnene hypothetische Kausalität soll die wesentlichen Ursachen und Wirkungen in ihrem logisch korrekten Zusammenhang und in einer angemessenen Form[43] erfassen.

3. Die empirische Überprüfung der hypothetischen Kausalität und die Formulierung des "Wirtschaftsgesetzes"

Auch wenn bei der Ermittlung der oben genannten Kausalitätsbeziehung von bestmöglich erfassten wirtschaftlichen "Tatsachen" ausgegangen wurde und die Konklusionen logisch richtig sind, besagt dies - wie wir im folgenden sehen werden - noch nicht, dass die gewonnene Kausalität hinreichend wirklichkeitsadäquat ist. Die Kausalität gilt deshalb nur "hypothetisch" und kann erst dann die Bedeutung eines "Wirtschaftsgesetzes" erlangen, wenn sie durch eine empirische Überprüfung bestätigt worden ist. Entsprechend fordert Knies, "... dass man den logisch richtigen Schluss wiede-

---

[43] Insoweit es sich bei den Ursachen und Wirkungen um quantitative Erscheinungen handelt, ist es Knies zufolge möglich bzw. angebracht, die hypothetische Kausalität in Gestalt einer Gleichung zu formalisieren (vgl. Knies, K.: 1883, S. 506).

rum an der Erscheinung des empirischen Lebens prüft ..."[44] Erst nach "...
einer Bestätigung durch die empirische Forschung ..." darf ein "... *auf 'abs-
tractem' Wege dargelegtes 'Gesetz'* ... *als zutreffend anerkannt werden* ..."[45].
Somit gilt, dass auch jedes auf den "... Thatsachen aus dem wirklichen Leben ... errichtete und von ihnen hergeleitete Raisonnement der Beweisführung an ihnen erhärtet werden muss ..."[46]

a. Die empirische Überprüfung der hypothetischen Ursachen und der Kausalität

Der Grund für die Notwendigkeit einer empirischen Überprüfung der Kausalität besteht vorrangig in der - anderweitig nicht auszuschliessenden -
Möglichkeit, dass von dem zu erklärenden analogen Element der Beobach-
tungen logisch korrekt auf ursächliche Faktoren, d. h. auf "reale" und "personale" Elemente, geschlossen wurde, die in den räumlichen und zeitlichen
Kontexten, aus denen die Beobachtungen stammen, nicht oder nicht in dieser Ausprägung vorkommen. In diesem Fall würde das analoge Element der
Beobachtungen in seiner Entwicklung aus Ursachen hergeleitet, die in ihren
Inhalten mehr oder weniger von erklärungsrelevanten kontextspezifischen
Gegebenheiten abstrahieren. Folglich würde das Erkenntnisziel, das beobachtete analoge Element in seiner Entwicklung aus seinen "tatsächlichen"
Ursachen zu erklären, verfehlt. Um dies zu vermeiden, muss geprüft werden, ob die ermittelten hypothetischen Ursachen, d. h. die konkret bestimmten "realen" und insbesondere "personalen" Elemente, in all' jenen geographischen bzw. zeitlichen Kontexten wirksam sind, denen die Beobachtungen - und mit deren analogen Elementen die zu erklärenden Wirkungen -
entstammen. - Die damit gestellte Anforderung, derzufolge genau bestimmte (und hinsichtlich ihrer Definition *invariante*) ursächliche Kräfte auch in
allen betrachteten zeitlichen Kontexten wirksam sein müssen, besagt, dass
neben dem "realen" insbesondere das "personale" bzw. "geistige" Element
der ursächlichen Faktoren im betrachteten Zeitraum im Wesentlichen konstant oder hinreichend ähnlich ausgeprägt sein muss.

Sind die Existenz und die wesentlichen Charakteristika der ursächlichen Faktoren in dem betreffenden Gebiet bzw. Zeitraum empirisch nachgewiesen, so ist ein zentrales Ziel des Erkenntnisprozesses erreicht: Da nun

---

[44] Knies, K.: 1883, S. 473; vgl. auch S. 508
[45] Vgl. Knies, K.: 1883, S. 499
[46] Knies, K.: 1883, S. 460

- sowohl die zu erklärenden Wirkungen - also die analogen Elemente der Beobachtungen - als auch die hierfür ursächlichen Faktoren in einem konkret bestimmten räumlichen und zeitlichen Kontext empirisch nachgewiesen bzw. - in Knies' Worten - "tatsächlich vorhanden" sind,
- und da zwischen diesen Ursachen und Wirkungen durch logische Schlüsse ein Kausalitätsverhältnis nachgewiesen wurde,

besteht eine *Gesetzmässigkeit, sofern* die Grundbedingung einer logischen Erklärung erfüllt ist, derzufolge das Erkenntnisobjekt im erklärungsrelevanten räumlichen und zeitlichen Kontext durch logische Kausalitäten bestimmt sein muss. Nur dort, wo diese logische Kausalität vorhanden und in dem Sinne konstant ist, dass gleiche Ursachen immer zu gleichen Wirkungen führen, ist eine Gesetzmässigkeit gegeben. Es ist folglich abschliessend empirisch zu prüfen, ob eine "... in einem causalen Nexus ..." auftretende "... Ursache, eine ihrem Wesen nach bestimmte Kraft, ... ihre Existenz und Wirkung so ... [betätigt], dass sie *stets in derselben Weise* auf die Hervorbringung von Erscheinungen einwirkt."[47]

b. Die Feststellung eines "Wirtschaftsgesetzes" und die Bestimmung seines Geltungsbereiches

Hat die empirische Überprüfung ergeben, dass auch die letztgenannte Anforderung erfüllt ist, so besteht ein gesetzmässiger Zusammenhang zwischen einer bestimmten Wirkung in Gestalt des analogen Elementes der Beobachtungen und empirisch überprüften Ursachen, so dass der Nachweis der Existenz eines "Wirtschaftsgesetzes" erbracht wurde. Bei der Formulierung eines solchen "Wirtschaftsgesetzes" ist zu berücksichtigen, dass es grundsätzlich nur für jenes Gebiet und für jenen Zeitraum Gültigkeit beanspruchen kann, dem die zu erklärenden Beobachtungen entstammen und innerhalb dessen die ursächliche Erklärung empirisch überprüft wurde. Nur in jenem räumlichen und zeitlichen Kontext ist weitgehend gewährleistet, dass insbesondere die "geistigen" bzw. "personalen" Elemente der ursächlichen Faktoren (annähernd) konstant sind.[48] Jenseits dieses Intervalls ist es ungewiss, ob sich die ursächlichen Faktoren und damit die Kausalität signifikant verändern, so dass das "Wirtschaftsgesetz" hier nicht mehr gelten würde.[49] -

---

[47] Vgl. Knies, K.: 1883, S. 477

[48] Indem sich die Gültigkeit eines "Wirtschaftsgesetzes" immer auf einen bestimmten Kontext bezieht, ist sie in diesem Sinne "relational" bzw. "relativ": "Es können ... nur *relativ* gültige Folgerungen und Urteile in Frage kommen, wenn jene Voraussetzungen nicht in allen Zeiten, Orten und Umständen identisch bleiben ..." (Knies, K.: 1883, S. 403).

[49] Es ist daher ein mehr oder weniger risikoreiches Vorgehen, wenn aus einem "Wirtschafts-

In jenem räumlichen und zeitlichen Kontext, für welchen das "Wirtschaftsgesetz" festgestellt wurde, ist die Wahrscheinlichkeit, dass es die "tatsächlichen" Gegebenheiten zutreffend erfasst, zwar relativ gross, sie variiert jedoch in Abhängigkeit von der Anzahl und Güte der der Ermittlung des "Wirtschaftsgesetzes" jeweils zugrundeliegenden Beobachtungen.

c. Die fakultative Erweiterung der empirischen Basis

Mit dem Ziel, den Wert der Wahrscheinlichkeit, dass ein "Wirtschaftsgesetz" sein Erkenntnisobjekt in jenem räumlichen und zeitlichen Kontext, für welchen es ermittelt wurde, exakt und umfassend abbildet, möglichst dicht an "1" anzunähern, soll der Nationalökonom - auch nach der Feststellung des "Gesetzes" - bestrebt sein, dessen empirische Basis zu vergrössern. Der Einbezug weiterer Beobachtungen dient dazu, ein festgestelltes "Wirtschaftsgesetz" entweder zu "untermauern" bzw. in seiner gegebenen Formulierung zu verifizieren oder durch eine Korrektur zu verbessern - und, falls infolge eines Fehlers oder einer Unzulänglichkeit im Erkenntnisgewinnungsprozess erforderlich, sogar zu falsifizieren. - Knies schreibt: "Die Nationalökonomie muss ... grundsätzlich die Vergleichung eines immer grösseren Kreises von Thatsachen, soweit sie durch den Fortschritt der geschichtlichen Forschung und Erfahrung möglich wird, herbeizuführen suchen ..."[50], da "... durch neue Thatsachen des Lebens die vorhandene Theorie einer Verbesserung zugeführt werden kann ..."[51].

III. Zweite Stufe nationalökonomischer Forschung: Die Erweiterung von Geltungsbereich und Aussagegehalt der "Wirtschaftsgesetze"

1. Die Erweiterung der empirischen Basis eines "Wirtschaftsgesetzes" auf andere Kontexte

Wurde auf Grundlage einer bestimmten Anzahl von Beobachtungen ein "Wirtschaftsgesetz" ermittelt, so kann sein Geltungsanspruch, der auf einen bestimmten Kontext begrenzt ist, durch Einbezug zusätzlicher Beobachtungen einerseits innerhalb dieses Kontextes gefestigt, andererseits aber auch

---

gesetz" Prognosen abgeleitet werden bzw. wenn das "Gesetz" über den Kontext seiner empirischen Basis hinaus so lange als "gültig" betrachtet wird, bis es falsifiziert wurde.
[50] Knies, K.: 1883, S. 481
[51] Vgl. Knies, K.: 1883, S. 460; vgl. S. 467

über diesen ursprünglichen Geltungsbereich hinaus ausgedehnt werden, sofern die hinzutretenden Beobachtungen aus bisher nicht betrachteten Regionen bzw. Zeiträumen stammen und bestimmte Voraussetzungen erfüllen. Zunächst setzt eine solche Erweiterung des Geltungsanspruchs eines "Wirtschaftsgesetzes" auf andere räumliche bzw. zeitliche Kontexte voraus, dass das als Wirkung der "wirtschaftsgesetzlichen" Kausalität in Erscheinung tretende analoge Element der Beobachtungen auch in den zusätzlich betrachteten Perioden bzw. Regionen wahrzunehmen ist. Es muss folglich eine diesbezügliche Analogie zwischen bestimmten Merkmalen der Beobachtungen bestehen. Können zudem die Ursachen der ermittelten "wirtschaftsgesetzlichen" Kausalität - und insbesondere das "personale" Element der ursächlichen Faktoren - in den hinzutretenden Kontexten ebenso empirisch nachgewiesen werden, wie die Existenz eines logischen Kausalzusammenhangs, so kann die empirische Basis des "Wirtschaftsgesetzes" um die zusätzlichen Beobachtungen erweitert werden, wodurch sich dessen Geltungsanspruch auf den durch diese Beobachtungen repräsentierten räumlichen bzw. zeitlichen Bereich ausweitet.

2. Die Ermittlung von "Gesetzen der Analogie"

Die Ausdehnung des Geltungsbereiches eines Wirtschaftsgesetzes kann nicht nur mittels Analyse weiterer Beobachtungen aus hinzutretenden räumlichen bzw. zeitlichen Kontexten erfolgen, sondern auch über den Vergleich mit (einem) anderen "Wirtschaftsgesetz(en)". Stimmen nämlich zwei oder mehrere "Wirtschaftsgesetze", die für unterschiedliche Perioden bzw. Regionen gelten, hinsichtlich jeweils relevanter Kriterien hinreichend überein, so kann zwischen diesen "wirtschaftsgesetzlichen" Kausalitäten eine Analogie gebildet werden, deren Geltungsbereich sich auf die räumlichen bzw. zeitlichen Kontexte der zugrundeliegenden "Wirtschaftsgesetze" erstreckt. Je nach der Art und dem Grad der Übereinstimmung der betrachteten "Wirtschaftsgesetze" kann es sich entweder um eine "schwache" Analogie oder im Extremfall um eine Identität handeln.

Wenn Knies nicht nur von "Analogien", sondern auch von "Gesetzen der Analogie" spricht, so meint er damit offensichtlich eine Analogie zwischen "Wirtschaftsgesetzen", also eine "*Analogie des Gesetzmässigen*" und *nicht* - wie der Begriff suggeriert - eine "*Gesetzmässigkeit des Analogen*" und insbesondere *nicht* etwas Gesetzmässiges in Gestalt eines "absolut gleichen Kausalnexus'"[52], das überall und immer in gleicher Weise wirkt und

---

[52] Vgl. zur Abgrenzung der "Gesetze der Analogie" von "Gesetzen eines absolut gleichen

infolge externer Einflüsse nicht "Gleiches", sondern "Analoges" hervorbringt. Im Unterschied zu allgemeingültigen Gesetzen gelten "Wirtschaftsgesetze" zunächst nur für ein bestimmtes Gebiet sowie für einen bestimmten Zeitraum, und es geht Knies darum, diesen begrenzten Geltungsbereich
durch Ermittlung der zwischen verschiedenen "Wirtschaftsgesetzen" bestehenden Analogien auszuweiten. - Wie im sechsten Kapitel erläutert wurde,
können Analogien zwischen "Wirtschaftsgesetzen" hinsichtlich ihrer Kausalitäten [vgl. folgenden Punkt a.] und bezüglich der Veränderung derselben
[vgl. b.] bestehen.

a. Analogien zwischen "wirtschaftsgesetzlichen" Kausalitäten

Wurde ein "Wirtschaftsgesetz" für eine Region A im Zeitraum t_{1-3} ermittelt
und ist dessen Erkenntnisobjekt zugleich Gegenstand von beispielsweise
drei weiteren "Wirtschaftsgesetzen", deren empirische Basis zwar aus der
gleichen Periode (t_{1-3}), aber aus anderen Regionen (B, C, D) stammt, so ist
durch einen Vergleich der vier "Wirtschaftsgesetze" zu prüfen, ob zwischen
diesen eine *"horizontale" Analogie* besteht. Zunächst ist sicherzustellen,
dass von den betrachteten "Wirtschaftsgesetzen" grundsätzlich das Gleiche
erklärt wird, d. h. dass in den vier Fällen das analoge Element der jeweils
zugrundeliegenden Beobachtungen hinsichtlich seiner relevanten Aspekte
übereinstimmt. Die zwischen diesen zu erklärenden Wirkungen und ihren
Ursachen bestehende Kausalität ist hier, wo verschiedene "Wirtschaftsgesetze" verglichen werden, nicht näher zu betrachten, da selbige in Gestalt
eines - empirisch nachgewiesenen - logischen Zusammenhangs bestehen
muss, damit von einer "wirtschafts*gesetzlichen*" Kausalität gesprochen werden kann. Hingegen muss, um "... die Gesetzmässigkeit der Analogie her-
auszustellen, ... auch die Übereinstimmung ... beziehungsweise die Analogie der ursächlichen Kräfte"[53] nachgewiesen werden, womit zu prüfen ist,
ob insbesondere das "personale", d. h. das kontextabhängige "geistige" Element der ursächlichen Kräfte in den einzelnen Regionen analog ausgeprägt
ist. Sind neben den Wirkungen auch die Ursachen im Wesentlichen gleich
bzw. (hinreichend) analog, so dass eine konkrete Erscheinung in gleicher
bzw. analoger Weise kausal erklärt wird, dann sind die - im Beispiel für die
Regionen A, B, C und D ermittelten - "Wirtschaftsgesetze" analog. Infolge
dieser "Analogie des Gesetzmässigen" ist ein "Gesetz der Analogie" gegeben, dessen Geltungsbereich sich auf die vier Regionen und die Periode t_{1-3}

Causalnexus": Knies, K.: 1883, S. 479.
[53] Vgl. Knies, K.: 1883, S. 480

erstreckt.

Von diesem Fall zu unterscheiden ist jener, in welchem die mit dem "Wirtschaftsgesetz" für die Region A und die Periode t_{1-3} zu vergleichenden drei "wirtschaftsgesetzlichen" Erklärungen des selben Erkenntnisobjektes eine solche empirische Basis haben, die aus der gleichen Region (A), aber aus anderen Perioden (t_{4-6}, t_{7-9}, t_{10-12}) stammt. Ergibt die Gegenüberstellung dieser vier "Wirtschaftsgesetze", dass eine "... Analogie ... in einer Reihe von auf einander folgenden Erscheinungen ..."[54] besteht, und werden diese zu unterschiedlichen Zeiten auftretenden Wirkungen von den sie erklärenden "Wirtschaftsgesetzen" jeweils über logische Kausalitäten aus gleichen oder analogen Ursachen hergeleitet, so ist in zeitlicher, d. h. in *vertikaler* Hinsicht eine *Analogie* zwischen diesen "Wirtschaftsgesetzen" gegeben. Das betreffende "Gesetz der Analogie" gilt in diesem Fall für die Region A und in den Perioden t_{1-12}. - Der Bildung "vertikaler" Analogien sind dadurch Grenzen gesetzt, dass eine jede wirtschaftliche Erscheinung - infolge der Kontextabhängigkeit und Varianz des "personalen" Elementes der sie verursachenden Faktoren - Teil der "... Gesamtbewegung der Geschichte [ist, die] in einem stetigen Vorschreiten begriffen ..."[55] ist, so dass sich die Wahrscheinlichkeit der Existenz "vertikaler" Analogien mit der Vergrösserung des betrachteten zeitlichen Intervalls verringert.

b. Analogien in der Entwicklung "wirtschaftsgesetzlicher" Kausalitäten

Verändern sich die ein bestimmtes Erkenntnisobjekt in der Region A erklärenden "Wirtschaftsgesetze" von Periode zu Periode - also beispielsweise von t_{1-3} zu t_{4-6}, von t_{4-6} zu t_{7-9} und von t_{7-9} zu t_{10-12} -, und ist eine gleiche oder analoge Veränderung der entsprechenden "wirtschaftsgesetzlichen" Kausalitäten auch für die Regionen B, C und D feststellbar, so besteht eine Analogie in der Veränderung von "Wirtschaftsgesetzen". Eine solche Analogie in der Entwicklung des "Gesetzmässigen" bezeichnet Knies als *"Entwicklungsgesetz"*.

Die Ermittlung eines solchen "Entwicklungsgesetzes" beginnt mit einem Vergleich der für die Region A in den Perioden t_{1-3}, t_{4-6}, t_{7-9} und t_{10-12} festgestellten "Wirtschaftsgesetze". Sofern diese ihr gemeinsames Erkenntnisobjekt durch vier sich unterscheidende Kausalitäten erklären, sind die hierfür ursächlichen Unterschiede in den "personalen" Elementen der diesen Kausalitäten zugrundeliegenden Ursachen zu identifizieren. Wenngleich

---

[54] Vgl. Knies, K.: 1883, S. 480
[55] Vgl. Knies, K.: 1883, S. 153

hierdurch die in der Region A stattgefundene Veränderung der Kausalitäten
erklärt werden kann, so bleibt einstweilen offen, ob die hierfür massgebende
Veränderung des "personalen", d. h. des kontextabhängigen "geistigen"
Elementes der ursächlichen Faktoren aus spezifischen Konstellationen in
der Region A resultierte und insofern "einzigartig" bzw. "zufällig" ist oder
ob sich diese Veränderung des "geistigen" Elementes auch in anderen Regionen oder gar auf globaler Ebene in gleicher bzw. analoger Weise vollzog. Um diese zentrale Frage zu beantworten ist abzuklären, ob sich die
entsprechenden "Wirtschaftsgesetze" beispielsweise in den Regionen B, C,
und D ebenfalls verändert haben und ob eine solche - gleichzeitige oder ver-
zögerte[56] - Veränderung der Kausalitäten und insbesondere der "personalen"
bzw. "geistigen" Elemente der ursächlichen Faktoren analog zu jener in
Region A vor sich gegangen ist. Ist dies der Fall, so wurde die Wirksamkeit
eines kontextspezifischen "Entwicklungsgesetzes" nachgewiesen.

Mit der Feststellung eines solchen "Entwicklungsgesetzes" wurde das
einzelne "Wirtschaftsgesetz" - also beispielsweise jenes, das für die Region
A und die Periode t_{4-6} gilt - in seiner Stellung in einem sich in verschiedenen Regionen analog vollziehenden geschichtlichen Prozess der Veränderung der das gleiche Erkenntnisobjekt erklärenden "Wirtschaftsgesetze" bestimmt. Das diesen Veränderungsprozess ursächlich erklärende "Entwicklungsgesetz" hat im Vergleich zum einzelnen "Wirtschaftsgesetz" nicht nur
einen auf mehrere Regionen erweiterten Geltungsbereich, sondern es vermag - im geographischen und zeitlichen Kontext der den betrachteten
"Wirtschaftsgesetzen" zugrundeliegenden Beobachtungen - auch Analogien
im Prozess geschichtlichen Wandels aufzuzeigen.

c. "Universelle" Gesetzmässigkeiten

Wenn die Ermittlung sowohl von "Entwicklungsgesetzen" als auch von
"horizontalen" Analogien zwischen "Wirtschaftsgesetzen" am Beispiel von
vier Regionen (A, B, C, D) erläutert wurde, dann ist offensichtlich, dass es
sich bei diesen "Regionen" in der Regel um Volkswirtschaften handelt,
deren Anzahl den jeweiligen Gegebenheiten entsprechend variiert. Wird ein
bestimmtes Erkenntnisobjekt in allen existierenden Volkswirtschaften jeweils durch ein "Wirtschaftsgesetz" erklärt und stammen die hier zugrundeliegenden Beobachtungen in allen Fällen aus der selben Periode, so ist - wie
oben unter Punkt a. beschrieben - zu prüfen, ob die für die einzelnen
Volkswirtschaften geltenden "wirtschaftsgesetzlichen" Kausalitäten analog

---

[56] Vgl. Knies, K.: 1883, S. 148

sind. Kann eine entsprechende Hypothese verifiziert werden, so besteht in "horizontaler" Hinsicht ein "Gesetz der Analogie", d. h. eine während einer Periode universell gültige Analogie zwischen bestimmten "Wirtschaftsgesetzen". Es ist klar, dass sich dieser in räumlicher Hinsicht maximal ausgeweitete Geltungsanspruch einer Analogie auch auf längere Zeiträume bzw. auf mehrere Perioden erstrecken kann.

Sind die ein Erkenntnisobjekt in einer Volkswirtschaft erklärenden "Wirtschaftsgesetze" in einem mehrere Perioden umfassenden Zeitraum nicht analog, sondern verändern sie sich von Periode zu Periode, und ergab die unter Punkt b. erläuterte Prüfung, dass sich diese Veränderung der "wirtschaftsgesetzlichen" Kausalitäten in allen existierenden Volkswirtschaften in analoger Weise vollzogen hat, so wurde ein "Entwicklungsgesetz" festgestellt, das für jenen Zeitraum, in dem die zugrundeliegenden "Wirtschaftsgesetze" gelten, eine universelle Gültigkeit besitzt.

3. Die Bildung kurzfristiger Prognosen

Erfuhr der Geltungsanspruch einer "wirtschaftsgesetzlichen" Kausalität durch die Bildung von Analogien eine Ausweitung auf Bereiche, in denen ihre Geltung durch die empirische Basis der analogen Gesetzmässigkeiten weitgehend gewährleistet ist, so impliziert eine auf Grundlage eines "Wirtschaftsgesetzes" gebildete Prognose die Erwartung, dass diese Gesetzmässigkeit auch in der Zukunft und damit in einem empirisch nicht absicherbaren Bereich gelten wird. Ob eine Prognose zutreffend ist, hängt zunächst davon ab, inwiefern und insbesondere wie lange die ihren Gegenstand bildende "wirtschaftsgesetzliche" Kausalität über den zeitlichen Kontext ihrer empirischen Basis hinaus hinreichend wirksam ist. Generell besteht eine bestimmte "wirtschaftsgesetzliche" Kausalität so lange, wie das grundsätzlich zeitvariante "personale" Element der für sie ursächlichen Faktoren nicht signifikant variiert bzw. konstant ist. Für die Zukunft ist eine solche (annähernde) Konstanz des "personalen" Elementes ceteris paribus mit um so grösserer Wahrscheinlichkeit zu erwarten, je kleiner der Zeitraum ist, auf den sich diese Erwartung bezieht. Dies bedeutet, dass die zukünftige Gültigkeit eines "Wirtschaftsgesetzes" und damit einer diesbezüglichen Prognose um so wahrscheinlicher ist, je kleiner das sich in die Zukunft erstreckende zeitliche Intervall ist. Entsprechend stellt Knies fest, dass bei "... jedem grösseren Schritte weiter von dem in der Gegenwart Gegebenen hinaus die Sicherheit der Theorie notwendigerweise geringer"[57] wird, da auch "... der

---

[57] Knies, K.: 1883, S. 489

scharfsichtigste und erfahrenste Theoretiker ... [es nicht vermag,] die fort und fort sich entwickelnden Combinationen und Erscheinungen des wirtschaftlichen *Lebens* vorauszusehen und zu bestimmen. Wohl vermag der menschliche Geist in die *nächste* Zukunft einen wenngleich nie *ganz* sicheren Blick zu thun, die fernere ist ihm überhaupt verschlossen."[58] - Somit sind Prognosen generell nur für einen kürzeren Zeitraum vertretbar, in welchem mit einer gewissen - mehr oder weniger exakt bestimmbaren - Wahrscheinlichkeit erwartet werden kann, dass sie zutreffend sind.

4. Die Vertiefung des Aussagegehaltes von "Wirtschaftsgesetzen"

Die in Gestalt eines "Wirtschaftsgesetzes" gegebene ursächliche Erklärung eines Erkenntnisobjektes kann nicht nur über eine Erweiterung ihrer empirischen Basis (und mit Einschränkung über kurzfristige Prognosen) einen grösseren - bzw. extensivierten - Geltungsbereich erlangen, sondern die so gewonnene Erkenntnis kann auch im jeweils gegebenen geographischen und zeitlichen Kontext erweitert und in diesem Sinne "intensiviert" werden. Eine solche "Vertiefung" des Aussagegehaltes eines "Wirtschaftsgesetzes" erfolgt, wenn es in Ergänzung zur kausalen *Erklärung* des Erkenntnisobjektes gelingt, dessen Bedeutung in einem umfassenderen Sinne zu erfassen, d.h. es zu "*verstehen*"[59]. Dies bedarf in verschiedener Hinsicht der Erläuterung.

Zunächst müssen wir uns damit auseinandersetzen, dass die Möglichkeit der Ergänzung einer kausalen Erklärung durch ein hierüber hinausgehendes "Verständnis" impliziert, dass eine wirtschaftliche "Tatsache" durch die Ermittlung ihrer Ursachen noch nicht im umfassenden Sinne erfasst ist. Eine Begründung hierfür lässt sich daraus ableiten, dass für Knies die wirtschaftlich relevanten Handlungen der Menschen massgebend durch psychische bzw. geistige Prozesse bestimmt sind. Die hieraus resultierende Konsequenz kann in Sicht von Knies nicht nur darin bestehen, dass er im Rahmen der Ermittlung eines "Wirtschaftsgesetzes" ein "geistiges" bzw. "personales" Element der ursächlichen Faktoren berücksichtigt, da die menschliche Geistestätigkeit auch über eine "Dimension" verfügt, welche über den Bereich des kausal Erklärbaren hinausreicht und nur dem "Verstehen" zugänglich ist.

---

[58] Knies, K.: 1883, S. 463
[59] Vgl. zur Diskussion über die erkenntnistheoretische Bedeutung des "Verstehens" unter anderem: Albert, H.: 1975, S. 200 ff.; Kloten, N.: 1964, S. 207 ff.; Lavoie, D. (Ed.): 1990; Mommsen, W. J.: 1988, S. 200 ff.; Prychitko, D. L. (Ed.): 1995; Sarrazin, T.: 1974, S. 25 ff.; Sombart, W.: 1930, S. 140 ff., S. 157 ff., S. 193 ff.

Ein solches "... Verständnis der ökonomischen Erscheinungen ..."[60] bzw. der sie verursachenden Handlungen kann erlangt werden, wenn deren Bedeutung erfasst wird. Die Bedeutung, die "etwas" für den Menschen besitzt, entsteht in psychischen bzw. geistigen Prozessen unter dem Einfluss von bestimmten in der Vorstellung des Menschen gegebenen Sinnzusammenhängen. Indem sich diese innere Vorstellungswelt in Abhängigkeit vom historischen bzw. kulturellen Kontext menschlichen Daseins entwickelt, sind diese Sinnzusammenhänge im Wesentlichen kontextspezifisch ausgeprägt. Hieraus folgt, dass der Kontext auch für die Bedeutung einer Handlung und für eine hieraus resultierende wirtschaftliche Erscheinung (mit-) bestimmend ist.

Entsprechend muss sich der hermeneutische Prozess der Erarbeitung eines ergänzenden Verständnisses einer "wirtschaftsgesetzlich" erklärten Erscheinung derart vollziehen, dass die hier massgebenden menschlichen Handlungen im jeweils relevanten geographischen und zeitlichen Kontext hinsichtlich ihrer Bedeutung und der zugrundeliegenden "Sinnzusammenhänge" bzw. Intentionen interpretiert werden. Gelingt es hierdurch, annäherungsweise zu erfassen, warum bestimmte Handlungen erfolgten bzw. warum das "personale" Element in spezifischer Weise ausgeprägt ist, so wurde ein Verständnis der hieraus hervorgegangenen wirtschaftlichen Erscheinung, bzw. ihrer Bedeutung im Leben des handelnden Menschen, gewonnen.

IV. Dritte Stufe nationalökonomischer Forschung: Die Ableitung von Folgerungen für die Wirtschaftspolitik

Mit der Behandlung des sich in zwei Stufen vollziehenden Theoriebildungsprozesses wurde verdeutlicht, durch welches Vorgehen der Nationalökonom zu Erkenntnissen über das Sosein volkswirtschaftlicher Gegebenheiten und Prozesse gelangen kann. Da eine durch dieses methodische Vorgehen gewonnene Theorie - gemäss der Intention von Knies - kein selbstzweckhaftes Dasein im "Elfenbeinturm" der ökonomischen Wissenschaft führen darf, muss der Nationalökonom bestrebt sein, den Erkenntnisgehalt seiner Theorie in die für die wirtschaftliche Entwicklung massgebenden Entscheidungsprozesse einzubringen. Erst wenn die Theoriebildung durch eine solche "Implementierung" dieser Erkenntnis in den Prozess der Wirtschaftspolitik *ergänzt* worden ist, ist die wissenschaftliche Arbeit abgeschlossen.

---

[60] Vgl. Knies, K.: 1883, S. 361

Daher stellt sich dem Nationalökonomen zunächst die Aufgabe, "... auf den Interessenkampf ökonomischer Parteien nach beiden Seiten hin aufklärend und mässigend ..."[61] einzuwirken, indem er auf die Ergebnisse der theoretischen Arbeit und die ableitbaren wirtschaftspolitischen Folgerungen verweist. - Hierüber hinaus soll es das ständige Bestreben des Nationalökonomen sein, einen unmittelbaren Beitrag zur Erhöhung des Erfolges wirtschaftspolitischer Massnahmen zu leisten. Zu diesem Zweck hat er zu untersuchen, ob die gegenwärtige Wirtschaftspolitik ihr Ziel - welches Knies zufolge in der Förderung einer wirtschaftlichen Entwicklung besteht, die die "... Verwirklichung der höchsten sittlichen und politischen Ziele ..."[62] ermöglicht - mit effizientem Mitteleinsatz zu erreichen vermag. Ist dies nicht der Fall und führt eine diesbezügliche Untersuchung zu dem Ergebnis, dass die den betreffenden politischen Massnahmen zugrundeliegenden Annahmen insbesondere über die Ursachen wirtschaftlicher Entwicklungen und über die Wirkungsmechanismen bestimmter Massnahmen nicht hinreichend mit den ermittelten "wirtschaftsgesetzlichen" Kausalitäten übereinstimmen, so stellt sich die Aufgabe, auf Grundlage der theoretischen Erkenntnis eine entsprechende wirtschaftspolitische Strategie zu entwickeln und diese so gut als möglich in den politischen Entscheidungsprozess einzubringen. Insoweit sich die Gültigkeit des hierbei zugrunde gelegten "Wirtschaftsgesetzes" auch auf die für die Politik massgebende zukünftige Periode erstreckt, ist grundsätzlich zu erwarten, dass eine dieser Strategie folgende Wirtschaftspolitik - die zudem in der Lage ist, die erforderlichen Massnahmen konsequent umzusetzen - ihre realistisch formulierten Ziele mit grösserer Wahrscheinlichkeit erreichen wird. Diese Erwartung stützt sich vorrangig darauf, dass die politischen Massnahmen in diesem Fall aus einer Theorie abgeleitet sind, die ihr Erkenntnisobjekt auf Grundlage einer möglichst grossen Anzahl von aktuellen und aus der betreffenden Volkswirtschaft stammenden Beobachtungen kausal erklärt und in seiner Bedeutung verständlich macht. Indem eine im Knies'schen Sinne erfolgte Erklärung die Kenntnis der (hypothetischen) Ursachen der wirtschaftspolitisch relevanten Gegebenheiten und Prozesse vermittelt, ermöglicht sie eine an den konkreten Ursachen wirtschaftlicher Probleme ansetzende Politik. Mit seiner Kritik an dem Vorhaben, "... die Erscheinungen, die Folgen statt der Ursachen bekämpfen und beseitigen zu wollen"[63], verweist Knies darauf, dass letztlich nur eine ursachenorientierte Politik erfolgreich sein kann.

---

[61] Knies, K.: 1883, S. 492
[62] Vgl. Knies, K.: 1883, S. 484
[63] Knies, K.: 1883, S. 489

Knies' methodologische Position in der Kritik von Max Weber: Eine Beurteilung vor aktuellem Hintergrund

Mit Abschluss der Rekonstruktion der historischen bzw. kontextualen Theorie und Methode von Knies liegt nun ein umfassend begründeter und weitgehend operationalisierter Theoriebildungsansatz vor, der sich hinsichtlich der zugrundeliegenden Annahmen, des methodischen Vorgehens und der resultierenden Theorie wesentlich vom Ansatz der heutigen "mainstream"-Ökonomie unterscheidet. Die Tatsache, dass Knies mit seinem Hauptwerk die theoretischen Grundlagen für eine Alternative zum Ansatz des "mainstreams" der heutigen Nationalökonomie schuf, führt zu der Frage, warum sich seine historische bzw. kontextuale Theorie und Methode im 20. Jahrhundert nicht durchsetzen konnte bzw. warum bis zur Gegenwart die Neoklassische und nicht die Historische Schule für den "mainstream" der ökonomischen Wissenschaft bestimmend war. Der im Kontext der vorliegenden Arbeit zu leistende Beitrag zur Beantwortung dieser Frage kann weder eine erschöpfende Behandlung der mit dem Methodenstreit beginnenden und in ihren Ausläufern bis in die 60er Jahre hineinreichenden erkenntnistheoretischen Kontroversen umfassen, noch können die in den Charakteristika des neoklassischen Ansatzes liegenden Gründe seines Erfolges[1] detailliert untersucht werden. Stattdessen soll im vorliegenden Kapitel verdeutlicht werden, wodurch der auf Knies zurückgehende erkenntnistheoretische Ansatz der Historischen Schule "geschwächt" wurde und so in Relation zu jenem der Neoklassik an Bedeutung verlor.

Nun ist zunächst offensichtlich, dass Knies selbst mitverantwortlich dafür ist, dass sich seine erkenntnistheoretische Position längerfristig nicht durchzusetzen vermochte, indem er seine Argumentation ungenügend strukturierte und so die Rezeption der Inhalte seines Werkes durch andere Nationalökonomen erheblich erschwerte. Diese Form seiner Gedankenführung hat wohl auch dazu beigetragen, dass Knies gewisse "Lücken" nicht erkannte und es versäumte, seine Ausführungen zu einer konsistenten Theorie und Methode zu ergänzen. Neben diesen - wie die vorliegende Arbeit unseres Erachtens zeigt - behebbaren inhaltlichen Mängeln des Knies'schen

---

[1] Vgl. hierzu: Shackle, G. L. S.: The Years of High Theory, 1967

Hauptwerkes war in erster Linie die Wirkung der sich an Elementen seiner Argumentation entzündenden Kritik dafür massgebend, dass sein erkenntnistheoretischer Ansatz im 20. Jahrhundert nicht die ihm gebührende Beachtung gefunden hat. Diese im Wesentlichen von Max Weber ausgegangenen kritischen Einwendungen müssen nun analysiert und vor dem Hintergrund der im fünften bis siebten Kapitel der vorliegenden Arbeit erfolgten Rekonstruktion der Knies'schen Theorie und Methode neu beurteilt werden.

I. Webers Einwendungen gegen Knies' historische Position in ihrer theoriegeschichtlichen und aktuellen Bedeutung

Wenn Max Weber (1864 - 1920) sich mit den Inhalten des Knies'schen Werkes auseinandersetzt, dann diskutiert und beurteilt er die Theorien und Gedanken seines akademischen Lehrers und Vorgängers auf seinem Heidelberger Lehrstuhl. Obwohl die zentralen Inhalte der Kritik Webers aus dessen erkenntnis- und wissenschaftstheoretischen Grundüberzeugungen abgeleitet werden können und es daher verfehlt wäre, die Weber'schen Einwendungen vorrangig als Ausfluss seiner Einstellung Knies gegenüber zu deuten, so kann ein gewisser Einfluss persönlicher Faktoren auf das wissenschaftliche Urteil - auch bei Max Weber - nicht ausgeschlossen werden. Welche Assoziationen und Emotionen bei Max Weber mit Erinnerungen an Knies verbunden waren, lassen zunächst einige Aussagen Webers über seinen Lehrer Knies ansatzweise erkennen. Im Jahr 1882 besuchte der 18jährige Weber die ersten Vorlesungen von Knies, in denen er sich "schrecklich ödete"[2]. In einem an seinen Vater gerichteten Brief vom 23. Februar 1883 schrieb Weber, dass die für ihn obligatorischen Fächer Nationalökonomie und Finanzwissenschaft bei Knies "... wenn [auch] nicht interessant, was der Stoff wohl verhindert, [so] doch jedenfalls gründlich betrieben"[3] werden. Wenig später - am 5. Mai 1883 - berichtete Weber seinem Vater, dass ihm Knies jetzt "... einen wesentlich anderen Eindruck gemacht [hat], als vor einem Jahre ..." und spricht von den "höchst geistvollen Ausführungen"[4] seines Professors. Dem hierin anklingenden Grad von Begeisterung für die vorgetragenen Inhalte muss eine deutliche Abneigung gegenüber dem Vortragsstil, in welchem sich Aspekte der Knies'schen Persönlichkeit artikulieren, gegenübergestanden haben, denn auch Marianne

---

[2] Vgl. Weber, M.: Jugendbriefe, o. J., S. 74; zitiert nach: Eisermann, G.: 1993, S. 28. - Vgl. Hennis, W.: 1987, S. 40

[3] Weber, M.: a. a. O., S. 71; zitiert nach: Eisermann, G.: 1993, S. 27

[4] Weber, M.: a. a. O., S. 74; zitiert nach: Eisermann, G.: 1993, S. 28

Weber stellt rückblickend fest: "Nor could Weber stand the extremely dry economics lectures by the veteran professor Knies. Instead he acquired the fundamentals of the subject by reading Roscher and Knies."[5] - In 1896, Weber was called to Heidelberg as a successor to Knies, one of the leading figures of the historical school of political economy, to take over his chair in political economy."[6] Über die Anfangszeit von Webers Heidelberger Lehrtätigkeit schreibt Marianne Weber: For a time "... Weber was the only full professor in his field - a situation he immediately criticized as substandard for a major university. ... And since the distinguished old Knies had disdained to hold seminars, something that Weber considered of paramount importance, he had to reestablish a seminar ..."[7] Inwieweit diese Aussage auf Spannungen im Verhältnis zwischen Weber und Knies schliessen lässt, muss hier offen bleiben. Fest steht, dass Geheimrat Knies in jener Zeit einer der angesehensten Nationalökonomen des Deutschen Reiches war, während Max Weber zu Lebzeiten von Knies und auch nach der Übernahme des Knies'schen Lehrstuhls noch keines jener Werke veröffentlicht hatte, die seine spätere Bedeutung begründeten. Diese um die Jahrhundertwende zwischen beiden Gelehrten bestehende Diskrepanz hinsichtlich ihrer wissenschaftlichen Reputation wird auch nicht ohne Einfluss auf die persönliche Einstellung von Weber seinem Vorgänger Knies gegenüber gewesen sein, welche den - weder überzubewertenden, noch zu vernachlässigenden - Hintergrund für Webers Auseinandersetzung mit dem Werk von Knies bildet.

Unmittelbar für Webers Beurteilung von Knies bestimmend ist die "Optik" seiner erkenntnis- bzw. wissenschaftstheoretischen Position. Indem ein Verständnis der Weber'schen Kritik daher die Kenntnis der für diese "Position" konstitutiven Grundannahmen und Überzeugungen voraussetzt, müssen letztere etwas näher betrachtet und in ihren Bezügen zu geistesgeschichtlichen Traditionen erkannt werden. Bei der Lösung dieser Aufgabe gehen wir von der Feststellung A. Zagajewskis aus, dass Max Weber die "... Aufgabe der Vermittlung zwischen den beiden Polen des Gedankens und der Welt übernommen"[8] hat. Was dies bedeutet, konkretisiert B. Saegesser: Weber zufolge sei "Wirklichkeit ..., wie dies durch die Theorie der historischen Schule festgehalten wird, Ausdruck des Einmaligen, Individuellen ... Andererseits ist jedoch diese Wirklichkeit in keiner Weise ... unserem Denken in ihrer jeweiligen Individualität zugänglich. Sie ist uns immer nur über Konstruktionen vermittelt, die wir denkend vollziehen. Dieser Zugang

---

[5] Weber, Marianne: 1975, S. 65
[6] Käsler, D.: 1988, S. 9
[7] Weber, Marianne: 1975, S. 228
[8] Zagajewski, A.: Der doppelte Nietzsche. In: FAZ, Nr. 240, 15. Okt. 1994

zur Wirklichkeit ergibt jeweils das Bild einer Wirklichkeit 'für uns' - analog zu den 'Erscheinungen' Kants ..."[9] Es drängt sich somit die Hypothese auf, dass es sich bei der Weber'schen Erkenntnistheorie um eine Art "Verbindung" von (1) Gedankengut der Historischen Schule, von (2) Einflüssen der Philosophie Kants und von (3) einer den angestrebten Wirklichkeitszugang ermöglichenden Hermeneutik handelt. Diese Hypothese kann insoweit untermauert werden, als sich Webers Denken in Auseinandersetzung mit diesen drei geistesgeschichtlichen Traditionen entwickelt hat:

(1) "Dass Weber ... aus der historischen Schule hervorwuchs ..."[10] steht ausser Frage: "Weber declared himself repeatedly to be a student of the 'Historical School of German Political Economy' ..."[11] Weitgehend in der Tradition dieser Schule steht insbesondere seine 1904/5 veröffentlichte Untersuchung über die Auswirkungen der "protestantischen Ethik" - eines in einem bestimmten kulturellen Kontext geschichtlich entstandenen Faktors - auf den "Geist des Kapitalismus" und damit auf die wirtschaftliche Entwicklung. Webers "Identifikation" mit der Historischen Schule war jedoch weder umfassend noch vorbehaltlos.[12]

(2) Letzteres erklärt sich insbesondere daraus, dass Webers Denken durch eine Auseinandersetzung mit den neukantianischen Positionen von Wilhelm Windelband (1848 - 1915) und Heinrich Rickert (1863 - 1936) mitbestimmt wurde.[13] Beide Philosophen zählen zu den Begründern der Südwestdeutschen Schule des Neukantianismus und lehrten wie Weber in Heidelberg (Windelband ab 1903). Mit Rickert verband Weber bereits während seiner Freiburger Lehrtätigkeit (1894 - 1897) eine Freundschaft. Rickerts Werke *"Zur Lehre von der Definition"* und *"Der Gegenstand der Erkenntnis"* bewunderte Weber wegen ihrer gedanklichen Schärfe und Klarheit, und als er *"Die Grenzen der naturwissenschaftlichen Begriffsbildung"* gelesen hatte, schrieb er an seine Frau: "I have finished Rickert. He is *very* good; in large part I find in him the thoughts that I have had myself, though not in logically finished form."[14] Marianne Weber vermutet, dass dieses Werk Rickerts einen inspirierenden Einfluss auf die Ausarbeitung von *"Roscher und Knies"* hatte[15] und schreibt an anderer Stelle: "The intellectual tools required for this were supplied him by contemporary logic and

---

[9] Saegesser, B.: 1975, S. 72
[10] Vgl. Tenbruck, F. H.: 1959, S. 603
[11] Hennis, W.: 1987, S. 29
[12] Vgl. Tenbruck, F. H.: 1959, S. 591
[13] Vgl. Brinkmann, C.: 1959, S. 27; sowie ders.: 1956, S. 123
[14] Weber, M., zitiert in: Weber, Marianne: 1975, S. 260; vgl. S. 204
[15] Weber, Marianne: 1975, S. 259/260

epistemology, particularly Heinrich Rickert's theory of knowledge ..."[16] - Es wird deutlich, dass sich Webers Denken in zustimmender Auseinandersetzung vor allem mit Rickert, aber auch mit Windelband und anderen entwickelte. Gottfried Eisermann zufolge ging es Rickert und Windelband zwar primär "... um den Kontrast von ideographischer und nomothetischer Betrachtungsweise ..., d. h. einer die Individualität aller Erscheinungen, wie von dem Historismus des 19. Jahrhunderts betont, beschreibenden und nachvollziehenden und einer die Regelmässigkeiten oder 'Gesetze' (Gleichförmigkeiten) in dem prozesshaften Geschehen aufspürenden und analysierenden Betrachtungsweise ..."[17], aber infolge der geistigen Verwurzelung dieser beiden Philosophen im Denken Kants gewannen über sie auch solche Positionen einen Einfluss auf Webers Denken, die ihn von der Historischen Schule entfernten. Hierbei denken wir zunächst an die Kant'sche Position, derzufolge das den Bereich der möglichen Erfahrung transzendierende Metaphysische durch die ("reine") Vernunft bzw. durch die Wissenschaft nicht erfassbar ist, womit er eine Dichotomie zwischen (Erfahrungs-)Wissenschaft und Metaphysik begründete. Ein resultierendes Bestreben, Metaphysisches aus dem Bereich der Wissenschaft zu eliminieren, kennzeichnet auch Max Weber[18]: "In order to rescue the historical sciences from the encroachments of metaphysics Weber ... tried [among others] to replace organicism or holism with methodological individualism ..."[19]. Weber entfernte sich zudem auch dadurch von den Grundüberzeugungen der Historischen Schule, dass er menschliches Verhalten nicht im umfassenden Sinne auf die für das psychische bzw. geistige Leben bestimmenden Faktoren zurückführt, sondern es grundsätzlich (zweck-)rational erklärt bzw. verständlich macht. So gelangte Weber beispielsweise zu der scharfsinnig begründeten Aussage, dass menschliches Handeln "... an keiner Stelle, insbesondere auch nicht da, wo die Möglichkeit rationaler Deutung aufhört, in höherem Grade 'irrational' - im Sinn von 'unberechenbar' oder der kausalen Zurechnung spottend ..."[20] - ist. Ob es gerechtfertigt ist, hier von "... grandioser Einseitigkeit rationalen Denkens ..."[21] zu sprechen, sei dahingestellt. Ermöglicht wurde durch Webers (zweck-)rationale Interpreta-

---

[16] Weber, Marianne: 1975, S. 311
[17] Eisermann, G.: 1993, S. 221
[18] Vgl. Weber, M.: 1922, S. 137
[19] Shionoya, Y.: Getting back Max Weber from Sociology to Economics, Vortrag vor dem Dogmenhistorischen Ausschuss des Vereins für Socialpolitik. Zitiert in: Zeitschrift für Wirtschafts- und Sozialwissenschaften, 115. Jg., 1995, S. 324. - An gleicher Stelle wird erwähnt, dass Shionoya zufolge "... Webers Soziologie ... die gleichen methodologischen Grundlagen wie die neoklassische Wirtschaftstheorie aufweist ...".
[20] Weber, M.: 1922, S. 133; vgl. S. 65 und S. 50
[21] Vgl. Pütz, T.: 1936, S. 3

tion menschlichen Verhaltens - insbesondere in Verbindung[22] mit dem methodologischen Individualismus - ein wissenschaftliches Erklären bzw. Verstehen, das sich infolge seiner Eindeutigkeit und Genauigkeit dem Erkenntnisideal einer "exakten Wissenschaft" anzunähern vermag.

(3) Entfernte sich Weber in dieser Hinsicht auch deutlich von der Historischen Schule, so hat er andererseits eine - mit ihrem erkenntnistheoretischen Ansatz *grundsätzlich* zu vereinbarende - hermeneutische Methode in ihrem Bedeutungsgehalt weitgehend konkretisiert und operationalisiert. Weber setzt damit die Tradition von Johann Gustav Droysen (1808 - 1884) und Wilhelm Dilthey (1833 - 1911) fort, die für die Geisteswissenschaften eine Methode des "Verstehens"[23] entwickelten. "Entgegen der intuitiven Verstehens-Theorie Diltheys muss nach Weber die verstehende Soziologie ... rational hauptsächlich nach Zweck und Mitteln fragen ..."[24] Weber schreibt: "Wo immer wir menschliches Handeln als durch klar bewusste und gewollte 'Zwecke' bei klarer Erkenntnis der 'Mittel' bedingt 'verstehen', da erreicht dieses Verständnis unzweifelhaft ein spezifisch hohes Mass von 'Evidenz'[, was darauf beruht] ..., dass die Beziehung der 'Mittel' zum 'Zweck' eine rationale ... ist."[25] Es ist unverkennbar, dass Max Weber (auch) dem hermeneutischen Ansatz durch sein "Primat" der rationalen Interpretation eine spezifische Ausrichtung verliehen hat.

Von seiner - unter dem Einfluss dieser drei geistesgeschichtlichen Traditionen entstandenen - erkenntnistheoretischen Position aus sowie in Abhängigkeit von seiner Einstellung gegenüber seinem Lehrer und Vorgänger Karl Knies verfasste Max Weber zwischen 1903 und 1906 seine bereits zitierte Abhandlung *"Roscher und Knies und die logischen Probleme der historischen Nationalökonomie"*. Um das Verständnis der hierin vorgebrachten Einwendungen gegen die Knies'sche Position zu fördern ist es sinnvoll, der Behandlung der einzelnen Kritikpunkte einige Vorbemerkungen zur Entstehung dieses Textes sowie zu seinen Inhalten und seiner Stellung im Gesamtwerk von Max Weber voranzustellen:

Über die Hintergründe der Verfassung von *"Roscher und Knies"* schreibt Webers Frau: "The impulse for this came in part from the outside. The Heidelberg *Philosophische Fakultät* planned to issue a jubilee volume

---

[22] Eine Verbindung der Annahme (ökonomisch) rationalen Verhaltens und des methodologischen Individualismus ist in Gestalt des "homo oeconomicus" gegeben, den W. Hennis als "archetype of the ideal type" bezeichnet (vgl. Hennis, W.: 1987, S. 35).
[23] Vgl. zur geisteswissenschaftlichen Theorie des Verstehens insbesondere: Dilthey, W.: *Der Aufbau der geschichtlichen Welt in den Geisteswissenschaften*, 1910. - Diltheys *"Einleitung in die Geisteswissenschaften"* (1883) ist für Weber "... der erste gross angelegte Entwurf einer Logik des *nicht* naturwissenschaftlichen Erkennens ..." (Weber, M.: 1922, S. 43).
[24] Schischkoff, G.: 1982, S. 739
[25] Weber, M.: 1922, S. 137

on the occasion of an anniversary of the university, and Weber was urged to contribute to it. Otherwise he surely would not have tackled this difficult field first with his reawakening but very uneven working capacity."[26] "For the first time it ["Roscher and Knies"] took Weber away from a concrete presentation of material and into extensive logical problems ..."[27] Diese Aussagen lassen im Ansatz bereits vermuten, was Friedrich Tenbruck aus seiner Untersuchung folgert, dass nämlich "... der Roscher-Knies-Beitrag tatsächlich keine wesentlichen Stücke der reifen Methodologie *Webers* enthält".[28] - Hinzu kommt, dass Weber entgegen seinem Vorhaben weder eine dem ursprünglichen Titel *"Roscher, Knies und die Grundlagen der historischen Nationalökonomie"* inhaltlich entsprechende Abhandlung schrieb, noch einen Beitrag zur erwähnten Festschrift leistete: "Weber was unable to complete a paper in time for the publication of the *festschrift*, and the work he finally produced is not an essay on Roscher, Knies, and the methodological foundations of 'historical economics'."[29] Da Weber seine Arbeit später unter einem gleichbedeutenden, nur etwas provokanter formulierten, Titel veröffentlichte, entspricht dieser nur zum geringeren Teil dem Inhalt dieser Abhandlung und ist insoweit irreleitend. "... Weber usually entitled his essays very modestly. 'Knies' is not only humbly but misleadingly titled. Weber has included critiques of Knies, Wundt, Münsterberg, Simmel, Gottl, Lipps, and Croce, all to the end of airing his own methodological opinions concerning 'empathetic understanding', 'adequate interpretation', 'interpretive causal theories', 'the logical structure of knowledge', and, most important here, 'the concept of irrationality' and 'the concept of the personality' ..."[30] Webers erstmalig im umfassenden Sinne in *"Roscher und Knies"* erfolgter Auseinandersetzung mit diesen Themen lag ein zentrales Interesse zugrunde: "Weber believed that, by using the epistemological and theoretical beginnings of neo-Kantianism, he had found a way of legitimizing a non-naturalistic oriented, methodologically based social sciences ... "[31] Damit scheint Karl Knies - was von Max Weber selbst eingeräumt wird - "... nur der 'Vorwand' für das hier Gesagte"[32] zu sein. Es ist daher nicht Webers Absicht, den Inhalt von Knies' *"Politischer Ökonomie"* in voller Tiefe wiederzugeben[33], und entsprechend ist er sich darüber im kla-

---

[26] Weber, Marianne: 1975, S. 259
[27] Weber, Marianne: 1975, S. 265; vgl. S. 307. - Vgl. "Weber's First Metatheoretical Work" in: Oakes, G.: 1975, S. 3 ff.
[28] Tenbruck, F. H.: 1959, S. 611
[29] Oakes, G.: 1975, S. 5
[30] Sica, A.: 1988, S. 172
[31] Käsler, D.: 1988, S. 12
[32] Weber, M.: 1922, S. 44, Schluss der Fussnote 2) von Vorseite
[33] Weber, M.: 1922, S. 43, insbes. Fussnote 2)

ren, kein "... adäquates Bild ... [der] wissenschaftlichen Bedeutung ..."[34] von Knies zu vermittelt.

Webers Kritik an Knies fügt sich nur schwerlich zu einem in sich geschlossenen "Ganzen", da Weber seine Einwendungen gegen Knies nur teilweise explizit formuliert und seine zumeist in anderen und relativ unterschiedlichen thematischen Kontexten vorgebrachten Kritikpunkte kaum in Bezug zueinander setzt. Die mässige Strukturiertheit Webers im Detail grundsätzlich sehr scharfsinniger Ausführungen legt es nahe, W. Hennis Aussage zuzustimmen: What "... Weber says of Knies can just as well be applied to Weber himself: 'Anyone who proposes to undertake an exhaustive reconstruction of this book - a work eminently rich in ideas - has the following task. First, he must separate intertwined strands of ideas which, as it might be put, come from different balls of yarn. This accomplished, he must then systematize each of these collections of ideas independently.'"[35]

Die vorstehenden Ausführungen über Webers *"Roscher und Knies"* sowie insbesondere über die Hintergründe der Entstehung dieses Werkes und über die für Webers Entwicklung und damit für sein "Urteil" massgebenden geistesgeschichtlichen Traditionen waren unerlässlich, um Webers Aussagen beurteilen und auch in ihrer Bedingtheit erkennen zu können. Nur wenn wir uns nicht von der generellen Bedeutung Max Webers blenden lassen und sein "Frühwerk" *"Roscher und Knies"* in möglichst realistischem Lichte betrachten, können wir zu einem ausgewogenen Urteil über Webers Kritik gelangen.

Max Webers Einwendungen gegen die erkenntnistheoretische Position von Knies lassen sich unseres Erachtens zu drei - ihrerseits wiederum miteinander in Verbindung stehenden - primären Kritikpunkten zusammenfassen. Diese drei zentralen Einwendungen sind gleichbedeutend mit Hypothesen, die nun nacheinander geprüft werden:

---

[34] Weber, M.: 1922, S. 44, Schluss der Fussnote 2) von Vorseite
[35] Hennis, W.: 1987, S. 40 (zur Kritik von W. Hennis an Webers Text vgl. auch S. 41). - Vgl. auch: Weber, M.: 1975, S. 95

1. Einwand Max Webers:
"Knies' Wirtschaftsverständnis beruht auf metaphysischen Grundlagen in Gestalt eines ins Organische gewendeten Emanatismus Hegels"

a. Rekonstruktion der Argumentation von Weber

Einen Hinweis auf einen grundlegenden Einwand gegen Knies gibt uns Weber, indem er auf die "... nach der anthropologisch-biologischen Seite abgebogenen Reste der grossen Hegelschen Gedanken ..."[36] verweist. Eine inhaltliche Konkretisierung dieser "... noch in den mittleren Jahrzehnten des abgelaufenen [19.] Jahrhunderts ..."[37] einflussreichen Gedanken Hegels[38] findet sich in anderem Kontext, wo Weber abschätzig von "dem Hegelschen Emanatismus"[39] spricht. Wie die folgenden Ausführungen verdeutlichen werden, ist Weber so zu interpretieren, dass - seiner Auffassung zufolge - der Knies'schen Argumentation eine Verbindung von emanatistischen (und damit metaphysisch begründeten) Annahmen und biologischen Metaphern zugrundeliegt.

(1) *Das emanatistische Element Knies'scher Grundannahmen:* Die den Emanatismus kennzeichnende Auffassung, derzufolge alle Erscheinungen ihren Ursprung in einem gemeinsamen - zeitlosen und vollkommenen - "Urgrund" haben, findet unter anderem darin ihren Ausdruck, dass - so ein Weber'sches Knies-Zitat - "... die Eigentümlichkeit des *einzelnen Menschen* wie die eines *ganzen Volkes* sich aus einem einheitlichen Springquell erschliesst ... [und] alle Erscheinungskreise der menschlichen Tätigkeit sich auf eine Totalität zurückbeziehen ..."[40] "Ich habe ..." - so Knies in anderem Kontext - "durch den Nachweis des einheitlichen Springquelles der Triebe wie der Handlungen in dem menschlich persönlichen Leben die *Ursache* jener Erscheinung[41] darzulegen gesucht und darauf hingewiesen, dass alle umbildenden Eindrücke und Einflüsse ... [aus] diesen einheitlichen Kern ... ihre Wirkungen nach allen Seiten hin geltend machen müssen."[42] Weber verallgemeinert die Bedeutung dieses emanatistischen Elementes, indem er von einem "... Beherrschtsein der realen Entwicklung der Menschheitsge-

---

[36] Weber, M.: 1922, S. 145
[37] Ebd.
[38] Vgl. Oakes, G.: 1988, S. 21
[39] Weber, M.: 1922, S. 134
[40] Weber, M.: 1922, S. 141. - Da die von Weber angegebene Seitenzahl nicht stimmt, konnte dieses Knies-Zitat nicht überprüft werden.
[41] Knies bezieht sich hier auf seine zuvor gemachte Aussage, derzufolge sich die "Lebensäusserungen" eines Volkes gegenseitig bedingen und erklären.
[42] Knies, K.: 1883, S. 363

schichte durch jene einheitliche, hinter ihr stehende 'Triebkarft' ..."[43] spricht.

(2) *Die biologischen Metaphern:* Wie im Begriff der "Triebkraft" bereits anklingt, ist der Knies'sche Emanatismus - in Webers Interpretation - vorrangig ins "Biologische" gewendet, was in erster Linie bedeutet, dass alle dem "einheitlichen Kern" entstammenden "... Erscheinungskreise der menschlichen Tätigkeit ... untereinander in Wechselwirkung stehen ..."[44] und insofern als "organisch"[45] bezeichnet werden können. Weber zufolge hat Knies eine "...'organische' Theorie vom Wesen des Individuums ..."[46], d.h. der einzelne Mensch wird als Organismus und damit als Einheit betrachtet. So ist auch das "... Wesen der 'Persönlichkeit' ... für Knies zunächst: eine 'Einheit' zu sein. Diese 'Einheit' aber verwandelt sich ... alsbald in den Gedanken einer naturalistischen-organisch gedachten *'Einheitlichkeit'* ..."[47] Die "... Auffassung der 'Einheit' des Individuums als einer ... biologisch wirkenden 'Kraft' ..." verdeutlicht Weber zufolge den "... metaphysische[n] oder ... *emanatistische[n]* Charakter der Kniesschen Voraussetzungen ..."[48]. Aus der für Weber erwiesenen Unhaltbarkeit dieser Prämissen resultiert die Negierung der hieraus abgeleiteten Folgerungen, was bedeutete, dass die von Knies aus der organisch gedachten "...'Einheitlichkeit' des Individuums ... für die Methodik ... [gefolgerte] wissenschaftliche *Unzerlegbarkeit*"[49] des (einzelnen) Menschen von Weber bestritten wird.

Die Verbindung von emanatistischer und organischer Wirklichkeitsinterpretation ist - wie bereits angedeutet - nicht nur für die Erklärung und das Verständnis individuellen Verhaltens von unmittelbarer Bedeutung, sondern aus ihr leitet Knies - Webers Auffassung zufolge - auch die Begründung "übergeordneter" Organismen ab. Gemeint sind damit die organischen Gebilde der Volkswirtschaft[50] und des Volkes sowie der über "... den 'Organismen' der einzelnen Völker [stehende] ... höchste organische Zusammenhang: derjenige der Menschheit."[51] - Wie diese "übergeordneten" Organismen von Knies konkret begründet werden, verdeutlicht Weber am Beispiel des Volkes: Knies wendet "... seine 'organische' Theorie vom Wesen des

---

[43] Weber, M.: 1922, S. 145
[44] Vgl. Weber, M.: 1922, S. 141
[45] Knies steht - so Weber - "... im Banne jener historisch gewendeten 'organischen' Naturrechtslehre ..., welche, in Deutschland vorwiegend unter dem Einfluss der historischen Juristenschule, alle Gebiete der Erforschung menschlicher Kulturarbeit durchdrang" (Weber, M.: 1922, S. 138).
[46] Vgl. Weber, M.: 1922, S. 141
[47] Weber, M.: 1922, S. 138
[48] Weber, M.: 1922, S. 144
[49] Weber, M.: 1922, S. 139
[50] Vgl. Knies, K.: 1883, S. 164. - Vgl. auch: Weber, M.: 1922, S. 142, Fussnote 1
[51] Weber, M.: 1922, S. 143

Individuums im Prinzip auch auf das 'Volk' an ..."[52]. "So bildet für Knies auch das Volk ... einen 'lebendigen' Organismus ..."[53]. Das Leben dieses Organismus wird durch die Charakteristika des ihm immanenten "Substanziellen" bestimmt: Wie "... in den Individuen Das, was ihre 'Persönlichkeit'... ausmacht, den Charakter einer 'Substanz' hat ..., so ist eben hier dieser Substanzcharakter ... auf die 'Volksseele' übertragen ..."[54]. Es gibt daher "... auch beim Volk eine *einheitliche psychologische Bedingtheit* aller seiner Kulturäußerungen: ... der 'Gesamtcharakter' [des Volkes] ist *Realgrund der einzelnen Kulturerscheinungen* ..."[55]. Aus *seiner* Auffassung, dass dieser "Charakter" eines Volkes "notwendig in sich einheitlich und widerspruchslos"[56] ist, folgert Weber, dass dieser dahin "... 'strebt' ..., unter allen Umständen einen Zustand der *Homogenität* auf und zwischen allen Gebieten des Volkslebens herzustellen ..."[57].

b. *Beurteilung des Einwandes von Weber vor dem Hintergrund der vorliegenden Analyse*

Max Weber ist insofern zuzustimmen, dass bestimmte Überlegungen von Knies durch Vorstellungen beeinflusst sind, die als "emanatistisch" bezeichnet werden können. Wie die Rekonstruktion seiner historischen bzw. kontextualen Theorie verdeutlicht hat, sind diese metaphysisch begründeten Vorstellungen im Rahmen des erkenntnistheoretischen Ansatzes von Knies jedoch nicht von entscheidender Bedeutung. Und selbst wenn sie es wären, so liesse sich hieraus kein ausschlaggebender Einwand gegen die Theorie von Knies ableiten, und dies aus zwei Gründen:

(1) Indem Webers Ausführungen offensichtlich von dem Ziel geleitet sind, über den Nachweis des *metaphysischen* Gehaltes der emanatistischen Voraussetzungen der Knies'schen Theorie deren Wissenschaftlichkeit infragezustellen, argumentiert er in der - die Dichotomie zwischen (Erfahrungs-)Wissenschaften und Metaphysik begründenden - Tradition von Kant und verkennt dabei, dass jeder erkenntnistheoretische Ansatz - selbst der rationalistische - auf Annahmen beruht, deren Begründung bzw. Rechtfertigung letztlich in den Bereich der Metaphysik führt.

(2) Was nun den konkreten Einwand gegen den *Emanatismus* betrifft, so ist festzustellen, dass die Frage, ob es einen "Urgrund" und damit etwas

---

[52] Weber, M.: 1922, S. 141
[53] Eisermann, G.: 1956, S. 200/201
[54] Weber, M.: 1922, S. 143
[55] Weber, M.: 1922, S. 142
[56] Vgl. Weber, M.: 1922, S. 142
[57] Ebd.

Ewiges und Absolutes gibt, aus dem alles Einzelne hervorgeht, oder ob die Erscheinungen entweder durch "Schöpfung aus dem Nichts" oder durch einen evolutiven "Zufallsprozess" entstanden sind, durch den Menschen und seine Wissenschaften kaum abschliessend beantwortet werden kann, so dass keiner dieser Hypothesen ihre grundsätzliche Berechtigung abgesprochen werden kann. Die von Webers Emanatismus-Vorwurf implizierte Negierung der Existenz eines solchen "Urgrundes" ist damit ein Werturteil, das auf Grundlage bestimmter im Bereich der Metaphysik wurzelnder Annahmen getroffen wurde.

Inwieweit Weber die "Wendung" dieses Emanatismus ins *"Biologische"* oder *"Organische"* kritisiert, ist nicht eindeutig erkennbar. Nun ist die Knies'sche Betrachtung des Menschen in seinen organischen Bezügen zu einem übergeordneten "Ganzen" - infolge der resultierenden Abhängigkeit des Soseins und Handelns des Menschen vom jeweiligen Kontext seiner Existenz - grundsätzlich ebenso unvereinbar mit dem von Weber massgebend begründeten methodologischen Individualismus, wie mit einer universalisierten Form der Rationalität des Handelns. Eine insoweit bestehende Inkompatibilität der Knies'schen Theorie mit dem erkenntnistheoretischen Ansatz von Weber vermag zwar zur Erklärung beizutragen, weshalb sich Weber gegen Knies wendet; ein Argument gegen den Gebrauch biologischer Metaphern lässt sich hieraus jedoch offensichtlich nicht ableiten.

Unvereinbar mit Webers methodologischen Individualismus ist hierüber hinaus die Überzeugung von Knies, dass sich die Menschheit und die einzelnen Völker nicht - der Intention von Weber entsprechend[58] - auf die Summe ihrer Teile (Individuen) reduzieren lassen. Indem die Menschheit und die Völker als "Organismen" gedacht werden, bilden sie jeweils ein "Ganzes", das "mehr als die Summe seiner Teile" ist und somit eine eigenständige Bedeutung und spezifische Charakteristika besitzt. Wenngleich Bezeichnungen wie "Volkscharakter" oder "Volksseele" sicherlich ebenso problematisch wie unzeitgemäss sind und es fragwürdig scheint, ob es sinnvoll bzw. vertretbar ist, das Volk im Knies'schen Sinne zu "personifizieren", so steht doch ausser Frage, dass die Eigenarten von Völkern - unabhängig von Hegel'scher Metaphysik - empirisch feststellbar und von massgebendem Einfluss auf wirtschaftlich relevantes Verhalten sind. Es ist daher nicht erstaunlich, dass die Bedeutung der Charakteristika einzelner Völker von der modernen Managementlehre[59] erkannt wurde.

---

[58] Vgl. Weber: "Dass das generell *Gleiche* an der beteiligten Vielheit von *Individuen* die 'Massenerscheinung' konstituiert, hindert nicht, dass ihre *historische* Bedeutung in dem *individuellen* Inhalt, der individuellen Ursache, den individuellen Wirkungen dieses den Vielen Gemeinsamen ... liegt" (Weber, M.: 1922, S. 48).

[59] Vgl. Harris, P. R.; Moran, R. T.: 1996. Hoecklin, L.: 1994. Hofstede, G.: 1993, S. 81 ff.

Mit seiner Auffassung, dass der "Charakter" eines Volkes "notwendig in sich einheitlich und widerspruchslos" ist und danach strebt, "... unter allen Umständen einen Zustand der *Homogenität* auf und zwischen allen Gebieten ..."[60] und damit auch im Bereich der Volkswirtschaft herzustellen, erweckt Weber im Zusammenhang mit seiner Hervorhebung dieses Faktors den Eindruck, als würde hierdurch eine "Vereinheitlichung" volkswirtschaftlicher Erscheinungen herbeigeführt. Hierzu ist festzustellen, dass der "Volkscharakter" von Knies weder explizit als "widerspruchslos" bezeichnet noch als "expansiv" im Sinne eines "unter allen Umständen alle Bereiche durchdringenden Einflusses" aufgefasst wird. Die volks- bzw. kulturspezifischen Charakteristika sind für Knies lediglich *ein* für das Sosein volkswirtschaftlicher Erscheinungen mitbestimmender Faktor, der in seinem Zusammenwirken mit den anderen ursächlichen Faktoren[61] nicht in dem von Weber angedeuteten Sinne dominieren kann. Die von Weber unterstellte Tendenz zur "*Homogenität* auf und zwischen allen Gebieten" ist nicht nur unvereinbar mit der Überzeugung von Knies, derzufolge die Entwicklung wirtschaftlicher Erscheinungen durch verschiedenste evolutive und kontextspezifische Faktoren mit deren "geistigen" und damit schöpferischen Elementen bestimmt wird, sondern sie steht auch in gewisser Hinsicht in einem Widerspruch zu Webers weiterer Interpretation von Knies: Der nun zu behandelnde zweite Einwand impliziert nämlich die Aussage, dass bei Knies die "Freiheit des Willens" zu einer Individualität des Handelns führt, woraus eher eine Tendenz zur Heterogenität resultiert.

2. Einwand Max Webers:
"Die 'Freiheit des Willens' führt bei Knies zur Individualität des Handelns und begründet so eine Irrationalität wirtschaftlichen Geschehens"

a. Rekonstruktion der Argumentation von Weber

Indem Max Weber zwei von drei Teilen seiner 145-seitigen Arbeit *"Roscher und Knies und die logischen Probleme der historischen Nationalökonomie"* die Überschrift *"Knies und das Irrationalitätsproblem"* voranstellt, weist er darauf hin, dass der diesbezügliche Einwand für ihn von zentraler Bedeutung ist. - Weber entfaltet seine diesbezügliche Kritik auf Grundlage seiner Interpretation von Knies, die sich wie folgt rekonstruieren lässt: Er geht davon aus, dass bei Knies folgender Gegensatz besteht: "... 'freies' *und*

---

[60] Weber, M.: 1922, S. 142
[61] Vgl. Knies, K.: 1883, S. 477

daher [!] irrational-individuelles Handeln der Personen einerseits, - *gesetzliche* Determiniertheit der naturgegebenen Bedingungen des Handelns andererseits ..."[62]. Webers Knies-Interpretation zufolge ist damit die das "personale Handeln" mitbestimmende "Freiheit des menschlichen Willens"[63] (in Verbindung mit "schöpferischen"[64] Kräften des Menschen) dafür ursächlich, dass das individuelle Handeln grundsätzlich irrational ist. Letzteres wird verständlicher, wenn wir uns vergegenwärtigen, dass hier infolge einer "... Identifikation ... von 'freiem ' und 'individuellem', d. h. nicht gattungsmässigem[,] Handeln ..."[65] die Handlungen durch die individuelle Ausprägung des "freien Willens" bestimmt und nicht nur "unberechenbar", sondern auch "unerklärlich" bzw. "unverständlich" sind, was Weber als "irrational" bezeichnet.[66] Dies gilt - so Weber - auch für Handlungen in "... kollektiven Zusammenhänge[n:] ... Da sie 'Handeln' enthalten, sind auch sie für Knies irrational."[67] Vor diesem Hintergrund spricht Weber von einer "... 'prinzipielle[n]' Begründung der Irrationalität des ökonomischen Geschehens ..."[68].

Diese Weber zufolge für die Knies'sche Theorie fundamentale "... Irrationalität des Handelns ... [wird in anderer Hinsicht] wieder ins Rationale umgebogen ..."[69]. Massgebend hierfür ist - so Weber -, dass bei Knies die "... 'Freiheit' nicht als 'Ursachlosigkeit', sondern als Ausfluss des Handelns aus der ... individuellen *Substanz* der Persönlichkeit gedacht ..."[70] wird. Indem nun infolge dieses "Substanzcharakters" das "Wesen" der Persönlichkeit von Knies als in sich widerspruchslose[71] Einheit gedacht und "... im letzten Grunde *rational* ... gedeutet"[72] wird, ist zu folgern, dass auch das freie Handeln der Persönlichkeit widerspruchslos bzw. "rational" ist.

Dieser Weber zufolge bestehende Widerspruch lässt verständlich werden, weshalb er im letzten Absatz seiner als "unvollendet" bezeichneten

---

[62] Weber, M.: 1922, S. 45; vgl. auch S. 64
[63] Vgl. Weber, M.: 1922, S. 45
[64] Vgl. Weber, M.: 1922, S. 46
[65] Weber, M.: 1922, S. 45
[66] Vgl. Weber, M.: 1922, S. 46, insbes. Fussnote 1. - Zur generellen Gleichsetzung von "Irrationalität" und "Unberechenbarkeit" vgl. S. 64.
[67] Vgl. Weber, M.: 1922, S. 45, Fussnote 2
[68] Weber, M.: 1922, S. 45
[69] Weber, M.: 1922, S. 138
[70] Ebd.
[71] Diese innere Widerspruchslosigkeit bzw. *Einheit*lichkeit impliziert, dass sowohl die von Knies als "... Grundfehler der bisherigen (klassischen) Methode ..." betrachtete "... 'Zerlegung' des Menschen in einzelne 'Triebe' ..." als auch der "...religiös bedingte ... ethische ... Dualismus der Triebe bei Roscher ..." überwunden wird (vgl. Weber, M.: 1922, S. 139/140).
[72] Weber, M.: 1922, S. 138

Arbeit *"Roscher und Knies"* von einem "... Bruch in der erkenntnistheoretischen Grundlage ... bei Knies"[73] spricht. Ein *erster Einwand* Webers kann hier somit darin gesehen werden, dass bei Knies einerseits "... mit jener Irrationalität strenger Ernst gemacht wird"[74] und dass andererseits aus der Annahme eines Substanzcharakters sowohl die Rationalität des personalen Handelns, als auch - infolge einer Übertragung des Substanzcharakters auf Volk und Menschheit - eine hinter "... der realen Entwicklung der Menschheitsgeschichte ... stehende [einheitliche] 'Triebkraft' ..."[75] und damit eine gewisse "Berechenbarkeit" resultiert.

Der *zweite Einwand* von Max Weber richtet sich unmittelbar gegen die - ihm zufolge - durch die Knies'sche Theorie begründete Irrationalität bzw. Unberechenbarkeit menschlichen Handelns. Seiner Auffassung zufolge ist "... in der 'erlebten' Wirklichkeit von einer *spezifischen* 'Unberechenbarkeit' menschlichen Tuns ganz und gar nichts zu spüren."[76] Hinsichtlich der Berechenbarkeit von menschlichem Verhalten besteht gemäss Weber kein "... *prinzipieller* Unterschied gegen[über] 'Naturvorgänge[n]' ..."[77]. Weber kommt zu dem Schluss, dass von "... jener Art von Irrationalität auf seiten des menschlichen 'Handelns' schlechterdings nicht die Rede sein kann"[78]. - Entsprechend ist es das Anliegen Webers, die gemäss seiner Interpretation von Knies gegebenen Begründungen für die "Irrationalität" bzw. für die "Unberechenbarkeit" des Handelns durch die folgenden beiden Argumente zu entkräften:

(1) Zunächst versucht Weber zu widerlegen, dass das Handeln infolge seiner Mitbestimmtheit durch "schöpferische" Leistungen des menschlichen Geistes unberechenbar und in diesem Sinne "irrational" wird, indem er begründet, weshalb die Assoziation von "Schöpferischem" mit "Unvorsehbarem" bzw. mit "Unberechenbarem" ungerechtfertigt ist. Webers für sich genommen schlüssigen Überlegungen zufolge liegt nämlich das "... 'Schöpferische' des ... ['historischen' Handelns] lediglich darin, dass ... der kausale Ablauf des Geschehens einen nach Art und Mass *wechselnden Sinn* empfängt ..."[79]. Somit besteht das Schöpferische darin, dass "... neue Wertbeziehungen gestiftet worden ... . Unter logischen Gesichtspunkten betrachtet, hat die [aus einem schöpferischen Prozess hervorgegangene] qualitative

---

[73] Vgl. Weber, M.: 1922, S. 145
[74] Ebd.
[75] Ebd.
[76] Weber, M.: 1922, S. 64
[77] Ebd.
[78] Weber, M.: 1922, S. 65
[79] Weber, M.: 1922, S. 50

Veränderung ... die gleiche Eigenart ..."[80] wie bestimmte sich in der Natur vollziehende physikalische und chemische Vorgänge.

(2) Webers zweites Argument gegen eine "Irrationalität" individuellen Handelns und ökonomischen Geschehens besteht in der von seinem methodologischen Standpunkt aus begründeten Überzeugung, dass die "Freiheit des Handelns" nicht zu "Irrationalität"[81] sondern zu "Rationalität" führt. Webers Gedankengang lässt sich wie folgt zusammenfassen: "Je 'freier', d.h. je mehr auf Grund 'eigener', durch 'äusseren' Zwang oder unwiderstehliche 'Affekte' nicht getrübter *'Erwägungen'*, der 'Entschluss' des Handelnden einsetzt, desto restloser ordnet sich die Motivation ceteris paribus den Kategorien 'Zweck' und 'Mittel' ein, desto vollkommener vermag also ihre rationale Analyse und gegebenenfalls ihre Einordnung in ein Schema rationalen Handelns zu gelingen ..."[82]. Dieser hypothetische Zusammenhang zwischen Freiheit und Rationalität des Handelns wird durch Einbindung einer weiteren Überlegung gefestigt: Je "... 'freier' ... das 'Handeln' ist ..., desto mehr tritt damit endlich auch derjenige Begriff der 'Persönlichkeit' in Kraft, welcher ihr 'Wesen' in der Konstanz ihres inneren Verhältnisses zu bestimmten letzten 'Werten' ... findet, die sich in ihrem Tun zu Zwecken ausmünzen und so in teleologisch-rationales Handeln umsetzen ..."[83]. Infolge einer rationalen Beziehung zwischen Handlung (Mittel) und erstrebtem Wert (Zweck) ist in Kenntnis dieses Wertes ein diesbezügliches Verhalten des Menschen deutbar: Weber zufolge ist "... die 'Persönlichkeit' ... das einzig deutbare 'Verständliche', was es überhaupt gibt ..."[84], und "... individuelles Handeln ist, seiner sinnvollen *Deutbarkeit* wegen, - soweit diese reicht - prinzipiell spezifisch weniger 'irrational' als der individuelle Naturvorgang"[85]. - Zusammenfassend ist daher eine im von Weber dargestellten Sinne verstandene "Rationalität historischen Geschehens" um so grösser, je grösser die "Freiheit des Handelns" ist"[86].

---

[80] Ebd.; vgl. S. 49 und S. 51
[81] Vgl. Weber, M.: 1922, S. 45
[82] Weber, M.: 1922, S. 132
[83] Ebd.
[84] Weber, M.: 1922, S. 133
[85] Weber, M.: 1922, S. 67
[86] Vgl. Weber, M.: 1922, S. 69. - Als Folgerung ergibt sich, dass eine umfassende Rationalität - wie sie uns in Gestalt der Annahme "ökonomisch" rationalen Verhaltens begegnet - eine "vollständige" Freiheit voraussetzt. Die Freiheit des Willens und Handelns ist damit eine - *idealtypische* - Grundvoraussetzung des rationalen Erklärens und Verstehens: "Gerade die 'Gesetze' der theoretischen Nationalökonomie setzen ... das Bestehen von 'Willensfreiheit' in jedem auf dem Boden des Empirischen überhaupt möglichen Sinn des Wortes notwendig *voraus*" (a. a. O., S. 133).

b. *Beurteilung des Einwandes von Weber vor dem Hintergrund der vorliegenden Analyse*

Indem eine notwendige Bedingung des von Weber kritisierten "Bruches in der erkenntnistheoretischen Grundlage" (erster Einwand[87]) in der ihm zufolge bei Knies gegebenen "Irrationalität" des Handelns (zweiter Einwand) besteht, sind beide Einwände nur dann haltbar, wenn der "Irrationalitäts-Vorwurf" gerechtfertigt ist. - Die Auseinandersetzung mit diesem Einwand ist dadurch erschwert, dass es Weber in erster Linie darum geht, die Rationalität des Handelns zu begründen und er es versäumt, einen überzeugenden Nachweis dafür zu erbringen, dass bei Knies von einer "Irrationalität" des Handelns gesprochen werden kann. Letzteres wird von Weber faktisch nur postuliert und Knies unterstellt, indem er von "'freiem' *und daher [!] irrational-individuellem* Handeln" spricht. Abgesehen davon, dass die Begriffe "Irrationalität" und "Unberechenbarkeit" bei Knies kaum vorkommen und von ihm nicht zur generellen Charakterisierung menschlichen Handelns verwendet werden, lässt sich die Hypothese, dass bei Knies kein "Irrationalitätsproblem" im Weber'schen Sinne besteht, in dreifacher Hinsicht untermauern:

(1) Zunächst ist der auf Weber zurückgehende Vorwurf, "... dass die rationale Erkenntnis der naturalen und naturgesetzlichen Seite der Wirtschaftswissenschaft zugeordnet, alles darüber Hinausragende aber als 'irrational' aufgefasst wird"[88], gänzlich unhaltbar. Insoweit der Mensch über die rein naturgesetzliche Bestimmtheit hinausgehoben und damit ein geistbegabtes Wesen ist, ist er für Knies keineswegs schlicht "irrational". So ist Knies beispielsweise der Auffassung, dass "... dem menschlichen Geiste auch eine Verstärkung seiner Befähigung für 'durchdringende Einsicht', ein Wachstum seiner Kraft des Erkennens beschieden ..."[89] ist. An vielen Stellen des Knies'schen Werkes kommt zum Ausdruck, dass der Mensch für Knies ein "vernunftbegabtes"[90] und - *auch* in den Kategorien von "Mittel" und "Zweck"[91] - "denkendes"[92] sowie rational "urteilendes"[93] Wesen ist.

---

[87] Wie dargestellt, impliziert dieser Einwand auch eine Kritik der *Begründung* der Rationalität bzw. der Berechenbarkeit, insoweit diese aus der Hegel'schen Metaphysik hergeleitet ist. - Vgl. hierzu die Ausführungen zu der sich auf die "metaphysischen Grundlagen" des Knies'schen Wirtschaftsverständnisses beziehenden Kritik.

[88] Brinkmann, C.: 1956, S. 123

[89] Vgl. Knies, K.: 1883, S. 457; vgl. auch S. 458/459

[90] Vgl. Knies, K.: 1883, u. a. S. 459, S. 468

[91] Knies spricht an mehreren Stellen davon, "... dass das wirtschaftliche Leben und Schaffen nur Mittel zum Zweck ist ..." (Knies, K.: 1883, S. 427; vgl. u. a. auch S. 437, S. 425, S. 289 und S. 440).

(2) Entsprechend ist menschliches Handeln bei Knies grundsätzlich erklärbar bzw. verstehbar und damit rational fassbar. Selbst dann, wenn die Ursachen einer Handlung in ihren "Wurzeln" in die Sphären der Metaphysik oder der Triebe reichen und hinsichtlich ihres Ursprungs weder vollständig bewusst noch rational begründbar sind, so ist es doch grundsätzlich möglich, die unmittelbareren Ursachen ökonomisch relevanten Verhaltens zu benennen. Geht der Nationalökonom daher beispielsweise von der Gegebenheit einer noch relativ eindeutig nachweisbaren psychischen Motivation einer Handlung aus, so kann er diese Handlung und deren Folgen kausal erklären. Sind nämlich "... das reale und das personale Element ... in ihrem Wesen als wirkende Ursachen ..." festgestellt bzw. benannt, so ist Knies zufolge eine rationale Erklärung in Gestalt einer "... Gesetzmässigkeit einer ökonomischen Erscheinung ..."[94] ermittelt.

(3) Der Einwand von Max Weber, dass menschliche Handlungen der Knies'schen Theorie zufolge unberechenbar sind, ist zwar insofern gerechtfertigt, als das Verhalten - soweit es nicht durch Naturgesetze determiniert ist (vgl. "realer" Faktor) - infolge der schöpferischen Fähigkeiten des Menschen und der sich in Interdependenz mit der Aussenwelt vollziehenden Entwicklung des menschlichen Geistes (vgl. "personaler" Faktor) nicht über längere Frist prognostizierbar und insofern unberechenbar ist. Es ist allerdings offensichtlich, dass die mit der - unberechenbaren - *zukünftigen* Entwicklung des Menschen einhergehende Veränderung sowohl der Motivationen oder Zwecke seines Verhaltens, als auch der Kriterien für die Auswahl der einzusetzenden Mittel grundsätzlich nicht dazu führt, dass menschliches Verhalten weniger (zweck-)rational wird. - Hierüber hinaus kann menschliches Verhalten der Theorie von Knies zufolge auch "berechenbar" sein, wenn es entweder im Einzelfall massgebend naturgesetzlich determiniert ist oder wenn das "personale" Element in einem bestimmten geographischen und zeitlichen Kontext relativ konstant ist. Letzteres kann allerdings nur auf Grundlage von Beobachtungen geprüft werden, und da diese nur aus der Vergangenheit und Gegenwart stammen können, kann eine "Berechenbarkeit" bzw. eine "wirtschaftsgesetzliche" Kausalität grundsätzlich nur für einen in die *Gegenwart* hineinreichenden Zeitraum mit relativer Sicherheit nachgewiesen werden.

Zusammenfassend kann festgestellt werden, dass sowohl die Intention von Knies als auch der theoretische Gehalt seines Werkes darauf ausgerichtet ist, die geschichtliche bzw. kulturspezifische Bestimmtheit ökonomisch

---

[92] Vgl. Knies, K.: 1883, u. a. S. 398 sowie S. 232, S. 369 und S. 459/460
[93] Vgl. Knies, K.: 1883, u. a. S. 307
[94] Vgl. Knies, K.: 1883, S. 477

relevanten Verhaltens und volkswirtschaftlichen Geschehens zu verdeutlichen sowie deren theoretische Erfassbarkeit bzw. rationale Erklärbarkeit nachzuweisen und dass es Knies nicht darum geht, die Rationalität menschlichen Handelns grundsätzlich infragezustellen. Wie im zehnten Kapitel erläutert wird, resultiert aus der Theorie von Knies "nur" die Kritik einer jeden Rationalitäts-Annahme, die von der Begrenztheit und der kulturspezifischen Ausprägung der empirisch erfassbaren Rationalitäten der Menschen abstrahiert. - Es sind auch weniger Fragen der Rationalität, die Weber und Knies trennen, sondern gewisse Unterschiede in ihren erkenntnistheoretischen Ansätzen: Während Knies ausschliesslich die wahrnehmbaren Elemente wirtschaftlicher Wirklichkeit zur Grundlage der Theoriebildung macht und betont, dass "... der Kopf des denkenden Menschen die objectiv wahrnehmbaren Thatsachen des Lebens nur *verarbeiten, nicht* [aber] *ersetzen* kann ..."[95], entwickelt Weber einen das wirtschaftliche Geschehen "idealtypisch" erklärenden Ansatz und spricht von der Erkenntnis, "... dass die ökonomischen 'Gesetze' Schemata rationalen Handelns sind, die nicht durch psychologische Analyse der Individuen, sondern durch idealtypische Wiedergabe des Preiskampfs-Mechanismus aus der so in der Theorie hergestellten *objektiven Situation* deduziert werden ..."[96]

3. Einwand Webers und dessen spätere Interpretation:
"Die Knies'sche Unterscheidung der Erkenntnisbereiche
von Naturwissenschaften und Nationalökonomie ist nicht haltbar"

a. Rekonstruktion der Argumentation von Weber

Max Weber zufolge "... stellt Knies neben die schon von Helmholtz ... unterschiedenen Gruppen der 'Naturwissenschaften' einerseits, der 'Geisteswissenschaften' anderseits, als *dritte* Gruppe die 'Geschichtswissenschaften', als diejenigen Disziplinen, welche es mit äusseren, aber durch 'geistige' Motive *mit*bedingten Vorgängen zu tun haben."[97] Da die von Knies zu den Geschichtswissenschaften gezählte Nationalökonomie daher "... menschliches Handeln unter einerseits naturgegebenen, anderseits historisch bestimmten Bedingungen behandelt, so ergibt sich ihm, dass in ihr Beobachtungsmaterial als Determinanten auf der einen Seite ... die menschliche *'Willensfreiheit'* ..., auf der anderen dagegen 'Elemente der *Notwendigkeit'*..."[98]

---

[95] Knies, K.: 1883, S. 459
[96] Weber, M.: 1922, S. 140
[97] Weber, M.: 1922, S. 44
[98] Ebd.

eingehen. "Die Einwirkung der natürlichen und 'allgemeinen' Zusammenhänge fasst nun Knies ... als *gesetzmässige* Einwirkung auf ..."[99] So gelangt
er - gemäss Webers Auffassung - zu dem bereits erwähnten Gegensatz: "...
'freies' *und daher irrational-individuelles* Handeln der Personen einerseits, -
gesetzliche Determiniertheit der naturgegebenen Bedingungen des Handelns
andererseits ..."[100]. Im Vergleich zu den Naturwissenschaften, deren Erkenntnisobjekte durch Gesetze eines "absolut gleichen Kausalnexus" bestimmt und folglich "berechenbar" sind, hat es die Nationalökonomie wegen des Hinzutretens der (von Weber postulierten) "Irrationalität" des Handelns "... mit einem prinzipiell andersartigen *Sein* als Objekt zu tun ..."[101].

Diese Karl Knies zugeschriebene Art der Unterscheidung zwischen den
Erkenntnisbereichen der Naturwissenschaften und der Nationalökonomie
bestreitet Max Weber, indem er einerseits den behandelten Nachweis zu erbringen sucht, dass von "... jener Art von Irrationalität auf seiten des
menschlichen 'Handelns' schlechterdings nicht die Rede sein kann"[102] - was
bedeutet, dass wirtschaftlich relevantes Verhalten und das hieraus resultierende volkswirtschaftliche Geschehen weitgehend berechenbar ist -, und
indem er andererseits verdeutlicht, dass es im Bereich der Natur keineswegs nur gesetzlichen Determinismus, sondern auch Unbestimmtheiten und
damit Unberechenbarkeiten gibt. Letzteres veranschaulicht Weber an einem
Beispiel: "Wenn der Sturm einen Block von einer Felswand herabgeschleu-
dert hat, und er dabei in zahlreiche verstreut liegende Trümmer zersplittert
ist, dann ist die Tatsache und ... die allgemeine Richtung des Falles ... [so-
wie] der allgemeine Grad des Zersplitterns ... aus bekannten mechanischen
Gesetzen kausal 'erklärbar' im Sinn des 'Nachrechnens'. Aber beispielsweise: in wie viele und wie geformte Splitter der Block zersprang, und wie
gruppiert diese verstreut liegen, - für diese ... 'Seiten' des Vorganges würde
... unser kausales Bedürfnis ... sich mit dem Urteil begnügen, dass der vor-
gefundene Tatbestand ... nichts 'Unbegreifliches' ... enthalte. Ein wirklich
kausaler 'Regressus' aber würde uns ... wegen der absoluten 'Unberechenbarkeit' dieser Seiten des Vorganges ... gänzlich unmöglich ..."[103] "Aehnlich
komplex und individuell verzweigt, wie in dem Beispiel von der Gruppie-
rung der Felsblocksplitter, liegen nun die Chancen des kausalen Regressus
normalerweise auf dem Gebiet des geschichtlich relevanten menschlichen
Tuns ..."[104], woraus folgt, dass dieses unberechenbar erscheinen kann, ob-

---

[99] Weber, M.: 1922, S. 44/45
[100] Weber, M.: 1922, S. 45
[101] Vgl. Weber, M.: 1922, S. 71
[102] Weber, M.: 1922, S. 65
[103] Weber, M.: 1922, S. 65/66
[104] Weber, M.: 1922, S. 66/67

wohl es grundsätzlich (zweck)rational deutbar ist. Webers Argumentation kann damit so interpretiert werden, dass es in den Erkenntnisbereichen von Naturwissenschaften einerseits und Nationalökonomie andererseits *jeweils* sowohl "Unberechenbares" bzw. nicht kausal Erklärbares als auch "Berechenbares" in Gestalt von "naturgesetzlich Bestimmtem" einerseits und von rationalem Handeln[105] andererseits gibt. Indem damit der Wirtschaft und der Natur sowohl durch nachvollziehbare Kausalitäten bestimmte Bereiche als auch "Spähren der Unberechenbarkeit" immanent sind, unterscheiden sich die Erkenntnisobjekte der Nationalökonomie *in dieser Hinsicht* nicht von jenen der Naturwissenschaften. Damit ist im Verständnis von Max Weber die von Knies gegebene Begründung für eine Unterscheidung zwischen Naturwissenschaften und der zu den Geschichtswissenschaften gezählten Nationalökonomie nicht haltbar.

b. Erweiterung von Max Webers Einwand durch Gottfried Eisermann

Der der Tradition von Max Weber nahestehende Soziologe und Nationalökonom Gottfried Eisermann interpretiert Weber so, dass dieser "... in seiner berühmt gewordenen Untersuchung ..." (*"Roscher und Knies"*) den Zusammenbruch der "... Unterscheidung oder, besser gesagt, dieses angeblichen Gegensatzes ..." zwischen Naturgesetzen und "Wirtschaftsgesetzen" "... ins Licht hob ..."[106]. Eisermann untermauert seine auf eine Aufhebung der Knies'schen Unterscheidung zwischen den natur- und wirtschaftswissenschaftlichen Erkenntnisbereichen zielende Argumentation durch die Feststellung, dass "... die Naturwissenschaften selbst die antiquierte Auffassung des von *Knies* formulierten Gesetzesbegriffs[, der einen "absolut gleichen Kausalnexus" impliziert,] inzwischen fallengelassen ..."[107] haben. Besteht dieser Auffassung zufolge kein grundsätzlicher Gegensatz zwischen Naturgesetzen und "Wirtschaftsgesetzen", so ist auch die Knies'sche Kritik am naturwissenschaftlich geprägten Gesetzesbegriff der (neo-)klassischen Nationalökonomie fragwürdig, und sie ist sogar hinfällig, seit "... die neoklassische Wirtschaftstheorie, vertreten durch *Alfred Marshall*, der einen Ausdruck von *John St. Mill* wieder aufgriff, ihre Wirtschaftsgesetze nur noch als 'statements of tendencies' ..."[108] auffasst. Implizieren diese "state-

---

[105] Max Weber spricht in anderem Kontext von "allgemeinen [!] Gesetzen des rationalen wirtschaftlichen Handelns" (vgl. Weber, M.: 1922, S. 45).

[106] Eisermann, G.: 1993, S. 57. - Vgl. ders.: 1956, S. 210; vgl. auch S. 208f.

[107] Eisermann, G.: 1993, S. 57

[108] Vgl. Eisermann, G.: 1993, S. 57/58. - Eisermann nennt unter anderem folgende Quellen: "*Alfred Marshall*, Principles of Economics, 4. ed., Vol. I, chap. 6, § 6; vgl. *John St. Mill*,

ments of tendencies", dass es keinen "absolut gleichen Kausalnexus" gibt, so gleicht der Gesetzesbegriff "der" Neoklassik grundsätzlich jenem, welcher der obigen Argumentation zufolge in den (modernen) Naturwissenschaften gilt. Ein vergleichbarer Einwand findet sich bei Alfred Kruse, der zudem hervorhebt, dass in den Naturwissenschaften, wie beispielsweise "... in der Chemie und Physik[,] genau wie in der Volkswirtschaftslehre die Gesetze nur unter bestimmten Voraussetzungen (z. B. dort luftleerer Raum, hier freie Konkurrenz) ..."[109] gelten.

Von wesentlicher Bedeutung ist nun, dass die durch diese Argumentation untermauerte Position - d. h. die Negierung der Knies'schen Unterscheidung zwischen *"Wirtschaftsgesetzen"* und *Naturgesetzen* - unserer Untersuchung zufolge von Gottfried Eisermann stammt und sich *in dieser Fassung* nicht bei Max Weber findet. Webers Ausführungen lassen nämlich darauf schliessen, dass er sich kaum über die Existenz, geschweige denn über den erkenntnistheoretischen Gehalt der Knies'schen "Wirtschaftsgesetze" im Klaren gewesen ist. Entsprechend thematisiert Weber weder den Begriff noch die theoretische Begründung des "Wirtschaftsgesetzes".

c. Beurteilung der Einwände von Weber und Eisermann vor dem Hintergrund der vorliegenden Analyse

Der in seiner Erweiterung durch Gottfried Eisermann bis in die Gegenwart wirksame Einwand Max Webers gegen die Knies'sche Unterscheidung zwischen den Erkenntnisbereichen von Naturwissenschaften und Nationalökonomie ist zunächst deshalb fragwürdig, weil Weber seine Kritik auf Grundlage einer unzutreffenden Knies-Interpretation entwickelte. Wie verdeutlicht wurde, ist es nicht die von Weber postulierte Form der "Irrationalität" des Handelns[110], die bei Knies den Erkenntnisbereich der Nationalökonomie von jenem der Naturwissenschaften unterscheidet, sondern das in seinem "Kern" kontextspezifische und evolutive Sosein volkswirtschaftlicher Erscheinungen, das massgebend durch die räumliche und zeitliche Varianz der "geistigen" oder "personalen" Elemente der für das Sosein bestimmenden Faktoren verursacht ist. Infolge dieser grundsätzlich gegebenen Varianz der "personalen" Elemente kann es somit im Erkenntnisbereich der National-

---

Principles of Political Economy, Book II, chap. I" (ebd., Fussnote 130). - Vgl. auch ders.: 1956, S. 211

[109] Kruse, A.: 1959, S. 162

[110] Aus dieser Anerkennung der Kontextabhängigkeit wirtschaftlich relevanten Handelns folgt bei Knies zwar eine gewisse Begrenztheit und Variabilität der Rationalität, nicht hingegen deren grundsätzliche Infragestellung.

ökonomie keine allgemeingültigen Gesetze im Sinne eines an jedem Ort und zu jeder Zeit "absolut gleichen Kausalnexus" geben, wie sie Knies zufolge von den Naturwissenschaften seiner Zeit ermittelt werden konnten.

Wenn Weber die seiner Interpretation zufolge bei Knies gegebene Unterscheidung der Erkenntnisbereiche von Nationalökonomie und Naturwissenschaften durch die Hervorhebung der Rationalität und *Berechenbarkeit* wirtschaftlichen Handelns und der *Unberechenbarkeit* von Naturvorgängen zu entkräften versucht, so begründet er einerseits einen Grad an Rationalität, der empirisch kaum nachweisbar ist. Andererseits vermag die Tatsache, dass bestimmte Naturvorgänge im von ihm dargestellten Sinne für den Menschen "unberechenbar"[111] sind, an der gleichzeitigen Wirkung von "Gesetzen im Sinne eines absolut gleichen Kausalnexus", wie beispielsweise des "Gesetzes des freien Falls", ebensowenig etwas zu ändern, wie die Differenzierung des Gesetzesbegriffes in Bereichen der Naturwissenschaften des 20. Jahrhunderts.

Problematisch erscheint uns insbesondere, dass Weber jenes in einen argumentativen Zusammenhang stellt, was unabhängig voneinander zu erörtern ist, nämlich das Einzigartige bzw. Unberechenbare einerseits und das Regelmässige bzw. Gesetzmässige andererseits. Dass es nicht nur in der Wirtschaft, sondern auch in der Natur individuelle Vorgänge gibt, die infolge ihrer Komplexität als "unberechenbar" und wissenschaftlich nicht erklärbar gelten müssen, steht auch für Knies ausser Frage. Sein Forschungsinteresse ist jedoch - wie das eines jeden Wissenschafters - auf die Ermittlung von Regelmässigem und kausal Erklärbarem bzw. von Gesetzmässigem gerichtet. Entsprechend ist die Frage, ob sich die Erkenntnisbereiche von Naturwissenschaften und Nationalökonomie im Knies'schen Sinne unterscheiden, durch einen Vergleich der in der Natur und in der Wirtschaft geltenden Gesetzmässigkeiten zu beantworten. - Wie erläutert wurde, findet sich unserer Untersuchung zufolge eine explizite Gegenüberstellung der von Knies thematisierten Naturgesetze und "Wirtschaftsgesetze" nicht bei Weber, sondern erst bei Eisermann. Eine Kritik dieser Knies'schen Unterscheidung zwischen Naturgesetzen und "Wirtschaftsgesetzen" kann hier aus den dargelegten Gründen nicht durch Webers Argumentation untermauert werden. Die von Gottfried Eisermann gegebenen Hinweise auf eine Annäherung der Gesetzesbegriffe von neoklassischer Nationalökonomie und modernerer Naturwissenschaft sind zwar in theoriegeschichtlicher Hinsicht

---

[111] Das aus "unberechenbaren" Prozessen hervorgegangene Einzigartige in der Natur wird im übrigen von der Knies'schen Theorie insofern berücksichtigt, als sie die spezifischen Charakteristika des Territoriums einer Volkswirtschaft in ihrer Bedeutung für die wirtschaftlichen Prozesse zu erfassen versucht.

sehr wertvoll; ein Argument gegen die in der vorliegenden Arbeit rekons-
truierte Knies'sche Begründung der "Wirtschaftsgesetze" bzw. gegen die resultierende Unterscheidung dieses Gesetzesbegriffes von jenem der klassischen und modernen Naturwissenschaften lässt sich hieraus jedoch nicht
ableiten.[112]

II. Die Ausweitung von Webers Kritik zu einer Infragestellung der historischen Nationalökonomie

1. Die Negierung der Existenz einer historischen Methode als grundlegender Irrtum

Aus seiner Auffassung, derzufolge Max Weber nachgewiesen hat, dass den
Knies'schen "Wirtschaftsgesetzen" faktisch keine eigenständige Bedeutung
zukommt, weil die von Knies vorgenommene grundlegende Unterscheidung des Erkenntnisbereiches der Nationalökonomie jenem der Naturwissenschaften nicht haltbar ist, folgert Gottfried Eisermann, dass es auch
keiner - der Ermittlung dieser "Wirtschaftsgesetze" dienenden - spezifisch
"historischen" Methode der Nationalökonomie bedarf: "Die Unhaltbarkeit
der Kniesschen Fassung von angeblichen 'Natur'- und Wirtschaftsgesetzen
... besiegelte ... das Schicksal dieser 'historischen Methode' der Nationalökonomie."[113] Die "historische" Methode ist Eisermann zufolge aber nicht
nur überflüssig, sondern sie ist gar nicht existent: Es "... gibt keine historische Methode der theoretischen Nationalökonomie ..."[114]; bei der von Knies
thematisierten "historischen Methode" handelt es sich lediglich um die "Methode des Historikers"[115].

Diese Folgerung ist nun zunächst deshalb nicht gerechtfertigt, weil sie
aus der unzutreffenden Annahme abgeleitet wurde, Weber habe die Knies'-
sche Unterscheidung zwischen den Gesetzmässigkeiten in den Erkenntnis-

---

[112] Wären die Wirtschaft und die Natur durch Gesetzmässigkeiten vergleichbarer Art bestimmt, dann müssten in beiden Bereichen Prognosen mit ähnlichen Eintretenswahrschein-
lichkeiten möglich sein. Dass dies nicht der Fall ist verdeutlicht beispielsweise der Vergleich von Prognosen über die vom Menschen unbeeinflusste Entwicklung eines Ökosys-
tems oder über den Prozess des Heranwachsens eines Lebewesens auf der einen Seite mit
Prognosen über die Entwicklung einer Volkswirtschaft oder eines einzelnen Marktes auf der
anderen Seite.
[113] Eisermann, G.: 1956, S. 210/211. - Vgl. ders.: Carl Knies in seiner Zeit. In: Eisermann,
G.; Häuser, K.; Yagi, K.: 1996, S. 71/72
[114] Vgl. Eisermann, G.: Carl Knies in seiner Zeit. In: Eisermann, G.; Häuser, K.; Yagi, K.:
1996, S. 90. - Vgl. ders.: 1956, S. 212
[115] Vgl. "Method in History" in: Garraghan, G. J.: 1946, S. 33 ff.

bereichen von Natur- und Wirtschaftswissenschaften widerlegt. Indem Webers und Eisermanns Einwände die theoretische Begründung der "Wirtschaftsgesetze", wie sie im fünften und sechsten Kapitel der vorliegenden
Arbeit rekonstruiert wurde, nicht wesentlich tangieren, behält somit auch
eine der Ermittlung dieser "Wirtschaftsgesetze" dienende Methode der Nationalökonomie grundsätzlich ihre Berechtigung, die infolge der vorrangig
kontextspezifischen Bestimmtheit des wirtschaftlichen Erkenntnisbereiches
eine "historische" bzw. "kontextuale" Methode sein muss und sich, wie das
siebte Kapitel verdeutlicht, grundlegend von den historischen Methoden der
Geschichtswissenschaften unterscheidet.

Entsprechend erweist sich auch die Aussage Eisermanns als unzu-
treffend, Knies habe die Unhaltbarkeit der historischen Methode sogar selbst
eingesehen[116] und das "... Eingeständnis der eigenen Niederlage ... in der
Veränderung des Titels ..."[117] der *"Politischen Ökonomie"*[118] sowie in der
folgenden Aussage niedergelegt: "'Im eigentlich methodologischen Sinne
genommen', so führte Knies nunmehr [1883] aus, indem er nachdrücklich
auf eine Vorbehalte anmeldende Anmerkung bereits in der ersten Auflage
seines Buches hinwies[119], 'wäre deshalb auch die Bezeichnung: 'historische
Methode der politischen Ökonomie' nur dann ohne Vorbehalt zuzulassen,
wenn als die Aufgabe der letzteren Wissenschaft nur geschichtliche Erforschung und Berichterstattung bezüglich der wirtschaftlichen Partie der Historie anzuerkennen wäre. Möchten wir jedoch nun auch wohlerwogener-
massen mit grösstem Nachdruck und in stärkstem Umfang uns auf die Geschichte verweisen und stützen wollen, so darf deshalb doch niemals der
Unterschied zwischen Wirtschaftsgeschichte und politischer Ökonomie,
oder zwischen der fachmässigen Aufgabe des Historikers und der des Nationalökonomen verkannt werden.'"[120] Die durch Eisermann erfolgte Interpretation dieser Aussage von Knies pflanzt sich auch in Lehrbüchern der
Theoriegeschichte fort: "When Knies ... published a second edition in 1883,
... [he] apparently having by then become aware of the nonexistence of such

---

[116] Vgl. Eisermann, G.: 1956, S. 210
[117] Vgl. Eisermann, G.: 1956, S. 228; vgl. auch S. 211
[118] Das 1853 in erster Auflage unter dem Titel *"Die Politische Oekonomie vom Standpunkte
der geschichtlichen Methode"* erschienene Werk wurde von Knies durch abgesonderte Zusätze erweitert und 1883 unter dem Titel *"Die Politische Oekonomie vom geschichtlichen
Standpunkte"* veröffentlicht.
[119] Eisermann verweist an dieser Stelle auf: "Karl *Knies*: Die politische Ökonomie vom geschichtlichen Standpunkte, a. a. O, Vorwort S. VII. Vgl. die erste Auflage, S. 32, Anmerkung; dort (S. 32) fand sich auch bereits im Text der Hinweis, auch Roscher habe schon die
Bezeichnung 'geschichtliche Methode' lediglich 'zur Charakterisierung seines allgemeinen
Standpunktes' gewählt."
[120] Eisermann, G.: 1956, S. 211/212

a method."[121]

Vor dem Hintergrund der vorliegenden Untersuchung ist offensichtlich, dass Karl Knies nicht den geringsten Anlass hatte, an der erkenntnistheoretischen Bedeutung seiner kontextualen bzw. historischen Methode zu zweifeln. Entsprechend lassen sich auch die vorstehend erwähnten Hinweise darauf, dass Knies seinen "Irrtum" selbst eingestanden habe, entkräften:

(1) Zunächst ist es unseres Erachtens naheliegend, die Tatsache, dass Knies den Titel der *"Politischen Oekonomie"* so abgeändert hat, dass er nicht mehr wie 1853 vom *"Standpunkte der geschichtlichen Methode"* sondern nun - 1883 - vom *"geschichtlichen Standpunkte"* spricht, so zu interpretieren, dass er ihn damit allgemeiner und zutreffender formulieren wollte, da die historische Methode ja nur ein Element des in diesem Werk entwickelten erkenntnistheoretischen Ansatzes ist, der eine Theorie der geschichtlichen bzw. kontextualen Bestimmtheit der Volkswirtschaft und eine Spezifizierung der ihr immanenten "Gesetzmässigkeiten" umfasst, woraus sich dann die Legitimation der historischen Methode ergibt. Der *"geschichtliche Standpunkt"* kennzeichnet damit die erkenntnistheoretische Position von Knies als Ganzes, einschliesslich der historischen Methode, so dass von einem Eingeständnis einer "Niederlage" nicht die Rede sein kann.

(2) Auch im oben zitierten Auszug aus dem Vorwort zur 1883 erschienenen Ausgabe dieses Werkes distanziert sich Knies nicht ansatzweise von der historischen Methode: Er verweist hier lediglich darauf, dass die *Bezeichnung*(!) "historische Methode" nur mit Vorbehalt zuzulassen ist, weil sie eben nicht die "... Berichterstattung bezüglich der wirtschaftlichen Partie der Historie ..." bezweckt, sondern der Ermittlung kontextspezifischer "Wirtschaftsgesetze" dient. Dieses rein terminologische "Problem" ist dadurch zu lösen, dass nicht von "historischer", sondern von "kontextualer" Methode gesprochen wird. - Dass schliesslich bei Knies die Bezeichnung "historische Methode" nicht - wie bei Roscher - lediglich einen "allgemeinen Standpunkt" charakterisiert, wurde mit dem siebten Kapitel der vorliegenden Arbeit hinreichend verdeutlicht.

2. Die Negierung der erkenntnistheoretischen Bedeutung der historischen Theorie als zweiter Grundirrtum

Nicht nur der historischen Methode von Knies, sondern auch dessen historischer Theorie spricht Gottfried Eisermann eine eigenständige Bedeutung ab, indem er schreibt, dass sich das "... Substrat des 'historischen Standpunktes' gegenüber der Nationalökonomie ... auf den Standpunkt des *Relati-*

---

[121] Spiegel, H. W.: 1991, S. 423/424

vismus"[122] reduziert. "Der als Endziel anvisierte Relativismus der Wirt-schaftspolitik erfordert zuvor den Relativismus der Wirtschaftstheorie, die 'Wahrheiten' für jede mögliche Lage bereit halten muss, und artet schliesslich konsequent in theoretischen Agnostizismus aus."[123] In anderem Zusammenhang verweist Eisermann darauf, "... dass bereits Carl *Menger* klar erkannt und herausgearbeitet hat, dass dieser Standpunkt [von Knies] letztlich zur Aufhebung der Theorie führen müsse"[124].

Im Rahmen der Beurteilung dieses fundamentalen Einwandes gegen die Theorie von Knies müssen wir uns zunächst mit der Aussage von Eisermann auseinandersetzen, dass das Ziel von Knies in der Verwirklichung eines "Relativismus der Wirtschaftspolitik" besteht. Wenn Karl Knies von der "... *relative[n] Berechtigung ... verschiedener Massnahmen der Volkswirtschaftspolitik"*[125] spricht, so geht es ihm darum, dass sich eine jede wirtschaftspolitische Massnahme an den jeweils relevanten Gegebenheiten in der betreffenden Volkswirtschaft zu orientieren hat: Indem eine entsprechende Massnahme die Veränderung einer volkswirtschaftlichen Situation bezweckt, ist sie so zu konzipieren, dass eine "Relation" zwischen ihr und den für die jeweilige Situation konstitutiven raum-/zeitspezifischen Gegebenheiten besteht. Die Berechtigung einer solchen Massnahme ist dann in dem Sinne "relativ" bzw. "relational", als sie sich auf eine konkrete Situation in einer bestimmten Volkswirtschaft bezieht. Eine im Knies'schen Sinne verstandene "Relationalität" wirtschaftspolitischer Massnahmen erhöht somit grundsätzlich deren Erfolgsaussichten und hat nichts zu tun mit jenem negativen Bedeutungsgehalt, den der Begriff des "Relativismus der Wirtschaftspolitik" suggeriert.

Es ist nun offensichtlich, dass eine wirtschaftspolitische Massnahme nur dann im obigen Sinne "relational" sein kann, wenn die ihr zugrundeliegende Theorie die politisch relevanten Gegebenheiten erklärt. Dies wiederum erfordert, dass die Theorie auf Grundlage von Beobachtungen aus dem betreffenden geographischen und zeitlichen Kontext gebildet wurde, was zur Folge hat, dass ihr Aussagegehalt bzw. ihr Gültigkeitsanspruch in dem

---

[122] Eisermann, G.: 1956, S. 212

[123] Eisermann, G.: 1956, S. 214. - Bezüglich des erwähnten "Relativismus der Wirtschafts-politik" verweist Eisermann auf folgende Aussage von Knies: Die "... *bedingte Manifestation und die andauernde Evolution der zur Feststellung nationalökonomischer Gesetze* dienlichen Erscheinungen ist schon von hier aus ebensowohl angezeigt, wie die *relative Berechtigung an sich verschiedener wirtschaftlicher Institutionen* und *verschiedener Massnahmen der Volkswirtschaftspolitik*" (Knies, K.: 1883, S. 356/357).

[124] Eisermann, G.: 1956, S. 214. - Eisermann macht folgende Quellenangabe: Carl Menger: Untersuchungen über die Methode der Socialwissenschaften, und der Politischen Oekonomie insbesondere, 1883, bes. S. 230 ff.

[125] Vgl. Knies, K.: 1883, S. 356/357

Sinne "relativ" bzw. "relational" ist, dass er sich auf den räumlichen und zeitlichen Bereich der empirischen Basis bezieht. - Wie auch im Rahmen der im sechsten Kapitel erfolgten Behandlung des "Prinzips der Relativität" erläutert wurde und wie insbesondere unsere Rekonstruktion der kontextualen bzw. historischen Theorie und Methode gezeigt hat, geht es Karl Knies eindeutig nicht - wie behauptet wurde - um eine "Aufhebung von Theorie", sondern um eine dem kulturspezifischen und evolutiven Sosein wirtschaftlicher Erscheinungen entsprechende und damit wirtschaftspolitisch relevante Theorie. So anerkennt Knies beispielsweise auch die Gültigkeit bestimmter Theorien der englischen Klassiker, allerdings nur für England und für den zeitlichen Kontext ihrer Entstehung, womit er den universellen bzw. allgemeinen Gültigkeitsanspruch dieser Theorien - nicht aber diese Theorien selbst - relativiert.

Zusammenfassung: Unsere Untersuchung führte zu dem Ergebnis, dass sowohl Webers Einwendungen gegen die historische Theorie und Methode von Knies als auch Eisermanns Erweiterungen dieser Kritik einerseits auf einer in wesentlichen Punkten unzutreffenden und den theoretischen Gehalt des Knies'schen Werkes nicht gesamthaft erfassenden Interpretation beruhen und andererseits auf Elemente der Knies'schen Theorie zielen, die für deren Kerngehalt nicht konstitutiv sind. Hieraus folgt, dass die historische bzw. kontextuale Theorie und Methode von Knies den ihr entgegengebrachten Einwendungen widerstanden hat und dass sie nicht vom "Erkenntnisfortschritt" überholt wurde, sondern bis zur Gegenwart ihre potenzielle Bedeutung als erkenntnistheoretische Alternative zum Ansatz der neoklassischen Nationalökonomie behalten hat.

Dritter Teil

Die kontextuale Theorie und Methode im Spannungsfeld aktueller Kontroversen

Neuntes Kapitel:

Der Dissens über die Erkenntnismethoden der Ökonomie im Lichte des kontextualen Ansatzes

Die mit dem zweiten Teil abgeschlossene Rekonstruktion der historischen bzw. kontextualen Theorie und Methode von Knies erfolgte vor dem Hintergrund der Hypothese, dass die wirtschaftspolitisch relevanten Gegebenheiten von der a-historischen bzw. im "Kern" vom raum-/zeitspezifischen Kontext abstrahierenden Theorie des "mainstreams" der heutigen Nationalökonomie nicht hinreichend erklärt werden. Die damit unserer Arbeit zugrundeliegende Problemstellung wurde insoweit gelöst, als mit der kontextualen Theorie und Methode ein Theoriebildungsansatz begründet und konkretisiert werden konnte, bei dessen Anwendung die jeweilige historische bzw. kulturspezifische Ausprägung der wirtschaftlichen Gegebenheiten derart berücksichtigt wird, dass die resultierende Theorie mit grösserer Wahrscheinlichkeit der wirtschaftspolitischen Entscheidungssituation entspricht. Als einer grundsätzlichen Alternative zum Ansatz der heutigen "mainstream"-Ökonomie kommt der kontextualen Theorie und Methode somit zunächst eine eigenständige Bedeutung zu.

Damit der kontextuale Ansatz derart für die Theoriebildung der Gegenwart mitbestimmend werden kann, dass die unserer Problemstellung auf erkenntnistheoretischer Ebene zugrundeliegenden Ursachen behoben werden können, dürfen wir uns allerdings nicht auf dessen Rechtfertigung und Erläuterung beschränken, sondern müssen ihn zudem in Bezug zu aktuellen Diskussionen in der Nationalökonomie setzen. Zu diesem Zweck sind nun die entsprechenden erkenntnistheoretischen Kontroversen vor dem Hintergrund der Inhalte des zweiten Teils darzustellen und zu interpretieren, um ihnen durch Herausarbeitung ihrer Bezüge zu relevanten Elementen der Knies'schen Theorie und Methode geeignete Impulse geben zu können. Diesbezüglich im Kontext unserer Arbeit von zentraler Bedeutung sind jene offen disputierten oder sich diskussionslos gegenüberstehenden Positionen, die die Frage der Historizität bzw. der Kulturbedingtheit wirtschaftlicher Wirklichkeit konträr beantworten und damit diejenigen Grundlagen der "mainstream"-Ökonomie thematisieren, die unserer Hypothese zufolge zu der oben erwähnten Problematik führen.

Als Partizipanten dieser Kontroversen können zwei "Gruppen" von Nationalökonomen identifiziert werden: der in der englischsprachigen Literatur als "Orthodoxy"[1] bezeichnete und in der neoklassischen Tradition stehende "mainstream" der Nationalökonomie mit seinen verschiedenen Varianten auf der einen Seite sowie auf der anderen Seite eine üblicherweise unter dem Begriff "Heterodoxy" zusammengefasste kleinere Gruppe von Nationalökonomen unterschiedlicher Ausrichtung, zu denen insbesondere die Vertreter des "old Institutionalism"[2] bzw. der "Political Economy" zählen. Während die für zentrale Bereiche der "Orthodoxy" konstitutiven Theorien vorrangig in Anwendung einer axiomatisch-deduktiven Methode und unter Zugrundelegung eines sich durch den "methodologischen Individualismus" und durch die "ökonomische Rationalität" konstituierenden Handlungsmodells[3] ermittelt wurden, kann es als "gemeinsamer Nenner" der "Heterodoxy" betrachtet werden, dass sie hinsichtlich des methodischen Vorgehens und der zugrundezulegenden Annahmen konträre Positionen vertritt.

Der im vorliegenden Kapitel behandelte Dissens über die Erkenntnismethoden der Nationalökonomie besteht generell hinsichtlich der Frage, ob bei der Theoriebildung von faktisch a-priori geltenden Annahmen ausgegangen werden kann und ob folglich eine axiomatisch-deduktive Methode anzuwenden ist, oder ob bei der Bildung von Theorien in dem Sinne empirisch vorzugehen ist, dass die Wahrnehmung der raum- und zeitvarianten wirtschaftlichen Erscheinungen bereits für die Formulierung der Annahmen massgebend ist.[4] Die diesbezügliche Kontroverse ist deshalb sehr bedeutsam, weil von "... dem für die Kritik nachweisbaren Wert dieser Annahmen ... auch der Wert der Ausführung selbst abhängig"[5] ist.

---

[1] Zur Bedeutung des im englischen Sprachraum gebräuchlichen Begriffes "Orthodoxy" vgl. Mirowski, P.: What is the Orthodoxy in Economics? In: ders. (Hrsg.): 1986, S. 2ff.

[2] Vgl. Rutherford, M.: Institutions in Economics. The Old and the New Institutionalism, 1994, u. a. S. 1ff.; sowie Hodgson, G. M.: Institutionalism, 'Old' and 'New'. In: ders.; Samuels, W. J.; Tool, M. R. (Hrsg.): 1994, Vol. I, S. 397ff.

[3] Die vom ökonomischen Handlungsmodell implizierten Annahmen sind weitestgehend für den "mainstream"-Ansatz bzw. für die "Orthodoxy" konstitutiv und können daher - im Gegensatz zu anderen Annahmen (vgl. Annahme von "vollständiger Information") - nicht bzw. kaum gelockert werden.

[4] Die letztgenannte Auffassung wird von den Empiristen vertreten, weshalb wir sie im folgenden als "empiristisch" bezeichnen.

[5] Knies, K.: 1883, S. 350

I. Die axiomatische Methode der "Orthodoxy"

Auch wenn in neuerer Zeit von einzelnen Vertretern des "mainstreams" dazu übergegangen wird, bestimmte Annahmen empirisch zu testen und gegebenenfalls entsprechend zu modifizieren, so liegen auch ihren Theorien zugleich raum- und zeit*in*variante Annahmen zugrunde, wobei es sich sowohl um die im ersten Kapitel näher spezifizierten Annahmen als auch um andere ("reine") Theorien handeln kann, deren zeitlose und universelle Gültigkeit vorausgesetzt wird. Solche raum- und zeit*in*varianten Annahmen, die den Ansatz der "Orthodoxy" kennzeichnen und die die alleinige Grundlage vieler Theorien bilden, gelten faktisch als a-priori gegeben und bilden das "Fundament" des axiomatischen Theoriebildungsansatzes. Den axiomatischen Charakter dieses erkenntnistheoretischen Ansatzes verdeutlicht Sherman Krupp am Beispiel der Mikroökonomie: Micro-economic "... theory is mainly a deductive[6] science. This means that its more complex theorems are logically compounded from simpler statements so that the entire theory, in turn, is finally reducible to a set of fundamental axioms. ... A highly simplified system of axioms and rules of combination is introduced at the most elementary level of the theory. The scope of inquiry is thereby limited to a very small set of properties and their relations. The way the parts are related to one another is determined by axioms of combination."[7] Das entsprechende methodische Vorgehen wird in der englischsprachigen Literatur auch als "Formalism" bezeichnet: "Formalism is a method that consists of a formal system of logical relationships abstracted from any empirical content it might have in the real world. ... Formal methods produce models that are capable of yielding law-like statements."[8]

Solche allgemeingültigen Theorien bzw. "Gesetzesaussagen" *können* zwar in Modellen "... mit Aussagen über die in Betracht kommenden Bedingungen für ihre Anwendung systematisch verbunden ..."[9] werden, allerdings kann hierbei "... eine Fülle von Idealisierungen auftreten [, und es] ... wird von bestimmten Aspekten, in denen sich konkrete Anwendungssituationen unterscheiden, bewusst abstrahiert, um sogenannte 'reine Fälle' zu präsentieren ..."[10]. Entscheidend ist, dass der nach·Formulierung einer allgemeingültigen Theorie erfolgende Einbezug von "Anwendungsbedingungen" ebensowenig etwas an den axiomatischen Grundlagen und an der deduktiven

---

[6] Vgl. Lawson, T.: 1994, S. 259 ff.
[7] Krupp, S. S.: 1980, S. 387 und S. 388
[8] Wilber, C. K.; Francis, S.: Juli 1984, S. 2 und S. 3
[9] Albert, H.: 1995, S. 20
[10] Ebd.

Ermittlung dieser "Gesetzesaussagen" ändert, wie an deren Anspruch, "reine" Theorie zu sein.

Hier drängt sich nun die Frage auf, weshalb die "Orthodoxy" der Ermittlung "reiner" Theorien eine zentrale Bedeutung beimisst und wie die Anwendung einer axiomatischen Methode begründet wird. Eine Antwort erschliesst sich uns in Vergegenwärtigung jener Überzeugungen, die für die Entstehung dieser erkenntnistheoretischen Position mitbestimmend waren. Hierzu wenden wir uns zunächst Carl Menger (1840 - 1921) zu, in dessen Werken die Position der Vertreter einer "reinen" Theorie besonders deutlich wird. Zwar anerkennt Menger noch die Bedeutung des - durch die Geschichtswissenschaften zu erfassenden - "Individuellen"; die Ermittlung des hiervon zu unterscheidenden "Allgemeinen" ist jedoch der Zweck der theoretischen Forschung und steht daher im Zentrum seines Interesses. Menger zufolge sind in "... der Theorie ... zwei Methoden zu unterscheiden, das *realistisch-empirische* und das *exakte Verfahren*"[11], wobei letzteres der Ermittlung "strenger" Gesetze dient. "Die Aufdeckung solcher Gesetze bildet für *Menger* den Kern der theoretischen Forschung, entsprechend seiner Ansicht, die Erscheinungen des Wirtschaftslebens regelten sich nach den gleichen strengen Gesetzen, wie sie auch auf dem Gebiete der Naturerscheinungen festgestellt wurden."[12] Menger schreibt: "It is the determination of laws of phenomena which commonly are called 'laws of nature', but more correctly should be designated by the expression '*exact laws*'."[13] Aus der Grundannahme, derzufolge das wirtschaftliche Geschehen in seinem "Kern" primär naturgesetzlich bestimmt ist, resultiert für den Nationalökonomen die Aufgabe, diese "strengen" Gesetze oder "reinen" Theorien zu ermitteln, wobei er - in Abstraktion von der kontextspezifischen Ausprägung der Erscheinungen - eine axiomatisch-deduktive Methode anzuwenden hat. Diese Methode wird von Leon Walras (1834 - 1910) wie folgt konkretisiert: The "... pure theory of economics is a science which resembles the physico-mathematical sciences in every respect. ... If the pure theory of economics ... is a physico-mathematical science like mechanics or hydrodynamics, then economists should not be afraid to use the methods and language of mathematics."[14]

Vor diesem Hintergrund wird nun die folgende Aussage von Philip Mirowski verständlich: "The neoclassicals opted to become scientific by ignoring what the physicists and the philosophers of science *preached*, and to

---

[11] Kruse, A.: 1959, S. 181
[12] Sarrazin, T.: 1974, S. 31
[13] Menger, C.: 1963, S. 59; vgl. ff.
[14] Walras, L.: 1969, S. 71

cut the Gordian knot by directly copying what the physicists *did*."[15] Ob diese Orientierung des nationalökonomischen Wissenschaftsverständnisses und des methodischen Vorgehens an jenem der klassischen Physik nun entweder primär dem Verlangen neoklassischer Nationalökonomen entsprang, ihre Wissenschaft zu einer "science"[16] zu machen und die von der Physik des 19. Jahrhunderts errungenen Erfolge nachzuahmen, oder ob diese Ausrichtung nationalökonomischer Forschung vorrangig eine Erscheinungsform der "universalistischen" Position[17] und damit die "Frucht" einer geistesgeschichtlichen Tradition ist, kann an dieser Stelle nicht weiter untersucht werden.

Wichtiger als eine weitere Konkretisierung und Gewichtung der Ursachen dieser Anwendung naturwissenschaftlicher Methodik im Erkenntnisbereich der Nationalökonomie sind im Kontext des vorliegenden Kapitels die Implikationen bzw. Charakteristika der durch dieses methodische Vorgehen gewonnenen "reinen" Theorien. Diese werden von Thilo Sarrazin zusammenfassend wie folgt formuliert: "Bemerkenswert an den durch die 'reine' Theorie ermittelten 'Naturgesetzen' ist folgendes: (1) Sie erheben Anspruch auf Erklärung der Wirklichkeit. (2) Sie werden nicht durch empirische Forschung [gewonnen], sondern rein deduktiv, aus einem verstandesmässigen 'a-priori' abgeleitet. (3) Ihnen kommt strenge, ausnahmslose Geltung zu. (4) Sie können nicht an der Wirklichkeit scheitern, sind also nicht falsifizierbar."[18]

An diesem Anspruch einer - in prinzipieller Entkoppelung von der wahrnehmbaren Wirklichkeit ermittelten und sich gegen eine empirische Überprüfung immunisierenden - Theorie, Aspekte der Wirklichkeit zu erklären, entzündete sich seit dem Methodenstreit zwischen Menger und Schmoller[19] eine vielfältige Kritik. Derartige Einwendungen trugen dazu bei, dass solche Interpretationen und Erweiterungen der axiomatisch-deduktiven Methode und der durch diese gewonnenen "reinen" Theorie entstanden, die eine Rechtfertigung dieses Theoriebildungsansatzes bezwecken. - In gewisser Hinsicht hat bereits *Carl Menger* bei der Entwicklung seines Ansatzes die Kritik von Seiten der Historischen Schule teilweise antizipiert, indem er die Berechtigung der Wirtschaftsgeschichte und Statistik anerkannte und zum Bereich der theoretischen Forschung nicht nur das "exak-

---

[15] Mirowski, P.: 1989, S. 357; vgl. S. 358. Vgl. auch ders.: 1988, S. 11 ff. - Zur "Mirowski These" vgl. auch: Marchi, N. de (Hrsg.): 1993; Carlson, M. J.: 1997, S. 745ff.
[16] Unter "science" ist hier eine "exakte" Wissenschaft im Sinne einer Naturwissenschaft zu verstehen.
[17] Vgl. zweites Kapitel
[18] Sarrazin, T.: 1974, S. 31/32; vgl. S. 40ff.: Der logische Charakter der 'reinen' Theorie
[19] Vgl. Ritzel, G.: Schmoller versus Menger, 1950, S. 48ff., S. 71ff. und S. 87ff.

te", sondern auch das "realistisch-empirische" Verfahren zählte. Führt die Anwendung der "realistisch-empirischen" Methode zur "... Aufstellung von Realtypen, von Grundformen der realen Erscheinungen, oder ... [zu] empirischen Gesetzen ..."[20] - als Beispiele sind das "Gresham'sche Gesetz" und das "Engel'sche Gesetz" zu nennen -, so gelangt man durch das "exakte" bzw. deduktive Verfahren zu "... Gesetzen, die unbedingte theoretische Wahrheiten enthalten, die [jedoch] nicht ohne weiteres verifiziert werden können"[21]. Die entscheidende Bedeutung, die Menger der Ermittlung dieser "strengen" Gesetze mit allgemeiner Gültigkeit beimass, erklärt das Ausmass der Kritik, die von Vertretern der Historischen Schule geübt wurde.

Dem wohl entscheidenden Einwand, dass der allgemeine Gültigkeitsanspruch der axiomatisch-deduktiv ermittelten "strengen" Gesetze nicht durch Beobachtungen verifiziert werden kann, begegnete zunächst *Max Weber*, indem er "Realtypen" und "Idealtypen" unterschied und die Geltung der "strengen" Gesetze im "idealtypischen" Sinne interpretierte. "Idealtypen sind Artefakte zur wissenschaftlich-denkerischen Durchdringung des ... gewählten Wirklichkeitsausschnittes."[22] "Sie machen Wirklichkeit durchschaubar, indem sie Undurchschaubares in einer durchschaubaren Als-Ob-Konstruktion fingieren."[23] "Um die wirklichen Kausalzusammenhänge zu durchschauen, *konstruieren wir unwirkliche*"[24], indem aus a-priori gegebenen Annahmen logische Folgerungen abgeleitet werden. Auch wenn das durch die resultierende Theorie rational Erklärte keine (derartige) reale Existenz hat, so erfasst die Theorie doch einen "Idealtypus" und kann von heuristischer Bedeutung[25] sein.

Der mit diesem Argument gerechtfertigte axiomatisch-deduktive Ansatz impliziert mit der logischen Ableitung von Folgerungen aus Annahmen - die vom Menschen definiert und als a-priori geltend betrachtet werden -, dass die Vernunft bzw. das Denkvermögen des Menschen die massgebende "Erkenntnisquelle" ist und steht damit in der insbesondere durch Descartes[26]

---

[20] Kruse, A.: 1959, S. 182. - Zur Unterscheidung von "real types" und "empirical laws" siehe: Menger, C.: 1963, S. 57f.
[21] Kruse, A.: 1959, S. 182
[22] Saegesser, B.: 1975, S. 89
[23] Saegesser, B.: 1975, S. 86. - Barbara Saegesser fügt hier hinzu: "Durchschaubar machen heisst immer: rationalisieren." - Vgl. Folgerungen auf S. 94
[24] Weber, M.: (1922)1951, S. 287
[25] Max Albert zufolge wird sogar eine "... *falsche* allgemeine Theorie ... deswegen als Heuristik eingesetzt, weil man sich erhofft, dass sie *wahre* spezielle Theorien als Folgerungen besitzt" (Albert, M.: April 1994, S. 25).
[26] Vgl. Mirowski, P.: The Cartesian Tradition and Neoclassical Economic Theory. In: ders.: 1988, S. 111 ff.

geprägten Tradition des Rationalismus.[27] Charakteristisch für den (klassischen) Rationalismus ist die der "universalistischen Position"[28] entsprechende Überzeugung, "... dass die Welt dem Verstand und der Vernunft gemäss, d. h. von logischer, gesetzmässig berechenbarer Beschaffenheit sei ... [und] dass es Vernunftwahrheiten gibt, die von aller Erfahrung unabhängig (a priori) und von höherem Rang sind, als die aus der Erfahrung geschöpften Erkenntnisse ..."[29]. - Vor diesem Hintergrund wird verständlich, dass sich die "reine" Ökonomie mittels Anwendung der "ceteris-paribus-Klauseln" gegen ein Scheitern an den Erfahrungstatsachen immunisieren konnte.[30] "When predictions ... fail, the theorist can always call on the *ceteris paribus* pound to provide him with an excuse for failure."[31]

Der sich an dieser grundsätzlichen Entkoppelung neoklassischer Theorien von der Erfahrung entzündenden Kritik begegnete *Karl Popper* in seinem 1935 erschienenen Werk *"Logik der Forschung"*. Dem hierin begründeten kritischen Rationalismus zufolge müssen (deduktiv ermittelte) Theorien empirisch überprüft und damit entweder verifiziert oder falsifiziert werden.[32] Eine empirisch verifizierte Theorie hat insofern hypothetischen Charakter, als sie nur so lange gilt, bis sie falsifiziert wurde. Wenngleich damit die Gültigkeit von Theorien durch deren empirische Bestätigung begründet wird, so bleibt doch ein entscheidender Unterschied zum (klassischen) Empirismus bestehen: Die empirisch zu überprüfenden Theorien wurden hier nämlich in der Regel nicht induktiv, sondern - dem Ideal einer "exakten" Wissenschaft entsprechend - als logische Folgerungen aus a-priori gegebenen Annahmen deduktiv ermittelt. Eine solche Theorie ist "... im Idealfall ein formalisiertes und damit axiomatisierbares System von deduktiv miteinander verbundenen Sätzen, deren Korrespondenz mit 'den Fakten' im Falsifikationsversuch zur Diskussion steht ..."[33] Das diesen rationalistischen Theoriebildungsansatz modifizierende "kritische" Element besteht nicht nur in der hinzutretenden empirischen Überprüfung, sondern es umfasst auch das Bestreben, wertende bzw. subjektive Einflüsse aus dem Prozess der Theoriebildung zu eliminieren. Eine in diesem Sinne zu verstehende "Er-

---

[27] Vgl. zu deren Entwicklung: Jöhr, W. A.: 1979, Bd. 1, S. 14
[28] Vgl. zweites Kapitel
[29] Vgl. Brockhaus Enzyklopädie, 1992, Bd. 18, S. 84
[30] Vgl. Kolb, G.: 1994, S. 194
[31] Vgl. Krupp, S. S.: 1980, S. 394
[32] Entsprechend werden Theorien, zu denen keine widerlegende Erfahrung existiert, als "unwissenschaftlich" abgelehnt. - Hans Albert schreibt: "Im Hinblick auf ihre empirische Prüfung ist ... die wichtigste Eigenschaft einer Theorie ihre Widerlegbarkeit und die wichtigste Eigenschaft eines Prüfungsversuchs die, dass er ein ernsthafter Versuch der Widerlegung ist." (Albert, H.: 1987, S. 111)
[33] Frank, J.: 1976, S. 43

kenntnis ohne erkennendes Subjekt"[34] ist Voraussetzung für die Ermittlung "reiner" Theorien.

Poppers Ansatz glich damit in verschiedener Hinsicht jenem der seinerzeitigen "mainstream"-Ökonomie und ermöglichte es dieser, durch Aufnahme eines "Bezuges zur Empirie" dem Vorwurf einer "Entkoppelung" von der wirtschaftlichen Wirklichkeit zu begegnen. Den Einfluss des kritischen Rationalismus auf die Nationalökonomie beschreibt Charles Wilber wie folgt: "Beginning in the 1940s, economists such as *Paul Samuelson* attempted to reconstruct this formal body of economic theory in a way that would make deduced implications empirically testable. They attempted to show that empirically falsifiable propositions could be derived from formal models. Due in part to the development of the computer and statistical techniques, most economists have become positivists; that is, they see empirical verification of propositions deduced from formal theories as the key to economic science."[35] Heute "... sieht sich die empirische Wirtschaftsforschung als Teilgebiet einer deduktiv-analytisch vorgehenden Wirtschaftswissenschaft, die überwiegend dem kritischen Rationalismus verpflichtet ist"[36].

Während sich die an dieser Form der empirischen Überprüfung von axiomatisch-deduktiv ermittelten und damit im "Kern" a-historischen Theorien geübte Kritik[37] nicht durchzusetzen vermochte, führten die Einwände gegen den ungenügenden Wirklichkeitsbezug der (raum- und zeit*in*varianten) Annahmen, von denen bei der Bildung dieser Theorien ausgegangen wird, zu vielbeachteten Kontroversen, die bis in die Gegenwart reichen[38]. Die Stossrichtung der Kritik zielte hierbei um so weniger unmittelbar auf den A-priorismus, als die "Orthodoxy" zwischenzeitlich dazu übergegangen war, ihre Annahmen nicht mehr explizit als "voraussetzunglos" bzw. "a-priorisch" zu *bezeichnen* und sie stattdessen als "Hypothesen" zu interpretieren, wobei teils zwischen "Gesetzeshypothesen und Modellannahmen"[39] unterschieden wurde. Diese Entwicklung änderte allerdings nichts daran, dass zumindest ein wesentlicher Teil der bei der Anwendung der deduktiven Methode zugrundegelegten Annahmen nach wie vor als raum- und zeit*in*variant betrachtet wurde und damit faktisch eine (durch Konvention

---

[34] Vgl. Popper, K. R.: 1973, S. 126. - Zur Kritik an dieser "Entsubjektivierung" der Wissenschaft vgl.: Brunkhorst, H.: 1978, S. 4ff.

[35] Wilber, C. K.; Francis, S.: Juli 1984, S. 4

[36] Metz, R.: Überlegungen zur Konvergenz von Wirtschaftsgeschichte und empirischer Wirtschaftsforschung. Antrittsvorlesung an der Universität St. Gallen, vgl. HSG-Information, 1/97, 7. Januar 1997

[37] Zur Kritik an der Falsifikation vgl. unter anderem: McCloskey, D. N.: June 1983, S. 487

[38] Vgl. Mäki, U.: 1994, S. 236 ff., insbes. S. 238

[39] Vgl. Albert, M.: April 1994, S. 21

begründete) a-priorische Bedeutung besass. Insoweit diese Annahmen einer empirischen Überprüfung nicht standhalten können, müssen sie der Auffassung der Kritiker zufolge verworfen werden.[40] Dem zentralen Einwand, dass man "Wahres" nicht aus "Falschem" ableiten kann, wurde vorrangig mit dem Argument begegnet, dass der Realitätsbezug der Annahmen einer Theorie nebensächlich ist, wenn diese Theorie empirisch verifiziert werden kann.

Diese Position wurde von *Milton Friedman* (1912 -) in seinen 1953 erschienenen *"Essays in Positive Economics"* begründet. "Very prominent in 'Positive economics' is the argument that 'realistic' assumptions are neither necessary nor sufficient for theory to be considered adequate."[41] The "... relevant question ot ask about the 'assumptions' of a theory is not whether they are descriptively 'realistic', for they never are, but whether they are sufficiently good approximations for the purpose in hand. And this question can be answered only by seeing whether the theory works, which means whether it yields sufficiently accurate predictions"[42]. "Since the validity of a model is to be judged by its predictive ability, the realism of its assumptions or the static nature of its structure become irrelevant issues."[43] Friedman beschränkt sich nicht auf den Versuch, die Argumentation seiner Kritiker zu entkräften, sondern er stellt explizit eine Antithese hierzu auf: The "... relation between the significance of a theory and the 'realism' of its 'assumptions' is almost the opposite of that suggested by the view under criticism. Truly important and significant hypotheses will be found to have 'assumptions' that are wildly inaccurate descriptive representations of reality, and, in general, the more significant the theory, the more unrealistic the assumptions (in this sense). The reason is simple. A hypothesis is important if it 'explains' much by little, that is, if it abstracts the common and crucial elements from the mass of complex and detailed circumstances surrounding the phenomena to be explained and permits valid predictions on the basis of them alone. To be important, therefore, a hypothesis must be descriptively false in its assumptions ..."[44]. Ungeachtet der nachhaltigen Kritik[45], die nicht nur von Vertretern der "Heterodoxy", sondern unter anderem auch von Paul Samuelson an Friedmans Position geübt wurde, ist sie bis in die Gegenwart von wesentlicher Bedeutung für die Entwicklung der ökonomischen Wis-

---

[40] Vgl. Frank, J.: 1976 , S. 17. - In welcher Hinsicht Annahmen "unrealistisch" sein können, verdeutlicht Uskali Mäki im Beitrag *"Reorienting the Assumptions Issue"* (1994, S. 241 ff.).
[41] Hirsch, A.; de Marchi, N.: 1990, S. 70
[42] Friedman, M.: 1953, S. 15. - Vgl. auch: Boland, L. A.: 1991, S. 94
[43] Wilber, C. K.; Jameson, K. P.: 1983, S. 147
[44] Friedman, M.: 1953, S. 14
[45] Vgl. zur Kritik an Friedman: Hodgson, G. M.: 1988, S. 32 f.; Frank, J.: 1976, 18 ff.

senschaft geblieben: Since 1953, Friedmans arguments have "... been repeated countless times to protect the fundamental assumptions of neoclassical theory from attack"[46].

Unter vorrangiger Abstützung auf Friedmans Argumentation konnte die Kritik an den Inhalten der der Theoriebildung der "Orthodoxy" zugrundeliegenden Annahmen insoweit abgewehrt werden, dass der axiomatisch-deduktive Ansatz für wesentliche Bereiche "orthodoxer" Theoriebildung bis zur Gegenwart von zentraler Bedeutung geblieben ist. Und insofern eine entsprechend ermittelte Theorie nicht im Popper'schen Sinne empirisch überprüft werden kann, bzw. insofern ein Test ihrer Prognosetauglichkeit nicht möglich ist, so kann ihre Berechtigung immer noch damit begründet werden, dass es sich um eine im idealtypischen Sinne geltende "reine Theorie" handelt, die als "Hilfsmittel" der Analyse dem Erkenntnisgewinnungsprozess förderlich ist. The "... characteristic of pure theory is said to lie in its reliance on 'idealization, hypothecation and heuristic fictions which are introduced for purposes of 'analytical convenience'."[47] - Der von Vertretern der "Orthodoxy" mit diesen oder vergleichbaren Argumenten gerechtfertigte Theoriebildungsansatz und die von diesem implizierten Grundannahmen sind heute weitgehend für deren Wissenschaftsverständnis konstitutiv: "Die Ökonomik definiert sich nicht länger als 'Wirtschafts'-Wissenschaft von ihrem Gegenstandsbereich her, sondern sie konstituiert sich *methodisch*, als ökonomischer Ansatz ..."[48] Insoweit sich die Nationalökonomie durch einen erkenntnistheoretischen Ansatz definiert, wird dieser im gewissen Sinne zu einer "voraussetzungslosen" Gegebenheit und besitzt damit faktisch eine "a-priorische" Bedeutung.[49]

---

[46] Vgl. Hodgson, G. M.: 1988, S. 30

[47] Rotwein, E.: 1980, S. 117

[48] Beitrag über Gary S. Beckers Werk *"Familie, Gesellschaft und Politik - die ökonomische Perspektive"* im Verlagsprospekt "Neue Bücher 1997" von "Mohr Siebeck", S. 31

[49] Die Behandlung "des" axiomatischen Ansatzes "der" "Orthodoxy" geschah im Bewusstsein der auch innerhalb dieses "mainstreams" der Nationalökonomie existierenden Unterschiede. Wenngleich beispielsweise die von Philip Mirowski unterschiedenen Versionen heutiger "Orthodoxy" - die "Chicago-Version" (G. Becker), die "MIT-Version" (P. Samuelson) und die "Cowles-Version" (G. Debreu) - einerseits im Hinblick auf ihre Einstellung zum A-priorismus und auf die Inhalte ihrer faktisch "a-priori" geltenden Grundlagen variieren, so sind ihnen andererseits bestimmte Grundannahmen gemeinsam, aufgrund derer sie von der "Heterodoxy" abzugrenzen sind. Solche für die "Orthodoxy" charakteristischen grundlegenden Annahmen - nämlich der "methodologische Individualismus" und die "ökonomische Rationalität" - werden im zehnten Kapitel eingehender behandelt.

II. Die empiristische Methode der "Heterodoxy"

Der axiomatische Ansatz der "Orthodoxy" wurde am weitestgehenden dadurch infragegestellt, dass bis in die 60er Jahre auf breiter Ebene - und von "heterodoxen" Nationalökonomen bis in die Gegenwart - über erkenntnistheoretische Antithesen diskutiert wurde bzw. wird. This debate "... centered on what constitutes a meaningful ... theory of economic phenomena and how such a theory could be validated. It was frequently presented as a duel between *apriorism* and *empiricism* ..."[50]. Dem vorwiegend von zeit- und raum*in*varianten Annahmen ausgehenden Ansatz der Rationalisten wurde ein "empirischer Realismus"[51] bzw. ein Empirismus gegenübergestellt, der "... allgemeine[re] Erkenntnis induktiv durch gesicherte Tatsachenforschung gewinnen"[52] will. Erscheinungen des realen Wirtschaftslebens sollen demnach durch Beobachtbares und in diesem Sinne "tatsächlich" Gegebenes näher bestimmt bzw. ursächlich erklärt werden. Daher sind die Inhalte der hierbei zugrundegelegten Annahmen nicht a-priori gegeben, sondern aus der - durch die Theorie zu erklärenden - realen Situation bzw. Entwicklung herzuleiten. Sie resultieren aus jenen "Tatsachen", die dem Menschen durch die Erfahrung und durch die vorausgehende Wahrnehmung bewusst werden. Wahrgenommen werden können nur "... solche Gegenstände und Ereignisse ..., welche den menschlichen Sinnen zugänglich sind. ... Die Quelle der empirischen Erkenntnis ist ... [die] Feststellung von Zuständen und Veränderungen der Wirklichkeit mit den Sinnen"[53]. Die dem Empirismus damit zugrundeliegende Überzeugung, dass die über Sinneswahrnehmungen erlangte Erfahrung die Grundlage aller vom Menschen zu gewinnenden Erkenntnisse ist, wurde in der Neuzeit im Wesentlichen von *John Locke* (1632 - 1704) begründet: "Let us ... suppose the mind to be, as we say, white paper, void of all characters, without any ideas; how comes it to be furnished? ... Whence has it all the materials of reason and knowledge? To this I answer, in one word, from experience; in that all our knowledge is founded, and from that it ultimately derives itself. Our observation, employed either about external sensible objects, or about the internal operations of our minds, perceived and reflected on by ourselves, is that which supplies our understandings with all the materials of thinking."[54] Locke betrachtet folglich "... die Seele des Menschen wie eine tabula rasa ...

---

[50] Dunn, L. F.; Maddala, G. S.: 1996, S. 51. - Vgl. Rotwein, E.: 1980, S. 110 ff.
[51] Vgl. zu "empirical realism": Lawson, T.: 1994, S. 261 ff.
[52] Vgl. Sarrazin, T.: 1974, S. 32
[53] Jöhr, W. A.: 1979, Bd. 1, S. 102
[54] Locke, J.: 1917, S. 25/26

und sucht nachzuweisen, dass Kinder in der ersten Zeit ihres Daseins keine Spur von Begriffen haben; allmählich kommen dann Vorstellungen in ihren Verstand, aber keine anderen, nicht mehre, als die, welche sie durch Wahrnehmung der in ihren Gesichtskreis tretenden Dinge erhalten, oder die sich durch Reflexion über dieselben bilden"[55]. Infolge der Annahme, dass die Wahrnehmung und die Erfahrung unumgängliche Voraussetzungen der Erkenntnisgewinnung sind, *muss* bei der Theoriebildung empiristisch vorgegangen werden.

Die gegen den im Wesentlichen so begründeten Empirismus vorgebrachten Einwendungen konzentrierten sich auf zwei Aspekte: Zum einen wurde darauf verwiesen, dass bei der Begründung und bei der Anwendung empiristischer Methoden der Bereich der Erfahrung transzendiert wird, zum anderen wurde hervorgehoben, dass die auf Grundlage von Beobachtungen durch Induktionsschluss gewonnenen Theorien keine allgemeine Gültigkeit besitzen können.

Betrachten wir zunächst diese mit der Induktion verbundene Problematik, welche von David Hume (1711 - 1776) thematisiert wurde.[56] Hume betonte, dass der Schluss von einer begrenzten Anzahl beobachteter Einzelfälle - d. h. vom "Besonderen" - auf allgemeine Aussagen zwar eine "gewohnheitsmässige", nicht aber eine logische Rechtfertigung besitzt, weshalb im Bereich der Erfahrungswissenschaften nur von "unvollständiger" Induktion gesprochen werden kann. Aber auch wenn aus einer (zwangsläufig) begrenzten Anzahl von Beobachtungen eines Vorganges - im logischen Sinne - nicht geschlossen werden kann, dass dieser Vorgang zu jeder Zeit und an jedem Ort so abläuft bzw. ablaufen wird, so ist die induktive Methode dennoch insoweit für die Erfahrungswissenschaften von wesentlicher Bedeutung, als sich induktiv gewonnene Theorien bewähren. Insbesondere dann, wenn - wie bei Knies - auf eine Verallgemeinerung einer empirisch-induktiv gewonnenen Theorie verzichtet wird und man sie auf den räumlichen und zeitlichen Kontext der zugrundeliegenden Beobachtungen anwendet, ist die Wahrscheinlichkeit gross, dass das pragmatische Kriterium der "Bewährung" erfüllt ist.

Der zweite zentrale Einwand gegen den Empirismus wurde unter anderem von Karl Popper (1902 - 1994) formuliert: "In seiner 'Logik der Forschung' kritisiert er die wissenschaftstheoretische Annahme einer ausschliesslich empirischen Basis der empirischen Wissenschaften ..."[57] Auch eine "empiristische" Erkenntnisgewinnung erfolgt - so die Kritiker - auf

---

[55] Knies, K.: 1883, S. 267
[56] Vgl. Hume, D.: 1911, Bd. 1
[57] Jöhr, W. A.: 1979, Bd. 1, S. 17

Grundlage bestimmter Voraussetzungen und unter dem Einfluss von Theorien, so dass auch hier der Bereich der Erfahrung überschritten wird. - Dieser Einwand ist zunächst insofern gerechtfertigt, als er gegen die Begründung der empiristischen Methode gerichtet ist, denn der Empirist muss "... dem Induktionsprinzip eine Gültigkeit a priori zusprechen. Urteile a priori aber widersprechen den Grundannahmen des Empirismus"[58]. Zudem ist es zweifellos zutreffend, dass sich der Prozess der empirischen Erfassung wirtschaftlicher Erscheinungen in Abhängigkeit von den Restriktionen menschlicher Wahrnehmung, von der jeweiligen Sprache[59], von der Paradigmatik und den Theorien der Wissenschaft sowie von dem "Weltbild" und den wertenden Urteilen des Wahrnehmenden vollzieht. Damit gilt der elementare Satz Schopenhauers "Die Welt ist meine Vorstellung"[60] selbstverständlich auch im Rahmen nationalökonomischer Forschung. Was dies konkret bedeutet, verdeutlicht Thilo Sarrazin an einem Beispiel: "Ein Tatsachenurteil enthält stets mehr als die schlichte Registrierung von Wahrnehmungen, denn in jedem Wahrnehmungsurteil lassen sich theoretische Vorstellungen nachweisen, da eine Prädikation ohne den Rückgriff auf Ordnungskategorien, welche über die jeweilige Wahrnehmung hinausweisen, nicht möglich ist."[61] Indem immer derartige "Vorstellungen" zugrundeliegen, sind "... selbst gewöhnliche singuläre Sätze ... stets *Interpretationen der 'Tatsachen' im Lichte von Theorien*"[62]. - Dem Einwand, dass die menschliche Wahrnehmung bzw. Erfahrung durch Theorien - oder allgemeiner formuliert: durch "Vorstellungen" - beeinflusst wird, ist aus empiristischer Sicht zunächst entgegenzuhalten, dass es sich bei diesen "Vorstellungen" um Produkte früherer unmittelbarer Wahrnehmungen handeln kann. Wird dieses Argument nicht anerkannt und geht man davon aus, dass in Anwendung eines empiristischen Ansatzes eben nicht nur von Erfahrung ausgegangen wird, so folgt hieraus, dass die mittels dieser Methode gewonnenen Theorien die Wirklichkeit nur in Abhängigkeit von den bei ihrer Ermittlung zugrundeliegenden Voraussetzungen abbilden können. Dies bedeutet allerdings nicht, dass die Wirklichkeit auf empirischem Wege nicht erfassbar ist, da der Mensch - wie bereits John Locke betonte - *auf einer gewissen Ebene* durchaus in der Lage ist, Wahrgenommenes von Vorgestelltem zu unterscheiden und sich daher in Anwendung der empiristischen Methode der für ihn relevanten Wirklichkeit anzunähern vermag. Wenn letztlich keine "objektive" Erfassung wirtschaftlicher Wirklichkeit möglich

---

[58] Sarrazin, T.: 1974, S. 33
[59] Vgl. Samuels, W. J.: 1996, S. 115 f. - Vgl. auch: Krüger, L.: 1973, S. 9
[60] Vgl. Schopenhauer, A.: 1988, Bd. I, S. 31
[61] Sarrazin, T.: 1974, S. 33
[62] Popper, K. R., zitiert von: Sarrazin, T.: 1974, S. 34

ist, so resultiert dies grundsätzlich nicht aus einer Unzulänglichkeit dieser Methode, sondern aus der generellen Bedingtheit menschlicher Erkenntnis. Mit diesen Restriktionen des empiristischen Ansatzes kann insofern keine Ablehnung desselben begründet werden, als die von dem alternativen - d. h. rationalistischen - Ansatz implizierten Voraussetzungen die Theoriebildung nicht nur beeinflussen, sondern als faktisch a-priori gegebene "Basis" logischer Folgerungen determinieren.

Die hieraus abzuleitende Erwartung, dass sich die mittels einer empiristischen Methode ermittelten Theorien in der Regel besser bewähren, erklärt, weshalb neben der Historischen Schule auch der amerikanische Pragmatismus empiristisch ausgerichtet ist. Die vorrangig durch Charles Peirce (1839 - 1914), John Dewey (1859 - 1952) und William James (1842 - 1910) geprägte Philosophie des Pragmatismus zählt zusammen mit der Historischen Schule der Nationalökonomie zu jenen Quellen, aus denen sich der amerikanische Institutionalismus[63] entwickelt hat. Entsprechend wendet sich der frühe Institutionalismus "... von der reinen Theorie und der isolierenden Methode ... [der] klassischen und neuklassischen Volkswirtschaftslehre [ab und befürwortet] ... eine exakte statistisch-empirische Beschreibung der tatsächlichen ... Institutionen, wobei [man] ... nach einer kausalgenetischen Untersuchung ..."[64] strebt.

In der Gegenwart impliziert der Begriff "Institutionalismus" allerdings nicht mehr in allen Fällen, dass dessen Vertreter ihre Theorien in Anwendung einer empiristischen Methode ermitteln. Ursächlich hierfür ist, dass sich in den letzten Jahrzehnten - vorrangig durch die Arbeiten von Oliver Williamson, Mancur Olson und Douglass North[65] - eine "Neue Institutionelle Ökonomie" entwickelt hat, die von Geoffrey Hodgson wie folgt von der Veblen-/Commons-Tradition unterschieden wird: The "... 'new' institutionalism proceeds upon the assumption of exogenous tastes and technology, whereas the 'old' generally takes these parameters as endogenous. The 'new' institutionalist ontology is atomistic, its methodology individualistic, in contrast to the organicist and institutionalist elements of the 'old'. The 'new' institutionalism, true to its neoclassical roots, ruminates over equilibrium and mechanistic conceptions of process, in contrast to the biology-inspired evolutionism of the 'old'"[66].

---

[63] Thorstein Veblen (1857 - 1929) - neben John Commons (1862 - 1945) der bedeutendste Begründer des Institutionalismus - war ein Student von Peirce und ein Kollege von Dewey (vgl. Spiegel, H. W.: 1991. S. 628). - Vgl. auch: Mirowski, P.: 1988, S. 121 ff.
[64] Montaner, A.: 1948, S. 26
[65] Zur Charakterisierung von Douglass North vgl. auch: Dillard, D.: Dez. 1974, S. 917 f.
[66] Hodgson, G. M.: Institutionalism, 'Old' and 'New'. In: ders.; Samuels, W. J.; Tool, M. R. (Hrsg.): 1994, Bd. I, S. 401, vgl. S. 397 ff. - Vgl. auch: Rutherford, M.: 1994, S. 2 ff.

Während der "new institutionalism" damit grundsätzlich der "Ortho-doxy" zuzurechnen ist, bildet der "old institutionalism" seit den 40er Jahren unseres Jahrhunderts nicht mehr allein, sondern zusammen mit den Neo-Ricardianern, Post-Keynesianern und anderen Gruppen die "Heterodoxy". Wenngleich damit auch in der "Heterodoxy" eher rationalistische Ansätze vertreten sind, so dominiert zumindest bei den Vertretern des "old institu-tionalism" die empiristische Ausrichtung. Letzteres ist durch ein für diesen institutionalistischen Ansatz konstitutives Charakteristika zu erklären: "For all institutionalists who have followed the precepts of Veblen, Commons and Mitchell, culture has remained a central focus."[67] "Veblen's view of culture can be described as hermeneutic ... In hermeneutic systems, there are no disconnected terms, no exogenous constants ..."[68] Entsprechend geht es dann für eine institutionalistische bzw. "... als Kulturtheorie verstandene Volkswirtschaftslehre ... darum, die sog. ausserökonomischen, aber ökono-misch relevanten Faktoren als die konstitutiven Faktoren der Realwirklich-keit Wirtschaft einzubeziehen ..."[69]. Ist in dieser Sicht das wirtschaftliche Geschehen somit im "Kern" auch durch "ausser-ökonomische", d. h. durch "kulturelle" und damit raum- und zeitvariante Faktoren bestimmt, so kann es nur in Berücksichtigung dieser kulturspezifischen Faktoren - und damit in Anwendung einer empiristischen Methode - erklärt werden.

Einen Hinweis darauf, in welcher Weise empiristische Methoden von Vertretern des "old institutionalism" konkretisiert wurden, gibt uns Anne Mayhew: "Institutional economists ... take as the focus of study the 'habits of use', the 'institutions', that are the patterns of a culture."[70] Charles Wilber und Robert Harrison konkretisieren eine institutionalistische Methode wie folgt: "Institutionalism's investigatory mode is holistic, systemic, and evolu-tionary."[71] Institutionalism "... is holistic because it focuses on the pattern of relations among parts and the whole. It is systemic because it believes that those parts make up a coherent whole and can be understood only in terms of the whole. It is evolutionary because changes in the pattern of relations are seen as the very essence of social reality."[72] Als operationalisierbare

---

[67] Mayhew, A.: 1994, S. 116
[68] Jennings, A.; Waller, W.: Dezember 1994, S. 1002
[69] Kolb, G.: 1994, S. 190. - Auf Seite 185 verweist Gerhard Kolb darauf, dass sich insbe-sondere Georg Weippert "... vehement dagegen wehrte, dass das sogenannte 'Ausserökono-mische' (aber eben ökonomisch Relevante) in den Datenkranz der Theorie abgeschoben wird ...". An gleicher Stelle stimmt er Koslowski zu, dass - infolge eines solchen Vorgehens - "... am Ende der [institutionelle] Rahmen interessanter ist als das Bild des Marktes, das er umgibt" (vgl. auch: Koslowski, P.: 1991, S. 71).
[70] Mayhew, A.: 1994, S. 116
[71] Wilber, C. K.; Harrison, R. S.: März 1978, S. 73
[72] Wilber, C. K.; Harrison, R. S.: März 1978, S. 71

Untersuchungsmethode wurde das "pattern modeling" entwickelt: Grundlage bilden hier die in der Vergangenheit beobachteten Gegebenheiten und Prozesse, die zu analysieren sind. Auf dieser empirischen Untersuchung aufbauend wird versucht, in Gestalt eines "pattern models" den geschichtlichen Prozess im von Wilber und Harrison umschriebenen Sinne nachzubilden. A "... pattern model of explanation ... is constructed by linking validated themes into a network or pattern"[73]. Then an "... event or action is explained by identifying its place in a pattern that characterizes the ongoing processes of change in the whole system"[74].

III. Die Stellung des kontextualen Ansatzes von Knies im Spannungsfeld der konträren Positionen

Vor dem Hintergrund der Inhalte des zweiten Teils sind die sich ergebenden Bezüge der kontextualen Theorie und Methode zu den in diesem Kapitel thematisierten erkenntnistheoretischen Ansätzen von "Orthodoxy" und "Heterodoxy" überwiegend offensichtlich, weshalb wir uns hier darauf beschränken können, die Wesentlichsten hervorzuheben. - Von grundlegender Bedeutung ist zunächst, dass Knies insofern in fundamentalem Gegensatz zum A-priorismus steht, als er die wirtschaftlichen Erscheinungen durch ihre "tatsächlichen" Ursachen erklären will und hierbei von den der Beobachtung zugänglichen "Tatsachen" ausgeht. Insoweit für Knies folglich die Erfahrung von grundlegender Bedeutung für die Theoriebildung und für die in diesem Rahmen zu formulierenden Annahmen ist und indem er sich damit - im Gegensatz zu den kritischen Rationalisten - nicht auf die empirische Überprüfung einer Theorie beschränkt, ist er zu den Empiristen zu zählen. Die theoretische Begründung der empiristischen Position hat Knies dadurch erweitert, dass er mit den "personalen" bzw. "geistigen" Elementen jene Faktoren wirtschaftlicher Erscheinungen und Prozesse näher bestimmte, die für die kulturspezifischen und evolutiven - und daher nur empirisch zu erfassenden - Charakteristika derselben ursächlich sind. Indem Knies damit das Kontextspezifische nicht - wie unter anderem die Vertreter des "new institutionalism" - in den exogenen institutionellen Rahmen verweist, sondern indem er es als endogenen Faktor betrachtet und diese Position umfassend begründet, hat er einen Beitrag zur theoretischen Untermauerung des Empirismus geleistet. Gleichzeitig hat Knies damit eine Begründung dafür gegeben, weshalb bei der Theoriebildung nicht von a-priori

---

[73] Wilber, C. K.; Francis, S.: Juli 1984, S. 26
[74] Wilber, C. K.; Harrison, R. S.: März 1978, S. 73

gegebenen bzw. abstrakten Annahmen, sondern nur von den im raum-/zeit-spezifischen Kontext der Beobachtungen wahrnehmbaren Voraussetzungen ausgegangen werden darf, womit der Realitätsgehalt dieser Grundlagen der Theoriebildung für Knies - im Unterschied zu Friedman - von ausschlagge-bender Bedeutung ist. - Auch in anderer Hinsicht hat Knies die empiris-tische Position dadurch gestärkt, dass er eine Möglichkeit der Überwindung des "Induktionsproblems" aufzeigte: Der Geltungsanspruch eines "Wirt-schaftsgesetzes" erstreckt sich nur auf jenen räumlichen und zeitlichen Kon-text, dem die seiner Ermittlung zugrundeliegenden Beobachtungen entstam-men; und selbst dann, wenn er im Einzelfall über die Bildung von Analo-gien eine universelle Ausweitung erfahren kann, ist er grundsätzlich empi-risch abgesichert. Diese - vor dem Hintergrund eines holistischen, systemi-schen und evolutiven Wirtschaftsverständnisses - von Knies geleisteten Bei-träge zur erkenntnistheoretischen Fundierung des Empirismus sowie zur Konkretisierung empiristischer Methodik verdeutlichen die Bedeutung, die der theoretische Gehalt seines Werkes für den "old institutionalism" der Ge-genwart besitzt.

Wenngleich Knies somit einerseits eindeutig in der Tradition des Em-pirismus steht, so anerkennt und berücksichtigt er andererseits auch die Be-deutung, die den "allgemeinen" Gesetzmässigkeiten im Bereich der Wirt-schaft zukommt. Für das Sosein wirtschaftlicher Erscheinungen sind ihm zufolge eben nicht nur die zeit- und kulturspezifischen bzw. "geistigen" Elemente der Bestimmungsfaktoren massgebend, sondern auch die "realen" Elemente und damit die Naturgesetzlichkeiten, wie sie der "materiellen Welt" und der "animalischen Naturseite" des Menschen immanent sind. Diese gemäss Knies von den Naturwissenschaften zu ermittelnden Gesetze sind vom Nationalökonomen als a-priorische Gegebenheiten bei der Theo-riebildung zu berücksichtigen. Ein Beispiel hierfür ist das hinsichtlich der Nahrungsaufnahme geltende "Sättigungsgesetz" bzw. das "Gesetz vom abnehmenden Grenznutzen". Solche naturgesetzlichen Kausalitäten bilden allerdings "nur" die "realen" Elemente bzw. Faktoren in einem vorrangig durch raum- und zeitspezifische "geistige" Faktoren bestimmten "Produkt", weshalb es bei Knies - im Gegensatz zu Menger und anderen Vertretern einer "reinen" Theorie - keine spezifischen "Naturgesetze der Wirtschaft" gibt, sondern kontextspezifische "Wirtschaftsgesetze". Indem diese "Wirt-schaftsgesetze" einerseits - als Produkt von "geistigen" und "realen" (natur-gesetzlichen) Faktoren - *auch* die Wirkung allgemeingültiger Gesetze im-plizieren und andererseits in Einzelfällen über die Bildung von Analogien universelle Gültigkeit erlangen können, wird deutlich, dass die Knies'sche Theorie auch "Annäherungen" an einzelne Positionen der "Orthodoxy" enthält.

Aber auch in einer anderen und weit bedeutsameren Hinsicht über-
windet Knies scheinbar bestehende Gegensätze, indem er mit seiner kontextualen bzw. historischen Theorie belegt, dass die in der Literatur häufig
thematisierte Dichotomie von "Theorie" und "Geschichte" nicht gerechtfertigt oder zumindest fragwürdig ist. Wie verdeutlicht wurde, handelt es sich
bei den Knies'schen "Wirtschaftsgesetzen" nämlich um *Theorien*, die ein
durch seinen *geschichtlichen* bzw. kulturellen Kontext bestimmtes Erkenntnisobjekt kausal erklären. Da aus diesen "Wirtschaftsgesetzen" in der Regel
allenfalls kurzfristige Prognosen ableitbar sind, ist diese Knies'sche "Synthese von Theorie und Geschichte" nicht mit solchen "Gesetzen der geschichtlichen Entwicklung" zu verwechseln, denen zufolge die zukünftige
Entwicklung determiniert ist. Ein solcher Determinismus ist nicht nur Gegenstand der Historismus-Kritik von Karl Popper[75], sondern wird auch von
Karl Knies abgelehnt.

---

[75] Karl Popper schreibt "... I mean by 'historicism' an approach to the social sciences which
assumes that *historical prediction* is their principal aim, and which assumes that this aim is
attainable by discovering the ... 'laws' or the 'trends' that underlie the evolution of history"
(Popper, K. R.: 1957, S. 3; vgl. auch S. 41ff.: "'Historical Laws' and 'Historical Prophecy'
...""). - Vgl. auch "Economic Historicism" in: Popper, K. R.: 1963, Vol. 2, S. 100ff. - Vgl.
ferner: Habermehl, W.: 1980

Zehntes Kapitel:

Die Kontroverse über das ökonomische Handlungsmodell vor dem Hintergrund des kontextualen Ansatzes

Ging es im neunten Kapitel vorrangig um die Frage, ob bei der Theoriebildung entweder von raum- und zeit*in*varianten und faktisch a-priori gegebenen Annahmen auszugehen ist oder ob diese situationsspezifisch und damit empirisch zu bestimmen sind, so sollen im vorliegenden Kapitel aktuellere Auseinandersetzungen über die *Inhalte* konkreter Annahmen dargestellt und diskutiert werden. Entzündet haben sich die nun zu betrachtenden Kontroversen vorrangig an dem grundsätzlich a-priori gegebenen Handlungsmodell der "Orthodoxy" bzw. an der Annahme, dass das wirtschaftliche Geschehen im Wesentlichen ein Resultat ökonomisch rationaler und damit nutzenmaximierender Entscheidungen von Individuen ist. Indem solche unter dem Begriff des "homo oeconomicus" subsumierten Verhaltensannahmen die entscheidende Grundlage von wirtschafts- bzw. sozialwissenschaftlichen Theorien bilden, trägt deren räumliche und zeitliche Invarianz einerseits massgebend zur Begründung des universellen Gültigkeitsanspruchs dieser Theorien bei und erhöht andererseits die Wahrscheinlichkeit, dass solche Theorien die wirtschaftspolitisch relevanten Gegebenheiten in einem bestimmten Staat während eines konkreten Zeitraumes nur ungenügend zu erfassen vermögen. Da es sich hierbei um die dieser Arbeit zugrundeliegende Problemstellung handelt, kommt der Behandlung der diesbezüglichen Kontroverse besondere Bedeutung zu.

Hierbei ist zu berücksichtigen, dass sich dieses Handlungsmodell bei genauerer Betrachtung durch verschiedene Annahmen konstituiert. Wir konzentrieren uns im folgenden auf die - im Hinblick auf die Bezüge zur Knies'schen Theorie - zentralen Komponenten dieses Handlungsmodells, indem wir zunächst unter Punkt I. die Kontroverse über den "methodologischen Individualismus" behandeln und unter Punkt II. die in engem Zusammenhang hiermit stehende Annahme thematisieren, dass die Individuen "von sich aus" - in einem einheitlich "ökonomischen" Sinne - "rational" entscheiden und handeln. Durch die jeweilige Gegenüberstellung der von Vertretern der "Heterodoxy" zugrundegelegten Annahmen, die das menschliche Sosein und Verhalten in seiner Mitbestimmtheit durch den jeweiligen kulturellen Kontext und in seiner Variabilität im historischen Zeitablauf zu erfassen suchen, entsteht jenes Spektrum konträrer Positionen, das im Lichte der Knies'schen Theorie zu interpretieren ist.

I. Die Diskussion über die Bestimmtheit menschlichen Handelns und die methodischen Konsequenzen

Gegenstand dieser Kontroverse ist in erster Linie die Frage, ob die ökonomisch relevanten Handlungen entweder auf (rationale) Entscheidungen *selbstbestimmter* und in diesem Sinne "autonomer" Individuen zurückzuführen sind, so dass das (repräsentative) Individuum die "Basiseinheit" der Erklärung wirtschaftlichen Geschehens bilden kann (vgl. 1.), oder ob der handelnde Mensch und seine Entscheidungen mehr oder weniger durch den raum- und zeitspezifischen Kontext menschlicher Existenz mitbestimmt sind, weshalb seine Handlungen und die resultierenden wirtschaftlichen Prozesse nur in Berücksichtigung dieser kontextspezifischen Faktoren und damit in Anwendung einer holistischen Methode zu erklären sind (vgl. 2.).

1. Der methodologische Individualismus der "Orthodoxy"

Der methodologische Individualismus beruht auf der Annahme, dass das Sosein und die Veränderungen wirtschaftlicher und sonstiger sozialer Erscheinungen auf Entscheidungen zurückgeführt werden können und "... dass sich Entscheidungen einer grundlegenden 'Einheit' zurechnen lassen"[1]. "Einheit der Analyse ist das Individuum. Es wird untersucht, wie sich dieses Individuum in bestimmten Entscheidungssituationen verhält ... [, wobei das Verhalten] als rationale Auswahl aus den dem Individuum zur Verfügung stehenden Alternativen interpretiert"[2] wird.[3] Zu den vom methodologischen Individualismus implizierten Annahmen zählt nicht nur, dass die Entscheidungen rational sind, sondern auch, dass sie "eigenständig"[4] getroffen

---

[1] Vgl. Ryll, A.: 1992, S. 73
[2] Kirchgässner, G.: 1980, S. 421/422
[3] Hierbei ist nicht "... das Verhalten des einzelnen Individuums ...von Interesse, sondern es interessieren Regelmässigkeiten im Verhalten aller jeweils untersuchten Individuen" (Kirchgässner, G.: 1980, S. 423).
[4] Dieser Annahme zufolge sind die Entscheidungen bzw. die entscheidenden Individuen "autonom" und folglich nicht durch den Kontext ihrer Existenz mitbestimmt. Auf eine Konsequenz dieser Annahme verweist Geoffrey Hodgson: The "... explanation of social phenomena proceeds ... irreversibly from (individual) parts to (social) wholes" (Hodgson, G. M.: 1988, S. 54).

werden, was sich unter anderem im Begriff der "Konsumentensouveränität" manifestiert. "Die Eigenständigkeit der Entscheidung besagt, dass das Individuum entsprechend seinen eigenen Präferenzen ... handelt"[5] Massgebend für die Rangordnung der Präferenzen ist - von begründeten Ausnahmen abgesehen - ausschliesslich das Kriterium des individuellen Eigennutzens, und es wird angenommen, dass das Individuum bestrebt ist, seinen Nutzen zu maximieren. "Der methodologische Individualismus ist also gerade bei seinen ökonomischen Vertretern in aller Regel mit dem utilitaristischen Individualismus verknüpft und erst diese Verbindung ergibt das *Verhaltensmodell des 'economic man'*"[6], des "homo oeconomicus".

Um den vorstehend in wesentlichen Zügen dargestellten methodologischen Individualismus in einem umfassenderen Sinne in seiner erkenntnistheoretischen Bedeutung erfassen zu können, müssen wir uns mit den theoretischen Begründungen dieses Ansatzes auseinandersetzen, die im Verlauf seiner geschichtlichen Entwicklung entstanden. Hierbei erscheint es sinnvoll, von den neuzeitlichen Ursprüngen des Individualismus auszugehen, die in der "Aufklärung" liegen und sich im 18. Jahrhundert in der Nationalökonomie entfalteten: "Die Physiokraten in Frankreich, Hume und Adam Smith in England sind die Begründer ... [der] Naturlehre der individualistischen Volkswirtschaft ... Es waren die ersten rein theoretischen und äusserlich vom Naturrecht, von den übrigen Staatswissenschaften losgelösten volkswirtschaftlichen Systeme. Innerlich sind sie freilich ganz abhängig von der damals vorherrschenden Anschauung eines Naturzustandes, aus dem durch Staatsvertrag die bürgerliche Gesellschaft entstanden sei ..."[7]. Es lag die Vorstellung zugrunde, dass sowohl die gesellschaftlichen als auch die wirtschaftlichen Gegebenheiten aus vertraglichen Übereinkünften zwischen selbstbestimmten Individuen hervorgegangen und letztlich durch individuelle Entscheidungen bzw. Wahlhandlungen bestimmt sind. "Before the nineteenth century, individualism was equal to the theory of the social contract. In modern social science it has turned into *methodological* individualism ..."[8]

Als Begründer des methodologischen Individualismus wird überwiegend Max Weber genannt, dessen "verstehende" Soziologie "... das Einzelindividuum und sein Handeln als unterste Einheit, als ihr 'Atom' ... behandelt"[9]. Diese als "subjektivistisch" bezeichnete Version des methodologischen Individualismus wurde auch von der Österreichischen Schule ver-

---

[5] Kirchgässner, G.: 1980, S. 422
[6] Katterle, S.: 1991, S. 134
[7] Schmoller, G.: 1919, S. 90
[8] Udehn, L.: 1996, S. 166
[9] Vgl. Weber, M.: (1922) 1951, S. 439

treten und insbesondere durch Carl Menger[10], Ludwig von Mises[11] und Friedrich von Hayek[12] geprägt. Von dieser "subjektivistischen" Variante unterscheidet Lars Udehn eine "objektivistische", die ihm zufolge vorrangig durch Karl Popper, J.W.N. Watkins und Joseph Agassi repräsentiert wird. In welchem Sinne diese Variante des methodologischen Individualismus "objektivistisch" ist, verdeutlichen seine Ausführungen über Popper: "Karl Popper is probably the most well-known advocate of methodological individualism, at least outside economics. He differs from his predecessors by defending an objectivist methodology also in the social sciences. What matters for the purposes of social science is not the meaning people attach to their actions, but the objective logic of the situation ... Situational logic is a generalization of the method used in economics and identical with what we now call 'rational choice'."[13] Original "... was Popper's conbination of institutionalism with situational logic, or rational choice, which is what distinguishes the new institutionalism in economics from the old institutionalism."[14] Indem Popper den Prozess individueller Entscheidungen in Gestalt einer "rational choice" objektivierte, entstand eine Variante des methodologischen Individualismus, die - in Wahrung der Selbstbestimmtheit der Individuen - institutionelle Faktoren als *Rahmenbedingungen* individueller Entscheidungen anerkennen konnte. - Heute wird die Popper'sche Variante des methodologischen Individualismus am explizitesten von der "Chicago School" vertreten und auch auf die Erkenntnisbereiche anderer Sozialwissenschaften angewandt[15].

Infolge dieser Entwicklung verstärkte sich die von "heterodoxen" Nationalökonomen und anderen Sozialwissenschaftern am methodologischen Individualismus geübte Kritik. Die Einwände zielen schwerpunktmässig darauf, dass der Mensch aus den Bezügen zu seiner Aussenwelt extrahiert und als isoliertes Individuum betrachtet wird und dass damit einerseits von den kulturspezifischen Charakteristika menschlichen Soseins und Handelns sowie andererseits von der sozialen Interaktion abstrahiert wird: "Personal relationships between economic agents are assumed not to

---

[10] Vgl. Menger, C.: 1963, S. 62
[11] "Ludwig von Mises was much influenced by Weber, but was more of a Kantian and phenomenologist" (Udehn, L.: 1996, S. 167).
[12] "The most elaborate version of subjectivist methodological individualism can be found in the work of Friedrich von Hayek. In his case, it is part of an attack upon scientism: the slavish but misguided imitation of the natural sciences by social scientists" (Udehn, L.: 1996, S. 167).
[13] Udehn, L.: 1996, S. 168
[14] Udehn, L.: 1996, S. 171
[15] Vgl. Kincaid, H.: 1996, S. 156

exist ..."[16] Zudem wird die - in Abstraktion von den Erkenntnissen der Tiefenpsychologie getroffene - Annahme kritisiert, dass "der" einzelne Mensch ausschliesslich und vollständig rational handelt. Indem davon ausgegangen wird, dass diese Rationalität nicht infolge kulturspezifischer Einflüsse variiert, wird unterstellt, dass alle Individuen "in gleicher Weise" bzw. in einem "idealtypischen" Sinne rational handeln. - Geoffrey Hodgson gelangt zu dem Ergebnis: "In sum, the methodological individualists have provided us with no good reason why explanations of social phenomena should stop short with the individual. ... If there are determinate influences on individuals and their goals, then these are worthy of explanation."[17/18]

2. Der methodologische Holismus der "Heterodoxy"

Die erwähnten Einwendungen gegen den methodologischen Individualismus resultieren vorrangig aus der erkenntnistheoretischen Grundposition des "old institutionalism" und anderer Vertreter der "Heterodoxy". Während der methodologische Individualismus die Annahme impliziert, dass wirtschaftliches Geschehen im Wesentlichen durch rationale Entscheidungen autonomer Einzelwesen zu erklären ist, gehen insbesondere die Vertreter des "old institutionalism" von der als "holistisch" zu bezeichnenden Überzeugung aus, dass sich eine jede Erscheinung in Interdependenz mit ihrem spezifischen Kontext entwickelt und daher nur in Berücksichtigung dieser kontextspezifischen Faktoren - bzw. aus dem Kontext, d. h. aus dem "Ganzen" heraus - erklärt werden kann. Indem dieses "Ganze" mehr als die "Summe seiner Teile" ist und daher nicht atomistisch erfassbar sein kann, bildet der holistische Ansatz eine Antithese zum methodologischen Individualismus.

Entsprechend trug die von Seiten der Historischen Schule am individualistischen Ansatz der Klassiker geübte Kritik massgebend dazu bei, dass englische und deutsche Nationalökonomen des 19. Jahrhunderts erste Ansätze eines methodologischen Holismus entwickelten. In den Vereinigten Staaten zählen die Begründer des Institutionalismus, Thorstein Veblen (1857 - 1929) und John Commons (1862 - 1945), sowie andere Mitglieder dieser Schule - wie Wesley Mitchell (1874 - 1948), Clarence Ayres (1891 - 1972), Rutledge Vining (1908 -) und Allan Gruchy (1906 - 1990) -

---

[16] Vgl. Prychitko, D. L., in: ders. (Hrsg.): 1995, S. 10; vgl. auch: Boland, L. A.: 1995, S. 147
[17] Hodgson, G. M.: Hayek, Evolution, and Spontaneous Order, 1994, S. 410
[18] Vgl. auch "An empirical case against individualism" in: Kincaid, H.: 1996, S. 153 ff.

grundsätzlich zu den Vertretern eines holistischen Ansatzes.[19] Especially "Commons's approach is clearly holistic ... In both *Institutional Economics* ([1934] 1961) and *The Economics of Collective Action* (1950), Commons places great stress on the need to carefully analyze whole-part relations."[20] - Die Auffassungen darüber, wie das "Ganze" zu interpretieren ist und welche Bedeutung ihm im Rahmen der Erklärung menschlichen Handelns zukommt, variieren nicht nur bei den Mitgliedern der ersten Generationen der "holistisch" ausgerichteten Institutionalisten, sondern auch bei den heutigen Vertretern dieses Ansatzes. Wenngleich die folgende Argumentation daher auch innerhalb der "Heterodoxy" nicht unumstritten ist, so dürfte sie hier doch auf breitere Zustimmung stossen.

Im Rahmen der Beantwortung der Frage, was unter dem "Ganzen" zu verstehen ist, kann zunächst von der allgemeinen Feststellung ausgegangen werden, dass sich dieses "Ganze" durch vielfältige Interaktionen zwischen Individuen und Institutionen konstituiert. Das aus diesem Prozess resultierende "Ganze" wird überwiegend als "Organismus" betrachtet. "Nach dieser Systemanschauung sind die wesentlichen Eigenschaften eines Organismus oder lebenden Systems Eigenschaften des Ganzen, die keiner seiner Teile besitzt. Sie gehen vielmehr aus den Wechselwirkungen und Beziehungen zwischen den Teilen hervor. Diese Eigenschaften werden vernichtet, wenn das System entweder physisch oder theoretisch in isolierte Elemente zerlegt wird."[21] Entsprechend lässt sich das "... Verhalten eines lebenden Organismus als einem integrierten Ganzen ... nicht allein durch das Studium seiner Teile verstehen"[22]. Und auch ein Verständnis bzw. eine Erklärung der einzelnen Teile kann nur in Berücksichtigung von deren Beziehung zu anderen Teilen bzw. zum "Ganzen" erfolgen: From the holistic point of view, there "... is a more complex web of determination where parts are partially constituted in their relations with the whole"[23] From this follows "... that a part cannot be understood without knowing its relation to other parts"[24] and to the whole system. Aus seiner Feststellung folgert Kurt Dopfer: "Conse-

---

[19] Vgl. Briefs, H. W.: 1960, S. 17; vgl. Rutherford, M.: 1994, S. 38 ff.

[20] Rutherford, M.: 1994, S. 42

[21] Capra, F.: 1996, S. 42

[22] Capra, F.: 1996, S. 38

[23] Vgl. Hodgson, G. M.: 1988, S. 69. - Geoffrey Hodgson gilt in der Gegenwart als hervorragender Vertreter des methodologischen Holismus. Interessant an seinem auf Veblens evolutionäre Ökonomik zurückgehenden Ansatz ist auch dessen Beziehung zur Österreichischen Schule, an der offenkundig eines kritisiert: "Their adherence to methodological individualism, according to Hodgson, prevents Austrian scholars from recognizing the impure nature of socially mediated reality." (Boettke, P. J.: 1995, S. 21/22)

[24] Vgl. Dopfer, K.: The New Political Economy of Development, 1979, S. 13

quently, the relations themselves are of prime analytical interest ..."[25]

Diese Interdependenzen zwischen den einzelnen Teilen bzw. zwischen den Teilen und dem "Ganzen" resultieren aus der Annahme, dass es sich grundsätzlich jeweils um "offene" Systeme handelt. The "... socio-economic system is here regardet as an 'open' rather than a 'closed' system ..."[26] Hieraus folgt - in Anlehnung an die Argumentation von Geoffrey Hodgson - zunächst eine Begründung des holistischen Ansatzes: Wenn sich ein System infolge seiner Offenheit in Abhängigkeit von seiner Umwelt bzw. von anderen Systemen entwickelt, dann müssen diese für seine Entwicklung mitbestimmenden Einflüsse bei seiner Erklärung berücksichtigt werden, d.h. das System muss in seiner umwelt- bzw. kontextspezifischen "Eingebettetheit" erfasst bzw. aus diesem "Ganzen" heraus erklärt werden. "Holism" is used "... as a loose imperative that social and economic theory should be broadened to embrace all relevant variables and elements."[27]

Indem sich die das System mitbestimmenden Faktoren im Zeitablauf verändern, ist dieses evolutiv. Die von Hodgson als "offen" und daher als "evolutiv" betrachteten Systeme gleichen biologischen Systemen, d. h. er geht von Analogien zwischen der biologischen und der ökonomischen bzw. kulturellen Sphäre bzw. zwischen biologischer Evolution und wirtschaftlichem/kulturellem Wandel aus. Damit setzt er dem "mechanistischen" Wirtschaftsverständnis der "Orthodoxy" ein "biologistisches" entgegen. Ebensowenig wie der lebendige Organismus "Mensch" kann in dieser Sicht die Volkswirtschaft durch ein mechanistisches Zusammenwirken autonomer Teile erklärt werden, sondern nur durch die Interdependenz der Teile innerhalb des Gesamtorganismus.

Dieses "organische Ganze" ist nicht nur weitgehend aus menschlichen Handlungen hervorgegangen, sondern in holistischer Sicht auch für das Sosein des Menschen mitbestimmend: Indem von der "Weltoffentheit" (Arnold Gehlen) des Menschen oder sogar von der Annahme John Lockes ausgegangen wird, dass der Mensch zunächst einer "tabula rasa" gleicht und sich geistig in Interaktion mit seiner Umwelt entwickelt, werden die kulturspezifischen bzw. institutionellen Bedingungen individueller Existenz mitbestimmend für das "belief-system" (Warren Samuels) sowie für das Denken und Handeln des Menschen. "Factors such as institutional structure and routine, and social norms and culture, affect not only our eventual actions but also our views of the world and the purposes to which we aspire."[28] Das

---

[25] Ebd.; vgl. S. 15
[26] Hodgson, G. M.: 1988, S. 18
[27] Hodgson, G. M.: 1988, S. 17
[28] Hodgson, G. M.: 1988, S. 62/63; vgl. Briefs, H. W.: 1960, S. 74; vgl. Katterle, S.: 1991, S. 138

entsprechend durch die jeweilige Kultur "geprägte" Individuum wird von Allan Gruchy als "homo culturalis"[29] bezeichnet. - Hier wird deutlich, dass dieser methodologische Holismus die Bedeutung des Individuums nicht grundsätzlich infragestellt, sondern dass er sich gegen die vom methodologischen Individualismus implizierte Abstraktion von den kulturspezifischen Charakteristika der Individuen und gegen die Vorstellung wendet, dass die Individuen vollständig selbstbestimmt und in diesem Sinne autonom sind.

Dies bedeutet natürlich nicht, dass der Mensch in seinen Entscheidungen "unfrei" ist, sondern dass es bestimmte Grade und Formen von Autonomie und Freiheit gibt, deren jeweilige Ausprägung von kulturspezifischen Bedingungen menschlicher Existenz abhängig ist. "Institutionalisten ersetzen nicht die Vorstellung des autonomen Individuums durch die Vorstellung eines durch gesellschaftliche Institutionen determinierten, auf seine institutionalisierten Rollen fixierten homo sociologicus."[30] The "... position taken here is not that the plans and purposes of an individual are determined *entirely* by his or her socio-economic environment. ... What is argued is that the socio-economic and institutional environment has a significant effect on the kind of information we receive, our cognition of it, or preferences, and thereby much of our behaviour"[31]. Indem der Mensch in Hodgsons Sicht einen bestimmten Grad an Freiheit besitzt, ist er in dem Sinne mehr als ein "Organ" in einem "Organismus", als er die Möglichkeit hat, seine eigene Evolution und die des "Organismus" zu beeinflussen.

Vor diesem Hintergrund wird deutlich, dass die am Holismus geübte Kritik, die in ihrer Formulierung durch Karl Popper am nachhaltigsten wirkt, infolge der Arbeiten jüngerer Vertreter des Holismus in wesentlichen Punkten hinfällig geworden ist. Wenn Popper beispielsweise schreibt: "The holists ... plan to control and reconstruct our society 'as a whole'"[32], dann trifft dies unter anderem auf Hodgson offensichtlich nicht zu. Im übrigen ist streng zwischen einer der *Erklärung* wirtschaftlicher Wirklichkeit dienenden Methodik - sei sie holistisch oder individualistisch - und der normativen bzw. politischen Frage zu unterscheiden, ob und gegebenenfalls in welcher Weise das (zukünftige) Geschehen beeinflusst werden soll. - Ein weiterer zentraler Einwand Poppers zielt unmittelbar auf den erkenntnistheoretischen Ansatz der Holisten: "The holists ... plan to study our society by an impossible method ..."[33] It is a "... fact that wholes in the sense of totalities cannot be made the object of scientific study ... The holists do not see, ...

---

[29] Vgl. Gruchy, A. G.: 1987, S. 3
[30] Katterle, S.: 1991, S. 139
[31] Hodgson, G. M.: 1988, S. 71
[32] Popper, K. R.: 1957, S. 79; vgl. S. 82
[33] Popper, K. R.: 1957, S. 79

that all knowledge, whether intuitive or discursive, must be of abstract aspects, and that we can never grasp the 'concrete structure of social reality itself'"[34]. Wenngleich dieser Aussage grundsätzlich zuzustimmen ist, so lässt sich aus der Unmöglichkeit einer vollständigen Erfassung des jeweiligen "Ganzen" allerdings nicht die Folgerung ableiten, dass die Theoriebildung (im "Kern") von diesem "Ganzen" zu abstrahieren und vom Individuum als "Basiseinheit" auszugehen hat. Wie die nach Erscheinen von Poppers Werk *"The Poverty of Historicism"* verfassten Arbeiten von Allan Gruchy, Manuel Gottlieb, Geoffrey Hodgson und insbesondere von Charles Wilber und Robert Harrison[35] verdeutlichen, sind holistische Methoden durchaus operationalisierbar und grundsätzlich dazu geeignet, ein System als Ganzes in seiner Grundstruktur und massgebenden Variabilität zu erfassen.

3. Die Stellung des kontextualen Ansatzes von Knies im Spannungsfeld der konträren Positionen

Indem die volkswirtschaftliche Entwicklung - in der Sicht von Knies - unter anderem aus den jeweiligen territorialen, demographischen, kulturgeschichtlichen, rechtlichen und politischen Gegebenheiten resultiert und sich die Volkswirtschaft insoweit als "Element" der Evolution des kulturellen bzw. staatlichen "Ganzen" entwickelt, ist Knies' Wirtschaftsverständnis eindeutig holistisch. Der auf Knies zurückgehenden "Theorie der kontextualen Bestimmtheit der Volkswirtschaft" zufolge haben die genannten raum- und zeitspezifischen Gegebenheiten nicht nur einen unmittelbaren Einfluss auf das wirtschaftliche Geschehen, sondern auch einen mittelbaren, indem sie als Kontext der Existenz und Entwicklung des Menschen dessen "Weltbild" und Denken mitbestimmen und damit sein wirtschaftlich relevantes Handeln beeinflussen. Knies zufolge kann der Mensch daher nicht als "Individuum" den alleinigen "Ausgangspunkt" der Erklärung wirtschaftlichen Geschehens bilden, sondern das wirtschaftlich relevante Verhalten muss auch aus dem konkreten kulturspezifischen Kontext heraus erklärt werden.

Die Betrachtung des Menschen als "homo culturalis" - der Begriff stammt, wie gesagt, von Gruchy - findet sich damit bereits bei Knies. Indem Knies in Berücksichtigung der "realen" bzw. naturgesetzlichen Bestimmungsfaktoren menschlichen Verhaltens die Bedeutung der "personalen"

---

[34] Popper, K. R.: 1957, S. 78; vgl. S. 81
[35] Vgl. Wilber, C. K.; Harrison, R. S.: The Methodological Basis of Institutional Economics: Pattern Model, Storytelling, and Holism, 1978

bzw. "geistigen" Faktoren verdeutlichte, hat er eine Begründung dafür eingebracht, weshalb der Mensch "weltoffen" ist und sich in Interdependenz mit dem Kontext seiner Existenz entwickelt und weshalb er daher durch kulturspezifische und evolutive Charakteristika gekennzeichnet ist. Das aus der Argumentation von Knies resultierende "Menschenbild" ist in dieser Hinsicht holistisch und unvereinbar mit der vom methodologischen Individualismus implizierten Dichotomie zwischen einem "abstrakten" bzw. raum- und zeit*in*varianten Individuum einerseits und den exogenen Rahmenbedingungen individuellen Handelns andererseits.

Die Berücksichtigung des vom kulturellen Kontext und damit vom "Ganzen" ausgehenden Einflusses auf das Sosein des Menschen führt bei Knies nicht zu einer Verkennung der Bedeutung des Individuellen bzw. des Individuums. Wenngleich für Knies sowohl die empirisch feststellbaren kulturspezifischen Charakteristika der Menschen und damit das ihnen grundsätzlich "Gemeinsame", als auch die sozialen Interaktionen zwischen den Menschen von wesentlicher Bedeutung sind, so ist es für ihn zunächst doch immer der einzelne Mensch, der durch seine Handlungen die wirtschaftlichen Erscheinungen hervorbringt. - Im Rahmen der ökonomischen Theoriebildung ist nun auch für Knies nicht das Individuelle in seiner Einzigartigkeit, sondern das Regelmässige massgebend, d. h. sein Interesse gilt jenen empirisch wahrnehmbaren Charakteristika und Verhaltensweisen, die für die Individuen in einem bestimmten kulturellen Kontext "typisch" sind. Entsprechend ist der Knies'sche "homo culturalis" - im Gegensatz zum "homo oeconomicus" - ein "kulturspezifisches" und damit ein "evolutives" Individuum, das nur insoweit auch "raum- und zeit*in*variante" Charakteristika trägt, als es den für einen lebendigen Organismus bestimmenden Naturgesetzen ("reale" Faktoren) unterliegt.

Da somit sowohl biologische/naturgesetzliche als auch kulturspezifische bzw. institutionelle Faktoren einen unmittelbaren Einfluss auf das Sosein und das Verhalten des Menschen haben, kann dieser im eigentlichen und umfassenden Sinne weder "autonom" noch "selbstbestimmt" sein. Diese Einsicht veranlasst Knies jedoch nicht dazu, in das andere Extrem zu verfallen und die Freiheit des Menschen als solches infragezustellen. Stattdessen betont er, dass durchaus Raum für "... das sittlich freie Thun der Individuen ..." bzw. "... für die menschliche 'Freiheit des Willens' ..."[36] verbleibt und - was aus der liberalen Grundeinstellung von Knies resultiert - unbedingt erforderlich ist. Welcher Grad an individueller Freiheit besteht und wie sich diese entfalten kann, hängt, wie gesagt, vom jeweiligen kulturellen Kontext menschlicher Existenz und insbesondere von der Gesell-

---

[36] Vgl. Knies, K.: 1883, S. 487 und S. 486

schaftsordnung ab. Auch in dieser Hinsicht bestehen deutliche Parallelen zwischen der Position von Knies und jener holistisch ausgerichteter Institutionalisten.

Hervorzuheben ist nicht zuletzt, dass Knies bereits 1853 jene Elemente einer holistischen Erkenntnismethode herausgearbeitet hat, die sich - wie das siebte Kapitel der vorliegenden Arbeit zeigen soll - zu einem konsistenten und grundsätzlich praktikablen erkenntnistheoretischen Ansatz integrieren lassen. Holistisch ist diese auf Knies zurückgehende historische bzw. kontextuale Methode insofern, als sie einerseits darauf ausgerichtet ist, ihr Erkenntnisobjekt in seinen kontextualen Bezügen und damit möglichst "ganzheitlich" zu erfassen, und andererseits die Regelmässigkeiten in diesen so gewonnenen Beobachtungen dadurch zu erklären sucht, dass die sie "tatsächlich" verursachenden Faktoren ermittelt werden sollen, welche wiederum vorwiegend aus dem historischen/kulturellen Kontext und damit aus dem "Ganzen" heraus zu bestimmen sind. Es versteht sich von selbst, dass dieses methodische Vorgehen eine Beschränkung auf die jeweils wesentlichen Elemente dieses "Ganzen" erfordert und dass diese teils nur annäherungsweise bzw. im Sinne von Wahrscheinlichkeitsaussagen bestimmt werden können. Der durch die Komplexität des Erkenntnisobjektes erzwungene Grad an Abstraktion ist bei dem empiristischen bzw. holistischen Ansatz von Knies jedoch grundsätzlich deutlich geringer, als bei der - unter anderem auf dem methodologischen Individualismus basierenden - Methode der "Orthodoxy".

II. Die Diskussion über Form und Grad der Rationalität ökonomisch relevanten Handelns

Die von "Orthodoxy" und "Heterodoxy" konträr beantwortete Frage, ob das Individuum entweder als vollkommen "autonom" zu betrachten ist oder ob es - infolge seiner sich in Abhängigkeit vom Kontext seiner Existenz vollzogenen Entwicklung - kulturspezifisch "geprägt" ist und ob seine Handlungen folglich entweder gänzlich selbstbestimmt oder im dargestellten Sinne durch den kulturellen Kontext beeinflusst sind - diese Frage steht in engem Zusammenhang mit der Kontroverse über die Form und den Grad der Rationalität individueller Handlungen. Während die die Autonomie des Individuums postulierende "Orthodoxy" - infolge der Abstraktion von kontextspezifischen Einflüssen auf die Rationalität - von der Annahme ausgehen kann, dass die Individuen im wirtschaftlichen Bereich grundsätzlich immer und überall in gleicher Weise "rational" - nämlich ökonomisch ratio-

nal - handeln, vertreten "heterodoxe" Ökonomen die Auffassung, dass mit
dem Sosein der Individuen auch die Rationalität individueller Handlungen
vom jeweiligen kulturellen Kontext abhängig ist und unter anderem deshalb
in Form und Grad variiert.

1. Die ökonomische Rationalität der "Orthodoxy"

Bei der Beantwortung der Frage, was unter ökonomischer Rationalität zu
verstehen ist, scheint es zweckmässig, von der folgenden Definition "rationalen Verhaltens" auszugehen: A "... man is considered rational when: (a)
he pursues ends that are mutually coherent, and (b) he employs means that
are appropriate to the ends pursued."[37] Entsprechend gelangt Lionel Robbins zu der Feststellung: "Economics is the science which studies human
behaviour as a relationship between ends and scarce means which have
alternative uses."[38] Welche Mittel eingesetzt werden können hängt von den
Restriktionen der Handlung und von den im Rahmen des Möglichen gegebenen Optionen ab. Generell wird angenommen, dass das Individuum bei
der Wahl der zur Erreichung seines Zieles einzusetzenden Mittel über vollständige Informationen verfügt: The rational actor "... knows all physically
or even logically possible options, and all physically and logically possible
states of the world which could be relevant to his decision".[39] Welches Ziel
das Individuum durch die auszuwählende Handlungsalternative erreichen
will, ist durch seine Präferenzen vorgegeben. Da Präferenzen einerseits nur
relativ schwer erfasst werden können und da andererseits davon ausgegangen wird, dass sie relativ beständig sind, werden die Präferenzen als gegeben betrachtet und "... als relativ stabil unterstellt. Dementsprechend wird
auch nicht gefragt, woher diese Präferenzen kommen, wie sie gebildet werden und wie sie beeinflusst werden können"[40]. Die gegebenen Präferenzen -
so wird weiter angenommen - bilden eine Präferenz-Ordnung. Because the
agent "... has a coherent preference structure ..., he is able to estimate his
expected utility for each option and then choose the option with the highest
expected utility".[41] Indem davon ausgegangen wird, dass das Individuum
seinen Nutzen maximieren will, treten zwei Verhaltensannahmen hinzu, die
seit ihrer Thematisierung durch Jeremy Bentham (1748 - 1832) von grund-

---

[37] Allais, M. (Fondements d' une theorie positive des choix comportant un risque, 1955, S.
31) in der Übersetzung von: Godelier, M.: 1972, S. 12
[38] Robbins, L. C.: 1984, S. 16
[39] Viale, R.: 1992, S. 174
[40] Kirchgässner, G.: 1980, S. 424
[41] Vgl. Viale, R.: 1992, S. 174

legender Bedeutung für die klassische bzw. neoklassische Nationalökonomie sind, nämlich dass der Mensch "eigeninteressiert" bzw. "egoistisch" ist und dass er nicht "optimiert", sondern "maximiert". - Aus den genannten Annahmen resultiert die Bestimmung dessen, was unter "rationalem Verhalten" in Sinne der ökonomischen Rationalität zu verstehen ist: Das Individuum verhält sich "rational", wenn es in Berücksichtigung aller Restriktionen aus dem Spektrum aller gegebenen Handlungsoptionen bzw. aller einsetzbaren "Mittel" jene Vorgehensweise auswählt, die ein Ergebnis erwarten lässt, durch welches das Individuum - aufgrund seiner Präferenz-Ordnung - den grösstmöglichen Nutzen erzielt. Hierbei impliziert "ökonomische Rationalität" einerseits, dass das Individuum die jeweilige Handlungssituation zutreffend einschätzt und seine Ziele in konsistenter Weise realisiert[42], und andererseits, dass diese Ziele in der Realisierung eines maximalen individuellen Nutzens bestehen. "It is common to find economists using the term 'maximizing' interchangeably with 'rational'."[43]

Dieser Stellenwert der Maximierung als spezifisch "ökonomischem" Element der ökonomischen Rationalität erfordert es, der Frage nachzugehen, was hierunter konkreter zu verstehen ist. Zunächst kann ein Individuum - dem "ökonomischen Prinzip" entsprechend - bestrebt sein, entweder mit gegebenem Einsatz an Mitteln den Erfolg zu maximieren oder einen bestimmten Erfolg, d. h. ein hinsichtlich seiner quantitativen und qualitativen Dimensionen fixiertes Ziel, mit geringstmöglichem Einsatz an Mitteln zu realisieren. Diese beiden Formen der Maximierung des Erfolges pro eingesetzter Mittel-Einheit sind insoweit in eigentlichen Sinne des Wortes "rational", d. h. "vernünftig", als hierdurch die Verschwendung von Mitteln bzw. von Ressourcen minimiert wird.[44] - Allerdings wird unter "Maximierung" generell eine grösstmögliche Erhöhung des Gesamt-Erfolges bzw. Gesamt-Nutzens des Individuums verstanden, wobei die hierzu einzusetzenden Mittel hinsichtlich Art und Menge bis an die Grenze des jeweils Möglichen auszuweiten sind. Erst dieses Verständnis von "Maximierung" lässt deren Bedeutung für die Nationalökonomie deutlich werden: "Like gravity in Newtonian physics, maximization is postulated as the fundamental elementary force of the system. ... The law of maximization is the single uni-

---

[42] Gebhard Kirchgässner verweist auf zentrale Konsequenzen insbesondere dieser Annahmen: Indem rational handelnde Individuen auf eine Veränderung ihres Handlungsspielraumes "systematisch" reagieren, kann "... ihr Verhalten durch Anreize systematisch verändert werden, wobei diese Anreize hauptsächlich den Handlungsspielraum der Individuen verändern. Damit sind Prognosen von Verhaltensänderungen als Reaktion auf Veränderungen des Handlungsspielraumes möglich." (Kirchgässner, G.: 1980, S. 423)
[43] Boland, L. A.: 1995, S. 93; vgl. auch: Mirowski, P.: 1988, S. 152
[44] Ob das durch den Mitteleinsatz angestrebte Ziel in diesem Sinne als "vernünftig" gelten kann, ist eine andere - hier nicht zu beantwortende - Frage.

versal law of force of theoretical microeconomics."[45]

Die Implikationen der Annahme, dass die Individuen im obigen Sinne "ökonomisch rational" handeln, sind von entscheidender Bedeutung für die Theoriebildung der "Orthodoxy". Um dies zu verdeutlichen, gehen wir von der folgenden Feststellung aus: "In standard economics, all agents are assumed to be equipped by one single rationality. ... In this respect, the owner of the hot-dog stand on the corner is assumed to be identical with the management of IBM."[46] Indem angenommen wird, dass alle (typischen) Individuen zu allen Zeiten[47] grundsätzlich ökonomisch rational und folglich (im Wesentlichen) "gleich" entscheiden und handeln, wird menschliches Verhalten generell "vorhersehbar" und in diesem Sinne "berechenbar": Human beings act "... more or less rationally; and this makes it possible to construct comparatively simple models of their actions and inter-actions, and to use these models as approximations."[48] - Die Rationalitäts-Annahme ermöglicht die Formalisierung ökonomischer Theorien bzw. die Abbildung wirtschaftlicher Vorgänge in der Sprache der Mathematik. Nur unter Zugrundelegung dieser Annahme lässt sich der Anspruch der neoklassischen Nationalökonomie begründen, "exakte" Wissenschaft im Sinne einer "science" zu sein.

Entsprechend ist die Annahme ökonomisch rationalen Verhaltens unverzichtbares Element des geistigen Fundamentes heutiger Theorien der "Orthodoxy". In den letzten Jahrzehnten wurde die Anwendung dieser Rationalitäts-Annahme in verschiedener Hinsicht "ausgeweitet", indem sich drei bedeutende Bereiche "orthodoxer" Theoriebildung entwickelten:

(1) Der "*Rational Choice Theory*" zufolge resultieren individuelle Handlungen aus einer rationalen - und damit nutzenmaximierenden - Wahl zwischen Alternativen. "In einer von Rational Choice Theoretikern konzipierten sozialen Welt interagieren nur Vertreter der Species 'homo oeconomicus' miteinander, d. h. rationale Egoisten, die [sich] in sozialen Interaktionen ... zweckrational verhalten."[49] Entscheidendes Kennzeichen des "Rational Choice"-Ansatzes ist die Annahme, dass sich der Mensch in nahezu allen Lebensbereichen im erläuterten Sinne ökonomisch rational verhält: "... Gary Becker insists that the economic approach 'is applicable to all human behaviour ...'"[50] "Becker ... uses the economic approach to explain discrimi-

---

[45] Krupp, S. S.: 1980, S. 388 und S. 389
[46] Lundvall, B.-A., in: ders. (Hrsg.): 1992, S. 60/61
[47] "To the economist, modern man is not different to pre-modern man; only the economic circumstances, and hence the nature of the responses, differ." (Snooks, G. D.: 1996, S. 164)
[48] Popper, K. R.: 1957, S. 140/141
[49] Miller, M.: 1994, S. 6. - Vgl. zur Kritik an diesem Aufsatz: Esser, H.: 1994, S. 16 ff.
[50] Hindess, B.: 1994, S. 211. - Vgl. auch: Simon, H. A.: 1982, S. 445

nation, crime, the family, and social interaction more generally.[51] In each case the approach is the same: assume individuals maximize their fixed preferences as best they can"[52]. Beckers Überlegungen ermöglichten es, "... sowohl das im engeren Sinne wirtschaftliche wie ganz verschiedene Bereiche des nicht-wirtschaftlichen Handeln[s] der Menschen (und dessen kollektive Folgen) mit *einer* theoretischen Grundidee zu erklären."[53] Der hiermit geleistete Beitrag zur "Integration" sozialwissenschaftlicher Theorien war Anlass der Verleihung des 1992er Nobelpreises an Becker.

(2) Während "Rational Choice"-Theoretiker die Anwendung der Annahme ökonomisch rationalen Verhaltens auf die Erkenntnisbereiche nicht-ökonomischer Sozialwissenschaften ausweiten, impliziert die *"Theory of Rational Expectations"* die Annahme, dass die sich auf die Zukunft beziehende Erwartungsbildung "rational" ist. Erwartungen müssen dann gebildet werden, wenn die dem Individuum zur Wahl stehenden Alternativen eine zeitliche Dimension haben und daher von zukünftigen Entwicklungen abhängig sind. Ein grundlegender Hinweis darauf, was "Rationalität" im Kontext von Erwartungsbildung bedeutet, findet sich bei Kenneth Arrow: "The new theoretical paradigm of rational expectations holds that each individual forms expectations of the future on the basis of a correct model of the eocnomy, in fact, the same model that the econometrician is using."[54] Der Begriff der "Rationalität" impliziert hier, dass bei der Erwartungsbildung alle relevanten Informationen bestmöglichst berücksichtigt und keine systematischen Fehler begangen werden. Auch wenn diese Bedingungen erfüllt sind, werden die tatsächlich eintretenden Entwicklungen nur dann den rationalen Erwartungen entsprechen können, wenn das der Erwartungsbildung zugrundeliegende Modell - dessen empirische Verifizierung auf Vergangenheits-Daten basiert - auf zukünftige Entwicklungen anwendbar ist, was unter anderem voraussetzt, dass keine unvorhersehbaren Ereignisse (Schocks) eintreten bzw. dass die zukünftige Finanz- und Wirtschaftspolitik den Erwartungen entspricht. - Die massgeblich aus den Arbeiten von Robert Lucas (Nobelpreis 1995) und Thomas Sargent hervorgegangene "Theory of Rational Expectations" ist im Rahmen der "Neuen Klassischen Makroökonomie" bzw. der "New Classical Economics" von zentraler Bedeutung.

(3) Die *"Game Theory"* geht grundsätzlich davon aus, dass eine ökonomisch rationale Wahl zwischen alternativen Optionen (Strategien) in Be-

---

[51] Ein Beispiel für weitere Anwendungen des "Rational Choice"-Ansatzes ist das 1997 von Lawrence Young herausgegebene Werk *"Rational Choice Theory and Religion"*.
[52] Kincaid, H.: 1996, S. 156
[53] Esser, H.: 1994, S. 17
[54] Arrow, K. J.: 1991, S. 205

rücksichtigung der Auswirkungen der erwarteten Strategie(n) des oder der jeweiligen Kontrahenten erfolgt. Indem der Erfolg der von einem Individuum oder einer Institution realisierbaren Strategien davon abhängig ist, welche Strategien von dem bzw. von den Kontrahenten gewählt werden, sind die strategischen Entscheidungen der (am "Spiel") Beteiligten interdependent. "'Interactive Decision Theory' would perhaps be a more descriptive name for ... Game Theory"[55]: It is "... a theory of rational interaction between two or more individuals, each of them rationally pursuing his own objectives against the other individual(s) who rationally pursue(s) his (or their) own objectives"[56] - so John Harsanyi, der 1994 zusammen mit John Nash und Reinhard Selten den Nobelpreis für seine Beiträge zur Analyse von Gleichgewichten in der Theorie nicht-kooperativer Spiele erhielt.[57]

Durch die in den vergangenen Jahren erfolgte Verleihung von Nobelpreisen an führende Vertreter der "Rational Choice Theory", der "Theory of Rational Expectations" und der "Game Theory" wuchs die relative Bedeutung dieser Theoriebildungsansätze, die die Annahme ökonomisch rationalen Verhaltens in spezifischer Weise zur Anwendung bringen. Im Zusammenhang mit dieser Entwicklung wurden auch verschiedenste Kritiken an dieser Verhaltensannahme wieder aktueller, welche sich zu zwei Bereichen zusammenfassen lassen:

(1) Zunächst wird kritisiert, dass die "Orthodoxy" mit dieser Rationalitäts-Annahme von etwas ausgeht, was *in dieser Ausprägung* in der wirtschaftlichen Wirklichkeit nicht allgemein verbreitet ist. Fragt man danach, weshalb diese Verhaltensannahme zugrundegelegt wird, so drängt sich die Hypothese auf, dass dies infolge einer Übertragung der Rationalität ihrer ökonomischen Wissenschaft auf das ökonomische Erkenntnisobjekt erfolgt. Die Aussage, dass "... die Entscheidung für den Beruf des Wissenschaftlers ... die *Entscheidung zur Rationalität*"[58] ist, würde dann nicht nur bedeuten, dass wissenschaftliche Argumentation "rational" sein muss - was selbstverständlich nicht infragegestellt werden kann und darf -, sondern zudem, dass vorausgesetzt wird, dass das Erkenntnisobjekt als "rational" bestimmt zu betrachten und entsprechend erklärbar ist. - Diese Kritik stellt nicht die Bedeutung bestimmter Formen von Rationalität wirtschaftlichen Handelns infrage, sondern sie richtet sich gegen die *ausschliessliche* Abstützung auf eine raum- und zeit*in*variante ökonomische Rationalität und damit gegen die von Richard Thaler - in Charakterisierung der Neoklassik - formulierte

---

[55] Vgl. Aumann, R. J.: 1987, S. 460
[56] Harsanyi, J. C.: 1982, S. 43
[57] Zur Entwicklung, zu den Varianten und zur Kritik der "Game Theory" vgl.: Aumann, R. J.: 1987, S. 460ff; vgl. auch: Rizvi, S. A. T.: 1994, S. 1ff.
[58] Vgl. Stegmüller, W., zitiert in: Brunkhorst, H.: 1978, S. 6

Annahme: "Agents can solve problems like an economist ..."[59] Es ist ein wohl ebenso verständlicher wie folgenschwerer Irrtum, wenn Nationalökonomen, die durch eine oft jahrzehntelange Auseinandersetzung mit ökonomischer Theorie und ökonomischer Rationalität "geprägt" sind, von der Annahme ausgehen, dass der "durchschnittliche" Mensch bzw. das repräsentative Individuum in gleicher Weise und in gleichem Grade "rational" handelt, wie sie selbst es tun oder zu tun glauben.

(2) Die Verhaltensannahmen der "Orthodoxy" werden nicht nur kritisiert, weil hiermit ein bestimmtes - nämlich ökonomisch rationales - Verhalten vorausgesetzt wird, sondern auch deshalb, weil damit ein Ausschluss jener Bestimmungsfaktoren ökonomischen bzw. ökonomisch relevanten Verhaltens einhergeht, die von anderen Wissenschaften - wie der Anthropologie, der Soziologie und der Psychologie - untersucht wurden und deren Einfluss auf wirtschaftliche Entscheidungen und Handlungen empirisch nachweisbar ist. Indem die "Orthodoxy" solche für menschliches Verhalten ursächliche Faktoren nicht berücksichtigt, erklärt sie letztlich nicht ökonomisches Verhalten, sondern sie erklärt - im "idealtypischen" Sinne - ökonomische Zusammenhänge unter der Annahme, dass der Mensch sich ökonomisch rational verhält. - "Common man's inferential and decisional performances diverge from the prescriptions of the hypotheses underlying maximizing rationality. This reason alone would be enough to reject the hypothesis itself."[60]

2. Die Rationalität wirtschaftlichen Handelns in der Sicht "heterodoxer" Ökonomen

Die Intention der Vertreter der "Heterodoxy" besteht zunächst darin, die Bildung von Präferenzen ursächlich zu erklären, d. h. sie thematisieren beispielsweise nicht nur die durch eine Nachfrageerhöhung ausgelösten Effekte, sondern sie wollen hierüber hinaus klären, welche Ursachen der erhöhten Nachfrage zugrundeliegen.[61/62] Vor diesem Hintergrund werden die

---

[59] Thaler, R.: 1996, S. 227
[60] Viale, R.: 1992, S. 185
[61] Vgl. Hettlage, R.: 1993, S. 84
[62] Hierin besteht ein zentraler Unterschied zur "Orthodoxy", die infolge der Gegebenheit der Präferenzen nicht nach diesbezüglichen Ursachen einer Veränderung von Angebot und Nachfrage fragt: "Wir studieren Angebot und Nachfrage, ohne uns um die Wünsche und Geschmäcker der Konsumenten zu kümmern, die doch soviel mit dem Nachfrageverhalten zu tun haben. Dieses Problem überlassen wir dem Psychologen, und zwar ganz einfach deshalb, weil wir nicht genug wissen, um es richtig zu behandeln." (McKenzie, R.; Tullock, G.: 1984, S. 10)

Entscheidungen über die zur Erreichung von Zielen einzusetzenden Mittel und damit die Rationalität der Handlungen analysiert. Die Frage, warum der Mensch etwas will und warum er in bestimmter Weise handelt, ist in dieser Sicht nur zu beantworten, indem geklärt wird, "wie der Mensch ist" und warum er "so" ist, d. h. es müssen die für das Sosein des Menschen bestimmenden Faktoren ermittelt werden. Indem ökonomische Theoriebildung die Erklärung volkswirtschaftlicher Gegebenheiten und Prozesse bezweckt, sind auch hier selbstverständlich nicht die spezifischen Charakteristika des Einzelnen relevant, sondern es sind die in einer Volkswirtschaft während eines bestimmten Zeitraumes "typischen" Kennzeichen der Menschen und ihres Verhaltens auf ihre massgebenden Ursachen zurückzuführen. Im Rahmen einer auf diesem Wege erfolgenden Erklärung von Präferenzen und Handlungen ist die Berücksichtigung der Interaktion zwischen psychischen und institutionellen Faktoren von zentraler Bedeutung. Entsprechend stellt Harold Wolozin fest: "Two pervasive themes recur throughout institutionalist literature and commentary: (1) a recognition of the complex psychology and emotional structure underlying human decision ..., and (2) a focus on the role of institutions in economic behavior ... "[63]. Institutions "... at a very basic level affect all cognitive processes. ... Culture, which is a local phenomena, is taken as a core concept and its role in shaping human cognitions and actions is emphasised."[64] Als Beispiele für die den Menschen "prägenden" kulturspezifischen Institutionen können die Religionen, verschiedenste Traditionen sowie nicht zuletzt unterschiedlichste Ideologien und andere für den "Zeitgeist" bestimmende Faktoren genannt werden. Unter dem Einfluss dieser und anderer Institutionen entwickeln sich nicht nur bestimmte Mentalitäten und Gewohnheiten des Wahrnehmens, Denkens und Handelns, sondern auch Einstellungen, Überzeugungen und Werthaltungen, die beispielsweise darüber entscheiden, ob ein Ziel oder eine Handlung mit dem "Gewissen" des Menschen zu vereinbaren ist. Es ist offensichtlich, dass solche kulturspezifischen Charakteristika der Menschen einen wesentlichen Einfluss auf deren Präferenzen[65] bzw. auf deren Entscheidungen darüber haben, welche Mittel zur Erreichung bestimmter Ziele einzusetzen sind.

Aus dieser der "heterodoxen" Position entsprechenden Argumentation ergibt sich die folgende Konsequenz: *Die Rationalität wirtschaftlichen Handelns ist kulturspezifisch ausgeprägt und damit zugleich evolutiv.* Ent-

---

[63] Wolozin, H.: 1977, S. 33/34

[64] Johnson, B.: 1992, S. 25

[65] In diesem Zusammenhang ist interessant, dass mit John Rae (1796 - 1872) und Irving Fisher (1867 - 1947) zwei nicht zur "Heterodoxy" zu zählende Nationalökonomen die in verschiedenen Staaten wahrzunehmenden Unterschiede in der Höhe der Zinssätze auch damit erklärten, dass die betreffenden Völker unterschiedliche Zeitpräferenzen haben.

sprechend hat beispielsweise Janos Kornai verdeutlicht, dass wirtschaftlich relevantes Verhalten keineswegs immer und überall durch die gleiche Form der Rationalität bestimmt ist. Kornai "... pointed to concepts making it possible to operate with differently specified rationality ..."[66] Ein solches Vorgehen erweist sich überall dort als besonders zweckmässig, wo der Erfolg wirtschaftlicher Massnahmen von der Reaktion der Bevölkerung anderer Kulturen abhängig ist, also in den Bereichen von Aussenhandel und Entwicklungspolitik. Daher wurden in der Betriebs- und Volkswirtschaftslehre einzelne Ansätze entwickelt, die die kulturspezifische Ausprägung der Rationalität berücksichtigen. Zu nennen sind hier das erwähnte "Management of Cultural Differences"[67] und bestimmte Richtungen von "Development Economics"[68].

Der von der "Orthodoxy" zugrundegelegten Annahme, dass von *einer* raum- und zeit*in*varianten ökonomischen Rationalität auszugehen ist, wird von Seiten der "Heterodoxy" nicht nur die Position entgegengehalten, dass empirisch wahrnehmbare Rationalitäten grundsätzlich kultur- und zeitspezifische Erscheinungen sind und dass es folglich verschiedene Ausprägungen von "Rationalität" gibt, sondern es wird zudem die Überzeugung begründet, dass der Mensch in der Regel nicht im strengen Sinne "rational" handeln kann oder sein entsprechendes Potential nicht ausschöpft und dass damit der *"Grad" der Rationalität wirtschaftlichen Handelns begrenzt ist.*

Die Überzeugung, derzufolge die Rationalität begrenzt bzw. "bounded" ist, wurde vorrangig von Herbert Simon (1916 -) theoretisch begründet. "The term 'bounded rationality' ... was introduced about thirty years ago to focus attention upon the discrepancy between the perfect human rationality that is assumed in classical and neoclassical economic theory and the reality of human behaviour as it is observed in economic life. The point was not that people are consciously and deliberately *irrational*, although they sometimes are, but that neither their knowledge nor their powers of calculation allow them to achieve the high level of optimal adaptation of means to ends that is posited in economics."[69] An anderer Stelle gibt Simon eine entsprechende Definition: "The term 'bounded rationality' is used to designate rational choice that takes into account the cognitive limitations of the decision-maker - limitations of both knowledge and computational

---

[66] Vgl. Kornai, J.: 1971, S. 174/75; vgl. auch Lundvall, B.-A., in: ders. (Hrsg.): 1992, S. 61
[67] Vgl. Harris, P. R.; Moran, R. T.: 1996. - Hoecklin, L.: 1994. - Hofstede, G.: 1993, S. 81 ff. - Zur Analyse von "cultural differences" vgl.: Bock, P. K. (Hrsg.): 1994. - Marsella, A. J.; Tharp, R. G.; Ciborowski, T. J. (Hrsg.): 1979
[68] Vgl. Jameson, K. P.; Wilber, C. K.: 1980. - Goulet, D.: Juni 1985.- Strassmann, W. P.: 1993, S. 277 ff.
[69] Simon, H.: 1992, S. 3

capacity."[70] "Theories that incorporate constraints on the information-processing capacities of the actor may be called *theories of bounded rationality*."[71] Generelles Kennzeichen dieser Theorien ist es, dass sie - infolge der Berücksichtigung der Begrenztheit der menschlichen Fähigkeit, die hochgradig komplexe und evolutive wirtschaftliche Wirklichkeit zu erfassen - auch die zwangsläufige Selektivität der Wahrnehmung und den mit wirtschaftlichen Entscheidungen in der Regel einhergehenden Grad an Unsicherheit implizieren. Simon geht hierbei unter anderem von folgender Hypothese aus: "The selectivity of the search, hence its feasibility, is obtained by applying rules of thumb, or heuristics, to determine what paths should be traced and what ones can be ignored. The search halts when a satisfactory solution has been found, almost always long before all alternatives have been examined."[72] - Damit hat Simon bereits angedeutet, dass der Mensch seine (begrenzten) Möglichkeiten, rational zu handeln, nur teilweise nutzt. Ursächlich hierfür ist unter anderem, dass ein Teil der wirtschaftlich relevanten Handlungen vorrangig gewohnheitsmässig erfolgt. "Whilst at the strategic level we may be rational or free, much of our activity is governed by habit and routine over which there is no more than occasional intervention by conscious deliberation. Consequently, actions have both deliberative and non-deliberative elements."[73]

Beispiele für ein nur teilweise rationales Verhalten bzw. für einen begrenzten "Grad" an Rationalität finden sich zunächst im Bereich des Konsumentenverhaltens. Kaufentscheidungen werden hier nicht selten ebenso durch den Einfluss der - weit über eine rationale "Verbraucherinformation" hinausgehenden - Werbung ausgelöst, wie sie durch die Preisgestaltung (anstatt auf Fr. 10,-- wird ein Preis z. B. auf Fr. 9,99 festgesetzt) und durch den Übergang von Bargeld- zu Kreditkartenzahlungen beeinflusst werden. Würden die Konsumenten im umfassenden Sinne "rational" handeln, so würden solche auf die Verkaufsförderung ausgerichteten Strategien ihr Ziel verfehlen und unterlassen. Dass sich diese Strategien ganz offensichtlich bewähren, deutet ebenso auf eine nur teilweise Nutzung des Potentials zu rationalem Handeln hin, wie die regelmässig zu beobachtende Unterschätzung der zukünftigen Konsequenzen eines gegenwärtigen Kaufes, welche - wie beispielsweise beim Ratenkauf von Luxusgütern - dazu führen können, dass die Kaufentscheidung mittel- oder langfristig nur bedingt oder nicht rational ist.

---

[70] Simon, H. A.: 1987, S. 266
[71] Simon, H. A.: Theories of Bounded Rationality. In: ders.: 1982, S. 409
[72] Simon, H.: 1992, S. 4; vgl. S. 69
[73] Hodgson, G. M.: Habits. In: ders.; Samuels, W. J.; Tool, M. R. (Hrsg.): 1994, Bd. I, S. 303

Ansätze einer entsprechenden Berücksichtigung begrenzt rationalen Verhaltens finden sich nicht nur in der Konsumtheorie, sondern auch in der Finanzmarkttheorie[74] sowie in der Konjunkturtheorie[75]. Simon nennt Beispiele dafür, dass "bounded rationality" auch von solchen Theorien impliziert wird, die nur bedingt oder nicht der "Heterodoxy" zuzurechnen sind: "For example, one of the two basic mechanisms that accounts for underemployment and business cycles in Keynesian theory is the money illusion suffered by the labour force - a clear case of bounded rationality. In Lucas's rational expectationist theory of the cycle, the corresponding cognitive limitation is the inability of businessmen to discriminate between movements of industry prices and movements of the general price level - another variant of the money illusion"[76] and "bunded rationality".

Wenngleich die Rationalität menschlicher Handlungen somit einerseits generell begrenzt und zudem grundsätzlich kontextspezifisch ausgeprägt ist, so ist andererseits festzustellen, dass im Verlauf dieses Jahrhunderts *in bestimmten Bereichen des Wirtschaftslebens* der "Grad" an Rationalität zunahm und dass sich hier in der Tendenz eine Entwicklung hin zur ökonomischen Rationalität vollzogen hat. Relativ weit fortgeschritten ist diese Entwicklung im Bereich des Unternehmens-Managements, wo die Entscheidungen in der Regel hochgradig rational sind und in ihrer Ausrichtung weitgehend der ökonomischen Rationalität entsprechen. Die zunehmende Verbreitung dieser "Form" der Rationalität wird beispielsweise von Geoffrey Hodgson und Philip Mirowski durch die Hypothese erklärt, dass die im genannten Zeitraum entstandenen und gewachsenen Institutionen im ökonomischen Sinne "rational" sind und über ihren Einfluss auf den Menschen die Rationalität von dessen Entscheidungen förderten. Zu diesen Institutionen zählt zunächst die ökonomische Wissenschaft: Indem sich die Studenten und Studentinnen der Nationalökonomie während einiger Jahre mit Theorien auseinandersetzen, denen zufolge der Mensch als a-historischer "homo oeconomicus" handelt, d. h. indem sie immer wieder ökonomisch rationale Entscheidungen nachvollziehen, erhöht sich die Wahrscheinlichkeit, dass diese "Form" der Rationalität für ihr Denken bestimmend wird. Als Manager in einem Unternehmen haben sie dann grundsätzlich erweiterte Möglichkeiten, ihr Potential zu rationalem Handeln auszuschöpfen und können zudem die von Simon aufgezeigten Begrenzungen von Rationalität zwar nicht aufheben, wohl aber durch den Einsatz moderner Technologien der Informationsbeschaffung und -verarbeitung ausweiten. Es sind aber

---

[74] Vgl. Thaler, R. H.: 1991, S. 237 ff.

[75] Vgl. Jöhr, W. A.: 1952

[76] Simon, H. A.: 1987, S. 267. - Zur "Geldillusion" vgl. auch: Binswanger, H. C.: 1969, S. 51f.

nicht nur die Institutionen der Wissenschaft, die die Rationalität menschlicher Entscheidungen und Handlungen beeinflussen, sondern auch unmittelbar die Institutionen der Wirtschaft. Wolfgang Stolper geht sogar noch weiter: "Kapitalismus ist ein rationales und rationalisierendes System"[77]. Wäre eine gänzliche "Rationalisierung" allen ökonomisch relevanten Handelns möglich, so wäre das neoklassische Verhaltensmodell des "homo oeconomicus" ab einem bestimmten Zeitpunkt realistisch und die Kritik desselben hinfällig. - Eine solche Situation kann jedoch kaum eintreten: Zum einen sind die das Verhalten beeinflussenden wirtschaftlichen Institutionen aus einem kulturspezifischen Entwicklungsprozess hervorgegangen, weshalb die ihnen immanente ökonomische Rationalität infolge des Einflusses raum- und zeitvarianter Faktoren modifiziert ist, und zum anderen ist das Verhalten eines Managers auch abhängig von den nicht-ökonomischen Institutionen seines jeweiligen kulturspezifischen Kontextes. Dies erklärt, weshalb - trotz einer zunehmenden "Rationalisierung" des Verhaltens - das "Management of Cultural Differences" im Zuge der fortschreitenden Globalisierung an Bedeutung gewinnt.

Eine Berücksichtigung kulturell bedingter Unterschiede ökonomisch relevanter Entscheidungen ist dann von um so grösserer Bedeutung, wenn nicht das Verhalten des Managements beispielsweise eines asiatischen Unternehmens zur Diskussion steht, sondern jenes der Konsumenten dieser Region. Ursächlich hierfür ist, dass sich das "belief system" und das Denken des typischen bzw. repräsentativen Konsumenten weniger unter dem Einfluss ökonomisch rationaler Institutionen entwickelt und daher weitgehender kulturspezifisch ausgeprägt ist. Hinzu kommt, dass Konsumentenentscheidungen - wie an Beispielen gezeigt wurde - auch durch einen geringeren "Grad" an Rationalität gekennzeichnet sind.

Kritisiert wird die von "heterodoxen" Nationalökonomen zugrundegelegte Annahme einer kulturspezifischen und begrenzten Rationalität wirtschaftlichen Handelns vorrangig wegen der hieraus resultierenden Konsequenzen für die Theoriebildung. Hierzu ist zunächst festzustellen, dass insbesondere Simons Werk verschiedenste Beispiele einer von der Annahme begrenzt rationalen Verhaltens ausgehenden Theoriebildung enthält und dass auch einzelne Ansätze der "Game Theory" unter Zugrundelegung von "bounded rationality" entwickelt wurden. Während die von Simon definierte Begrenztheit von Rationalität noch von einzelnen Vertretern der "Orthodoxy" anerkannt wird, so ist eine Differenzierung zwischen verschiedenen - kulturspezifischen - Rationalitäten mit dem Ziel der "Orthodoxy", allgemeingültige Theorien zu formulieren, gänzlich unvereinbar. Für einen

---

[77] Stolper, W. F.: 1994, S. 39

bestimmten räumlichen und zeitlichen Kontext geltende Theorien können jedoch ermittelt werden, indem die hier empirisch feststellbare "Form" der Rationalität so spezifiziert wird, dass sie als Grundlage theoretischer Erklärungen dienen kann.

In diesem Zusammenhang ist zu erwähnen, dass selbst ein nicht-rationales bzw. "irrationales" Verhalten einen Erklärungswert besitzen und Grundlage der Theoriebildung sein kann, *sofern* es regelmässig erfolgt und daher "typisch" ist. Dies ist der Fall, wenn sich die in einem räumlichen und zeitlichen Kontext lebenden Menschen unter konkret bestimmten Bedingungen in der Regel in gleicher oder vergleichbarer Weise "irrational" verhalten. In diesem Fall ist die Kausalität zwischen bestimmten Bedingungen und einer bestimmten Handlungsweise von theoretischer Bedeutung und nicht die Rationalität der Handlung.

3. Die Stellung des kontextualen Ansatzes von Knies im Spannungsfeld der konträren Positionen

Eine Antwort auf die Frage, was Knies unter der "Rationalität" wirtschaftlich relevanten Verhaltens versteht, ist aus seinem im fünften Kapitel behandelten "Menschenbild" abzuleiten. Eine entscheidende Implikation desselben besteht darin, dass die - neben den biologischen und anthropologischen Faktoren - für das Sosein des Menschen mitbestimmenden kontextspezifischen Einflüsse infolge ihrer räumlichen und/oder zeitlichen Varianz dazu führen, dass die in verschiedenen Kulturkreisen und in verschiedenen Epochen lebenden Menschen unterschiedlich sind. Zwar sind die Struktur und die grundlegenden Funktionen der menschlichen Physis naturgesetzlich bestimmt, so dass es universell wirksame Verhaltensdeterminanten gibt (vgl. "realer" Faktor), doch diese "... überallhin wirkenden Ursachen wirken nicht universell gleich weder dem Masse noch der Art nach und überall treten sie mit concret unterschiedenen Verhältnissen in Verbindung ..."[78] Vor allem aber infolge der Tatsache, dass sich der Mensch als "geistiges" und daher "weltoffenes" Wesen in Interdependenz mit seiner jeweiligen Aussenwelt entwickelt, ist sein Sosein letztlich raum- und zeitspezifisch ausgeprägt.

Hieraus ist die Erwartung abzuleiten, dass die in unterschiedlichen historischen bzw. kulturellen Kontexten lebenden Menschen unterschiedliche Präferenzen haben. Für Knies von vorrangiger Bedeutung ist die zeitliche Variabilität der Präferenzen: Man kann "... nicht entschieden genug auf die

---

[78] Knies, K.: 1883, S. 147

gänzliche Unwahrheit der Annahme eines unwandelbaren Verhältnisses und gleichmässigen Bestrebens gegenüber den sachlichen Gütern hinweisen. Mögen wir die Einzelnen oder die verschiedenen Stände der bürgerlichen Gesellschaft, Völker oder Zeiten in Betrachtung ziehen, nirgends finden wir diese Annahme bestätigt."[79] Indem es der Intention von Knies entspricht, die Präferenzen aus ihrem jeweiligen Kontext heraus zu erklären, vertritt er eine Position, die von den frühen Institutionalisten aufgenommen wurde und die heute Teile der "Heterodoxy" kennzeichnet.

Da für Knies zudem die zwecks Erlangung des Präferierten erforderliche Einschätzung der Handlungssituation und die Wahl der einzusetzenden Mittel nicht durch ein abstraktes Individuum, sondern durch den konkreten, kontextual geprägten Menschen erfolgt, ist neben dem Zweck der Handlung auch die Mittelwahl durch kulturelle Faktoren mitbestimmt, so dass die Rationalität des Handelns in diesem Sinne kulturspezifisch ausgeprägt ist. Auch in dieser Hinsicht können die Ausführungen von Knies dazu dienen, die Position der "Heterodoxy" zu untermauern. - Hingegen sind wir auf keine Textstellen gestossen, in denen Knies die Begrenztheit des Grades der Rationalität in dem von Simon dargestellten Sinne explizit thematisiert. Dass der Fähigkeit des Menschen, rational zu handeln, Grenzen gesetzt sind, lässt sich jedoch aus dem "Menschenbild" von Knies ableiten. Zudem thematisiert Knies die einer Ausschöpfung des Potentials zu rationalem Handeln oft entgegenstehenden Gewohnheiten in verschiedenen Zusammenhängen.[80]

Wenngleich Knies einerseits Gewohnheiten und andere kulturspezifische Bestimmungsfaktoren menschlichen Verhaltens berücksichtigt und andererseits die Tatsache hervorhebt, dass der Mensch bestimmten Naturgesetzen unterworfen ist[81], so will er damit den Menschen lediglich in seinem Sosein erfassen und verkennt hierbei nicht die Bedeutung der individuellen Freiheit. Wenn "... für die menschliche 'Freiheit des Willens' auf dem wirtschaftlichen Lebensgebiete ... eine grosse Wirkungssphäre geöffnet ist, so sind doch eben auch Schranken vorfindlich, die selbst das leidenschaftliche Wollen und die kräftigsten Anstrengungen der Menschen nicht zu beseitigen vermögen"[82]. Hierin klingt die Bedeutung an, die die in unmittelbarem Zusammenhang mit dem "geistigen" Wesen des Menschen stehende Freiheit für Knies besitzt.

---

[79] Knies, K.: 1883, S. 231
[80] Vgl. Knies, K.: 1883, S. 79, S. 91, S. 140 und S. 270
[81] Man würde "... Unmögliches fordern, wenn man an das sittlich freie Thun der Individuen ein Verlangen stellen würde, welches mit den Naturgesetzen der individuellen Organismen im Widerspruch steht ..." (Knies, K.: 1883, S. 487).
[82] Knies, K.: 1883, S. 486

Weder die "Freiheit des Willens" - aus der Max Weber seinen gegen Knies gerichteten Vorwurf der "Irrationalität" abzuleiten versucht - noch die kulturspezifische Ausprägung der Rationalität, noch die Begrenztheit der Fähigkeit zu rationalem Handeln kann als Begründung der Behauptung dienen, dass Knies die Rationalität des Handelns grundsätzlich infragestellt. In Auseinandersetzung mit Webers Argumenten haben wir im achten Kapitel verdeutlicht, dass der Mensch für Knies ein denkendes, urteilendes und rationales Wesen ist. Nur handelt es sich hierbei eben um begrenzte sowie kulturspezifische und evolutive Rationalitäten, die durch Beobachtung des Verhaltens der in bestimmten Kontexten lebenden Menschen spezifiziert werden können. Mit dieser Position steht Knies in grundlegendem Gegensatz zur "Orthodoxy", die von der Annahme *einer* im "Kern" raum- und zeit*in*varianten Rationalität ausgeht.

Diese Annahme der ökonomischen Rationalität impliziert, dass der Mensch bestrebt ist, seinen eigenen Nutzen zu maximieren. In Auseinandersetzung mit den in der klassischen Theorie liegenden Ursprüngen dieser Annahme kritisiert Knies, dass hier der "... Eigennutz als das einzige Motiv der wirtschaftlichen Thätigkeit des Menschen..."[83] betrachtet wird und dass Adam Smith dort, wo "... die im Interesse des Eigennutzes liegende Handlungsweise nicht eingeschlagen wird, ... Unkenntnis des eigenen Vorteils ..."[84] erblickt. Knies bestreitet damit nicht, "... dass sehr viele Einzelne in ihrer ökonomischen Thätigkeit eigennützige Absichten verfolgen ..."[85] und dass der "... Privategoismus ... als hervorstechender Charakterzug einer besonderen Zeit wahrgenommen werden ..."[86] kann. Allerdings existiert dieser Egoismus "... nur neben anderen Charaktermerkmalen einzelner Menschen oder Zeiten und hat für die Beobachtung nicht das Recht ausschliesslich - er hat nur ein Recht, neben den anderen in Anschlag gebracht zu werden."[87] Dieses "andere" besteht für Knies vorrangig in einem "Gemeinsinn", welcher sich durch "... die Thätigkeit des Einzelnen für das Ganze und ... die Beschränkung seiner Eigenbestrebungen zu Gunsten des Ganzen ..."[88] artikuliert. Indem Knies diesem ebenfalls kulturspezifisch ausgeprägten "Gemeinsinn" eine eigenständige Bedeutung zuerkennt, vertritt er eine insbesondere mit der "Rational Choice Theory" nicht zu vereinbarende Position. Da der "Gemeinsinn" - ähnlich wie die Gewohnheiten - zu den Ursachen eines begrenzt *ökonomisch* rationalen Verhaltens zu zählen ist, wäre es

---

[83] Adam Smith in der Interpretation von Karl Knies (1883, S. 271)
[84] Knies, K.: 1883, S. 271
[85] Knies, K.: 1883, S. 236
[86] Knies, K.: 1883, S. 232
[87] Ebd.
[88] Knies, K.: 1883, S. 240

sinnvoll, wenn er - wie die "Habits" - von ("heterodoxen") Nationalökonomen entsprechend thematisiert würde. Auch hier zeigt sich, dass eine Rückbesinnung auf den Gehalt des Knies'schen Werkes weiteren Entwicklungen
in der Nationalökonomie förderlich sein kann.

Abschliessende Überlegungen
zur Bedeutung des kontextualen Ansatzes

Die Positionierung der kontextualen Theorie und Methode im Spannungs-
feld verschiedener Kontroversen zwischen Orthodoxy und Heterodoxy lässt
erwartungsgemäss erkennen, dass der auf Karl Knies zurückgehende Ansatz
weitgehend mit den heutigen Positionen jener Institutionalisten übereinstimmt, die in der Tradition von Velben, Commons und Ely - einem einflussreichen Schüler von Knies - stehen. Die im Wesentlichen durch Knies begründete erkenntnistheoretische Position hat sich damit in ihren Grundzügen
in der Entwicklung des amerikanischen Institutionalismus bis in die Gegenwart hinein fortgepflanzt und mittelbar auch aktuelle Varianten institutionalistischer Nationalökonomie - wie bestimmte evolutionsökonomische und
kulturtheoretische Ansätze - nachhaltig beeinflusst. Auch vor diesem Hintergrund will die vorliegende Aktualisierung des Knies'schen Ansatzes eine
Auseinandersetzung mit Knies anregen, die insbesondere aus Sicht der
Institutionalisten einer Rückbesinnung auf ihre geistigen Ursprünge gleicht.
Es wurde verdeutlicht, dass hierdurch verschiedene institutionalistische Positionen untermauert bzw. gefestigt werden können und dass sich interessante
Impulse für die weitere Entwicklung dieser nationalökonomischen Schule
ergeben. Auch vermag die Theorie und Methode von Knies als umfassender
erkenntnistheoretischer Ansatz insofern einen Beitrag zur Integration institutionalistischer Theorien zu leisten, als sie verschiedenste Theorieansätze
aus dem relativ heterogenen Spektrum institutionalistischer Nationalökonomie, die heute überwiegend nebeneinander existieren, in gewisser Hinsicht
zu einem grundsätzlich konsistenten "Ganzen" verbindet. Dabei versteht es
sich von selbst, dass die kontextuale Theorie und Methode hier einem - wenn
auch überwiegend bis in die Details strukturierten - "Raster" gleicht, dass es
weiter auszufüllen, weiterzuentwickeln und durch neue Beiträge zu ergänzen gilt.
Der theoretische Gehalt des Knies'schen Werkes ist hierüber hinaus
auch deshalb für die heutige Nationalökonomie interessant und bedeutsam,
weil er verschiedene Ansätze zu einer Überbrückung einzelner Gegensätze
zwischen Heterodoxy und Orthodoxy impliziert. Entsprechende Bezüge zur
neoklassischen Theorie bestehen zunächst insofern, als Knies den Einfluss
naturgesetzlicher Wirkungen im Erkenntnisbereich der Nationalökonomie

anerkennt und in seinem Ansatz berücksichtigt. Ferner sind auch neoklassische "tools", wie beispielsweise die Marginalanalyse, durchaus mit dem historischen bzw. kontextualen Ansatz von Knies zu vereinbaren und in dessen Rahmen anwendbar.

Diese Offenheit und Bereitschaft zur Auseinandersetzung mit verschiedenen Ansätzen und Argumenten (neo-)klassischer Nationalökonomen darf nicht darüber hinwegtäuschen, dass sich die Überzeugungen und Theorien von Knies in erkenntnistheoretischer und paradigmatischer Hinsicht grundlegend von jenen der Klassiker und Neoklassiker unterscheiden, weshalb es nicht vertretbar ist, Karl Knies in die Nähe der (Neo-)Klassischen Schule zu rücken.[1] Während nämlich Vertreter der letzteren grundsätzlich in der Tradition des Rationalismus stehen und vorrangig solche Theorien ermitteln, die (im idealtypischen Sinne) eine universelle bzw. allgemeine Gültigkeit beanspruchen, ist Knies ein Empirist, der bestrebt ist, die beobachtbaren Gegebenheiten ursächlich zu erklären und damit Theorien zu formulieren, die für den geographischen und zeitlichen Kontext der zugrundeliegenden Beobachtungen gelten. Wie die im zweiten Teil unserer Arbeit vorgenommene Analyse und Systematisierung des theoretischen Gehaltes des Knies'schen Werkes zeigt, hat Knies diese erkenntnistheoretische Position umfassend und unseres Erachtens überzeugend begründet, indem er darlegt, dass die für die einzelnen Volkswirtschaften konstitutiven Gegebenheiten und Prozesse *massgebend* durch raum- und zeitspezifische und damit variante Faktoren bestimmt sind. Wenngleich Knies hierbei die Bedeutung naturgesetzlicher bzw. "realer" Elemente berücksichtigt, so ist es in erster Linie die Dominanz des "geistigen" oder "personalen" Elementes, die wirtschaftlich relevantes Handeln und damit volkswirtschaftliches Geschehen letztlich zu einer kultur- und zeitspezifischen Erscheinung werden lässt. - Damit ist offensichtlich, dass auch die aus der Knies'schen Theorie abzuleitenden Verhaltensannahmen mit jenen der (neoklassischen) Orthodoxy unvereinbar sind: Während letztere in aller Regel vom a-priori gegebenen Handlungsmodell des "homo oeconomicus" und damit von einer raum- bzw. zeit*in*varianten Verhaltensannahme ausgeht, ist der Mensch für Knies kein abstraktes, sondern ein sich in Interdependenz mit den Institutionen seines historischen bzw. kulturellen Kontextes entwickelndes Individuum. Entsprechend sind für Knies menschliche Handlungen nicht generell rein "ökonomisch rational", sondern eine Artikulation des kontextual "geprägten" Menschen und damit unter anderem durch Gewohnheiten, Gebräuche, Sitten etc. mitbestimmt, so dass die Rationalität des Handelns nicht nur in spezifischer Weise "begrenzt", sondern auch kulturspezifisch ausgeprägt

---

[1] Vgl. Eisermann, G.: Carl Knies in seiner Zeit. In: ders.; Häuser, K.; Yagi, K.: 1996, S. 95

ist. Folglich können Verhaltensannahmen in Sicht von Knies nicht a-priori gegeben sein, sondern müssen innerhalb des jeweils relevanten Kontextes empirisch ermittelt werden.

Die grundlegende Bedeutung, die Knies der empirischen Erfassung der jeweils relevanten Gegebenheiten beimisst, führt bei ihm nicht zu einer "Faktenhuberei" und sein Ansatz erschöpft sich auch keineswegs in einer an der "Oberfläche" der Erscheinungen verbleibenden Inbeziehungsetzung von "Fakten" in Gestalt von wirtschaftsgeschichtlichen Darstellungen oder "statistischen Gesetzen"[2]. Es ist wohl die bedeutendste Leistung von Knies, dass er "historische" Forschung - d. h. die empirische Erfassung der raum- und zeitspezifischen Gegebenheiten des Wirtschaftslebens - mit ökonomischer Theoriebildung verbindet, indem er aufzeigt, wie die den Beobachtungen immanenten Regelmässigkeiten ursächlich bzw. kausal erklärt werden können und unter welchen Bedingungen eine Ausweitung des Geltungsbereiches der so gewonnenen Theorien - Knies nennt sie "Wirtschaftsgesetze" - über die Bildung von Analogien und (kurzfristigen) Prognosen möglich ist. In konkreten Fällen können auf diesem Wege gewonnene Theorien somit "allgemeine*re*" Gültigkeit erlangen und zugleich - da sie nicht auf axiomatischen, sondern auf empirischen Grundlagen aufgebaut sind - die "tatsächlichen" und damit wirtschaftspolitisch relevanten Gegebenheiten erfassen.

Mit der Entwicklung dieses historischen bzw. kontextualen Theoriebildungsansatzes entkräftet Knies nicht nur den - unter anderem von Carl Menger - gegen die Historische Schule gerichteten Vorwurf der "Theorielosigkeit", sondern seine Argumentation verdeutlicht zudem, wie der bis in die Gegenwart hinein diskutierte Gegensatz von *"Theorie"* und *"Geschichte"* aufgehoben werden kann: Um dies zu verdeutlichen, ist von seiner "Theorie der kontextualen Bestimmtheit der Volkswirtschaft" auszugehen, aus welcher resultiert, dass sich wirtschaftliche Erscheinungen im Prozess der geschichtlichen Entwicklung verändern, d. h. dass sie in ihrem "Kern" raum- und zeitvariant sind. Letzteres bedeutet auch, dass Knies das geschichtlich entstandene Kontextspezifische nicht lediglich als "externen Rahmen" allgemeingesetzlich ablaufender Entwicklungen berücksichtigt, sondern dass es seiner Theorie zufolge als endogener Faktor für das wirtschaftliche Geschehen bestimmend ist. Ähnlich wie Joseph Schumpeter betrachtet Karl Knies - "... die wirtschaftlichen Veränderungen als der Wirtschaft inhärent ..."[3]. Indem Knies nun nachweist, dass eine angemessene Berücksichtigung dieser sich kulturspezifisch vollziehenden Prozesse geschichtlichen Wan-

---

[2] Vgl. Jöhr, W. A.: 1949, S. 24
[3] Vgl. Stolper, W. F.: 1994, S. 9

dels wirtschaftlicher Erscheinungen nicht in eine "Relativierung von Theorie" mündet, sondern dass innerhalb bestimmter Regionen und Epochen unter bestimmten Bedingungen annähernd konstante Kausalitäten gelten und in Gestalt von "Wirtschaftsgesetzen" theoretisch erfasst werden können, verbindet er das Primat einer Orientierung an den "tatsächlichen" und damit geschichtlich gewachsenen Gegebenheiten mit ökonomischer Theoriebildung. - Hierbei ist das Theorieverständnis von Knies empirisch und unabhängig von Hegel'scher Metaphysik. In der Ablehnung eines Determinismus, der der Geschichte immanent und für die Zukunft massgebend ist, stimmt Knies weitgehend mit Karl Popper überein. Das in der kontextualen Theorie von Knies zentrale "geistige" Element impliziert die Offenheit der interdependenten Entwicklung von Individuen und Institutionen des kulturellen Kontextes.

Hervorzuheben ist in diesem Zusammenhang, dass sich Knies bei seiner "Verbindung" von Theorie und Geschichte keineswegs auf die Ermittlung einer Metatheorie über die Art der den historisch gewachsenen kulturspezifischen Erscheinungen immanenten Gesetzmässigkeiten beschränkt. Wie gezeigt wurde, sind seinem Werk eine Vielzahl von Überlegungen zu entnehmen, die sich zu einer bis ins Detail konkretisierbaren und praktikablen Erkenntnismethode ergänzen, durch deren Anwendung die "Wirtschaftsgesetze" bzw. die "Gesetze der Analogie" und die (empirischen und nicht deterministischen) "Entwicklungsgesetze" gewonnen werden können. Diese historische bzw. kontextuale Methode entspricht nicht einer "Methode des Historikers", sondern sie hat eine eigenständige Bedeutung, indem der durch sie vorgezeichnete Prozess der Erkenntnisgewinnung unmittelbar auf das Erkenntnisobjekt und Erkenntnisinteresse der Nationalökonomie ausgerichtet ist. - Die Leistung von Knies besteht hier somit einerseits in einer detaillierten Begründung und in sich schlüssigen Verbindung von historischer bzw. kontextualer und wirtschaftsgesetzlicher Bestimmtheit der Volkswirtschaft und andererseits in der Beschreibung des zur Ermittlung dieser kontextspezifischen Gesetze erforderlichen methodischen Vorgehens.

In theoretischer Hinsicht ist die kontextuale Theorie auch insofern von massgebender Bedeutung, als sie infolge der Überwindung der Dichotomie von "Geschichte" und "Theorie" auch *"Wirtschafts-Theorie"* und *"Wirtschafts-Politik"* miteinander verbindet. Da es "... eine Theorie, die unabhängig von den [geschichtlich bedingten] 'sittlich-politischen' Entscheidungen (der Individuen, der Verbände und der Gebietskörperschaften) ihre eigenen Gesetzmässigkeiten entfaltet, nicht mehr geben kann..."[4], und da eine in Anwendung der kontextualen Methode gewonnene Theorie auch die übri-

---

[4] Priddat, B. P.: 1995, S. 131

gen kulturspezifischen bzw. historischen Bestimmungsfaktoren und Aspekte der jeweils wirtschaftspolitisch relevanten Situation inkorporiert, hebt Knies die Unterscheidung von Wirtschafts-Theorie und Wirtschafts-Politik fast gänzlich auf.[5] "Stets wird ... [von der historischen Nationalökonomie] an die konkrete Anwendung der Wirtschaftstheorie, die Wirtschaftspolitik, gedacht."[6] - Indem die mittels der historischen bzw. kontextualen Methode zu gewinnende Theorie die ursächliche Erklärung der konkreten Gegebenheiten in einer bestimmten Volkswirtschaft während einer bis in die Gegenwart hineinreichenden geschichtlichen Periode bezweckt, dient sie unmittelbar der Vorbereitung wirtschaftspolitischer Entscheidungen. Eine verstärkte Berücksichtigung des Ansatzes von Knies kann folglich dazu beitragen, die von Walter Adolf Jöhr kritisierte "... *Entfremdung* zwischen Nationalökonomie und Wirtschaftspolitik ..."[7] zu überwinden und damit die in der Einführung der vorliegenden Arbeit dargestellte Problemstellung zu lösen.

Die im Dienst der Wirtschaftspolitik zu erbringende Leistung der Nationalökonomie ist Knies zufolge nicht darauf beschränkt, die aus der Sicht des Wirtschaftspolitikers relevanten Aspekte volkswirtschaftlicher Situationen kausal zu erklären und darzulegen, ob und in welcher Hinsicht aus den empirisch ermittelten "Wirtschaftsgesetzen" politisch relevante Aussagen über zukünftige Entwicklungen abgeleitet werden können. Die Aufgabe des Nationalökonomen erstreckt sich hierüber hinaus darauf, diesen derzeitigen und zu erwartenden "Ist-Zustand" volkswirtschaftlicher Gegebenheiten mit einem erwünschten "Soll-Zustand" zu vergleichen. Diese Ziele der volkswirtschaftlichen Entwicklung sind für den Nationalökonomen "extern" gegeben, d. h. sie sind entweder unmittelbar durch die Wirtschaftspolitik bzw. durch die Legislative und Exekutive bestimmt oder sie ergeben sich aus dem politischen und kulturellen bzw. ethischen Kontext, innerhalb dessen sich die wirtschaftliche Entwicklung vollzieht. Der Vergleich der gegenwärtigen und zu erwartenden Situation mit bestimmten Zielsetzungen ist hier auf den Zweck ausgerichtet, mögliche "Wege" zur Erreichung dieser Ziele aufzuzeigen und diese hinsichtlich ihrer primären und sekundären Konsequenzen zu beurteilen. Bei der Entwicklung solcher Handlungsalternativen sind insbesondere die jeweiligen institutionellen Gegebenheiten sowie die Interessenlage des Wirtschaftspolitikers und der von den jeweiligen Entscheidungen betroffenen Individuen zu berücksichtigen, um so die Wahrscheinlichkeit der praktischen Umsetzung einer erfolgversprechenden Strategie zu

---

[5] Vgl. ebd.; vgl. auch: Pütz, T.: 1936, S. 5
[6] Eisermann, G.: Carl Knies in seiner Zeit. In: ders.; Häuser, K.; Yagi, K.: 1996, S. 74
[7] Vgl. Jöhr, W. A.: 1947, S. 1

erhöhen. Ein solcher Beitrag zur Lösung konkreter Aufgaben- bzw. Problemstellungen der Wirtschaftspolitik ist für Knies der letztlich entscheidende Zweck nationalökonomischer Forschung. Entsprechend ist für ihn die "Bewährung" einer Theorie in der wirtschaftspolitischen Praxis das massgebende Kriterium für die Beurteilung dieser Theorie. Damit findet sich bereits bei Knies eine Auffassung, die im 20. Jahrhundert durch die amerikanische Philosophie des Pragmatismus ausgeprägt und für die Position der in der Tradition von Veblen und Commons stehenden Institutionalisten bestimmend wurde.

Dass sich der kontextuale Ansatz von Knies - weit eher als die Theorie der heutigen "mainstream"-Ökonomie - als theoretische Grundlage einer Lösung praktischer Aufgaben der Wirtschaftspolitik zu bewähren vermag, ist insbesondere deshalb zu erwarten, weil er unmittelbar auf die Erklärung der jeweiligen entscheidungsrelevanten Situation, d. h. auf die Ermittlung der für diese ursächlichen spezifischen Faktoren und Gesetzmässigkeiten, ausgerichtet ist. Entsprechend kann vor dem Hintergrund der vorliegenden Arbeit erklärt werden, weshalb die wirtschaftspolitische Umsetzung von Theorien, die die kulturspezifischen und evolutiven Institutionen und Verhaltensweisen in ihrer zentralen Bedeutung verkennen, in der Regel nicht zum angestrebten Erfolg führte. Wird nämlich eine Theorie entweder aus faktisch a-priori gegebenen und allgemeingültigen Annahmen abgeleitet oder - wie beispielsweise die "Phillips-Kurve"[8] - auf der Basis raum- und zeitspezifischer Daten ermittelt und dann infolge einer ihr immanenten Logik verallgemeinert und werden dann aus einer solchen Theorie Empfehlungen für die Wirtschaftspolitik in einer zukünftigen Periode und/oder einer anderen Volkswirtschaft abgeleitet, so stimmen die hierbei zugrundegelegten Voraussetzungen und Folgerungen aufgrund der Varianz der für die Wirtschaft bestimmenden Faktoren in der Regel nicht oder nur ungenügend mit der Realität überein, weshalb die Effizienz der wirtschaftspolitischen Massnahme zumindest reduziert ist. - Beispiele für das Scheitern der Umsetzung von Theorien, die infolge ihres Anspruchs auf allgemeine Gültigkeit die Bedeutung der spezifischen Gegebenheiten verkennen, finden sich insbesondere im Bereich der Entwicklungspolitik.[9]

---

[8] Vgl. Phillips, A. W.: 1958, S. 283 ff.

[9] Einer dieser Fälle wurde von Roland Hoksbergen und Noemi Espinoza geschildert: "Lizardo Sosa, president of the Bank of Guatemala during the reform years of 1986-92, argues that Guatemala has actually done very little in terms of real reform ...The changes made so far, he says, are only superficial. At a deeper level, says Sosa, the whole *modus operandi* of the Guatemalan economy, which he characterizes as classic mercantilism, has remained virtually untouched" (Hoksbergen, R.; Espinoza, N: 1995, S. 4). Why "... countries like Guatemala ... aren't lining up to take the neoliberal medicine[?] The answer, of course, is that neoliberalism, like its antecedent modernization theory, requires

Insbesondere der Erfolg entwicklungspolitischer Massnahmen kann folglich erhöht werden, wenn berücksichtigt wird, dass infolge der Verschiedenheit und "... *andauernde[n] Evolution der* ... Erscheinungen ... die *relative Berechtigung* ... *verschiedener Massnahmen der Volkswirtschaftspolitik*"[10] angezeigt ist. Diese Feststellung von Knies impliziert damit ganz offensichtlich keinen abschätzig zu beurteilenden "wirtschaftspolitischen Relativismus"[11], sondern die für jeden Praktiker - sei er Unternehmer oder Wirtschaftspolitiker - gebotene Selbstverständlichkeit, dass bestimmte Ziele unter unterschiedlichen Bedingungen nur erreicht werden können, wenn bei der Wahl der im Einzelfall zu ergreifenden Massnahmen die spezifische Ausprägung der jeweiligen Bedingungen hinreichend berücksichtigt wird. Daher kann auch eine sich im Zuge der Globalisierung vollziehende Öffnung und Liberalisierung der Volkswirtschaften anderer Kulturkreise nur dann effizient, d. h. mit geringstmöglichen Kosten für *alle* Beteiligten, erfolgen, wenn die jeweiligen Gegebenheiten, d. h. die kulturspezifischen Institutionen und Verhaltensweisen, in Anwendung einer kontextualen Erkenntnismethode erfasst und analysiert werden, um die ihnen immanenten wirtschaftsgesetzlichen Kausalitäten zu ermitteln. Erst die Erfassung und kausale Erklärung der spezifischen Situation und der Entwicklungstendenzen einer bestimmten Volkswirtschaft liefert die nötigen Kenntnisse, wie die zur Förderung ihrer weiteren Entwicklung zu ergreifenden Massnahmen ausgestaltet sein müssen.

Karl Knies hat uns in methodischer Hinsicht den entsprechenden Weg gewiesen. Im Interesse einer effizienten Wirtschaftspolitik ist zu wünschen, dass seine historische bzw. kontextuale Theorie und Methode die Chance erhalten wird, sich im freien Wettbewerb mit der neoklassischen Alternative zu bewähren. Dies setzt voraus, dass sich das Selbstverständnis des "mainstreams" der ökonomischen Wissenschaft nicht mehr wie bisher allein durch die neoklassische Paradigmatik konstituiert, sondern durch ihren Gegenstandsbereich und ihre Aufgabe, durch Erklärung volkswirtschaftlichen Geschehens und durch eine hierauf aufbauende Entwicklung von Strategien der Wirtschaftspolitik und letztlich den von ihren Auswirkungen betroffenen Menschen zu dienen.

---

much than a few changes in macroeconomic policy" (a. a. O., S. 6). The "... support for neoliberalism ... derives from an abstract theoretical analysis that gradually evolved in the institutional and cultural environment of the developed West. To prescribe such a philosophy and way of life for another people with another history and culture presumes a total transformation of the basic identity of the people" (a. a. O., S. 23).

[10] Vgl. Knies, K.: 1883, S. 356/357

[11] Vgl. Eisermann, G.: Carl Knies in seiner Zeit. In: ders.; Häuser, K.; Yagi, K.: 1996, S. 73

Literaturverzeichnis

Abplanalp, P.: Braucht die Praxis eine neue ökonomische Theorie? In: Schweizerische Zeitschrift für Soziologie, Nr. 19, 1993, S. 115 ff.

Adler-Karlsson, G.: Bioeconomics: A Coming Subject. In: Steppacher, R.; Zogg-Walz, B.; Hatzfeldt, H. (Hrsg.): 1977, S. 85 ff.

Albert, H.: Ökonomische Ideologie und politische Theorie. Das ökonomische Argument in der ordnungspolitischen Debatte, Göttingen, 1954

Albert, H.: Der moderne Methodenstreit und die Grenzen des Methodenpluralismus. In: Jochimsen, R.; Knobel, H. (Hrsg.): 1971, S. 255 ff.

Albert, H.; Topitsch, E. (Hrsg.): Werturteilsstreit, Darmstadt, 1971

Albert, H. (Hrsg.): Theorie und Realität. Ausgewählte Aufsätze zur Wissenschaftslehre der Sozialwissenschaften, 2. Aufl., Tübingen, 1972

Albert, H.: Konstruktion und Kritik. Aufsätze zur Philosophie des kritischen Rationalismus, Hamburg, 1975

Albert, H.: Kritik der reinen Erkenntnislehre. Das Erkenntnisproblem in realistischer Perspektive, Tübingen, 1987

Albert, H.: Die Idee rationaler Praxis und die ökonomische Tradition. Walter Adolf Jöhr-Vorlesung an der Universität St. Gallen, 1995

Albert, M.: "Unrealistische Annahmen" und empirische Prüfung. Methodologische Probleme der Ökonomie am Beispiel der Aussenhandelstheorie, Diskussionsbeitrag der Fakultät für Wirtschaftswissenschaften und Statistik an der Universität Konstanz, Serie I, Nr. 272, April 1994

Allgoewer, E.: Ökonomische Theoriebildung und Zeit. Eine methodenkritische Analyse anhand ausgewählter Arbeiten J. R. Hicks', St. Gallen, 1992

Amonn, A.: Zu den methodologischen Grundproblemen. Ein falscher Weg zu ihrer Lösung. In: Zeitschrift für Nationalökonomie, Bd. VI, H. 5, Wien, 1935, S. 616 ff.

Arndt, H.: Irrwege der Politischen Ökonomie. Die Notwendigkeit einer wirtschaftstheoretischen Revolution, München, 1979. - Englische Übersetzung: Economic Theory vs. Economic Reality, East Lansing, 1984

Arrow, K. J.: Economic Theory and the Hypothesis of Rationality. In: The New Palgrave. The World of Economics, New York/London, 1991, S. 198ff.

Aumann, R. J.: Game Theory. In: The New Palgrave. A Dictionary of Economics, Vol. 2, London/Basingstoke, 1987, S. 460ff.

Backhouse, R. E. (Hrsg.): New Directions in Economic Methodology, London/New York, 1994

Backhouse, R. E.: On the Notion of Progress in Economic Thought. Paper zur Tagung der Veblen Society, Notre Dame, Juni 1995

Bäthge, G.: Die logische Struktur der Wirtschaftsstufen. Wirklichkeit und Begriffsbild in den Stufentheorien, Meisenheim am Glan, 1962

Bairoch, P.: Economics and World History. Myths and Paradoxes, New York, 1993

Bell, J. F.: A History of Economic Thought, New York, 1953 (6. Ed.: 1967)

Betz, H. K.: How does the German Historical School fit? In: History of Political Economy, 20:3, 1988, S. 409 ff.

Biervert, B.; Held, M. (Hrsg.): Das Menschenbild der ökonomischen Theorie. Zur Natur des Menschen, Frankfurt/New York, 1991

231

Biervert, B.; Held, M. (Hrsg.): Evolutorische Ökonomik. Neuerungen, Normen, Institutionen, Frankfurt/New York, 1992

Binswanger, H. C.: Markt und internationale Währungsordnung. Ein Beitrag zur Integration von allgemeiner Gleichgewichtstheorie und monetärer Theorie, Zürich/Tübingen, 1969

Blaug, M. (Hrsg.): Who's Who in Economics. A Biographical Dictionary of Major Economists 1700 - 1986, 2. Ed., Cambridge (MA), 1986

Blaug, M.: Economic Theory in Retrospect, 5. Ed., Cambridge, 1997

Blenck, E.: Knies, Karl Gustav Adolf. In: Biographisches Jahrbuch, Deutscher Nekrolog, Bd. 3, 1900

Bock, P. K. (Hrsg.): Handbook of Psychological Anthropology, Westport/London, 1994

Böhm-Bawerk, E. v.: Karl Marx and the Close of his System. A Criticism, London, 1898

Böhm-Bawerk, E. v.: Kapital und Kapitalzins. Bd. I: Geschichte und Kritik der Kapitalzins-Theorien; Bd. II: Positive Theorie des Kapitals, Jena, 1921

Boenigk, O. Frhr. v. (Hrsg.): Festgaben für Karl Knies zur fünfundsiebzigsten Wiederkehr seines Geburtstages in dankbarer Verehrung, Berlin, 1896

Boettke, P. J.: Individuals and Institutions. In: Prychitko, D. L. (Hrsg.): 1995 S. 19 ff.

Boland, L. A.: The Foundations of Economic Method, London, 1982

Boland, L. A.: Current Views on Economic Positivism. In: Greenaway, D.; Bleaney, M.; Stewart, I. (Hrsg.): Companion to Contemporary Economic Thought, London/New York, 1991, S. 88 ff.

Boland, L. A.: The Principles of Economics. Some Lies My Teachers Told Me, London/New York, 1995

Boulding, K. E.: A Reconstruction of Economics, New York/London, 1950

Brandt, K.: Geschichte der deutschen Volkswirtschaftslehre. Bd. 2: Vom Historismus bis zur Neoklassik, Freiburg i. Br., 1993

Briefs, H. W.: Three Views of Method in Economics, Washington, 1960

Brinkmann, C.: Zum Methodenstreit unserer Zeitwende. In: Finanzarchiv, Bd. 3, Tübingen, 1935, S. 363 ff.

Brinkmann, C.: Historische Schule. In: Handwörterbuch der Sozialwissenschaften, Bd.5, Stuttgart/Tübingen/..., 1956, S. 121 ff.

Brinkmann, C.: Knies, Karl Gustav Adolf. In: Handwörterbuch der Sozialwissenschaften, Bd. 6, Tübingen, 1959, S. 27 f.

Brunkhorst, H.: Praxisbezug und Theoriebildung. Eine Kritik des Modells entsubjektivierter Wissenschaft, Frankfurt a. M., 1978

Buchanan, J. M.: The Limits of Liberty. Between Anarchy and Leviathan, Chicago/London, 1975

Bürgenmeier, B.: Socio-Economics: An Interdisciplinary Approach. Ethics, Institutions, and Markets, Boston/Dordrecht/..., 1992. - Deutschsprachige Ausgabe: Sozioökonomie. Für eine ethische Erweiterung der wirtschaftspolitischen Diskussion, Marburg, 1994

Bürgin, A.: Zur Soziogenese der Politischen Ökonomie. Wirtschaftsgeschichtliche und Dogmenhistorische Betrachtungen, Marburg, 1993

Caldwell, B. J.: Beyond Positivism: Economic Methodology in the Twentieth Century, Boston/Sydney, 1982 (London/New York, 1994)

Capra, F.: Lebensnetz. Ein neues Verständnis der lebendigen Welt, Bern/München/..., 1996

Carlson, M. J.: Mirowski's Thesis and the "Integrability Problem" in Neoclassical Economics. In: Journal of Economic Issues, Vol. XXXI, No. 3., September 1997, S. 741 ff.

Cohn, G.: Karl Knies. In: The Economic Journal, Bd. IX, 1899, S. 489 ff.

Coleman, W. O.: Rationalism and Anti-Rationalism in the Origins of Economics. The Philosophical Roots of 18th Century Economic Thought, Aldershot/Brookfield, 1995

Commons, J. R.: Institutional Economics. Its Place in Political Economy, New York, 1934

Commons, J. R.: The Economics of Collective Action, New York, 1950

Copeland, M. A.: Fact and Theory in Economics: The Testament of an Institutionalist. Collected Papers of Morris A. Copeland, Ithaca, 1958

Dillard, D.: Review of Lance E. Davis and Douglass C. North: "Institutional Change and American Economic Growth". In: Journal of Economic Issues, Dez. 1974, S. 917 f.

Dilthey, W.: Gesammelte Schriften, Bd. V, Stuttgart, 1957

Dopfer, K.: The New Political Economy of Development. Integrated Theory and Asian Experience, New York, 1979

Dopfer, K.: Machbarkeit und Determinismus in der sozioökonomischen Entwicklung. In: Gärtner, U.; Kosta, J. (Hrsg.): Wirtschaft und Gesellschaft. Kritik und Alternativen. Festgabe für Ota Šik zum 60. Geburtstag, Berlin, 1979, S. 303 ff.

Dopfer, K.: The Histonomic Approach to Economics: Beyond Pure Theory and Pure Experience. In: Journal of Economic Issues, Vol. XX, No. 4, Dec. 1986, S. 989 ff.

Dopfer, K.: Das historische Element in der ökonomischen Theorie. Ein Thema der deutschsprachigen Nationalökonomie von Schmoller bis Eucken. In: Schriften des Vereins für Socialpolitik, Neue Folge, Bd. 115/XI: Studien zur Entwicklung der ökonomischen Theorie, Berlin, 1992, S. 281 ff.

Dopfer, K.: Evolutionsökonomik in der Zukunft. Programmatik und Theorieentwicklungen. In: Hanusch, H.; Recktenwald, H. C. (Hrsg.): Ökonomische Wissenschaft in der Zukunft. Ansichten führender Ökonomen, Düsseldorf, 1992, S. 96ff.

Dorfman, J.: The Role of the German Historical School in American Economic Thought. In: The American Economic Review (Papers and Proceedings), Vol. XLV, No. 2, May 1955, S. 17 ff.

Duesenberry, J. S.: Die methodologische Grundlage der ökonomischen Theorie. In: Jochimsen, R.; Knobel, H. (Hrsg.): 1971, S. 222 ff.

Dugger, W.: Methodological Differences Between Institutional and Neoclassical Economics. In: Hausman, D. M. (Hrsg.): The Philosophy of Economics. An Anthology, Cambridge, 1984, S. 312 ff.

Dunn, L. F.; Maddala, G. S.: Extracting Economic Information from Data: Methodology in an Empirical Discipline. In: Medema, S. G.; Samuels, W. J.: 1996, S. 50 ff.

Eberle, T. S.: Sinnkonstitution in Alltag und Wissenschaft. Der Beitrag der Phänomenologie an die Methodologie der Sozialwissenschaften, Bern/Stuttgart, 1984

Eisermann, G.: Die Grundlagen des Historismus in der deutschen Nationalökonomie, Stuttgart, 1956

Eisermann, G.: Max Weber und die Nationalökonomie, Marburg, 1993

Eisermann, G.: Leben und Leistung von Jean Charles Leonard Simonde de Sismondi. In: Alcouffe, A.; Eisermann, G.; Schiera, P.: Jean Charles Leonard Simonde de Sismondis "Nouveaux Principes d'Economie Politique", Düsseldorf, 1995, S. 39 ff.

Eisermann, G.; Häuser, K.; Yagi, K.: Carl Knies' "Das Geld". Vademecum zu einem deutschen Klassiker der Geldtheorie, Düsseldorf, 1996

Ekundare, R. O.: Economic History as a Critique of the Theory and Practice of Economics, Ile-Ife (Nigeria), 1978

Ely, R. T.; Hess, R. H.: Outlines of Economics, 6. Ed., New York, 1937

Esser, H.: Von der subjektiven Vernunft der Menschen und von den Problemen der kritischen Theorie damit. Auch ein Kommentar zu Millers "kritischen Anmerkungen zur Rational Choice Theorie". In: Soziale Welt, Nr. 1, 1994, S. 16ff.

Eucken, W.: Die Grundlagen der Nationalökonomie, Jena, 1940. - Englische Übersetzung: The Foundations of Economics. History and Theory in the Analysis of Economic Reality, London/Edinburgh/..., 1950

Farnam, H. W.: Deutsch-amerikanische Beziehungen in der Volkswirtschaftslehre. In: Schmoller, G.: 1908, Kapitel XVIII, S. 1ff.

Feyerabend, P.: Wider den Methodenzwang. Skizze einer anarchistischen Erkenntnistheorie, Frankfurt, 1977

Fleischmann, G.: Nationalökonomie und sozialwissenschaftliche Integration, Tübingen, 1966

Flöter, H. H. F.: Die Begründung der Geschichtlichkeit der Geschichte in der Philosophie des deutschen Idealismus (von Herder bis Hegel), Halle, 1936

Fr.-Chirovsky, N. L.; Mott, V. V.: Philosophical Foundations of Economic Doctrines, New Jersey, 1981

Frank, J.: Kritische Ökonomie. Einführung in Grundsätze und Kontroversen wirtschaftswissenschaftlicher Theoriebildung, Reinbek bei Hamburg, 1976

Frey, B. S.: Economics as a Science of Human Behaviour. Towards a New Social Science Paradigm, Boston/Dordrecht/..., 1992

Friedman, Michael.: Kant and the Exact Sciences, Cambridge/London, 1992

Friedman, Milton: Essays in Positive Economics, Chicago/London, 1953

Fritz-Assmus, D.: Karl Knies - ein früher Militärökonom. Vergessene Schriften eines führenden Vertreters der Älteren Historischen Schule zu militärökonomischen Problemen unserer Zeit, Bern/Stuttgart/..., 1995

Galbraith, J. K.: The New Industrial State, Boston, 1971

Gardiner, P.: The Nature of Historical Explanation, London/Oxford/..., 1961

Garraghan, G. J.: A Guide to Historical Method, New York, 1946

Gehlen, A.: Der Mensch. Seine Natur und seine Stellung in der Welt, Bonn, 1950

Gide, Ch.; Rist, Ch.: Geschichte der volkswirtschaftlichen Lehrmeinungen, Jena, 1913

Godelier, M.: Rationality and Irrationality in Economics, New York/London, 1972

Goldstein, L. J.: Theorien in der Geschichtsforschung. In: Albert, H. (Hrsg.): 1972, S. 289 ff.

Gordon, W.; Adams, J.: Economics as Social Science. An Evolutionary Approach, Riverdale, 1989

Gottl-Ottlilienfeld, F. v.: Die Herrschaft des Wortes. Untersuchungen zur Kritik nationalökonomischen Denkens, Jena, 1901

Goulet, D.: Three Rationalities in Development Decisions. Working Paper No. 42, The Helen Kellogg Institute for International Studies, University of Notre Dame, Notre Dame, Juni 1985

Gross, P.: Reflexion, Spontaneität und Interaktion. Zur Diskussion soziologischer Handlungstheorien, Stuttgart-Bad Cannstatt, 1972

Gruchy, A. G.: The Reconstruction of Economics. An Analysis of the Fundamentals of Institutional Economics, New York/Westport/..., 1987

Gurwitsch, A.: Social Science and Natural Science: Methodological Reflections on Lowe's "On Economic Knowledge". In: Heilbroner, R. L. (Hrsg.): 1969, S. 37 ff.

Habermehl, W.: Historizismus und Kritischer Rationalismus. Einwände gegen Poppers Kritik an Comte, Marx und Platon, Freiburg/München, 1980

Haehling v. Lanzenauer, B.: Das Zeitmoment in der nationalökonomischen Modellbetrachtung, Karlsruhe, 1962

Hamilton, W. H.: The Institutional Approach to Economic Theory. In: Albelda, R.; Gunn, C.; Waller, W.: Alternatives to Economic Orthodoxy. A Reader in Political Economy, New York/London, 1987

Harris, P. R.; Moran, R. T.: Managing Cultural Differences. Leadership Strategies for a New World of Business, Houston/London/..., 1996

Harsanyi, J. C.: Morality and the Theory of Rational Behaviour. In: Sen, A.; Williams, B. (Hrsg.): 1982, S. 39 ff.

Hartfiel, G.: Wirtschaftliche und soziale Rationalität. Untersuchungen zum Menschenbild in Ökonomie und Soziologie, Stuttgart, 1968

Hauser, H.: Zur ökonomischen Theorie von Institutionen. In: Timmermann, M. (Hrsg.): Nationalökonomie morgen. Ansätze zur Weiterentwicklung wirtschaftswissenschaftlicher Forschung, Stuttgart/Berlin/..., 1981, S. 59 ff.

Hausman, D. M.: The Inexact and Separate Science of Economics, Cambridge, 1992

Hayek, F. A. v.: Die Verfassung der Freiheit, Tübingen, 1971

Hayek, F. A. v.: In memoriam Friedrich August von Hayek, Schweizer Monatshefte, 92. Jahr, Heft 5a (Sondernummer), Zürich, 1992

Hegel, G. W. F.: Phänomenologie des Geistes. Nach dem Texte der Originalausgabe herausgegeben von Johannes Hoffmeister, Leipzig, 1949

Heilbroner, R. L. (Hrsg.): Economic Means and Social Ends. Essays in Political Economics, Englewood Cliffs (NJ), 1969

Heilbroner, R.: Was Schumpeter Right After All? In: Journal of Economic Perspectives, Vol. 7, No. 3, Summer 1993, S. 87 ff.

Heilbroner, R.; Milberg, W.: The Crisis of Vision in Modern Economic Thought, Cambridge/New York/..., 1995

Henke, W.: Kritik des kritischen Rationalismus, Tübingen, 1974

Hennis, W.: A Science of Man: Max Weber and the Political Economy of the German Historical School. In: Mommsen, W. J.; Osterhammel, J. (Hrsg.): Max Weber and his Contemporaries, London/Boston/..., 1987, S. 25 ff.

Henrich, D.: Die Einheit der Wissenschaftslehre Max Webers, Tübingen, 1952

Herzog, R.: Globaler Wettbewerb, globale Werte, globale Verantwortung. Neue Herausforderungen für die Politik. Vortrag des Bundespräsidenten anläßlich des 27. Management Symposiums am 28. Mai 1997 an der Universität St. Gallen

Hettlage, R.: Ökonomie auf dem Weg zur Sozialwissenschaft? In: Schweizerische Zeitschrift für Soziologie, Nr. 19, 1993, S. 83 ff.

Hicks, J.: A Theory of Economic History, London/Oxford/..., 1969

Himmelstrand, U. (Hrsg.): Interfaces in Economic and Social Analysis, London/New York, 1992

Hindess, B.: Rational Actor Models. In: Hodgson, G. M.; Samuels, W. J.; Tool, M. R. (Hrsg.): 1994, Bd. II, S. 211 ff.

Hirsch, A.; de Marchi, N.: Milton Friedman. Economics in Theory and Practice, Ann Arbor, 1990

Hodgson, G. M.: Economics and Institutions. A Manifesto for a Modern Institutional Economics, Philadelphia, 1988

Hodgson, G. M.: Hayek, Evolution, and Spontaneous Order. In: Mirowski, P. (Hrsg.): Natural Images in Economic Thought, 1994, S. 408 ff.

Hodgson, G. M.; Samuels, W. J.; Tool, M. R. (Hrsg.): The Elgar Companion to Institutional and Evolutionary Economics, Bd. I. u. II., Aldershot/Hants, 1994

Hoecklin, L.: Managing Cultural Differences. Strategies for Competitive Advantage, Wokingham (GB)/Reading (MA), 1994

Hofstede, G.: Cultural Constraints in Management Theories. In: Academy of Management Executive, 1993, Vol. 7, Nr. 1, S. 81 ff.

Hoksbergen, R.; Espinoza, N: Is Neoliberalism Coming to Central America? A Case Study of the Role of the Evangelical Church and its NGOs in Guatemala and Honduras, Paper given at the Department of Economics at Michigan State University, East Lansing, March 1995

Hollander, S.: Exogenous Factors and Classical Economics. In: Himmelstrand, U. (Hrsg.): 1992, S. 17 ff.

Hollis, M.: The Philosophy of Social Science. An Introduction, Cambridge, 1994

Honigsheim, P.: On Max Weber, New York/London, 1968

Hoover, K. D.: Pragmatism, Pragmaticism and Economic Method. In: Backhouse, R. E. (Hrsg.): 1994, S. 286 ff.

Hüter, M.: Die Methodologie der Wirtschaftswissenschaft bei Roscher und Knies, Jena, 1928

Hume, D.: A Treatise on Human Nature, Vol. I, London, 1911

Hutchison, T. W.: The Significance and Basic Postulates of Economic Theory, New York, 1960

Hutchison, T. W.: Die Natur- und die Sozialwissenschaften und die Entwicklung und Unterentwicklung der Ökonomik: Methodologische Vorschriften für weniger entwickelte Wissenschaften. In: Albert, H.; Stapf, K. H. (Hrsg.): Theorie und Erfahrung. Beiträge zur Grundlagenproblematik der Sozialwissenschaften, Stuttgart, 1979, S. 245 ff.

Hutter, M.: Organism as a Metaphor in German Economic Thought. In: Mirowski, P. (Hrsg.): Natural Images in Economic Thought, 1994, S. 289 ff.

Jameson, K. P.; Wilber, C. K.: Religious Values and Development, Oxford/New York/..., 1980

Jendreiek, H.: Hegel und Jacob Grimm. Ein Beitrag zur Geschichte der Wissenschaftstheorie, Berlin, 1975

Jennings, A.; Waller, W.: Evolutionary Economics and Cultural Hermeneutics: Veblen, Cultural Relativism, and Blind Drift. In: Journal of Economic Issues, Vol. XXVIII, Nr. 4, Dezember 1994, S. 997 ff.

Jennings, A.; Waller, W.: Culture: Core Concept Reaffirmed. In: Journal of Economic Issues, Vol. XXIX., Nr. 2, Juni 1995, S. 407 ff.

Jevons, S. W.: Die Theorie der Politischen Ökonomie, Jena, 1923

Jochimsen, R.; Knobel, H. (Hrsg.): Gegenstand und Methoden der Nationalökonomie, Köln, 1971

Jöhr, W. A.: Vom Sinn der Dogmengeschichte. In: Weltwirtschaftliches Archiv, Bd. 54, Jena, 1941, S. 115 ff.

Jöhr, W. A.: Die Entfremdung zwischen Nationalökonomie und Wirtschaftspolitik und die Wege zu ihrer Überwindung. In: Die Schweiz, 1947, S. 1ff.

Jöhr, W. A.: Gesetz und Wirklichkeit in Wirtschaftslehre und Wirtschaftspolitik. In: Moser, S. (Hrsg.): Gesetz und Wirklichkeit, Innsbruck/Wien, 1949, S. 3ff.

Jöhr, W. A.: Die Konjunkturschwankungen, Tübingen, 1952

Jöhr, W. A.: Nationalökonomie und Psychologie. In: Wirtschaftsfragen der freien Welt. Festschrift für BM Ludwig Erhard, Frankfurt a. M., 1957, S. 247 ff.

Jöhr, W. A.; Singer, H. W.: Die Nationalökonomie im Dienste der Wirtschaftspolitik, Göttingen, 1964

Jöhr, W. A.; Schwarz, G. (Hrsg.): Einführung in die Wissenschaftstheorie für Nationalökonomen, Bd. I, St. Gallen, 1979

Johnson, B.: Institutional Learning. In: Lundvall, B.-A. (Hrsg.): 1992, S. 23 ff.

Käsler, D.: Max Weber. An Introduction to his Life and Work, Chicago/Cambridge, 1988

Kalveram, G.: Die Theorien von den Wirtschaftsstufen, Leipzig, 1933

Katterle, S.: Methodologischer Individualismus and Beyond. In: Biervert, B.; Held, M. (Hrsg.): 1991, S. 132 ff.

Kaufmann, F.: Methodenlehre der Sozialwissenschaften, Wien, 1936

Kerschagl, R.: Einführung in die Methodenlehre der Nationalökonomie, Wien/Leipzig, 1936

Kerschagl, R.: Volkswirtschaftslehre. Ein Abriss der wichtigsten Lehrmeinungen, Wien, 1946

Kincaid, H.: Philosophical Foundations of the Social Sciences. Analyzing Controversies in Social Research, Cambridge, 1996

Kirchgässner, G.: Können Ökonomie und Soziologie voneinander lernen? Zum Verhältnis zwischen beiden Wissenschaften, mit besonderem Bezug auf die Theorie des Wählerverhaltens. In: Kyklos, Vol. 33, 1980, Fasc. 3, S. 420 ff.

Kirchgässner, G.: Wissenschaftstheorie und Wissenschaftsbetrieb: Einige einführende Bemerkungen, Diskussionsbeitrag der VWA der HSG, Nr. 68, St. Gallen, 1992

Kirchgässner, G.: Vom Nutzen der Wirtschaftstheorie für die Wirtschaftspolitik. In: Konjunkturpolitik, 39. Jg., H. 4, Berlin, 1993, S. 201 ff.

Kisch, H.: Knies, Karl. In: Sills, D. L. (Hrsg.): International Encyclopedia of the Social Sciences, Vol. 8, London, 1968, S. 422 ff.

Klein, P. A. (Hrsg.): The Role of Economic Theory, Boston/Dordrecht/…, 1994

Kloten, N.: Der Methodenpluralismus und das Verstehen. In: Kloten, N.; Krelle, W.; Müller, H.; Neumark, F. (Hrsg.): Systeme und Methoden in den Wirtschafts- und Sozialwissenschaften. Erwin von Beckerath zum 75. Geburtstag, Tübingen, 1964, S. 207 ff.

Knies, K.: Historia Praenestis oppidi. Praecedit nominis explicatio et topographiae brevis expositio, Dissertation an Universität Marburg, Rinteln, 1846

Knies, K.: Über die in Kurhessen angeregte Forderung eines konstituierenden Landtages, Marburg, 1848

Knies, K.: Der Deutsche Bund bis zur Epoche von 1830 und seit 1830 bis zur Auflösung des Bundestages i. J. 1848. In: Brockhaus: Die Gegenwart. Eine enzyklopädische Darstellung der neuesten Zeitgeschichte für alle Stände, Bd. I: Leipzig, 1848, S. 748 ff.; Bd.II: Leipzig, 1849, S. 369 ff.

Knies, K.: Die Statistik als selbständige Wissenschaft. Zur Lösung des Wirrsals in der Theorie und Praxis dieser Wissenschaft. Zugleich ein Beitrag zu einer kritischen Geschichte der Statistik seit Achenwall, Kassel, 1850

Knies, K.: Die katholische Hierarchie in den grossen deutschen Staaten seit 1848 und der gegenwärtige Konflikt in der oberrheinischen Kirchenprovinz, Halle, 1852

Knies, K.: Die Statistik auf ihrer jetzigen Entwickelungsstufe. In: Brockhaus: Die Gegenwart, Bd. VII, Leipzig, 1852, S. 651 ff.

Knies, K.: Die Wissenschaft der Nationalökonomie seit Adam Smith bis auf die Gegenwart. In: Brockhaus: Die Gegenwart, Bd. VII, Leipzig, 1852, S. 108 ff.

Knies, K.: Macchiavelli als volkswirtschaftlicher Schriftsteller. In: Zeitschrift für Staatswissenschaft, Bd. VIII, Tübingen, 1852, S. 251 ff.

Knies, K.: Die Eisenbahnen und ihre Wirkungen, Braunschweig, 1853

Knies, K.: Die Politische Oekonomie vom Standpunkte der geschichtlichen Methode, Braunschweig, 1853

Knies, K.: Über die Wirkungen der Eisenbahnen auf die Pflege der Wissenschaft in unserer Zeit. In: Allgemeine Monatsschrift für Wissenschaft und Literatur, Braunschweig, April 1854

Knies, K.: Das Getreidewesen in der Schweiz. In: Zeitschrift für Staatswissenschaft, Bd. X, Tübingen, 1854, S. 645 ff; Bd. XI, Tübingen, 1855, S. 88 ff.

Knies, K.: Das Eisenbahnwesen. In: Brockhaus: Die Gegenwart, Bd. X, Leipzig, 1855, S. 312 ff.

Knies, K.: Das heutige Kredit- und Bankwesen. In: Brockhaus: Die Gegenwart, Bd. XI, Leipzig, 1855, S. 417 ff.

Knies, K.: Die Handwerkerfrage in unserer Zeit. In: Züricher Wissenschaftliche Monatsschrift, Zürich, 185?, S. 337 ff. und 403 ff.

Knies, K.: Die nationalökonomiche Lehre vom Wert. In: Zeitschrift für Staatswissenschaft, Bd. XI, Tübingen, 1855, S. 420 ff.

Knies, K.: Der Telegraph als Verkehrsmittel. Mit Erörterungen über den Nachrichtenverkehr überhaupt, Tübingen, 1857

Knies, K.: Missgriffe in der praktischen Behandlung der Besoldungserhöhungsfrage. In: Germania, Heidelberg, 1858, S. 294 ff.

Knies, K.: Über die Geldentwertung und die mit ihr in Verbindung gebrachten Erscheinungen usw. In: Zeitschrift für Staatswissenschaft, Bd. XIV, Tübingen, 1858, S. 260 ff.

Knies, K.: Religiöse Gesichtspunkte für Volkswirtschaft und Volkswirtschaftslehre der Gegenwart. In: Selzer, H. (Hrsg.): Protestantische Monatsblätter, Bd. XII, Gotha, Juli-Dez.1858, S. 337ff.
Fortsetzung: Ethische und religiöse Gesichtspunkte zur Beurteilung der Volkswirtschaft und Volkswirtschaftslehre in der Gegenwart. In: a. a. O., Bd. XIII, Gotha, Jan.-Juni 1859, S. 120 ff., S. 217 ff., S. 338 ff.

Knies, K.: Gewerb- und Gesellenvereine in Deutschland. In: Unsere Zeit, Bd. III, Leipzig, 1859, S. 545 ff.

Knies, K.: Über den Wohnungsnotstand unterer Volksschichten und die Bedingungen des Mietpreises. In: Zeitschrift für Staatswissenschaft, Bd. XV, Tübingen, 1859, S. 83 ff.

Knies, K.: Erörterungen über den Kredit. In: Zeitschrift für Staatswissenschaft, Bd. XV: Tübingen, 1859, S. 561 ff.; Bd. XVI: Tübingen, 1860, S. 150 ff.

Knies, K.: Die Dienstleistung des Soldaten und die Mängel der Conscriptionspraxis. Eine volkswirtschaftlich-finanzielle Erörterung, Freiburg i. Br., 1860. In: Fritz-Assmus, D.: 1995, S. 59ff.

Knies, K.: Zur Lehre vom wirtschaftlichen Güterverkehr, vom Geld und vom Credit, Freiburg i. Br., 1862

Knies, K.: Das moderne Kriegswesen. Ein Vortrag mit einem ergänzenden Vorwort für den Leser, Berlin, 1867. In: Fritz-Assmus, D.: 1995, S. 153 ff.

Knies, K.: Der Patriotismus Macchiavellis. In: Preussische Jahrbücher, Bd. XXVII, Berlin, 1871, S. 665 ff.

Knies, K.: Finanzpolitische Erörterungen. Rede zum Geburtsfeste des höchstseligen Grossherzogs Karl Friedrich von Baden und zur akademischen Preisvertheilung am 22. November 1871, Heidelberg, 1871

Knies, K.: Geld und Credit. Abt. I.: Das Geld. Darlegung der Grundlehren von dem Gelde, insbesondere der wirtschaftlichen und der rechtsgiltigen Functionen des Geldes, mit einer Erörterung über das Kapital und die Übertragung der Nutzungen, Berlin, 1873. - Faksimile-Nachdruck, hrsg. von B. Schefold, Düsseldorf, 1996 (Kommentarband: Eisermann, G.; Häuser, K.; Yagi, K.: Carl Knies' "Das Geld", Düsseldorf, 1996)

Knies, K.: Weltgeld und Weltmünze, Berlin, 1874

Knies, K.: Geld und Credit. Abt. II.: Der Credit. 1. Hälfte: Allgemeines, Berlin, 1876

Knies, K.: Geld und Credit. Abt. II.: Der Credit. 2. Hälfte: Das Wesen des Zinses und die Bestimmgründe für seine Höhe. Wirkungen und Folgen des Creditverkehrs. Die Creditinstitute, Berlin, 1879

Knies, K.: Die Politische Oekonomie vom geschichtlichen Standpunkte. Neue, durch abgesonderte Zusätze vermehrte Auflage der 'Politischen Oekonomie vom Standpunkte der geschichtlichen Methode", Braunschweig, 1883
- Neudruck: Verlag Hans Buske, Leipzig, 1930
- Fotomechanischer Nachdruck: Verlag Otto Zeller, Osnabrück, 1964

Knies, K.: Karl Friedrichs von Baden brieflicher Verkehr mit Mirabeau und Du Pont. Herausgegeben von der Badischen Historischen Kommission. Bearbeitet und eingeleitet durch einen Beitrag zur Vorgeschichte der ersten französischen Revolution und der Physiokratie von Karl Gustav Adolf Knies, 2 Bde., Heidelberg, 1892

Kolb, G.: Volkswirtschaftslehre als Kulturtheorie. In: Koslowski, P.; Löw, R.; Schenk, R. (Hrsg.): Jahrbuch für Philosophie des Forschungsinstituts für Philosophie, Bd. 5, Hannover, 1994, S. 181 ff.

Kopp, T.: Die Entdeckung der Nationalökonomie in der schottischen Aufklärung. Natur- und sozialphilosophische Grundlagen der klassischen Wirtschaftslehre, Bamberg, 1995

Kornai, J.: Anti-Equilibrium. On Economic Systems Theory and the Tasks of Research, Amsterdam/London/..., 1971

Koslowski, P.: Gesellschaftliche Koordination. Eine ontologische und kulturwissenschaftliche Theorie der Marktwirtschaft, Tübingen, 1991

Kraft, V.: Die Grundformen der wissenschaftlichen Methoden, 2. Aufl., Wien, 1973

Kramm, L.: Die politische Wissenschaft der bürgerlichen Gesellschaft. Eine Studie zur Anthropologie und politischen Theorie der Nationalökonomie, Berlin, 1975

Kraus, O.: Grundfragen der Wirtschaftsphilosophie. Eine analytische Einführung, Berlin, 1962

Kroner, R.: Von Kant bis Hegel. Bd. 2: Von der Naturphilosophie zur Philosophie des Geistes, Tübingen, 1977

Krüger, L.: Der Begriff des Empirismus. Erkenntnistheoretische Studien am Beispiel John Lockes, Berlin/New York, 1973

Krupp, S. S.: Axioms of Economics and the Claim to Efficiency. In: Samuels, W. J. (Hrsg.): 1980, S. 387 ff.

Kruse, A.: Geschichte der volkswirtschaftlichen Theorien, 4. Aufl., Berlin, 1959

Kuhn, T. S.: The Structure of Scientific Revolutions, 2. Ed., Chicago, 1970

Kyrer, A.: Analogie als Begriff und Methode der theoretischen Nationalökonomie. In: Kyrer, A.; Tagwerker, H. (Hrsg.): Beiträge zur Politischen Ökonomie. Festschrift für Richard Kerschagl, Wien, 1966, S. 89 ff.

Laum, B.: Methodenstreit oder Zusammenarbeit? Randbemerkungen zu einem Angriff auf die historische Nationalökonomie. In: Schmollers Jahrbuch, 61. Jg., 1 Hb., München/Leipzig, 1937, S. 1 ff.

Laum, B.: Karl Knies. In: Schnack, I. (Hrsg.): Lebensbilder aus Kurhessen und Waldeck, Bd. 3, Marburg, 1942, S. 248ff.

Lavoie, D. (Hrsg.): Economics and Hermeneutics, London/New York, 1990

Lawson, T.: A Realist Theory for Economics. In: Backhouse, R. E. (Hrsg.): 1994, S. 257 ff.

Lawson, T.: Economics and Reality, London/New York, 1997

Leibenstein, H.: Beyond Economic Man. A New Foundation for Microeconomics, Cambridge(MA)/London, 1976

Leontief, W.: Academic Economics. Letter in: Science, Vol. 217, Cambridge (MA), 9. Juli 1982, S. 104ff.

Lepenies, W.: "Ist es wirklich so?" Der Möglichkeitssinn in den Sozialwissenschaften. In: NZZ, 24./25. Februar 1996, Nr. 46, S. 69

Leuschner, H. J.: Kritische Analyse des Methodenstreits in der Nationalökonomie und das Problem seiner Überwindung, Karlsruhe, 1964

Locke, J.: An Essay Concerning Humane Understanding. In: Calkins, M. W. (Hrsg.): Locke's Essay Concerning Humane Understanding, Chicago/London, 1917

Löwe, A.: Toward a Science of Political Economics. In: Heilbroner, R. (Hrsg.): 1969, S. 1 ff.

Löwe, A.: Politische Ökonomik. On Economic Knowledge, Königstein, 1984

Löwe, J.: Der unersättliche Mensch. Analyse menschlichen Besitzverlangens und seiner Bedeutung für das wirtschaftliche Wachstum, Chur, 1995

Löwe, J.: Ökonomische Theorie und reale Politik. Zum Beitrag der Ökonomie zu einer effizienten Wirtschaftspolitik. In: Brandenberg, A. (Hrsg.): Standpunkte zwischen Theorie und Praxis. Handlungsorientierte Problemlösungen in Wirtschaft und Gesellschaft. Festschrift für Hans Schmid, Bern, 1995, S. 49 ff.

Losee, J.: Philosophy of Science and Historical Enquiry, Oxford, 1987

Lüders, Ch.: Grundlagen und Methoden qualitativer Sozialforschung. Ein Überblick über neuere Veröffentlichungen. In: Zeitschrift für Pädagogik, 39 Jg., 1993, Nr. 2, S. 335 ff.

Lundvall, B.-A. (Hrsg.): National Systems of Innovation. Towards a Theory of Innovation and Interactive Learning, London/New York, 1992

Machlup, F.: Idealtypus, Wirklichkeit und Konstruktion. In: Ordo, Bd. 12, 1960, S. 21 ff.

Machlup, F.: Positive and Normative Economics. An Analysis of the Ideas. In: Heilbroner, R. L. (Hrsg.): 1969, S. 99 ff.

Machlup, F.: Methodology of Economics and other Social Sciences, New York/San Francisco/London, 1978

Mäki, U.: Reorienting the Assumptions Issue. In: Backhouse, R. E. (Hrsg.): 1994, S. 236 ff.

Magnusson, L. (Hrsg.): Evolutionary and Neo-Schumpeterian Approaches to Economics, Boston/Dordrecht/…, 1994

Marchal, J.: Gegenstand und Wesen der Wirtschaftswissenschaft: Von einer mechanistischen Wissenschaft zu einer Wissenschaft vom Menschen. In: Zeitschrift für die gesamte Staatswissenschaft, Bd. 100, Tübingen, 1950, S. 578 ff.

Marchi, N. de (Hrsg.): Non-Natural Social Science: Reflecting on the Enterprise of 'More heat than light'. Annual Supplement to Volume 25 of: History of Political Ecnonomy, Durham/London, 1993

Marsella, A. J.; Tharp, R. G.; Ciborowski, T. J. (Hrsg.): Perspectives on Cross-Cultural Psychology, New York/San Francisco/…, 1979

Marshall, A.: Principles of Economics. An Introductory Volume, 8. Ed., London/New York, 1920

Mayhew, A.: Culture. In: Hodgson, G. M.; Samuels, W. J.; Tool, M. R. (Hrsg.): 1994, S. 115 ff.

McCloskey, D. N.: The Rhetoric of Economics. In: Journal of Economic Literature, Vol. XXI, June 1983, S. 481 ff.

McKenzie, R.; Tullock, G.: Homo Oeconomicus. Ökonomische Dimensionen des Alltags, Frankfurt/New York, 1984

Medema, S. G.; Samuels, W. J.: Foundations of Research in Economics: How Do Economists Do Economics?, Cheltenham/Brookfield, 1996

Meier, A.; Mettler, D.: Wirtschaftspolitik: Kampf um Einfluss und Sinngebung, Bern/Stuttgart, 1988

Meier, C.; Rüsen, J. (Hrsg.): Historische Methode. Beitrag der Studiengruppe "Theorie der Geschichte" der Werner-Reimers-Stiftung, München, 1988

Meinecke, F.: Zur Theorie und Philosophie der Geschichte. Herausgegeben und eingeleitet von E. Kessel, 2. Aufl., Stuttgart, 1965

Meitzel: Knies, Karl Gustav Adolf. In: Handwörterbuch der Staatswissenschaften, Bd. 5, Jena, 1910, S. 890 ff.

Meitzel: Knies, Karl Gustav Adolf. In: Wörterbuch der Volkswirtschaft, Bd. I, 4. Aufl., Jena, 1931, S. 575 f.

Menger, C.: Kleinere Schriften zur Methode und Geschichte der Volkswirtschaftslehre, London, 1935

Menger, C.: Untersuchungen über die Methode der Socialwissenschaften, und der Politischen Oekonomie insbesondere, Leipzig, 1883. - Englische Übersetzung: Problems of Economics and Sociology, Urbana, 1963

Messner, J.: Wirtschaftsgesetz und Naturrechtsgesetz. In: Kruse, A. (Hrsg.): Wirtschaftstheorie und Wirtschaftspolitik, Berlin, 1951, S. 167 ff.

Milford, K.: Menger's Methodology. In: Caldwell, B. J. (Hrsg.): Carl Menger and His Legacy in Economics, Durham/London, 1990, S. 215 ff.

Mill, J. S.: A System of Logic, Ratiocinative and Inductive: Being a Connected View of the Principles of Evidence and the Methods of Scientific Investigation, London/New York, 1906

Miller, M.: Ellbogenmentalität und ihre theoretische Apotheose. Einige kritische Anmerkungen zur Rational Choice Theorie. In: Soziale Welt, Nr. 1, 1994, S. 5ff.

Mirowski, P. (Hrsg.): The Reconstruction of Economic Theory, Boston/Dordrecht/... , 1986

Mirowski, P.: Against Mechanism. Protecting Economics from Science, Lanham, 1988

Mirowski, P.: More Heat than Light. Economics as Social Physics, Physics as Nature's Economics, Cambridge/New York/..., 1989

Mirowski, P.: The Philosophical Bases of Institutionalist Economics. In: Lavoie, D. (Hrsg.): 1990, S. 76 ff.

Mirowski, P.: What are the Questions? In: Backhouse, R. E. (Hrsg.): 1994, S. 50 ff.

Mirowski, P. (Hrsg.): Natural Images in Economic Thought, Cambridge/New York/..., 1994

Mises, L. v.: Grundprobleme der Nationalökonomie. Untersuchungen über Verfahren, Aufgaben und Inhalt der Wirtschafts- und Gesellschftslehre, Jena, 1933

Mises, L. v.: Theory and History. An Interpretation of Social and Economic Evolution, New Haven, 1957

Mitchell, W. C.: Lecture Notes on Types of Economic Theory, New York, 1949

Mommsen, W. J.: Wandlungen im Bedeutungsgehalt der Kategorie des "Verstehens". In: Meier, C.; Rüsen, J. (Hrsg.): 1988, S. 200 ff.

Montaner, A.: Der Institutionalismus als Epoche amerikanischer Geistesgeschichte, Tübingen, 1948

Morgenstern, O.: On the Accuracy of Economic Observations, 2. Ed., Princeton, 1963

Morse, Ch.: The Meaning of the Institutional Approach (Introduction). In: Copeland, M. A.: 1958, S. v ff.

Musgrave, A.: "Unreal Assumptions" in Economic Theory: The F-Twist untwisted. In: Kyklos, Vol. 34, Fasc. 3, 1981, S. 377 ff.

Myrdal, G.: Das politische Element in der nationalökonomischen Doktrinbildung, Hannover, 1963

Myrdal, G.: The Meaning and Validity of Institutional Economics. In: Steppacher, R.; Zogg-Walz, B.; Hatzfeldt, H. (Hrsg.): 1977, S. 3 ff.

Nagel, E.: Method in Social and Natural Sciences. In: Heilbroner, R. L. (Hrsg.): 1969, S. 57 ff.

Nichols, J. H.; Wright, C. (Hrsg.): From Political Economy to Economics - And Back?, San Francisco, 1990

Nietzsche, F.: Werke in drei Bänden. Herausgegeben von K. Schlechta, Bd. I, München, 1954

242   *Kontextuale Theorie der Volkswirtschaft*

North, D. C.: Structure and Change in Economic History, New York/London, 1981

North, D. C: Institutions, Institutional Change and Economic Performance, New York, 1990

Nozick, R.: The Nature of Rationality, Princeton, 1993

Oakes, G.: Introductory Essay to: Weber, M.: Roscher and Knies: The Logical Problems of Historical Economics, New York/London, 1975, S. 1 ff.

Oakes, G.: Weber and Rickert. Concept Formation in the Cultural Sciences, Cambridge/London, 1988

Oppenheimer, F.: Theorie der reinen und politischen Ökonomie, 2. Aufl., Berlin, 1911

Pahlow, W.: Wirtschaftliche Entwicklungsgesetze? Eine allgemeine Kritik der Idee der Zwangsläufigkeit in der Wirtschaft, Berlin, 1968

Petr, J. L.: Fundamentals of an Institutionalist Perspective on Economic Policy. In: Tool, M. R. (Hrsg.): 1984, S. 1 ff.

Phillips, A. W.: The Relation Between Unemployment and the Rate of Change of Money Wage Rates in the United Kingdom, 1861 - 1957. In: Economica, Vol. XXV, No. 100, November 1958, S. 283 ff.

Pichler, J. H.: Othmar Spann oder 'Die Welt als Ganzes', Wien/Köln/..., 1988

Popper, K. R.: The Poverty of Historicism, Boston, 1957

Popper, K. R.: The Open Society and its Enemies, Vol. 2: The High Tide of Prophecy: Hegel, Marx, and the Aftermath, New York/Evanston, 1963

Popper, K. R.: Objektive Erkenntnis, Hamburg, 1973

Popper, K. R.: The Logic of Scientific Discovery, London, 1959. - Deutsche Übersetzung: Logik der Forschung, Tübingen, 1976

Postan, M. M.: Fact and Relevance. Essays on Historical Method, Cambridge, 1971

Pribram, K.: Geschichte des ökonomischen Denkens, Bd. I., Frankfurt, 1992

Priddat, B. P.: Die andere Ökonomie. Eine neue Einschätzung von Gustav Schmollers Versuch einer "ethisch-historischen" Nationalökonomie im 19. Jahrhundert, Marburg, 1995

Prychitko, D. L. (Hrsg.): Individuals, Institutions, Interpretations. Hermeneutics Applied to Economics, Aldershot/Brookfield/..., 1995

Pütz, T.: Karl Knies als Vorbereiter einer politischen Volkswirtschaftstheorie. In: Schmollers Jahrbuch, 60. Jg., 1. HB., München/Leipzig, 1936, S. 1 ff.

Raffee, H.; Abel, B. (Hrsg.): Wissenschaftstheoretische Grundfragen der Wirtschaftswissenschaften, München, 1979

Rau, H.: Grundsätze der Volkswirtschaftslehre, Leipzig/Heidelberg, 1868

Rector, R. A.: The Economics of Rationality and the Rationality of Economics. In: Lavoie, D. (Hrsg.): 1990, S. 195 ff.

Reuter, N.: Der Institutionalismus. Geschichte und Theorie der evolutionären Ökonomik, Marburg, 1994

Ritschl, H.: Wandlungen im Objekt und in den Methoden der Volkswirtschaftslehre. In: Schmollers Jahrbuch, 67. Jg., 1. Hb., Berlin, 1943, S. 3 ff.

Ritter, J.; (Gründer, K.) (Hrsg.): Historisches Wörterbuch der Philosophie, Basel/Stuttgart, Bd. 1: 1971, Bd. 3: 1974, Bd. 4: 1976

Ritzel, G.: Schmoller versus Menger. Eine Analyse des Methodenstreits im Hinblick auf den Historismus in der Nationaloekonomie, Frankfurt a. M., 1950

Rizvi, S. A. T.: Game Theory to the Rescue? In: Contributions to Political Economy, 1994, Vol. 13, S. 1ff.

Robbins, L. C.: An Essay on the Nature and Significance of Economic Science, New York, 1984

Robinson, J.: Ökonomische Theorie als Ideologie. Über einige altmodische Fragen der Wirtschaftstheorie, Frankfurt, 1974

Robinson, J.: What are the Questions? And Other Essays. Further Contributions to Modern Economics, Armonk/New York, 1980

Roscher, W.: Grundriss zu Vorlesungen über die Staatswirtschaft. Nach geschichtlicher Methode, Göttingen, 1843

Roscher, W.: Geschichte der Nationalökonomik in Deutschland, München, 1874

Roscher, W.: System der Volkswirtschaft, Bd. I.: Grundlagen der Nationalökonomie, Stuttgart, 1900

Rothacker, E.: Logik und Systematik der Geisteswissenschaft, München, 1926

Rothacker, E.: Einleitung in die Geisteswissenschaften, 2. Aufl., Tübingen, 1930

Rothacker, E.: Die dogmatische Denkform in den Geisteswissenschaften und das Problem des Historismus. Abhandlung der Mainzer Akademie der Wissenschaften, Nr. 6, Mainz, 1954

Rotwein, E.: Empiricism and Economic Method: Several Views Considered. In: Samuels, W. J. (Hrsg.): 1980, S. 109 ff.

Rutherford, M.: Institutions in Economics. The Old and the New Institutionalism, Cambridge, 1994

Ryll, A.: Evolution und Entscheidungsverhalten: Zur Reorientierung des methodologischen Individualismus. In: Biervert, B.; Held, M. (Hrsg.): 1992, S. 71 ff.

Saegesser, B.: Der Idealtypus Max Webers und der naturwissenschaftliche Modellbegriff. Ein begriffskritischer Versuch, Basel, 1975

Salin, E.: Geschichte der Volkswirtschaftslehre, Bern/Tübingen, 1951

Samuels, W. J.: The Classical Theory of Economic Policy, Cleveland/New York, 1966

Samuels, W. J. (Hrsg.): The Economy as a System of Power, New Brunswick (NJ), 1979

Samuels, W. J. (Hrsg.): The Methodology of Economic Thought, New Brunswick/London, 1980

Samuels, W. J.: Institutional Economics. In: The New Palgrave. A Dictionary of Economics, Vol. 2, London, 1987, S. 864 ff.

Samuels, W. J.: An Essay on the Nature and Significance of the Normative Nature of Economics. In: Journal of Post Keynesian Economics, Vol. X, No. 3, 1988, S. 347 ff.

Samuels, W. J. (Hrsg.): Economics As Discourse. An Analysis of the Language of Economists, Boston/Dordrecht/..., 1990

Samuels, W. J.; Hennings, K. (Hrsg.): Neoclassical Economic Theory 1870 - 1930, Boston/Dordrecht/..., 1990

Samuels, W. J.: Institutional Economics. In: Greenaway, D.; Bleaney, M.; Stewart, I. (Hrsg.): Companion to Contemporary Economic Thought, London/ New York, 1991, S. 105 ff.

Samuels, W. J. (Hrsg.): The Chicago School of Political Economy, New Brunswick/London, 1993

Samuels, W. J.: The Roles of Theory in Economics. In: Klein, P. A. (Hrsg.): 1994, S. 21 ff.

Samuels, W. J.; Biddle, J. E.; Vanberg, V.: John R. Commons' "Legal Foundations of Capitalism". Vademecum zu einem Klassiker des amerikanischen Institutionalismus, Düsseldorf, 1995

Samuels, W. J.: Postmodernism and Economics: a Middlebrow View. In: Journal of Economic Methodology, 3:1, 1996, S. 113 ff.

Samuelson, P. A.: Foundations of Economic Analysis. Enlarged Edition, Cambridge (MA)/ London, 1983

244 *Kontextuale Theorie der Volkswirtschaft*

Sarrazin, T.: Ökonomie und Logik der historischen Erklärung. Zur Wissenschaftslogik der New Economic History, Bonn-Bad Godesberg, 1974

Schack, H.: Der irrationale Begriff des Wirtschaftsmenschen. In: Jahrbücher für Nationalökonomie und Statistik, Bd. 122, III. Folge, 67. Bd., Jena, 1924, S. 192 ff.

Schefold, B.: Knies, Karl Gustav Adolf. In: The New Palgrave. A Dictionary of Economics, Vol. 3, London/New York/..., 1987, S. 55

Schefold, B.: Wirtschaftsstile, Bd. 1: Studien zum Verhältnis von Ökonomie und Kultur, Frankfurt, 1994; Bd. 2: Studien zur ökonomischen Theorie und zur Zukunft der Technik, Frankfurt, 1995

Schefold, B.: Zwischen Historischer Schule und Modern Institutionalism: der Institutionalismus von J. R. Commons. In: Samuels, W. J.; Biddle, J. E.; Vanberg, V.: 1995, S. 5 ff.

Schischkoff, G.: Philosophisches Wörterbuch, Stuttgart, 1982

Schmidt, T.: Rationale Entscheidungstheorie und reale Personen. Eine kritische Einführung in die formale Theorie individueller Entscheidungen, Marburg, 1995

Schmölders, G.: Ökonomische Verhaltensforschung. In: Ordo, Bd. 5, 1953, S. 203 ff.

Schmoller, G.: Zur Litteraturgeschichte der Staats- und Sozialwissenschaften, Leipzig, 1888

Schmoller, G. (Festschrift): Die Entwicklung der deutschen Volkswirtschaftslehre im neunzehnten Jahrhundert, Leipzig, 1908

Schmoller, G.: Grundriss der allgemeinen Volkswirtschaftslehre, I. Teil, München/Leipzig, 1919

Schopenhauer, A.: Die Welt als Wille und Vorstellung, Bd. I, Zürich, 1988

Schumpeter, J.: Epochen der Dogmen- und Methodengeschichte. In: Bücher, K.; Schumpeter, J.; Wieser, F. v.: Grundriss der Sozialökonomik, I. Abteilung: Wirtschaft und Wirtschaftswissenschaft, Tübingen, 1914, S. 19 ff.

Schumpeter, J. A.: History of Economic Analysis, New York, 1954

Seidel, H.: Zur Frage der Methodenreform in der Sozialökonomie. In: Jahrbücher für Nationalökonomie und Statistik, Bd. 154, Jena, 1941, S. 257 ff.

Seifert, E. K.; Priddat, B. P. (Hrsg.): Neuorientierungen in der ökonomischen Theorie. Zur moralischen, institutionellen und evolutorischen Dimension des Wirtschaftens, Marburg, 1995

Seiffert, H.; Radnitzky, G. (Hrsg.): Handlexikon zur Wissenschaftstheorie, München, 1992

Sen, A.; Williams, B. (Hrsg.): Utilitarianism and Beyond, Cambridge/London/..., 1982

Shackle, G. L. S.: The Years of High Theory. Invention and Tradition in Economic Thought 1926 - 1939, Cambridge, 1967

Shackle, G. L. S.: Epistemics & Economics. A Critique of Economic Doctrines, New Brunswick/London, 1992

Shafer, R. J. (Hrsg.): A Guide to Historical Method, Homewood/Georgetown, 1980

Sica, A.: Weber, Irrationality, and Social Order, Berkeley/Los Angeles/..., 1988

Sidgwick, H.: The Scope and Method of Economic Science. An Address. Delivered to the Economic Science and Statistics Section of the British Association at Aberdeen, 10. September 1885, London, 1885 (New York, 1968)

Simon, H. A.: Models of Bounded Rationality. Vol. 2: Behavioral Economics and Business Organization, Cambridge(MA)/London, 1982

Simon, H. A.: Bounded Rationality. In: The New Palgrave. A Dictionary of Economics, Vol. 1, London, 1987, S. 266 ff.

Simon, H.: Economics, Bounded Rationality and the Cognitive Revolution, Aldershot/Brookfield, 1992

Smith, A.: An Inquiry into the Nature and Causes of the Wealth of Nations, Oxford/New York, 1976

Snooks, G. D.: The Dynamic Society. Exploring the Sources of Global Change, London/ New York, 1996

Sombart, W.: Die drei Nationalökonomien. Geschichte und System der Lehre von der Wirtschaft, Berlin, 1930

Spann, O.: Fundament der Volkswirtschaftslehre, Jena, 1921

Spann, O.: Die Haupttheorien der Volkswirtschaftslehre auf lehrgeschichtlicher Grundlage, Graz, 1967

Spiegel, H. W.: The Growth of Economic Thought, 3 Ed., Durham/London, 1991

Stadler, M.: Institutionalismus heute. Kritische Auseinandersetzung mit einer unorthodoxen wirtschaftswissenschaftlichen Bewegung, Frankfurt/New York, 1983

Steppacher, R.; Zogg-Walz, B; Hatzfeldt, H. (Hrsg.): Economics in Institutional Perspective. Memorial Essays in Honor of K. William Kapp, Lexington, 1977

Steuart, J.: An Inquiry into the Principles of Political Economy, London, 1767 (Chicago, 1966)

Stewart, I. M. T.: The Role of the Methodologist. In: Greenaway, D.; Bleaney, M.; Stewart, I. (Hrsg.): Companion to Contemporary Economic Thought, London/New York, 1991, S. 7 ff.

Stigler, G. J.: The Economist and the State. In: The American Economic Review, Vol. LV, March 1965, No. 1, S. 1 ff.

Stolper, W. F.: Geschichte und Theorie in der Analyse des kapitalistischen Prozesses. Ein Schumpeterscher Ansatz, Walter Adolf Jöhr-Vorlesung an der Universität St. Gallen, 1994

Strassmann, W. P.: Development Economics from a Chicago Perspective. In: Samuels, W. J. (Hrsg.): 1993, S. 277 ff.

Streissler, E.: Arma virumque cano. Friedrich von Wieser, der Sänger als Ökonom. In: Leser, N. (Hrsg.): Die Wiener Schule der Nationalökonomie, Wien/Köln/..., 1986, S. 59 ff.

Strieder, F. W.; Gerland, O.: Grundlage zu einer hessischen Gelehrten- und Schriftsteller-Geschichte, Bd. 2, Kassel, 1868

Suchanek, A.: Ökonomischer Ansatz und theoretische Integration, Tübingen, 1994

Takayama, A.: Analytical Methods in Economics, Ann Arbor, 1993

Tenbruck, F. H.: Die Genesis der Methodologie Max Webers. In: Kölner Zeitschrift für Soziologie und Sozialpsychologie, 11. Jg., 1959, H. 4, S. 573ff.

Thaler, R. H.: Quasi Rational Economics, New York, 1991

Thaler, R. H.: Doing Economics Without *Homo Economicus*. In: Medema, S. G.; Samuels, W. J.: 1996, S. 227 ff.

Tool, M. R. (Hrsg.): An Institutionalist Guide to Economics and Public Policy, Armonk/ NewYork/..., 1984

Topitsch, E.: Zum Gesetzesbegriff in den Sozialwissenschaften. In: Albert, H. (Hrsg.): 1972, S. 317 ff.

Troeltsch, E.: Der Historismus und seine Probleme. Erstes Buch: Das logische Problem der Geschichtsphilosophie, Tübingen, 1922

Udehn, L.: The Limits of Public Choice. A Sociological Critique of the Economic Theory of Politics, London/New York, 1996

Vanberg, V.: John R. Commons: Institutionelle Evolution durch absichtsvolle Selektion. In: Samuels, W. J.; Biddle, J. E.; Vanberg, V.: 1995, S. 69 ff.

Viale, R.: Cognitive Constraints of Economic Rationality. In: Simon, H.: 1992, S. 174 ff.

Wach, J.: Das Verstehen. Grundzüge einer Geschichte der hermeneutischen Theorie im 19. Jahrhundert, Hildesheim, 1966

Walras, L.: Elements of Pure Economics or the Theory of Social Wealth, Translated by W. Jaffe, New York, 1969

Ward, B.: What's Wrong with Economics?, New York/London, 1972

Watkins, J. W. N.: Idealtypen und historische Erklärung. In: Albert, H. (Hrsg.): 1972, S. 331 ff.

Watrin, C.: Ökonomische Theorien und wirtschaftspolitisches Handeln. In: Albert, H. (Hrsg.): 1972, S. 359 ff.

Weber, Marianne: Max Weber: A Biography, New York/London/..., 1975

Weber, Max: Gesammelte Aufsätze zur Wissenschaftslehre, Tübingen, 1922 (1951)

Weber, M.: Die protestantische Ethik und der Geist des Kapitalismus, Tübingen, 1934

Weber, M.: The Methodology of the Social Sciences, New York, 1949 (1969)

Weber, M.: Roscher and Knies. The Logical Problems of Historical Economics, New York, 1975

Weech, F. v.: Karl Gustav Adolf Knies. In: Badische Biographien, Bd. 5, Heidelberg, 1906

Weintraub, E. R.: Stabilizing Dynamics. Constructing Economic Knowledge, Cambridge/New York/..., 1991

Weippert, G.: Aufsätze zur Wissenschaftslehre, Bd. II: Wirtschaftslehre als Kulturtheorie, Göttingen, 1967

Werner, U.: Der Einfluss der lutherischen Ethik auf die Sozial- und Wirtschaftsauffassung von Roscher und Knies, Berlin, 1938

Wilber, C. K.; Harrison, R. S.: The Methodological Basis of Institutional Economics: Pattern Model, Storytelling, and Holism. In: Journal of Economic Issues, Vol. XII, No. 1, March 1978, S. 61 ff.; und in: Samuels, W. J. (Hrsg.): Institutional Economics, Vol. II, Aldershot/Brookfield, 1988, S. 95 ff.

Wilber, C. K.; Jameson, K. P.: An Inquiry into the Poverty of Economics, Notre Dame/London, 1983

Wilber, C. K.; Francis, S.: The Methodological Basis of Hirschman's Development Economics: Pattern Model vs. General Laws, Working Paper No. 36, The Helen Kellogg Institute for International Studies, University of Notre Dame, Notre Dame, Juli 1984

Wolozin, H.: Institutionalism and the Image of Man. In: Steppacher, R.; Zogg-Walz, B; Hatzfeldt, H. (Hrsg.): 1977, S. 29 ff.

Worswick, G. D. N.: Is Progress in Economic Science Possible? In: The Economic Journal, London, März 1972, S. 73 ff.

Young, L. (Hrsg.): Rational Choice Theory and Religion, London/New York, 1997

Zinn, K. G.: Wirtschaft und Wissenschaftstheorie. Erkenntnisse und Praxis für Betriebs- und Volkswirte, Herne/Berlin, 1976

Sach- und Personenindex